苏州市社科联重点委托项目研究成果

近代江南
农暇生活研究

胡勇 著

苏州大学出版社

图书在版编目(CIP)数据

近代江南农暇生活研究 / 胡勇著. -- 苏州：苏州大学出版社，2023.9
（江南文化研究丛书）
ISBN 978-7-5672-4435-1

Ⅰ.①近… Ⅱ.①胡… Ⅲ.①农民-生活-研究-中国-近代 Ⅳ.①D422.64

中国国家版本馆 CIP 数据核字(2023)第 104325 号

书　　名 /	近代江南农暇生活研究
	JINDAI JIANGNAN NONGXIA SHENGHUO YANJIU
著　　者 /	胡　勇
责任编辑 /	刘　冉
装帧设计 /	吴　钰
出版发行 /	苏州大学出版社
地　　址 /	苏州市十梓街 1 号
邮　　编 /	215006
电　　话 /	0512-67481020
印　　刷 /	苏州工业园区美柯乐制版印务有限责任公司
开　　本 /	700 mm×1 000 mm　1/16　印张 21　字数 313 千
版　　次 /	2023 年 9 月第 1 版
印　　次 /	2023 年 9 月第 1 次印刷
书　　号 /	ISBN 978-7-5672-4435-1
定　　价 /	88.00 元

图书若有印装错误，本社负责调换
苏州大学出版社营销部　电话：0512-67481020
苏州大学出版社网址　http://www.sudapress.com
苏州大学出版社邮箱　sdcbs@suda.edu.cn

序

即将问世的这本《近代江南农暇生活研究》是以胡勇的博士论文为基础和蓝本的。胡勇与我亦师亦友。他任职于商学院,平时兼为本科生开设一些中国历史基础课。2018年秋季学期,他开始攻读博士学位,跟着我一起研究中国社会史。现在他的博士论文要出版了,问序于我,自当说几句。著作的具体论述,用不着我唠叨,读者可以去评判,这里我从史学研究法角度谈一些相关看法。

我一直给博士生开设"文化人类学"课程,第一学期胡勇来听课,谈起博士论文的选题问题。

选题是凝练问题意识的过程。文化人类学关注田野中普通民众的生活方式,尤其是乡土社群,与社会史的关注对象颇多重合,但在时间维度上有所不同:人类学面向当代,而社会史指向既往。早在20世纪40年代,费孝通就提及,如果历史材料充分的话,任何时代的社群生活都可以作为分析对象。历史时期的普通民众生活让历史学来研究当然最合适。应该说,近十多年来,成为史学新生长点的日常生活史,有意识地从人类学那里汲取了不少营养。胡勇以农暇生活为对象的选题跟他学习人类学有很大的关系,而从问题意识生成的路径看,这一选题反映了时代关切。这是从西方工业革命以来日益凸显的时代课题。20世纪30年代,黄炎培指出,自工业革命,而劳资阶级分明，社会不公平的现象显著，自然而然地发生尊重劳工观念。因劳工占社会大多数，一切问题，皆以大多数的平民为总目标。胡勇专门关注的农暇生活问题，从一个具体而微的方面表达了时代关切和平民情怀。

胡勇来自湖南慈利乡村，父母都是农民，从小经受乡村生活的洗礼，后来离开故土，但近二十年的乡村生活成了他无法磨灭的记忆：冬闲里准备柴火，新年里村人杀猪，寒冬里在火坑上熏腊肉，岁时节庆上演地方戏剧……这都是现在许多青年人（包括许多发达地区的乡村青年人）所难以想象的生活，对胡勇来说，这则成为理解历史的宝贵资源。他熟悉乡人所念所想、所言所行，所以驾驭农暇这个论题，有着天然的优势。

一开始，我跟胡勇商讨选题，问他有什么特长和优势，他谦虚地说："没有什么优势，一个乡下人能有什么优势呢？"这个回答提醒了我。数十年来，我一直对乡村问题的研究乐此不疲，在很大程度上就因为我是乡下人，这也是胡勇的优势。胡勇先后在哈尔滨师范大学和南京大学经过了多年经济学和史学专业训练，具备研究历史时期乡村生活问题的能力。他的成长和学习经历成了问题意识生成的重要路径。

在历史学中，问题与史料总是紧密关联的。在我研究近代江南乡村社会的过程中，零星地注意过农暇方面的资料，但要系统地讨论近代江南农暇问题，那是远远不够的。为此，胡勇通过各种数据库积累了大量的资料，但是，有许多材料在数据库中是没有的，比如大量的现代村镇志、专业志。各地的地方文史工作者为此花费了很大的精力编纂成册，有的没有出版，有的出版了束之高阁，有的因为信息不对称，需要的人不知道或得不到。许多年来，我有心搜集了不少。胡勇从我这儿借阅了数百种志书，从中获得了不少资料信息。

上述史料的很大一部分是在田野踏勘中发现的。人类学获得素材的主要方法被称为"田野工作"，受此启示，我们也开始了田野工作。从江南各地档案局馆、地方志办公室、政协文史委、博物馆、文化院团、庙宇祠堂等，获得了小报、碑记、家谱、乡贤文集等文史资料，以及图像、口传和仪式等为许多人所不屑的素材。这些资料的身份不"高贵"，因为它们存在于田野，而不是在某个国字号的档案馆里，但是，它们离底层民众生活的地方更近，或者就是民众生活的一部分，对于民众日常生活史研究来说，这就够了。至于说这些材料的粗陋，以及其中存在的明显不可信之处，只能说土气，无关乎作为史料的价值。在一些身份"高贵"的资料中，某些信息说得活像真的，未必为真，这种情况亦不少见，跟田野素材一样。真假要辨，关键是，土气的资料需要熟悉乡土生活的人来辨别真假。在这方面，胡勇更擅长一些。

  进入田野的我们不止于搜集文献。在田野里，我们观察自然地理、历史建筑，与当地人进行深度交谈，留心他们的日常生活、人群互动、节日仪式等，这似乎有点像人类学者的腔调了，不过，也就是腔调而已。对于田野工作，我们不轻易相信流动不居的口传资料，不认为当前的情境就是曾经的历史，更不会以当前的所见所闻，去反推历史。总之，日常史借鉴田野工作法，只是为我们所用，我们不会放弃、当然也不应该放弃它重视文献的学科特色。时过境迁，田野中的物质文化资料，可以作为历史生活的印证，但不是历史。张小也在《人文学者的工作坊》（《中华读书报》2002年5月22日）中的一段话，可以为历史学者的田野工作提供一个基点："大多数地方现在早已不是历史上的样子，但研究者仍然可以在某种程度上获得对历史的感悟。因此，为了直接体验空间的历史，他们就亲自到文献中所记载的那些地方去做田野调查，于是，那些文献上死的历史就变得鲜活生动了，有些无法理解其含义的内容也变得明白具体了。"这方面，胡勇很有体会。在进行论文预答辩时，有专家提出，论文在涉及农暇生计时所使用的一些材料，很难说明这些生计就是在农暇时进行的。之前有明清江南经济社会研究者认为，在江南，特别在水乡江南，从事非农产业的收入已经超过了农业，或者说，某些非农产业实际已是主业，此时的手工业还能算是农暇生计吗？在思考这个问题时，胡勇颇感疑惑地跟我说，当我们在江南乡村进行田野工作时，乡民似乎没有这个疑问。也就是说，乡民认为，在农作时间之外进行的家庭手工活计，就是农暇生计；他们不考虑农暇生计收入的因素。胡勇因此认为，在使用这些材料时，除了专业的手工经营，如果乡民（特别是时人）明确地认为这是农闲工作，就应该视为农暇生计。如果材料中含含糊糊，没有明确是否为农暇劳作，又无法找到辅证，则舍弃这些材料。胡勇最后听从了乡民。

关于"江南"的概念，历来歧说纷纭，言人人殊。大多数学者基于特定的研究对象和研究目标，对江南有其专门的空间界定，这在某种意义上是可以理解的。但是，有些论者根据历史上曾经存在的"江南道""江南省"等行政区划概念，将长江以北的扬州、淮安等地都囊括其中，这就有些匪夷所思了。江南之"江"，自古以来只指长江，明明在长江以北的地方，为何偏要称为江南呢？如果讲唐代或清代的历史，直接称"江南道""江南省"不行吗？非得蹭江南的概念，不是感觉太违和了吗？顺便提到，我们将周边山区和东部岛滩纳入江南范围讨论问题，其实也来自田野感受。无论在徽州山区，还是在舟山岛村，我们经常看到冠以江南的幌子和各种标识，人们言语之间，总是"我们江南人怎么样怎么样"的表达，民国地方小报上充斥着含有江南字样的表达……这一切，都在说明一个事实：基于自然生态因素而界定的江南，不仅仅是理论确认，更是生活指南。我们是根据实际的田野生活进行的学术确认。

胡勇著作中所谓的江南，根据自然生态因素，包括了三种类型：中心水乡、边缘山区和东部岛滩，显示了江南社会的三种生活形态。在农暇生活研究中，这样的区别非常重要，因为在不同类型的乡土江南，农暇生活方式存在很大的差异。在前人的论述中，所谓江南，其实只是其中的水乡地区，对于我们来说，水乡江南的环境和资料也更为丰富和熟悉一些。于是，我们有意识地选择相对生疏的山区江南和岛滩江南开展田野工作。胡勇是个有心人，也得益于现代互联网技术深度介入生活，我们的田野工作留下了大量的痕迹。回过头来翻看那些痕迹，为了撰写博士论文，他所踏勘的田野之广，接触的对象之多，搜集的材料之富，是足以让自己感慨和感动的。在田野工作时我们所进行的关于近代江南农暇问题的讨论，也一起留下了痕迹，回首这一过程，我亦感到得益匪浅。

是为序。

张小田

2023 年 4 月 13 日

目 录

001 **绪论**

031 **第一章 江南农暇生活的时空定位**

033　第一节　江南农暇生活的近代嬗变
060　第二节　江南农暇生活的空间格局
090　小结

093 **第二章 近代江南农暇生计**

096　第一节　农暇手工业
127　第二节　农暇兼业
147　第三节　农暇备耕
153　第四节　农暇生计分工
163　小结

165 **第三章 近代江南农暇消闲**

167　第一节　乡村演艺
194　第二节　酬神娱人

219　　第三节　农暇体育与农艺赛会
225　　小结

227　第四章　农暇生活与乡村治理

229　　第一节　农隙讲武
242　　第二节　农隙修学
269　　第三节　农暇工役
286　　小结

289　结语　农暇生活与乡村近代性成长

296　**参考文献**

325　**后记**

绪论

一、近代江南农暇生活研究的缘起及意义

"历史中的决定性因素,归根结底是直接生活的生产和再生产。"[1]在历史的书写中,追求整体性的社会史更加重视个体意义上的生活要素,自然而正当地关注"受时空限定的个体"[2]及其基本的生活样态。本论题即从生活史的角度,以近代江南乡民的农暇生活为切入点,考察特定群体在特定时段的日常生活"生产和再生产"经历,并揭示其意义。

(一) 在日常生活史研究的脉络中向前拓展

随着社会史研究视角的转换和方法的创新,进入民众生活世界的日常史成为史学热门话题之一。社会史"以书写人民大众的历史为其区别于其他历史研究的身份特征",俞金尧发现,近些年来,这样的社会史正在进行一项可称为"实践的历史"的探索;这是一种"关于人民大众在日常生活世界中行动的理论",它"特别适用于以人民大众为本位的历史研究"。[3]应该说,强调"日常生活"的概念,从"社会生活"转向"日常生活",对于推进社会史研究而言显得尤为必要。[4]就近代江南乡村研究而言,这样的日常转向尤其明显。[5]对乡民农暇生活的考察,正是沿着这样的脉络向前拓展的。

(二) 在江南乡村史的梳理中确定研究主题

近世以来江南乡村史的研究成果非常丰富,大体观之,涉及以市镇

---

[1] 恩格斯:《家庭、私有制和国家的起源》,《马克思恩格斯选集》第4卷,人民出版社2012年版,第13页。

[2] 培根:《论历史的分类及其他》,何兆武主编:《历史理论与史学理论——近现代西方史学著作选》,商务印书馆1999年版,第13页。

[3] 俞金尧:《书写人民大众的历史:社会史学的研究传统及其范式转换》,《中国社会科学》2011年第3期。

[4] 常建华:《从社会生活到日常生活——中国社会史研究再出发》,《人民日报》2011年3月31日第7版。

[5] 胡悦晗、谢永栋:《中国日常生活史研究述评》,《史林》2010年第5期。文中将20世纪初以来中国日常生活史研究划分为民族风俗志描述、经济—社会史研究、新经济—社会史研究,以及在新文化史及交叉学科影响下走向独立化与多元化研究等四个阶段。在这样的脉络中,近代江南乡村史也取得了不少成果,这正是我们所要讨论的对象。

为结点的乡村市场和社会的考察、农家经济结构的分析、民间信仰研究、村妇生活研究、乡民生活空间研究、宗族生活研究、城乡关系研究、交通社会史研究、医疗社会史研究等主题,以及海外学者提出的著名的"过密化"理论、"大分流"理论等。在时段方面,上述研究成果大多集中在明清时期,而我们则将江南乡村史的研究聚焦于社会变迁更为显著的晚清民国时期;在主题方面,我们则凸显过往并不为研究者所重视、现实生活中也习焉不察,但在乡民的年度时间中占据相当时长的农暇期及乡民在此时段中的日常生活,展现近代江南乡民于农事闲暇期在生计、休闲以及参与社区事务等方面的生活经历,以进一步考察近代江南乡村的日常世界及其近代变迁。

(三) 在社会史的整体框架内体现学术旨趣

以整体性为追求的社会史总是围绕着完善"历史的结构"书写而展开。"全面的日常要素"及其深层的"结构性联系",以及"人物、事件和时空等历史维度内部和之间"的呼应关系,是社会史整体性的三重要义。[1] 顾名思义,江南乡民的农暇生活明显偏向于个体意义上的"行为—经历"史,它以生存和生活为中心,构成社会史研究的日常要素。同时,农暇生活与自然生态和社会环境息息相关,即地方社会内稳固的地理格局、物质遗存、风土习俗与日常生活形成的实在的结构关系。具体而论,从社会维度的谱系展开,作为区域空间的江南乡村、作为历史主体的江南乡民、作为特定时段的农事闲暇、作为历史具象的日常生活,构成了近代江南乡民农暇生活研究的基本内容。研究这一问题,在社会史的整体框架内,从实证和理论两个层面展开,揭示日常经历与宏观制度层面的内在关联,体现了本论题的学术旨趣和研究价值。

二、关于"江南""农暇生活"的概念界定

(一) 江南

作为历史研究概念的"江南"在学术界并未达成共识。范金民从学

---

[1] 小田:《论社会史的整体性》,《河北学刊》2012年第5期。

术史的历程，考察了中外从事江南史研究的李伯重、周振鹤、傅衣凌、洪焕椿、刘石吉、斯波义信、森正夫、从翰香、樊树志、陈学文、包伟民、唐力行、马学强、冯贤亮、徐茂明等数十位学者在各自研究领域中对"江南"区域的界定。学者们论题中的"江南"，因时代的不同，区域范围的界定差异较大，即使在同一时代，因研究视角的差异，范围也有所区别。广义的"江南"，范围大到整个"岭南以北、长江流域及其以南的广大区域，涉及汉代荆州、扬州的大部分和益州的一部分地区"；狭义的"江南"，则"仅指太湖流域"。[1]关于或大或小的"江南"范围，范金民并未做详细考评。事实上，在历史过程中，"江南"概念、含义及其指涉的意义本身就是变动不居的。[2]谢湜在考察11—16世纪江南区域历史地理时，也对"江南"概念和认知的差别进行了阐述：

> 质言之，历史上的"江南"，无论从概念演变角度，还是人们对其范围认知角度，都是多变的。所谓"科学"界定，实际上是不可能做到的。对于研究者来说，如何界定江南地区的范围，主要取决于具体的研究专题，也就是说，把"江南"作为一种分析框架和工具，作为一种研究区域。这种区域界定是允许多样性的，而不是一成不变的。对于其他研究者来说，只须考虑其设定合不合理，而无须进行客观或不客观的正误判断，亦不必强求在具体范围上达成共识。
>
> 既然区域界定取决于研究专题，要检验其范围设定合不合理，关键就是通过历时性的考察，把握这一研究区域与研究主题的关系。[3]

---

[1] 范金民：《江南社会经济史研究入门》，复旦大学出版社2012年版，"前言"第3-10页。
[2] 周振鹤：《释江南》，钱伯城主编：《中华文史论丛》第49辑，上海古籍出版社1992年版，第141-147页。周振鹤指出，从"江南"一语含义的变化可以看出，"江南"不但是一个地域概念，这一概念随着人们地理知识的扩大而变易，而且具有经济含义，代表一个先进的经济区，同时又是一个文化概念，透视出一个文化发达区的范围。
[3] 谢湜：《高乡与低乡：11—16世纪江南区域历史地理研究》，生活·读书·新知三联书店2015年版，第7页。

在我们看来，区域社会之构成，更大程度上是源于地域社会的自然整体性，而不完全是人为因素导致的分割。施坚雅（G. W. Skinner）从分析自然地表的特征着手，回顾了18世纪菲利普·布茨（Philippe Buache）提出的独特学说："地表由山脉分割的江河流域所构成，山脉是天然的分界线。"施坚雅把这一学说引入中国区域历史的研究中，以山脉形成的分水岭作为区域分界线。[1]从山脉—河流的自然地理特征出发，结合人类学考察视角，小田从多年的田野调查和具体课题研究中，勾勒出了作为整体地域空间的"江南"：

> 江南地理呈环状梯级分布：从西而西南、而南一线环绕着山丘，有宁镇山脉、天目山、黄山、莫干山、龙门山、会稽山、四明山、天台山，山体一般在700米以上；中部核心地带是苏南平原和浙北平原，地势低平，以太湖为中心，呈浅碟形，一般海拔2.5米；介于高低层级之间的是垄冈高地，从北部沿海，由东而西、而南、而东，连属成环。整个江南以太湖为枢纽，上纳山地之水，倾注入太湖，下泻至东海。宁绍北部虽被杭州湾喇叭口与杭嘉湖切开，但同属浙北平原，呈现出与环太湖地区基本相同的水文景观。[2]

从人类学对生态环境的特殊亲近感来看，"在自成一体的地域社会中，社群构成地域的要素"，是区域生活呈现中的主体，"在完整的地域社会中，山村、水乡和高地等不同类型的社群以地势的形式加以呈现"。[3]借鉴地理学、人类学对乡民时空坐落的定位，小田进一步将"江南"区域进行了三个层次的厘定：第一个层次是"中观江南"，考察变化缓慢的自然要素和人文要素，聚焦江南区域的自然生态环境和物质生活方式；第二个层次是"类型江南"，处于特定自然生态环境的"中观江南"（中心水乡、边缘山丘、中环沙地、东缀岛滩），形成了各

---

[1] G. W. 施坚雅：《中国封建社会晚期城市研究——施坚雅模式》，王旭等译，吉林教育出版社1991年版，第152页。
[2] 小田：《地域文化史研究的人类学路径——倾向于江南的案例》，《清华大学学报》2010年第1期。
[3] 朱小田：《人类学方法在地域社会史研究中的应用——倾向于江南的案例》，《史学理论研究》2008年第3期。

具特色的地方群体和生活形态,在不同类型的生活形态中,从自然到人文,可以分为"水乡江南""山区江南""岛滩江南","类型江南"成为"中观江南"社会史研究的取径单位;第三个层次是"共同体江南","共同体江南"确定了江南乡民的时空坐落,从乡民日常生活空间确定江南乡民常态的生活范围。[1]这就是本书研究中"江南"地域从区域范围到类型层次的空间界定。

(二) 农暇生活

农暇生活的概念,需要从农业特征、农暇时段、生活内容三个方面予以厘定。近代中国,农业为主要产业,农民占人口的绝大多数。《申报年鉴》1933年统计显示,全国人口中,农民约为80%,其中江苏农村人口占全省总人口的比例约为80%,浙江为70%。农民又分为有土地之农民(自一亩至大地主,又分为半自耕农、自耕农、地主),无土地之雇农、佃农、游民、兵匪等。[2]1935年,浙江大学农业社会学系组织的嘉兴县五个乡镇六千余户的农村调查,统计出受调查的乡村男子业农为主者占总男子数的92.05%,乡村女子业农为主者占总女子数的96.01%。[3]毫无疑问,农民占据了近代江南人口的绝大部分。

农业是广大农民赖以生活的主业。从狭义来说,指的是"使用土地来种植人们想要种的作物"[4]。由于农民于土地上的劳作时间和农作物的自然生长时间并不一致,农业生产便有了"劳动时间"与"生产时间"的区分。马克思指出:"在农业中,劳动期间较长,同时劳动时间和生产时间又有巨大的差别。"关于生产时间,马克思认为"劳动时间始终是生产时间",但生产时间"并不因此也必然都是劳动时间"。由于投入农作物的劳动时间小于农作物的生产时间,因此,农业生产过程中存在着人力投入劳动的中断,这里的中断,与劳动时间的长短无关,而是"受产品的性质和产品制造本身的性质制约的那种中断"。在此中断

---

[1] 小田:《风土与时运:江南乡民的日常世界》,中国社会科学出版社2020年版,第71-104页。
[2] 《农村》,《申报年鉴》1933年年刊卷,第915页。
[3] 冯紫岗:《嘉兴县农村调查》,国立浙江大学、嘉兴县政府印行,1936年版,第195页。
[4] 费孝通:《江村经济:中国农民的生活》,商务印书馆2001年版,第140页。

期,"劳动对象受时间长短不一的自然过程的支配,要经历物理的、化学的、生理的变化,在这个期间,劳动过程全部停止或者局部停止"。马克思以农作物的生产为例,指出了这种特点,在农作物的播种和收获之间,"在大部分生产时间内只是间或需要追加劳动"[1]。这实际上指明了受农作物生长周期和自然规律的限制,在农业生产中,农作物的生产时间大于农民所投入的劳动时间。因此,农民的生活有忙闲之分,这是农业社会的普遍现象。

从具体的区域来看,由于气候的不同、农作物种类的差异,不同区域的农民在农业生产活动的忙闲上会有差别。一般说来,中国南方的稻作地区,农忙的时节是每年三月至十月约八个月,即自下种到收获之间;农闲时节是每年的一月至二月、十一月至十二月,约有四个月。这是就农业生产的季节而言的。一年之内固然有忙有闲,即在一月或一日之内,亦劳逸不定。如春季下种之后,秋收之前,农事生产并没有持续的紧张,再如雨天基本不能在田场劳作,节庆日休息娱乐,等等。因此,农村"一年既有四个月之农闲,一月一日之内亦间有余暇"[2]。

综上,农暇是农民在年度生活中,除农业劳作及必要的休息时间以外的冬春农闲和夏秋余暇。在此农事较少的时间里,农民所从事的生计活动、休闲娱乐以及社区事务等就是所谓农暇生活。

三、江南乡村生活史研究的回顾与前瞻

江南史研究的成果汗牛充栋,蔚为壮观,学术界也已有比较系统的文献梳理,为免赘述,我们择几位代表性学者的成果综述进行介绍。陈忠平、唐力行主编的《江南区域史论著目录(一九〇〇—二〇〇〇)》[3],对百年以来江南区域史的研究成果进行了细致而系

---

[1] 马克思:《资本论》第2卷,《马克思恩格斯文集》第6卷,人民出版社2009年版,第266、267、270页。
[2] 杨时明:《农村手工业与农民生活之关系》,《现代读物》1945年第10卷第3/4期。
[3] 陈忠平、唐力行主编:《江南区域史论著目录(一九〇〇—二〇〇〇)》,北京图书馆出版社2007年版。

统的辑录，是一本研究江南区域史的重要的工具书。范金民撰写的《江南社会经济史研究入门》，涉及理论方法、区域开发与经济发展、农业经营、水利兴修、赋税徭役、手工行业、城镇经济、商业贸易与商品市场、会馆、公所、商会与商人商帮、资本主义萌芽、人口问题、士习民风、家族宗族、生活与消费、园林与旅游、江南区域内外比较等江南史研究所涵盖的所有大的主题，并对江南史研究的代表性著作进行了学术研究路径的示例。[1]这既是宏阔严谨的学术综述，也是一本实用的江南学入门指导书。王家范主编的《明清江南史研究三十年（1978—2008）》一书中的"发言实录"，学者们对江南史研究的缘起、主题、范围、前景等方面的探讨，为江南史研究的主题提供了丰富的背景知识，对于读者认识江南史的发展脉络具有很高的参考价值。一些前辈学人的文章也对江南史及相关专题进行了文献综述，如陈学文《筚路蓝缕的三十年——明清江南史研究的回顾与展望》，对改革开放30年间（1978—2008）明清江南史的研究进行了回顾与总结，对江南史研究的学者及其贡献和代际传承进行了介绍与评价。陈江从生活风尚、生活状况、生活事项三个方面对20世纪80年代以来的江南社会生活史的研究进行了回顾，并从时段扩展、研究方法、研究对象等方面对江南社会生活史研究的方向进行了展望。吴建华对江南人口社会史研究的范围与方法进行了探讨。徐茂明对明清江南家族史的研究进行了回顾与展望。[2]段本洛、单强从经济、政治、文化等多角度考察了江南乡村从传统到近代的变迁，重点论述了商品经济和手工业发展对江南乡村自然经济解体的作用和近代江南乡村现代化进程发展缓慢的根源。[3]小田则从乡民日常生活的角度，对近世以来江南乡村史的研究领域进行了选题归类和研究检讨。研究的选题，择其大端有以市镇为中心的乡村经济社会考察，以

---

[1] 范金民：《江南社会经济史研究入门》，复旦大学出版社2012年版。
[2] 陈学文：《筚路蓝缕的三十年——明清江南史研究的回顾与展望》；陈江：《江南社会生活史研究的回顾与展望》；吴建华：《明清江南人口社会史研究的范围与方法刍议》；徐茂明：《明清江南家族史研究之回顾与展望》；周保明、王应宪整理：《"海盐会议"发言实录》。参见王家范主编：《明清江南史研究三十年（1978—2008）》，上海古籍出版社2010年版。
[3] 段本洛、单强：《近代江南农村》，江苏人民出版社1994年版。

小农经济为焦点的农家经济结构分析,近代江南的农事节律、村妇生活、社会风气、社会结构、信仰和休闲七个方面。在研究检讨方面,小田认为:过往的江南乡村社会史研究存在重视宏大结构考察,而忽略微观角色;凸显非常角色,淡化日常角色;理论抽象提纯多,生活具象刻画少;集成史料较多,散落史料裒辑少;以及江南的区域空间模糊等偏向,且进一步对江南乡村史特别是乡村日常生活史研究进行了反思并提出了新的研究视角。[1] 胡勇军从土地与租佃制度、生产结构与乡村经济、乡村市场与乡村金融、社会流动与社会控制、乡土生活与城乡关系、乡村教育与建设、生态环境与公共卫生、民间信仰、社会习俗、乡村聚落、研究方法等方面对近代江南乡村史的研究做过较为详细全面的综述。[2] 郝佩林从日常生活时空、乡村休闲生活、乡民信仰观念三个方面回顾了近代江南乡村生活的研究,触及了江南乡村史研究的日常转向。[3]

上述研究成果对本文论题的开展均具有重要的借鉴意义。在此基础上,笔者从历史研究的基本维度(主体、时间、空间、事件)出发,对近代江南乡村史研究的乡村民众、乡村生活、日常空间、民众观念、乡村叙事五个维度进行梳理回顾,从而进入近代江南农暇生活的相关主题。

(一)江南乡村民众

历史由人类活动所构成,"全部人类历史的第一个前提无疑是有生命的个人的存在"[4]。梁启超在论述历史的意义及范围时强调:"人类为生存而活动,亦为活动而生存……凡活动,以能活动者为体,以所活动者为相。史也者,综合彼参与活动之种种体与其活动所表现之种种相,而成一有结构的叙述者也。"总体而论,"活动之总成绩及其因果关系……非一个人一事业成功失败之谓,实乃簿录全社会之作业而计其总

---

[1] 小田:《风土与时运:江南乡民的日常世界》,中国社会科学出版社2020年版,第41-60页。
[2] 胡勇军:《近三十年来近代江南乡村史研究的回顾与思考》,唐力行主编:《江南社会历史评论》第5期,商务印书馆2013年版。
[3] 郝佩林:《苏州评弹与近代江南乡镇生活》,苏州大学博士论文,2018年。
[4] 马克思、恩格斯:《德意志意识形态》,《马克思恩格斯文集》第1卷,人民出版社2009年版,第519页。

和"。具体言之,"历史上大圣哲、大英雄之出现,大战争、大革命之经过,是其类也"。与此同时,"匹夫匹妇日用饮食之活动皆与有力焉,是其类也"。[1]将历史研究的对象由精英人物扩展至普通民众,并从总体历史的视角对平民历史赋予重要地位。20世纪快速发展的社会史开拓了多层面的研究领域,"这个领域对社会各个阶层的人、对所有历史环境和生活范围内的所有空间的人都产生了兴趣"。[2]江南乡民由此进入历史学者的视野,乡绅、佃农、农夫、农妇、流民、湖匪等普罗大众成为史学研究的对象,以人物为中心,衍生了共同体中的家族(家庭)关系、人神关系、邻里关系、主客关系、租佃关系等。

在乡绅研究方面,徐茂明注意到,传统的江南士绅研究多集中于揭示他们的政治角色和经济地位,于是他另辟蹊径,利用"文化权力"概念,立足于大、小传统之间的关系,着重探讨江南士绅群体在国家与民众之间的社会角色。徐茂明深刻揭示了江南士绅与社会基层组织的关系,深入书院、乡约、义庄、社仓等组织的运行机制中,提示江南士绅所发挥的规范社会文化秩序的功能;同时还分析了19世纪60年代后江南社会秩序危机以及江南士绅在秩序重建中的建树。[3]吴滔将目光聚焦在清代吴江地区的士绅,从士绅居所的变动透视士绅生活空间的变动对乡村社会的影响。[4]小田则从实际生活的过程出发,分析了江南地区地主与佃户关系的日常样态。在传统的阶级结构分析中,地主阶级与农民阶级是两个对立的阶级,但在深入乡民的实际生活过程中,"抽象的社会阶级结构分析难以在现实日常生活中奏效"。近代江南乡间,租佃双方,"无论是平素维持,还是一时变故,只是不同个性的地主及其代理人(催甲)与自身生活交往的一部分,而与作为一个利益集团的地主阶级的劳动占有关系不大,是为租佃关系的日常意识"[5]。在近代江

---

[1] 梁启超:《中国历史研究法》,上海人民出版社2014年版,第5—6页。
[2] 小田:《风土与时运:江南乡民的日常世界》,中国社会科学出版社2020年版,第13页。
[3] 徐茂明:《江南士绅与江南社会(1368—1911)》,商务印书馆2004年版。
[4] 吴滔:《清代江南市镇与农村关系的空间透视——以苏州地区为中心》,上海古籍出版社2010年版。
[5] 小田:《论租佃关系的日常性状——基于20世纪30年代苏州"打催甲"的考察》,《近代史研究》2018年第1期。

南乡村，从事日常生产活动的除了自耕农与佃农外，还有为数较多的乡间小地主，他们在乡村共同体关系中起着重要的纽带作用。承载、姚浦记录整理了姚榜义（生于1919年）对过往家庭日常生活的回忆，生动描述了乡间小地主的物质与精神生活。在物质生活方面，他们靠自家土地收入即可维持温饱以上的生活水平，相较于乡村无地或少地的农民，生活相对宽裕，但比起占有更多土地甚至在城市有大量投资的地主，还远远够不上富裕的水准；在精神生活方面，因长期受江南文化风气的熏陶，具备了结构文化的基本条件和能力，小地主往往比无地或少地的农民多一份受教育的机会，有的更直接参与了本地的乡村文化教育事业，但比起世家大族的社会影响，还逊色不少。口述者以其亲身所经历的家庭和社会生活为依据，叙述了近代以来一个江南小土地占有者家族的日常生活。[1] 在江南居乡地主的生活研究中，具有一定的典型意义。

在近代江南乡村，除了以土地为生活中心的地主、佃户等农民群体外，还有因时代变迁而产生的大量的流民、匪民等边缘群体。刘平从地理环境与经济背景、太湖枪匪与淮军流入、辛亥时期的社会动乱三个层面分析了清末民初太湖匪民形成的原因，继而考察了太湖匪民的土客各帮，进而对其活动特点、营生方式、对当地社会的危害，以及地方政府会剿的办法进行了描述。其分析的笔墨虽然更偏重整体分析，但在文章引用的大量史料中，可以窥见近代活动于太湖地区的匪民这一特定群体的生活日常。[2]

生活贯穿于生命历程的各个阶段，人们的日常生活构成了生命史的涓涓细流，最终汇入人类历史的长河之中。从近代江南乡村史研究涉及的人物类型来看，妇女生活史的研究颇受关注。关于近代江南乡村妇女的日常生活，学者们对乡村妇女的生存状态与社群关系进行了多角度的考察。在男女分工方面，王加华探讨了农家生产与生活过程中，男女分工合作共同维持家庭经济的运转，男女由于性别差异导致的生理条件的不同，在农家生计中进行着适当的分工：男性身强力壮，适合从事繁重

---

[1] 姚榜义口述，承载、姚浦记录：《近代江南小地主的日常生活（一）——武进郑陆桥姚家头姚氏家史》，《史林》2007年增刊。
[2] 刘平：《清末民初的太湖匪民》，《近代史研究》1992年第1期。

的体力劳动；女性相对纤弱却心灵手巧，适合从事技术性强而又细腻的工作。一般来说，耕田犁地等大田的劳作由男子承担，家庭手工业生产则由女子承担了更多的工作。[1]

在乡村民众的日常权利方面，王仲指出，近代江南妇女们的养蚕和棉纺收入为家庭完赋纳税做出了很大贡献，有些家庭的生计也获得了改善。江南妇女经济上的自立使她们的社会地位也大有改观，具体在风俗上的反映表现在妇女服饰敢于追求新鲜；女子出嫁时，父兄多索要彩礼，以补偿女子出嫁后家中的经济损失。另外妇女们也敢于参加集体活动，参加庙会和冶游。[2]张佩国通过大量的农村经济史料、民事刑事案卷史料，联系妇女的社会身份和家庭角色，吸收经济史、社会史、法制史和妇女史等领域的学术积累，考察乡村妇女在家庭生活中缺失或薄弱的环节——财产权："在近代江南乡村，尽管妇女对家庭生计有着重要的贡献，但家产的男系传承原则使她们基本上没有财产权可言。"[3]王卫平考察了清代江南乡村地区针对妇女的逼醮、抢醮的问题，认为这一现象"与江南对妇女再婚问题的宽容态度有关，与乡村的贫困以及男女人口比例失调也密不可分"[4]。

在村妇的日常地位方面，小田、张帆考察了一项特殊的妇女兼业活动——女轿夫的日常生计活动，勾勒了近代平民女性的"日常地位"，提出从特定共同体中体现"妇道"的村妇名声，村妇兼任多种劳作而获得的家庭收入，家庭关系中村妇决定自身权利和义务的主体资格等，构成了影响平民女性日常地位的诸多变量。除了女轿夫，在妇女日常史的书写上，小田还刻画了江南乡村另一边缘群体——乡村女巫，考察分析了她们在近代以来的日常遭遇：一方面备受普通民众，尤其是江南村妇的崇奉；另一方面，在政权—知识精英那里却遭到例禁。女巫处在"文明大世界"与"传统小世界"两个世界的不同境遇之中。因此提出乡村

---

[1] 王加华：《被结构的时间：农事节律与传统中国乡村民众年度时间生活——以江南地区为中心的研究》，上海古籍出版社2015年版，第195页。
[2] 王仲：《明清江南农业劳动中妇女的角色、地位》，《中国农史》1995年第4期。
[3] 张佩国：《近代江南乡村妇女的"财产权"》，《史学月刊》2002年第1期。
[4] 王卫平：《清代江南地区社会问题研究：以逼醮、抢醮为例》，《史林》2003年第3期。

的"日常逻辑应该在日常世界里理解",传统力量的逐渐打破,"不仅来自大世界的文明程度,也在于缩短两个世界的距离"[1],为近代乡村妇女史的日常书写提供了一个新的视角。

囿于史料和视角的限制,儿童的生活世界比较少地进入史学研究者的视野,而漫画则成为这一主题的史料载体。在近代江南乡村,丰子恺以细腻的艺术方式将乡村儿童日常生活的琐屑与微末定格下来。小田利用这一特殊史料发现:"与成人世界不同,生活于特定社群中的儿童,熨帖着亲属和邻里关系,少受自然的支配和社会习惯的束缚,由其本真的生活激活出无限的创造性……透过往昔儿童生活场景,可以依稀发现一个历史时段儿童的生活方式、区域特色、时代特征以及演变痕迹。"[2]

形形色色的乡民不是孤立地存在,而是在一定的共同体中生活,"血缘共同体—地缘共同体—精神共同体",无论从时间上还是空间上来讲,"都保持着最紧密的联系",与此对应而衍生出人与人之间的"亲属关系—邻里关系—友谊",在乡村社会成为本质的统一体。"血缘共同体发展着,并逐渐分化成地缘共同体;地缘共同体直接体现着人们共同居住在一起,它又进一步地发展并分化成精神共同体。"[3]家族(家庭)关系、人神关系、邻里关系、主客关系、租佃关系等是近代江南乡土共同体关系的具体呈现。小田以近代徽州仁里的花朝会为例,分析了传统乡土共同体中的人神关系、家族关系、邻里关系的构建方式;以蒋梦麟早年生活的浙江余姚蒋村为例,说明了乡民共同体存在空间维度上的地方性;而以发生在苏州东乡的"打催甲"事件,揭示了租佃关系的日常性及其实质意义。[4]王振忠以稿本《开检可观》为例,考察了晚清至民国时期徽州群际关系的变化与祁门农村的日常生活及乡村治理。[5]

---

[1] 小田、张帆:《论平民女性的日常地位——基于民国时期苏州轿妇案例的研究》,《北京社会科学》2015年第2期;小田:《论江南乡村女巫的近代境遇》,《近代史研究》2014年第5期。

[2] 小田:《儿童生活往昔:丰子恺作品之社会史考察》,《史学月刊》2006年第10期。

[3] 斐迪南·滕尼斯:《共同体与社会》,张巍卓译,商务印书馆2019年版,第87页。

[4] 小田:《风土与时运:江南乡民的日常世界》,中国社会科学出版社2020年版,第190-228页。

[5] 王振忠:《晚清民国徽州的日常生活与乡村治理——以稿本〈开检可观〉为例》,《安徽大学学报(哲学社会科学版)》2020年第1期。

生活在地域社会中的乡村民众及其相互之间的基本关系，反映了乡村民众日常交往的基本模式。

（二）江南乡村生活

乡土生活根植于日常经历。就本质而言，"历史的主要部分本就应是这些衣食住行、日常生活的记录和记述"[1]。普通民众的生计、娱乐、信仰、家庭生活等日常生活过程成为江南乡村生活研究的主要关切。

制约日常生活模式及其状态的社会制度，受两种生产的制约，"一方面受劳动的发展阶段的制约，另一方面受家庭的发展阶段的制约"[2]。具体到江南，早在20世纪60年代，傅衣凌等经济史家就开始关注宋元以来江南市镇的勃兴以及新的经济因素对乡村手工业的发展与乡民生计的影响。[3]段本洛在考察近代苏南多层次的工业结构时注意到，近代中国的工业经济发展严重不平衡，城市资本主义机器工业微弱，乡镇上广泛存在工场手工业和个体手工业，广阔的农村还是家庭手工业与小农经济紧密结合的自然经济状态。[4]乡民的农暇生计模式与这种外部结构息息相关，传统生活模式在近代江南乡村依然根深蒂固。李伯重对明清以来江南农作物的集约化，农业资源的利用，工农业生产中的肥料、燃料及其动力等方面的关注，[5]提醒我们注意与生活史研究相关的生产力发展的程度。

在农家生计结构方面，小田从市场主体、市场要素等方面考察了近

---

[1] 李泽厚：《历史本体论》，生活·读书·新知三联书店2002年版，第24页。
[2] 恩格斯：《家庭、私有制和国家的起源》，《马克思恩格斯选集》第4卷，人民出版社2012年版，第13页。
[3] 傅衣凌：《关于中国封建社会后期经济发展的若干问题的考察》，《历史研究》1963年第4期。
[4] 段本洛：《历史上苏南多层次的工业结构》，《历史研究》1988年第5期。
[5] 相关研究见李伯重：《明清时期江南水稻生产集约程度的提高——明清江南农业经济发展特点探讨之一》，《中国农史》1984年第1期；《"桑争稻田"与明清江南农业生产集约程度的提高——明清江南农业经济发展特点探讨之二》，《中国农史》1985年第1期；《明清江南农业资源的合理利用——明清江南农业经济发展特点探讨之三》，《农业考古》1985年第2期；《明清江南工农业生产中的燃料问题》，《中国社会经济史研究》1984年第4期；《明清江南工农业生产中的动力问题》，《浙江学刊》1986年第4期；《明清江南肥料需求的数量分析》，《清史研究》1999年第1期。

代江南特种产品的生产经营和市场流通，认为江南特种产品最直接的经济效益是扩大了农民的就业机会，提高了农民的收入，解决了"过密化"的农业里农民的隐形失业，实现了农业劳动力的转移，增加了社区经济总量。[1]马俊亚认为，受经济形势的影响，在20世纪二三十年代的江南地区（苏南、浙北地区），原来从事育蚕、制丝和耕作的"副业+手工业+农业"相结合的农家经济结构，演变成单纯的养蚕育蚕与耕作相结合的"农业+副业"型经济结构。[2]曹幸穗提出，由于苏南地区的农民家庭耕种面积狭小，多数农户家庭已不能从土地上获得最基本的生活资料，因而必须从农耕之外寻求收入来源。与此同时，"近代工商业的发展，既刺激了传统的自给性家庭副业转向商品生产，又为农村剩余劳动力进入城镇谋生提供了多种多样的工作机会"[3]。因此，旧时苏南乡村的副业相当兴盛，并形成了许多相对集中的生产类型，如棉纺业、蚕业、渔业、编织业等家庭手工业或兼业，都是由传统副业转向商品性生产的类型。此外，"一些临近城郊的村庄，工商业的收入已在农家经济中占有重要的地位"[4]。彭南生从经济学的比较利益视角出发，认为乡村家庭经营过程中的比较优势决定了农家经营的结构，他以长三角等区域的史料为例，论证了近代农家经营模式中，"农工结合"始终是最主要的模式。[5]这种结合在部分受近代化影响较大的乡村地区尤为明显，存在着介于传统手工业与大机器工业之间的"半工业化"现象。不仅如此，"农业生产的季节性也是促使农民在农闲时节大量投入手工业生产的因素"[6]，在农事较少的农闲季节，如能获得一些农业之外的收入，对于农民们来讲也是非常乐意的。"在这种时候农民大多不计较自己的劳动力成本……只在农闲季节从事生产的手工业，大多在农民家

---

[1] 小田：《近代江南乡村特种产品经济论》，《近代史研究》1996年第5期。
[2] 马俊亚：《用脚表述：20世纪二三十年代中国乡村危机的另类叙事》，《文史哲》2016年第5期。
[3][4] 曹幸穗：《旧中国苏南农家经济研究》，中央编译出版社1996年版，第231-232页。
[5] 彭南生：《论近代中国农家经营模式的变动》，《学术月刊》2005年第12期。
[6] 彭南生：《半工业化：近代中国乡村手工业的发展与社会变迁》，中华书局2007年版，第187页。

庭中处于副业地位，它的存在依然壮大了农村手工业的经济力量。"[1]此外，还有一种情形，"农民手工业者在农业淡季受雇于手工业较发达的地区，以赚取工资收入，它的存在则在很大程度上推动了农村手工业向着半工业化方向的发展"[2]。王加华从农事节律的角度考察了近代江南农家的经济生活，包括农家副业生产、商品贩卖、进城务工、肥料准备、农具修理、水利兴修等农闲时期的生计活动。[3]

在家庭生活方面，乡村市场和农家日常消费的考察，具体反映了乡村民众经济生活水平和生活状况。黄敬斌对清初至民国时期江南居民的食品、服饰、住房、燃料、交通、婚丧、娱乐、节庆、教育、卫生等衣食住行方面的日常开支进行了量化的分析与考察，得出的结论质疑了江南经济的"糊口论"。[4]王振忠通过清代《天字号阄书》的文本分析，指出了徽州乡村日常生活尤其是涉及经济生活时，乡民们有着浓厚的契约意识。这与徽州地区的商业传统相关。[5]张佩国认为，"要对农民的日常生活有一个正确的认识，首先就要真正地贴近农民，展示他们的日常生计，设身处地地考察农民生活于其中的社会历史场景"。从家庭的承继关系来看农家的生活，近代江南地区的农民在有限的土地资源和经营规模条件下，普遍选择副业和兼业，除了经济因素之外，"更重要的原因在于家庭人口的再生产需要和宗祧继承的家族伦理观念……在当时特定的社会历史空间中，江南农民的家庭生计只能是这样的一种境况"。[6]

乡民的休闲生活与他们的信仰有很大的关联。赵世瑜、小田等对江南庙会的考察、蔡丰民对江南民间社戏的勾勒、日本学者田仲一成对江南民间信仰的关注都不同程度地涉及乡村社会的信仰，以及在此基础上

---

[1][2] 彭南生：《半工业化：近代中国乡村手工业的发展与社会变迁》，中华书局2007年版，第187页。
[3] 王加华：《被结构的时间：农事节律与传统中国乡村民众年度时间生活——以江南地区为中心的研究》，上海古籍出版社2015年版，第52-67页。
[4] 黄敬斌：《民生与家计：清初至民国时期江南居民的消费》，复旦大学出版社2009年版。
[5] 王振忠：《清代一个徽州小农家庭的生活状况——对〈天字号阄书〉的考察》，《上海师范大学学报（哲学社会科学版）》2006年第1期。
[6] 张佩国：《近代江南的农家生计与家庭再生产》，《中国农史》2002年第3期。

衍生的乡民休闲问题。赵世瑜在考察传统妇女的休闲生活时指出："在明清时期，妇女可以借口参加具有宗教色彩的种种活动，以满足她们出外参加娱乐性活动的愿望"，这样，"宗教活动与闲暇娱乐活动就发生了联系"。[1]小田通过考察江南流传的竹枝词时也发现，江南乡民的许多休闲活动实际上是与信仰生活二位一体的。[2]蔡丰民就江南民间社戏的历史渊源、主要类型、演出功能、宗教色彩、社会基础、班社组织和演出习俗等戏剧活动的各方面进行了具体勾勒。[3]日本学者田仲一成曾以华南地区的祭祀戏剧演出为例探讨了宗族与戏剧之间的关系，作为比较，作者一直会涉及民国时期江南的乡村戏剧。通过细部考察，作者指出：作为一种社会制度，中国乡村的祭祀戏剧发挥着强化和维系农村社会组织的特殊功能。[4]

（三）江南日常空间

特定时代特定群体的实际生活范围，界定着他们的日常空间。布罗代尔强调，为了阐明历史瞬间的生活，"要全力以赴地通过空间和时间展示一种演变缓慢而又能揭示永恒价值的历史"[5]。在乡间时空里，"总是存在着进行日常生活的人。正是他的日常生活结合着他的空间"[6]。在江南长时段历史地理研究中，谢湜对11—16世纪太湖以东高低乡农田水利格局的形成与演变、聚落的变迁与土地的开发进行了论述，为太湖以东江南区域史的研究提供了长时段的历史地理基础。[7]吴滔、佐藤仁史考察了嘉定地区从明初到民国初年（14世纪到20世纪初）的地域社会史，对这一地区五百多年来的赋役财政制度的变迁以及

---

[1] 赵世瑜：《狂欢与日常：明清以来的庙会与民间社会》，生活·读书·新知三联书店2002年版，第259页。
[2] 小田：《竹枝词之社会史意义——以江南为例》，《学术月刊》2007年第5期。
[3] 蔡丰明：《江南民间社戏》，百家出版社1995年版。
[4] 田仲一成：《中国的宗族与戏剧》，钱杭、任余白译，上海古籍出版社1992年版，"中译本序"第3页。
[5] 费尔南·布罗代尔：《菲利普二世时代的地中海和地中海世界》第1卷，唐家龙、曾培耿等译，商务印书馆1996年版，第19页。
[6] 阿格妮丝·赫勒：《日常生活》，衣俊卿译，黑龙江大学出版社2010年版，第228页。
[7] 谢湜：《高乡与低乡：11—16世纪江南区域历史地理研究》，生活·读书·新知三联书店2015年版。

市场发育体系、市镇空间的历史进程进行了探讨，并指出直至近代，支撑这一区域社会关系自身的传统性依然被顽固地继承下来。[1]冯贤亮研究了明清时期太湖平原地区的环境（生态环境、生活环境、社会环境）与民生（日常生活），提出："太湖平原地区作为一个整体，其全貌可以视作一种景观，在明清两代数百年的变迁过程中，不断呈现不同的样式；其中产生的各种变化，都对人居环境或人们的生活与生产有着程度不等的影响"，反过来观察，"人对于环境的作用，与环境本身的变迁也不是割裂的，两者有着内在的紧密联系"。市镇与乡村，作为乡民生存的主要社会空间，也发生着一系列变化。"这些变化与自然地理背景的变革，不断重塑着太湖平原，引起整个环境的重新刻画。"[2]朱海滨以学术、风俗、方言、戏剧等文化领域为突破口，对宋元明清时期浙江地域的文化形态展开了具体而深入的分析，解剖其形成、发展、成熟的自然与人文背景。[3]

围绕江南乡民日常生活的空间范围，学者们进行了个案的考察与群体分析。日本学者稻田清一将吴江汾湖乡居地主柳兆薰日记中的地名（包含其家人活动相关的地名、与亲朋好友活动的地名、信息传闻谈话中相关的地名）检索出来并分类统计，从其出现的范围和频次，论证并勾勒出以柳兆薰为代表的江南乡居地主日常生活的空间范围。[4]洪璞通过对《颐贞楼日记》《柳兆薰日记》的分析，考察了金明远和柳兆薰两位地主日常生活的活动范围，并对他们在乡居、镇居、城居期间活动的空间进行了比较，得出结论：地主在由乡居到城居的离乡过程中，出现了社会关系超越血缘、地缘关系而趋于复杂，经济活动更为多样，空间联系更为广泛等一系列变化。[5]吴滔以苏州吴江震泽地区的家谱和地

---

[1] 吴滔、佐藤仁史：《嘉定县事：14 至 20 世纪初江南地域社会史研究》，广东人民出版社 2014 年版，第 17 页。
[2] 冯贤亮：《太湖平原的环境刻画与城乡变迁（1368—1912）》，上海人民出版社 2008 年版，第 58 页。
[3] 朱海滨：《近世浙江文化地理研究》，复旦大学出版社 2011 年版，第 8 页。
[4] 稻田清一：《清末江南一乡村地主生活空间的范围与结构》，张桦译，《中国历史地理论丛》1996 年第 2 期。
[5] 洪璞：《明代以来太湖南岸乡村的经济与社会变迁——以吴江县为中心》，中华书局 2005 年版，第 260-282 页。

方志记载的士绅及中下层人士在城乡之间的频频迁移和双向流动,揭示了清代江南士绅的生活空间及对乡村社会的影响力。[1]在乡村妇女日常生活的空间方面,小田从实际生活的角度考察了近代江南村妇通过生计活动与信仰追求所呈现的日常生活空间。[2]

在乡民日常生活的空间结点上,市镇是乡民经济和文化生活的中心,樊树志对江南市镇的历史演变、空间格局、商业发展、市镇文化进行了全方位的研究,对市镇引领时代潮流、带动社会变革的原因进行了独到的分析,并对市镇空间蕴含的商业色彩、民间信仰、休闲娱乐、风俗民情等文化因素进行了具体入微的考察。[3]包伟民等学者以近代化为视角,考察了近代交通的发展对市镇的影响,尤其是在市镇周边乡民的社会生活、市镇的城镇化水平、市镇在近代文化传播中的地位等方面的影响。[4]

在近代乡民日常生活的时空关系上,小田认为,在传统农业社会,身体在场的首属空间仍然是传统社会绝大多数人活动的具体空间,在这种情况下,"沟通媒介也就相当于交通媒介",乡民日常生活的时间和空间因而具有统一性和共在性,在现代交通方式未普及的传统江南村落,"空间上的长距离总还意味着时间上的长距离"[5]。王加华以传统的农事生产活动为视角,认为江南乡民的生活时间受制于农事节律的结构性安排,主要农作物的农作时间是整个传统乡村时间生活中最重要也是最基本的时间体系,起到了一个"时间核"的作用,其他社会生活时间都依据其在整个社会实践体系中的位置而被依次嵌入这一时间轴上,从而形成一个完整的年度时间生活周期。同时,乡村民众的时间安排也因生活空间的不同而存在时段差异、阶层差异、性别差异。[6]

---

[1] 吴滔:《清代江南市镇与农村关系的空间透视——以苏州地区为中心》,上海古籍出版社2010年版,第232-267页。
[2] 小田:《近代江南村妇的日常空间》,《清华大学学报(哲学社会科学版)》2013年第2期;《论"社会时间"——依托于丰子恺笔下的村妇考察》,《河北学刊》2007年第2期。
[3] 樊树志:《江南市镇:传统的变革》,复旦大学出版社2005年版。
[4] 包伟民:《江南市镇及其近代命运:1840—1949》,知识出版社1998年版。
[5] 朱小田:《人类学方法在地域社会史研究中的应用——倾向于江南的案例》,《史学理论研究》2008年第3期。
[6] 王加华:《被结构的时间:农事节律与传统中国乡村民众时间生活——以江南地区为中心的探讨》,《民俗研究》2011年第3期。

近代以来，随着轮船、火车、汽车等新式交通工具的出现，加快了区域之间、城乡之间的流通速度，改变了传统生活的日常秩序。李玉提出："流动性不仅创造了前所未有的物质效应，还对国人的精神与心理产生了巨大影响。速度提升使近代国人'征服'空间的能力加强，在一定程度上空间已非传统意识中的'空旷'，而越来越变得可以参与，可以体验。"[1] 虽然新式交通工具对乡村的影响远滞后于城市，尤其是中心城市，但新交通工具的发展带来人们生活范围的延展，也一步步传导至传统的乡村。丁贤勇认为，近代新式交通的出现，"使人们开始确立科学的时间观念"。在他考察的近代江南区域社会中，"标准时间开始出现并逐步取代地方性时间，新式交通工具甚至成为某一特定时间的象征"。具体而言，"公路、铁路的建成，航道的开辟，给乡土社会带入了新的社会文化体系，使乡土社会呈现出多样性……新式交通改变了人们生活中的时间节奏"，在一定程度上缩短了人们日常生活的时空距离，扩展了民众生活的半径。[2] 戴鞍钢曾有系列论文关注近代上海与周边乡村的关系。他指出，受近代上海城市经济的促动，晚清上海周边农村的社会变动明显。受城市风气的影响，周边乡村固有的经济结构、思想观念、生活习俗和行为规范的束缚逐渐被打破，也为农业、手工业等传统经济模式的转型提供了契机、可能和比较平衡的途径，从而推动了这一地区的社会近代化进程。[3]

乡民的休闲活动也呈现着一定的时间节律与空间结点。从时间节律来看，一年之中的岁时节令与农闲时期，是农民休闲生活比较集中和频繁的时期。王加华对这一时间节律中的节日休闲生活进行了大体的归类与论述。[4] 从空间结点来看，乡民的休闲生活大多与庭院、祠庙、戏台、茶馆相关。家庭是乡民休闲生活的寓所，费孝通指出，休闲具有一定的社会功能，乡民们"在家中全家团聚的时间是在晚上，全天劳动完

---

[1] 李玉：《从速度的角度观察近代中国——以轮船、火车为例》，《暨南学报》（哲学社会科学版）2017年第11期。
[2] 丁贤勇：《新式交通与生活中的时间：以近代江南为例》，《史林》2005年第4期。
[3] 戴鞍钢：《晚清上海农村社会的变动》，《探索与争鸣》2002年第10期。
[4] 王加华：《被结构的时间：农事节律与传统中国乡村民众年度时间生活——以江南地区为中心的研究》，上海古籍出版社2015年版，第258-263页。

毕以后，大家聚集起来，家庭间的联系得到了加强，感情也更加融洽"[1]。小田考察了庙会的神圣性与凡俗性，从凡俗一端来看，休闲发挥着重要的"功能"。[2]与戏台相关的戏文演出，大多以酬谢神灵作为其开展的理由，但乡民在"看戏文"的过程中，以一种"休闲式的知识掌握的方式"，实现了身心的放松与思想的熏陶；而上茶馆闲谈、听书甚至赌博，则是茶馆休闲的主要方式。[3]郝佩林考察了江南民众于书场听评弹的休闲生活，认为听评弹是江南乡民重要的休闲方式，一定意义上"填充着近代江南乡民的日常休闲空间"，乡民们通过听评弹，满足着"精神享受，并以绵延四季的持续展演与江南乡民生活形成一种特殊的'律动'"。[4]王振忠则探讨了徽州民间普遍存在的朝山习俗，比较细致地刻画了徽州乡民朝山过程中的活动以及相关路程，揭示了徽州乡民的信仰生活及以此为基础的休闲活动的空间范围。[5]

（四）江南乡民观念

民众的观念往往源于其自身的日常生活。在江南乡村，历史传承基础上的现实生活及其经历塑造着乡民的日常观念。日常生活史"主要强调站在日常生活经历与体验的立场上观察历史、叙述历史"[6]。在乡村社会，乡民的日常经历与日常观念相互关联，即"生活决定意识"[7]。农民的观念和话语"全面地反映了乡村社会生活的实际过程"。张佩国认为，在乡村史的研究过程中，只有发掘乡村社会固有的乡土概念，"才能走进乡村社会历史的深处，最大限度地再现农民的历史主体性"[8]。

---

[1] 费孝通：《江村经济：中国农民的生活》，商务印书馆2001年版，第118—119页。
[2] 小田：《在神圣与凡俗之间——江南庙会论考》，人民出版社2002年版，第181—236页。
[3] 小田：《风土与时运：江南乡民的日常世界》，中国社会科学出版社2020年版，第285—361页。
[4] 郝佩林：《节日狂欢与日常"律动"：苏州评弹与近代江南乡土休闲节律》，《文化艺术研究》2018年第1期。
[5] 王振忠：《华云进香：民间信仰、朝山习俗与明清以来徽州的日常生活》，《地方文化研究》2013年第2期。
[6] 李金铮：《众生相：民国日常生活史研究》，《安徽史学》2015年第3期。
[7] 马克思、恩格斯：《德意志意识形态》，《马克思恩格斯文集》第1卷，人民出版社2009年版，第525页。
[8] 张佩国：《近代江南乡村地权的历史人类学研究》，上海人民出版社2002年版，"序"第3页。

日常信仰是乡民观念表达的方式之一，民间信仰"体现着民众的思维方式、社会结合、价值观念"[1]。王健从参与民间赛会的人群着手，结合方志、碑刻、文集等资料分别探讨巫觋、会首、衙役、女性等社会群体在信仰活动中的形象、角色、作用以及礼仪、诉求等，从细微处揭示了明清时期江南民间信仰在民众日常生活中的重要性。[2]樊树志分析了江南民间信仰产生的社会经济土壤："以民间信仰为形式的迎神赛会成为民众的狂欢节，而延续数百年，化作小传统中挥之不去的文化记忆。"[3]反映了民众观念依存载体的历史延续。

神话、传说、民间故事等民间文艺的流传与变迁成为反映乡民观念的另一种方式。小田以梁祝故事的流布为例，指出"作为历史素材的梁祝故事不仅仅是传说，还包括文献和实迹"。通过对传说故事与地方文献的梳理比勘，可以隐约发现民众思想的历史脉络："普通民众将传说、文献和实迹杂烩为一体，在梁祝故事的流布中，消解着日常生活的负面状态，表达着他们的生活追求，凸显着特定群体活着的意义。"[4]在揭示民众观念存续的机理上，小田通过近代江南"曹娥文化"的扩展分析，深度揭示了民众观念因日常生活而得以存续：从存活方式来看，"民众观念在口传和仪式等社会互动过程中自然呈现"；以思想资源而言，"民众观念主要以渗透于日常生活中的上层意识形态为取资对象，而这种意识形态常常被转换为民众时常接触、能够理解和接受的日常版本"；就社会基础而论，"类如孝义的民众观念颇为契合底层民众构建地方生活秩序的逻辑"。群体互动、日常版本和地方生活过程的有机结合，"构成近代以降民众观念存续的独特机理，体现了传统中国民众观念存续的一般性状"。[5]

---

[1] 滨岛敦俊：《明清江南农村社会与民间信仰》，朱海滨译，厦门大学出版社2008年版，第4页。

[2] 王健：《明清江南民间信仰活动的展开与日常生活：以苏松为例》，《社会科学》2010年第2期。

[3] 樊树志：《江南市镇的民间信仰与奢侈风尚》，《复旦学报》2004年第5期。

[4] 小田：《民众思想史的文艺支撑——以江苏宜兴梁祝故事的流布为中心》，《民族艺术》2012年第3期。

[5] 小田：《论民众观念的日常存续——基于近代"曹娥文化"的扩展分析》，《历史研究》2013年第4期。

(五) 乡村叙事：整体与日常

根据上面的分析，可以发现，在历史研究的维度上，近代江南乡村史有着明显的日常转向，但在构建日常要素的过程中，日常生活关注普通人年复一年、日复一日的生活细节，似乎呈现碎片化的状态。近来也有学者对此提出了警示，"全局性的碎片化，必然导致社会史'原教旨'的丧失"[1]。但从史学研究规律来看，"总是由宏观逐步走向微观和具体，大而化之的宏观和粗线条研究终究要被细致入微的精深和细部研究所取代……细部和微观研究是宏观研究的前提和基础"[2]。从发展进程来看，此一过程即社会史研究"否定之否定的过程"。这就呼吁史学研究者在构建日常生活全要素的基础上丰富社会史的整体视野。"通过弥补民众—日常生活事件的缺项，而与精英—政治事件交相辉映，形成历史研究的整体。"[3]按照整体史的叙事逻辑，江南乡村史的日常转向在以下几个方面仍有拓深的空间。

1. 日常史的理论自觉

实证研究要有理论自觉，清晰的日常生活概念是日常史研究得以开展的理论前提。匈牙利哲学家阿格妮丝·赫勒（Agnes Heller）认为，可以把"日常生活"界定为"那些同时使社会再生产成为可能的个体再生产要素的集合"[4]。究其实质，即是经典作家所指出的生活的生产和再生产："一方面是生活资料即食物、衣服、住房以及为此所必需的工具的生产；另一方面是人自身的生产，即种的繁衍。"[5]物质生活在日常生活中处于基础的地位，布罗代尔认为："所谓物质生活，无非就是人和物，物和人。研究物——包括食物、住房、衣服、奢侈品、工具、货币、城乡设施，总之，人使用的一切——并不是衡量人的日常生活的唯

---

[1] 刘平：《风生水起：中国社会史研究之演进》，《史学集刊》2018年第3期。
[2] 王玉贵、王卫平：《"碎片化"是个问题吗？》，《近代史研究》2012年第5期。
[3] 小田：《论社会史的整体性》，《河北学刊》2012年第5期。
[4] 阿格妮丝·赫勒：《日常生活》，衣俊卿译，黑龙江大学出版社2010年版，第3页。
[5] 恩格斯：《家庭、私有制和国家的起源》，《马克思恩格斯选集》第4卷，人民出版社2012年版，第13页。

一方法。分享地球富源的人的数量也有其意义。"[1]可见物质生活不单是物，更重要的是人与物的关系，即物的使用方式，或称物质生活方式。因此，日常史不仅应该"回到日常生活世界的衣食住行、饮食男女、婚丧嫁娶、生老病死、礼尚往来的具体活动，回到生活世界内在的价值、意义、传统、习惯、知识储备、经验积累、规范体系，等等"，更重要的是，"在日常生活层面上批判地考察每一时代每一文化中的个体是如何展开自己的消费、交往、思考和生存……还要考察生活世界内在的图式、知识储备、规范体系等是如何同社会公共生活和制度安排形成互动"。[2]在此基础上，形成整体的历史，是日常史在乡村叙事过程中应有的理论自觉。

2. 近代的侧重

20世纪50年代开始，江南史研究因资本主义萌芽问题的讨论需要而进入中国学者的视野，因支撑上述问题的基础资料的丰富性，关注的时段主要在明清时期，这种学术传统的延续，造就了明清江南史研究令人瞩目的学术成就，而关于近代江南史的研究则远逊于明清。王家范在《明清江南研究的期待与检讨》一文中指出，江南研究"多数止步于1840年前，延伸至晚清的不多，更少'入侵'到民国时期"[3]。应该说，近年来近代江南研究在理论与方法、论题与史料等方面有了很大的扩展，但这种状况未能有根本性的改变。因此，从时段上的整体性来看，江南史包括乡村史的研究应该在历史延续的基础上关注重视近代和现代。

3. 边缘江南的眼光

社会史强调历史的整体性，"整合的历史观时刻要求我们把一个社会看作一个整体，我们所做的一切就是要了解历史上的社会是如何结成一个整体的"[4]。唐力行提醒我们注意："整体不是局部相加之和，整

---

[1] 费尔南·布罗代尔：《十五至十八世纪的物质文明、经济与资本主义》第1卷，顾良、施康强译，生活·读书·新知三联书店2002年版，第28—29页。
[2] 衣俊卿主编：《社会历史理论的微观视域》，黑龙江大学出版社2011年版，第65页。
[3] 王家范：《明清江南社会史散论》，上海人民出版社2018年版，第238页。
[4] 赵世瑜：《小历史与大历史：区域社会史的理念、方法与实践》，生活·读书·新知三联书店2006年版，第36页。

体大于局部相加之和。"因此，当我们研究区域时，首先要将该区域的要素（局部）提炼出来，"从局部与局部以及局部与整体的互动中来揭示区域的整体特征"[1]。长时期以来，江南研究多注重于以太湖流域为中心的水乡江南。王家范概括指出，江南史的研究"多数偏好于狭小的太湖流域，江南成了只有'中心'而无层级、边缘推衍演进的'琼岛'，研究的整体意义大为减弱"。从区域的整体性来看，江南不仅是中心水乡，还有周边的山区和岛滩。小田认为，依据自然生态环境的不同，江南社会可厘定为三种基本类型："中部水乡、边缘山丘和东部岛滩"，其中，"东海岛滩生活以其迥然不同于其他生活形态的特性，戛戛成为一种类型"。并从生态环境、共同体日常生活的角度对江南岛滩的地域类型与社群生活进行了初步的探讨。[2]重视边缘江南，完善江南区域研究的整体性，应该成为近代江南乡村日常史研究积极探索的方向。

4. 研究资料的扩展与研究方法的借鉴

社会史的研究服务于再现过去的社会生活。"再现过去"，需要历史学"穿越时间进入另一个时代"，这种穿越，只能以一种"不在场的在场"的方式去接近自己的研究对象。[3]这就需要通过历史资料对过去进行解释，历史研究围绕"解释资料"，"包括文本、图像、统计资料等组织起来"。[4]"解释资料"的获取，一是查阅大量的文献，丰富相关主题的史料，二是所谓"回到历史现场"[5]，对研究资料进行扩展。然而当回到乡村生活的场景，就会发现文本史料的局限，"芸芸众生的'日常生活'甚至根本不被记录"[6]。而历史的书写"绝不是用叙述

---

[1] 唐力行：《结缘江南：我的学术生涯》，王家范主编：《明清江南史研究三十年（1978—2008）》，上海古籍出版社2010年版，第32页。

[2] 小田：《江南社会史研究中的东海类型——一个问题的引论》，《江苏社会科学》2015年第5期。

[3] 李里峰：《从社会科学拯救历史——关于历史学学科特质的再思考》，《江海学刊》2014年第6期。

[4] 安托万·普罗斯特：《历史学十二讲》，王春华译，北京大学出版社2012年版，第65页。

[5] 桑兵：《从眼光向下回到历史现场——社会学人类学对近代中国史的影响》，《中国社会科学》2005年第1期。

[6] 雷颐：《"日常生活"与历史研究》，《史学理论研究》2000年第3期。

写成的,它总是用凭证或变成了凭证并被当作凭证使用的叙述写成的"[1]。对于乡村生活史的研究者来说,不仅要利用好当地留存的村、镇、专业志等地方性资料,更要重视竹枝词、歌谣、戏曲、漫画、诗文、谱牒等可以作为"凭证"的另类史料,以及在方法上做好史料"去文学化""去艺术化"的工作。在研究方法上,需要借鉴包括人类学在内的其他学科的理论方法,更好地理解人们的日常生活,从而拓宽日常史研究的视野。但他学科的借鉴旨在探索学科问题,只有坚持历史学的本位,才能在解决问题的过程中不至于迷失自我。

四、本书的研究思路与结构内容

(一)研究思路

在研究思路上,本书侧重于近代江南乡村史研究的拓展,力图按照整体史的思路拓深日常史的研究,借鉴社会学和人类学方法,通过对近代江南乡民丰富多样的农暇生活进行具体刻画,展现农暇生活在乡民日常生活中的重要地位,表现生活关系的整体性,丰富底层民众的日常史书写,进而展示历史的日常样态。同时,近代江南乡民在农暇期间,通过生计活动、休闲活动、文化活动和公共活动等方式,在传统乡村小世界和外部文明大世界之间进行着互动,外部世界的变迁侵蚀或影响着乡民农暇时段的日常生活,这种互动关系展现了农暇生活的发展变迁与乡村近代性的成长。

(二)结构内容

在结构上,根据研究内容所涉及的主题,首先从学术史的回顾中提炼出研究问题;其次通过时空定位,确定江南农暇生活的空间格局和近代嬗变;再次分别从农暇生计、农暇消闲、农暇生活与乡村治理三个方面呈现乡民农暇生活的具体内容及对乡民生活、家庭生计的意义和对乡村社会的影响;最后探讨江南农暇生活的传统与变迁对乡村近代性成长的作用和影响。

---

[1] 贝奈戴托·克罗齐:《历史学的理论和实际》,傅任敢译,商务印书馆1986年版,第2页。

自然节律是农暇生活运行的基本依据。在农暇期间，近代江南乡民通过手工制作、家畜饲养、衣物置备、采集渔猎和修筑房屋等事务，满足家庭的基本生活需要；通过各种信仰仪式、日常交往、休闲娱乐以及商业贸易活动，打破封闭固定的生活模式，调节单调乏味的乡村生活。地域文化生态塑造着农暇生活的基本模式。数千年来，生息于水乡、山丘、沙地、岛滩等不同自然生态中的江南乡民，创造了各具特色的群体生活样态，而在农作物产上呈现出棉作区、蚕桑区、山货区和海产区等区别。近代江南农暇生活在空间上的结点主要有：与生产生活相关的农家庭院，与市场交换相关的集场市镇，与社交娱乐相关的村镇茶馆及其书场，与民间信仰相关的祠庙圣址，与日常出行相关的航船，等等。围绕着这些结点形成不同的地域农暇生活网络。

　　近代以来，外部世界的急剧变化不断影响着江南乡民的农暇生活，最明显的是，农暇时期的生计劳作逐渐与近代工业和世界市场发生了联系：一方面，部分传统手工业受近代工业的影响而逐步走向衰落；另一方面，与市场关联度较高的新手工业兴起，并与新的生产方式相结合，农暇生计活动呈现出新的特征。不过，缓慢发展的近代工业对农暇时期乡民就业的吸纳数量非常有限，近代江南乡间延续着传统的农暇生计方式，手工制造、贩售输运、渔猎樵采、农隙外出佣工等副业兼业活动，仍然是广大乡民在农暇时期获取生计资源的主要方式。乡民们利用农暇准备农家肥料、添置修理农具、进行虫害防治等，进行备耕工作。在农暇生计劳作中，男女根据生理特点和副业性质，通过适当分工，共同维持着家庭生计。

　　休闲娱乐既是乡民在繁重农活之后的身心需求，也是进行社会交往的重要方式。近代江南乡民消闲基本延续着传统娱乐形式。庙会和戏文有着悠久的历史传统。他们于农暇之时醵金请戏，通过戏文的搬演，加强了共同体内部的联系。流行于江南社会的苏州评弹，多以乡镇茶馆作为书场，适应着乡土江南的生活节奏，以农暇期间最为繁盛，成为乡民消闲的另一种方式。这样，戏台和茶馆构成乡村最为普遍的公共空间。农暇时期江南乡民的消闲往往与民间信仰活动联系在一起。迎神赛会中的乡民通过信仰仪式与公众游艺活动，在酬神娱神过程中也实现了娱人乐己的目的；农暇时的朝山敬香活动，既寄托了乡民的生活愿景，也兼具旅行与娱乐的功能。随着近代教育方式的传播以及乡村改良运动的推进，乡民们的娱乐方式发生了新的变化。参与新式体育活动、参加农艺赛会、观看展览会等活动，对于丰富乡民的休闲生活，发挥了一定的积极作用。

乡民于农暇时期参与公共事务既是实现社区互助的内在需求，也是外部势力利用农暇进行乡村治理，向乡间汲取人力资源，将权力渗透至乡间的方式。具体地说，一是共同体内部事务，如乡村自治保卫，村社内的修桥铺路、立碑建庙、祖先祭祀、水利建设等，乡绅在这一过程中起着组织和领导的作用；二是在外部力量组织和引导下参与的公共事务，如政府组织的兴修水利、架桥修路等公共工程，以及在社会力量引导下的乡村改良事务等。

从地方社群的近代农暇生活经历可以看出，江南乡民仍然生活在传统所构建的日常世界里，这从农暇生计的生活比重、农暇活动的类型、休闲活动节律等方面得到明显的体现。但在外部环境的影响下，某些近代因素不断渗入江南乡民的日常生活之中，进而推进了乡村社会的近代变迁。外部文明世界与地域社会的多重互动构成江南乡村近代生活成长的基本动力。

第一章 江南农暇生活的时空定位

法国年鉴学派史学家雅克·勒高夫声称:"作为史学家的研究对象,时间是一种整体的社会现象。它表现了根据不同社会、不同时代而以不同方式结合的各个方面,人们在研究历史时要予以揭示的,正是这一系列方面的结合及其变化。"[1]而历史过程(时间)只有在特定的空间中才能得到理解。[2]历史研究在于探究社会历史发展规律,要达到此目的,不能在一开始就进行宏观的考察,而应遵循一个基本的工作程序:"在一个相对稳定的时段内,对某一社会不同区域、不同社群的生活状态进行比较、归纳,以发现整个社会的生活状态共性",进而"将不同时段的社会生活状态进行比较,以发现前后社会生活状态的异同。这样一个在相当长的历史时期内的动态脉络,就是所谓的社会历史规律"。可以明显发现,"这一程序的前半段强调空间性,后半段重视时间性"。[3]对社群生活进行时空定位,是近代江南乡民农暇生活研究工作的起点。

---

[1] J. 勒高夫等主编:《新史学》,姚蒙编译,上海译文出版社1989年版,第285页。
[2] 赵世瑜:《在空间中理解时间:从区域社会史到历史人类学》,北京大学出版社2017年版,封底页。
[3] 小田:《江南场景:社会史的跨学科对话》,上海人民出版社2007年版,第7页。

第一节　江南农暇生活的近代嬗变

按照农业生产的规律，自农业社会形成以来，农事活动就有农忙与农闲之分，也就有相应的农事闲暇之生活。千百年来，江南乡民在农暇时期形成了丰富的生计、休闲及参与社区事务等活动，积淀成一定的传统并在近代有了新的发展。

一、江南农暇生活的传统底色

传统农业社会的农暇生活图景丰富，很早就形成模式，并历久相沿。《左传·隐公五年》记载："春蒐、夏苗、秋狝、冬狩，皆于农隙以讲事也。"此为农隙进行的狩猎和军事活动。《周礼》中论述的"至此农隙，而教之尊长养老，见孝悌之道也"，倡导于农隙期间，开展民众教育活动。统治者征发劳役一般也于农闲时期进行，明洪武元年（1368），"定法每田一顷，出丁夫一人，三年，置直隶、应天均工夫图册，每岁农隙，其夫赴京供役，每岁率用三十日，遣归"[1]。

农暇是乡民难得的休憩时机。南宋时居于江南乡间的陆游吟道："父老招呼共一觞，岁犹中熟有余粮。荞花漫漫浑如雪，豆荚离离未著霜。山路猎归收兔网，水滨农隙架鱼梁。醉看四海何曾窄，且复相扶醉夕阳。"[2]"饭余常贮新陈谷，农隙闲眠子母牛。"[3]这些都描绘了

---

[1] 黄坤、顾宏义校点：《顾炎武全集》13《天下郡国利病书》（一），上海古籍出版社2011年版，第636页。

[2] 陆游：《初冬从父老饮村酒有作》，钱仲联、马亚中主编：《陆游全集校注》（3），浙江教育出版社2011年版，第435页。

[3] 陆游：《农家》，《剑南诗稿》卷24，《续四部丛刊—集部—清别集》，汲古阁本。

农忙结束后，悠闲自在的农家生活。民众自发的公共工程建设，也在这一时期进行："冬休筑陂防，丁壮皆云集。"[1]农民于农闲之时集结起来，进行农田水利的建设。

日常史强调历史研究必须与民众生活的实际场景相参照，"对历史与现实生活解释的结合点并不依赖于已经设定的宏大理性框架，而是地方性知识的背景传承关系"[2]。在现实与历史的承继关系上，马克思指出："人们自己创造自己的历史，但是他们并不是随心所欲地创造，并不是在他们自己选定的条件下创造，而是在直接碰到的、既定的、从过去承继下来的条件下创造。一切已死的先辈们的传统，像梦魇一样纠缠着活人的头脑。"[3]就此而言，传统生活的样态是乡民农暇生活的底色。

（一）作为自给自足的生活

满足生计需求是农家日常生活的首要问题，马克思、恩格斯指出："人们为了能够'创造历史'，必须能够生活。但是为了生活，首先就需要吃喝住穿以及其他一些东西。因此第一个历史活动就是生产满足这些需要的资料，即生产物质生活本身，而且，这是人们从几千年前直到今天单是为了维持生活就必须每日每时从事的历史活动，是一切历史的基本条件。"[4]在农业生产之余，江南乡民根据外部环境和自身条件仍从事着诸多的劳作以补充家庭的生计。

以土地谋生的农作种植业是传统江南农民的主业，主要是集约化的粮食作物生产。几千年来，简单的农业生产方式是汉族人赖以生存的经济基础。"庄稼的悠久历史培植了中国的社会结构。其中的上层建筑，意识形态是用来维护这个经济基础的。"[5]辅助作物主要是经济作物，如

---

[1] 陆游：《农家》，宁业高、桑传贤选编：《中国历代农业诗歌选》，农业出版社1988年版，第301页。
[2] 杨念群：《中层理论：东西方思想会通下的中国史研究》，江西教育出版社2001年版，第40页。
[3] 马克思：《路易·波拿巴的雾月十八日》，《马克思恩格斯文集》第2卷，人民出版社2009年版，第470-471页。
[4] 马克思、恩格斯：《德意志意识形态》，《马克思恩格斯文集》第1卷，人民出版社2009年版，第531页。
[5] 费孝通：《社会调查自白：怎样做社会研究》，上海人民出版社2009年版，第29页。

蚕桑、棉花、茶叶、油桐等。在农家生计中,经济作物的经营包含了生产和加工两个基本的环节,生产环节显示了农业的特性,加工环节体现了手工业的特性。[1]由于生产力的限制和狭小的家庭土地占有以及由此决定的分散的农业生产经营规模,单纯的农业耕作,其收获并不能满足普通农家生活的需要;农业劳作的季节性特征,又使得农民在农事生产之外有较长时间的余暇。因此在这一时期,从事手工业副业或者兼做其他行业,赚取收入以补足生活之所需,成为农民的普遍选择。浙江临安乡村人口密度很高,"而农地之耕种指数不大",因此农户多以各种手工、贩卖等为副业。"农民百人中几有九十五人以上为兼业农",其种类有养蚕、缫丝、捕鱼、畜牧、养蜂、采薪、酿酒、造纸、工业、手艺、商业、小贩、摇船、扛轿、搬运、佣工、撑筏、杂业等。[2]苏州元和乡民,"其在暇日,或捆屦,或绚索,或赁舂,或佣贩,或撷野蔬以市,或拾人畜之遗以粪壅,都计十室之邑,鲜一二游手也,亦极治生之事矣"[3]。清代上海塘湾乡竹枝词《刈蒲》,生动描绘了农民利用农暇割蒲草、晒蒲草、编蒲包,自给之余卖蒲包换钱粮以改善生活的过程:"灿灿溪中蒲,及此七月熟。持镰刈水次,数把作一束。携归暴秋阳,务期日色足。做包盛棉花,欢欣满家属。或需易米盐,数只已称欲。秋稼尚未成,先期得饶沃。刈蒲庆丰年,相于饮醽醁。"[4]事实上,传统乡村所需的手工业品,基本为乡民于农暇利用乡村出产的原料所制造,在洋货出现以前,传统乡村之中,买卖的物品几乎均为农家出产的手工艺品。由于交通异常困难,旅辙所经,顺便购得一二著名特产,视为珍品,数量式微。"而一般制造手工品者,率利用农隙或家庭闲暇,从事于此。"[5]农暇手工业生产不仅与乡民的生活相关,也影响到一地区的乡

---

[1] 小田:《风土与时运:江南乡民的日常世界》,中国社会科学出版社2020年版,第76页。
[2] 浙江省建设委员会:《浙江临安农村调查》,正则印书馆1931年版,第64-65页。
[3] 陶煦:《租核》,李文治编:《中国近代农业史资料》第1辑,生活·读书·新知三联书店1957年版,第911页。
[4] 何文源等纂:《塘湾乡九十一图》(下编)《物俗》,清道光十四年(1834)钞本影印,《中国地方志集成·乡镇志专辑》(1),上海书店出版社1992年版,第194页。
[5]《发展各地产品与手工艺展览》,《大公报》(上海)1937年5月20日第2版。

风民俗。"在农村中,某地手工业若有适当的发展,则某地农民生活不但过得较为优裕,即其风俗道德亦必为朴实,盖其剩余劳动得到适当的应用。"[1]

在传统乡村,"农民家庭生产并加工绝大部分供自己以后消费的生活资料和原料"[2]。准备衣鞋、食品等家庭必需的消费品,是利用农暇满足生活自给的方式。衣鞋为乡民日常所需的生活资料,多于农隙置备。江南地区的农家于农隙纺织,以供家庭所需。常熟纺织工业历史悠久,在14世纪前,"乡间妇女在农隙之时,将树木和竹枝造摇车和布机之类工具,自己弹花,自己纺纱染色和织布,作为副业生产,解决衣着弥补生活困难"[3]。清代上海《续外冈志》记载:"土瘠则秋收必薄,故躬耕之家无论丰稔,必资纺织以供衣食,即我镇所称大户,亦不废焉。"[4]在旧时宜兴,"春蚕、秋收过后,长桥河里挤满了农船,农民上城添置新衣正是时候,店内生意繁忙。营业时间延至深夜12时"[5]。乡民穿的鞋,也多为农家自制,蒲鞋即为农民自制的生活用品之一。嘉庆《太仓州志》记载,太仓州农民,"农隙皆捆屦为业,邑农均赖焉,余则货诸他邑"[6]。江阴青阳镇农民在冬闲季节编草帘、草鞋、蒲鞋、草绳、脚荐自用。[7]

在饮食方面,在农闲季节,乡民饮食一般较农忙时简单。吴江黎里农民旧时饮食结构简单,"平时常年吃自种蔬菜,自制豆面酱。农忙时两干一稀,农闲时一干二稀"[8]。无锡前洲镇杨家圩,由于地势低洼,农民常年是产啥吃啥,稻上场,吃大米和稀饭,麦上场,吃面食。农忙季节,主食有稀饭、米粉、瘪子团等;农闲时瓜菜代,吃杂粮,有菜

---

[1] 杨时明:《农村手工业与农民生活之关系》,《现代读物》1945年第10卷第3/4期。
[2] 马克思:《资本论》第1卷,《马克思恩格斯文集》第5卷,人民出版社2009年版,第857页。
[3] 徐新吾主编:《江南土布史》,上海社会科学院出版社1992年版,第510页。
[4] 钱肇然:《续外冈志》卷1《风俗》,《上海乡镇旧志丛书》,上海社会科学院出版社2004年版,第10页。
[5] 杨晓方主编:《宜城镇志》,上海人民出版社1991年版,第276页。
[6] 王昶等纂:《直隶太仓州志》卷17《物产》,清嘉庆七年(1802)刻本。
[7] 季震宇主编:《青阳镇志》,苏州大学出版社1999年版,第169页。
[8] 杜培玉、陆廉德主编:《黎里镇志》,江苏教育出版社1991年版,第244页。

粥、菜饭、菜汤面、闷山芋、煮南瓜、高粱粥、糠麸拌菜等。[1]

为改善日常饮食，乡民常于农暇之时通过农产加工和渔猎采集等方式，备置日常所需的食品。一是加工特色食品。在江南稻作区，农民有农闲蒸谷米的习俗。江浙等省许多村镇区的乡民数千年来已有吃蒸谷米饭的习俗，直至民国时期，浙江长兴的乡村村民在空闲时候，还有自制蒸谷米的习俗。[2]苏州地区有腊月舂米习俗，"入腊，计一岁之粮，舂白以蓄诸仓，名曰'冬舂米'"。腊月舂米习俗源于农家生活经验，"春气动，则米芽浮起，米粒亦不坚，是时舂者，多碎而为粞，折耗颇多；冬月米坚，折耗少，故及冬舂之"。麦芽糖为江南地区乡民常食用的甜食，常熟、昆山、嘉善等地乡民于农闲熬麦芽糖，自食和售卖。"土人以麦芽熬米为糖，名曰饧糖，寒宵担卖，锣声铿然，凄绝街巷。"[3]年糕是江南地区过春节的必备食品，一般在冬季准备好，除了年节待客食用，一直储备到第二年农忙。民俗中二月二以隔年年糕油煎食之，谓之撑腰糕。农忙时间，则可用来充饥。清代苏州文人袁景澜辑录了和年糕相关的竹枝词："岁节村厨舂磨忙，黍糖蒸釜划成方。儿童袖手看风雪，并坐煨尝满灶香。"[4]

农家利用栽种的蔬菜自制盐菜，方法简便，且因食用方便又便于储存，在乡间较为常见。浙江嘉兴塘汇镇、玉溪镇及池西乡盛产咸菜。据20世纪30年代的调查，塘汇镇雪菜等出产，就已有数百年历史[5]。在苏州地区，"比户盐藏菘菜于缸瓮，为御冬之旨蓄，皆去其心，呼为'藏菜'，亦曰'盐菜'"。盐菜是农家餐桌常备的小菜，多于秋冬农闲时期制作，以备冬春新鲜蔬菜较少时食用。"吴盐匀洒密加封，瓮底春回菜甲松。碎剪冰条付残齿，贫家一样过肥冬。"[6]记录了苏州地区盐菜制作方法及盐菜在普通农家日常饮食中的作用。

---

[1] 张岳根主编：《前洲镇志》，江苏人民出版社2002年版，第503页。
[2] 《蒸谷米的制法》，《申报》1946年11月22日第10版。
[3] 顾禄：《清嘉录》，江苏凤凰文艺出版社2019年版，第290-292、294页。
[4] 袁景澜辑：《吴郡岁华纪丽》卷12《十二月》，江苏古籍出版社1998年版，第334页。
[5] 冯紫岗：《嘉兴县农村调查》，国立浙江大学、嘉兴县政府1936年编印，第133页。
[6] 顾禄：《清嘉录》，江苏凤凰文艺出版社2019年版，第282页。

二是通过渔猎采集，补助或改善日常饮食。清代上海塘湾乡竹枝词记载了乡民于农暇时摸蚬的活动："由食苦无资，摸此溪中蚬。夜来一饱尝，举家尽称善。"农暇时挑野菜拌饭的竹枝词："持刀陌上行，荠荠纷可爱。米贵饭艰难，半杂新挑菜。"描述农暇打鱼，乡民以此聚会，改善生活的活动："小溪环抱村周遭，游鱼出没纷牛毛。土人打鱼驾船至，网罗等笞群分操。上流数人运竿疾，故激溪水翻洪涛。群鱼被驱竞投网，一网直举千银刀。前船或邀漏网幸，后船网密嗟何逃。大鱼拨剌小鱼跃，渔舟满载鱼山高。日夕维舟呼聚饮，烹鲜沽酒欢朋曹。"乡民除聚众捕鱼之"众乐乐"外，还有利用农暇钓鱼的"独乐乐"。《渔父词》写道："极乐水云天，浮家阅岁年。一鲈新钓得，沽酒自烹鲜。"[1]苏州相城，"湖山环映，天然清旷"，乡民于秋冬农隙，"或设簖捕蟹，或结网罗鸷"。[2]民以食为天，乡民于农暇时期乐于从事食物的置备和食材的搜寻，反映了乡民闲暇生活的本真。

自烟叶传入江南，乡间民众吸烟逐渐普及，烟叶成了乡农必备的消费品。不少地区的乡民利用农闲，自己制作香烟以满足日常吸食。安徽歙县遂川的烟叶为农家自植，烟丝则雇工制作。"春种，夏秋收之成叶，以草绳旋而卡之，一绳满，悬之屋檐之下，一日有二三时辰日曝，而风则时时拂之，雨雪不侵，叶色由绿而黄，待色金黄、干燥之时趁农闲雇烟匠制之，以备正月馈客及明年自吸。"[3]

利用农闲修筑房屋，满足或改善日常生活居所，也是乡民农暇时期生活自给的活动之一。清代苏州文人袁学澜诗句"雨初封蛰放冬晴，畚锸人多聚语声，好趁农闲勤缩版，草堂新筑傍梅坪"[4]，描述了乡民利用农闲修筑房屋、改善居所的生活场景。

乡民生活的优劣，是视其收入与消费程度而定的。江南乡间，一个普通农家的收入一般有以下几个来源：农田里的主要作物；辅助作物；

---

[1] 何文源等纂：《塘湾乡九十一图》（下编）《物俗》，清道光十四年（1834）钞本影印，《中国地方志集成·乡镇志专辑》（1），上海书店出版社1992年版，第194-197页。
[2] 陶惟坻等纂，施兆麟辑：《相城小志》卷首《沿革》，民国十八年（1929）钞本。
[3] 煮石山人：《遂阳尘缘》（内部资料），2008年，第67页。
[4] 袁学澜：《适园丛稿》卷6，清同治十一年（1872）刻本。

家禽家畜；贩运；出卖劳力；乡土工业。在农家支出方面，大体有衣食住行、娱乐、宗教、医药等日常生活的维持费；婚丧等生命关节上的费用；保卫、社戏等社区公益费用；捐税；地租；灾祸、劫掠、敲诈、瘟疫等意外的打击。[1]其中，日常生活费用是农家支出的主要方面，根据满铁上海事务所对常熟县严家上村的调查，当时的农户年现金收入在百元左右，而平均生活支出即超过了60%（表1-1）。乡民的生活支出主要集中在食物、饮料、衣被服装等基本的生活需求上。

表1-1 常熟县严家上村55户农户平均生活费用（1938年）[2]

项目	金额/元	比率/%	说明
膳食工料费	28.10	44.52	以白米、蔬菜、油类、盐、肉类为主
嗜好品费	22.10	20.59	依次为酒、茶、烟草
被服费	10.38	16.45	大部分为衣服或布
婚丧费	4.31	6.82	
照明取暖费	4.22	6.68	大部分为灯油、火柴
医疗费	1.72	2.70	
什器费	1.12	1.78	
娱乐费	0.15	0.24	
其他	0.12	0.19	
合计	72.22*	100.00	

*说明：原文献合计金额似有误差，准确数据应为72.22元。

乡民为了维持生计和满足家庭开支，必须利用农暇时间，从事更多的兼业活动。江南农家将种植业、养殖业、手工业、贩运售卖、出卖劳力结合起来，通过不同季节、不同时段的劳动力分配，最大可能提高家庭收入，维持收支平衡。在此基础上，利用空余时间，着力于食物、衣鞋、居所等生活方面的维持和改善，是乡民于农暇时满足生活自给的基本方式。

[1] 费孝通：《申论乡土工业》，《大公报》（天津）1948年3月7日第2版。
[2] 常熟市档案馆编：《江苏省常熟县农村实态调查报告书》，承载译，中共党史出版社2006年版，第120页。

（二）顺应恒常的自然节律

人类生活与自然节律息息相关。马克思论述道："人靠自然界生活。这就是说，自然界是人为了不致死亡而必须与之处于持续不断的交互作用过程的、人的身体。所谓人的肉体生活和精神生活同自然界相联系，不外是说自然界同自身相联系，因为人是自然界的一部分。"[1]千百年来，江南乡民根据自然节律安排着农作生产与日常生活，根据季节更替和气候变化总结出了农事生产的关键节点，形成了指导农耕活动的时节体系。岁时节律的变化，决定了农业生产活动的忙闲。"农业里的忙闲是被农作物的性质所决定的。人们不能自由支配他们在农田上劳作的分量和时间。"农民种田与手工业劳动如织布不同，织布可以因杂务烦身而自主地休息或停一两天布机，或是因为货催得紧，赶一两天夜工，织出来的布还是一样。种田却不然，"他一步一步的工作都有期限，早不得，迟亦不得。拔苗助长固然犯忌，坐失农时，又要遭殃"[2]。自然节律决定了乡民的生产活动规律，与此同时，社会节律亦表现为时间纪律。"全部社会秩序通过一种特定的方式来调节时间的使用、集体和个体活动在时间中的分配以及完成这些活动的适当节奏，从而把自己强加于最深层的身体倾向。"[3]在社会史的研究过程中，"我们必须详细观察社会生活的常年节律，以及它与季节变迁中一切自然现象的相关"[4]。

以无锡张村为例，乡民在农历二十四节气的顺序中，依次开展的农事活动或辅助工作分别为立春：修桑树、搓草绳、菜加肥、孵子鸡；雨水：修桑树、扒河泥；惊蛰：加田岸、开灰潭、挑河泥；春分：桑田削草、桑田翻土、植桑秧、接桑树、麦田拔草；清明：种苋菜、割青草；谷雨：浸稻种、灰潭加工、种夏菜、收蚕；立夏：做秧田、戽水播谷、收油菜籽；小满：养蚕正忙、桑田翻土或削草；芒种：割小麦、拔蚕

---

[1] 马克思：《1844年经济学哲学手稿》，《马克思恩格斯文集》第1卷，人民出版社2009年版，第161页。
[2] 费孝通：《费孝通全集》第3卷，内蒙古人民出版社2009年版，第25页。
[3] 皮埃尔·布迪厄：《实践感》，蒋梓骅译，译林出版社2003年版，第117页。
[4] 拉德克利夫·布朗：《社会人类学方法》，夏建中译，华夏出版社2002年版，第185页。

豆、锄田、施肥、戽水、插秧、种梅菜；夏至：稻田除草、施肥、补失棵、添稻水、荡稻、种芝麻、种黄豆；小暑：荡稻、耘稻、捞草、添稻水；立秋：搁稻、扒河泥、拔稗草、添稻水；处暑：养秋蚕、扒河泥、添稻水；白露：蚕事正忙、添稻水、种秋白菜；秋分：割早稻、种冬菜；寒露：收晚稻、种麦、翻土；立冬：轧稻、种春菜、挑晒、垫猪窠泥；小雪、大雪：轧稻、牵磨、敲麦、撩草削麦；冬至：麦子敲锄、撩削并施肥；小寒、大寒同冬至。[1]这虽然是中华人民共和国成立初的调查，但是以人力、畜力为主要动力的传统农耕时代，农业生产体系和生产方式千百年来变化并不明显。一年中农事活动随着二十四节气变化呈现出连续性、渐变性的特点，乡民据此节律而安排着年度生产和生活。"无论时间'本身'是否可逆，日常生活的事件和例行活动在时间中的流向都不是单向的。'社会再生产'、'反复不断的特性'等等用语，展示了日常生活的重复性，展示了以不断逝去（但又持续不断地流转回来）的季节时日的交错结合为基础而形成的惯例。"[2]

春季，万物复苏。春节过后，春分农忙开始之前，乡民们仍然有较长的闲暇时间可以开展休闲和娱乐活动。在苏州，春暖花开时节，游玩天平、灵岩诸山者，络绎于途。虎丘山下，白堤七里，彩舟、画楫，衔尾以游。南园、北园，菜花遍放。"到处皆绞缚芦棚，安排酒垆、茶桌，以迎游冶。青衫白袷，错杂其中。夕阳在山，犹闻笑语。盖春事半在绿荫芳草之间，故招邀伴侣，及时行乐，俗谓之'游春玩景'。"[3]在放松休闲的同时，乡民们也在为春耕做准备工作：立春到惊蛰，为修桑树、搓草绳、扒河泥、加田岸、开灰潭等辅助性的农业生产活动；春分到立夏，桑田翻土、浸稻种、做秧田等农事活动正式开始。在农事稍闲的春季，乡民们根据地域环境的特点或生产生活和市场的需求，从事着家庭副业生产。苏州东桥的竹枝词记载："春雨绵绵人不闲，搓绳编箩织

---

[1] 华东军政委员会土地改革委员会编：《江苏省农村调查》（未出版），1952年，第93-94页。
[2] 吉登斯：《社会的构成：结构化理论大纲》，李康、李猛译，生活·读书·新知三联书店1998年版，第101页。
[3] 顾禄：《清嘉录》，江苏凤凰文艺出版社2019年版，第38页。

草鞋。"[1]到农历四月，进入春耕的大忙时节，"四月采茶茶叶黄，三角田中使牛忙；使得牛来茶已老，采得茶来秧又黄"[2]，充分描述了四月农忙的乡村景象。

夏季，万物繁盛。从立夏到夏至，戽水播种、收油菜籽、割小麦、锄田、施肥、插秧、添稻水，乡民进入一年中最为繁忙的季节。从夏至到立秋，稻田除草、施肥、耘稻、扒河泥、添稻水。这一期间，随着作物在夏季的快速生长，农民主要为作物的生长提供水分、肥料以及锄草等，农事活动相较耕种阶段要少，农民能够有间断的时间从农业劳动中脱离出来，在农隙稍事休闲和从事副业工作。

秋季，万物成熟。农民迎来繁忙的收获季节，从立秋到秋分，稻子渐趋成熟，乡民开始搁稻、拔稗草、添稻水、割早稻；从秋分到立冬，天气渐凉，开始收割晚稻、收黄豆、轧稻、挑晒，同时种麦子、种蚕豆、翻土等，为来年春夏辅助作物的收获做准备。随着农作物收获的结束，乡间迎来秋成之后的农闲生活。

冬季，万籁俱寂。随着农事活动的结束，农民进入较长时间的农闲期。常熟福山农谚"小雪大雪，种麦歇歇"[3]。乡民于冬季可稍作休憩歇息。生活在苏州的丁松麟描写了冬天晚上乡村农夫自得其乐的情景：

> 天晚了！可爱的太阳慢慢地落山了……行也无聊，坐也无聊，且到田家去瞧瞧，瞧见那农夫之乐乐陶陶，菜也熟了，饭也熟了，客未到，犬先报，烹羊杀鸡，请客饱，田家事事好，不知世上扰扰，省却了许多烦恼。[4]

乡民于冬季农闲期虽有着较长的空闲不用耕耘收获，但并不等于无所事事。地处水乡的苏州东桥乡民为了准备来年的作物生产，趁着冬闲，忙着修塘积肥。"人家烤火我修塘，人家戽水我歇凉。大雪冬至雪风

---

[1] 吴县东桥乡人民政府：《吴县东桥乡志》（内部资料），1984年，第270页。
[2] 震开：《从歌谣中得到的民间生活状况》，《生活》1925年第1-52汇刊，第470页。
[3] 顾翮主编：《福山镇志》，东南大学出版社1992年版，第610页。
[4] 丁松麟：《冬天晚上的农夫》，《苏州晏成中学季刊》1923年第3卷第1期。

飘,兴修水利积肥料。"[1]

总体来看,因自然生态环境的不同,江南地区内部不同地域在农业生产时间上会存在一定的差异,但这种差异多体现在农作物种植比例的区别与播种收获时间的先后上,整个农业生产则随着恒常的自然节律而呈现着规律性的活动,也决定了乡间生活的忙与闲,乡民依据岁时节律的变化安排自身的生产生活。"当一个园丁或一个农民规划自己在不同的季节干不同的活时,就可以说他是在组织自己的工作。"[2]上海金山的农夫从年初即有序地开展自己的工作:"除阴历正月初,玩耍几天,便须整理农具,应购备的购备,应修理的修理,自家的房屋,也修饰一番。清明节后,就忙起来,翻土,播谷,插秧,下肥料,耕耨,忙个要死。夏日没有早熟稻收的,便替人家修麻袋,也是没有余暇的;到深秋又忙于收获,此外还有种豆种麦,也忙得不得了。不过自九月以后,稍觉有些余暇,于是有人到市镇上营商的,也有在家工作的。"农妇也围绕着家庭生活而进行一年的工作:"二三月里预备食品,如磨面晒菜,夏初帮助农作;深秋帮助收获;十月里缝制衣服,以后忙于纺织,所以一岁都是勤劳。"[3]男女之间在家庭生产与生活中进行着分工合作与劳动互补。

乡民的休闲时间也随季节变化呈现一定的规律性。金陵大学农学院教授卜凯(Buck)在1929—1933年组织对中国22个省,140个县,149个地区,15 013个田场所做的调查统计,计算出了农民各月休闲时间的百分比(表1-2)。"冬季十一、十二、一、二等月实占休闲时间百分之八十,故筹画冬季工作,为各温带农业之一问题。而在畜牧业甚小之农业国家如中国者,其困难尤大。中国农民仅在田场或城市中,谋求副业,聊资弥补。每届冬季,常见若干农民相率入城,充当雇工、人力车夫或无技艺劳工等,尤以水稻地带为然。"自然节律是农民安排年度生活的天然依据。

---

[1] 吴县东桥乡人民政府:《吴县东桥乡志》(内部资料),1984年,第248页。
[2] 拉德克利夫·布朗:《社会人类学方法》,夏建中译,华夏出版社2001年版,第160页。
[3] 金炳荣:《金山县的农民生活》,《生活》1925年第1-52汇刊,第356-360页。

表1-2　中国各地农民各月休闲之百分比（1929—1933年）[1]

月份	一月	二月	三月	四月	五月	六月	七月	八月	九月	十月	十一月	十二月
休闲比例	31.5%	12.4%	3.4%	1.6%	1.4%	2.5%	3.2%	2.1%	2.0%	4.4%	10.6%	24.5%

（三）单调生活的调味

由于生活空间的闭塞性与生活内容的重复性，围绕着衣食住行的传统乡村日常生活循环往复，不免单调而乏味。在空间维度上，"以自然经济为基础的农业文明时代……大多数人终生以家庭和村庄等共同体为活动阈限，终日面朝黄土背朝天，以食为天。对土地的依赖和人身依附把多数人牢牢地锁在家庭、村庄、土地这些天然的共同体或直接的环境中"。日常空间的狭窄固定，使传统乡民的生活呈现一定的封闭性，自然天险的阻隔、交通工具的落后，成为人们难以逾越的天然界限。从时间维度看，日常时间的流逝运动，主要遵循两个方面的规律："一是伴随着大自然的节奏进行，与黑夜白昼、春夏秋冬的自然循环相一致，春耕、夏锄、秋收、冬休，这几乎成为千百万年的传统日常生活的基本节奏和韵律；二是跟随着人的生理变化和进展，与生老病死的自然流程相一致，诞生、成丁、结婚、生子、衰老、死亡成了日常时间的千篇一律的运动图式。"考察传统乡村社会的生活史，不难看出，"在漫长的自然经济和农业文明下，祖祖辈辈、世世代代似乎吃着同样的饭，干着同样的活，种着同样的地，收着同样的粮，穿着同样的衣，住着同样的房"。[2]乡民生活于这样的环境之中，日复一日的平淡生活自然需要一定的欢庆和休闲活动进行调剂。针对日常生活与休闲娱乐的关系，德国哲学家皮柏论述道："休闲乃是走出日常工作世界之外，而如此一来，触及了超乎人类能力所及的生命赋予能力，这种能力正好使我们恢复体力，回到日常的工作岗位。"[3]对于生活在农业传统社会的江南乡民而言，他们则在农事之余通过参与各种民间信仰活动、日常交往活动、文

---

[1] 卜凯主编：《中国土地利用》，成都成城出版社1941年版，第400页。
[2] 衣俊卿：《现代化与日常生活批判》，人民出版社2005年版，第19、21页。
[3] 皮柏：《节庆、休闲与文化》，黄藿译，生活·读书·新知三联书店1991年版，第121页。

化娱乐活动以及商业贸易活动，一定程度上打破了封闭、固定的生活世界，使单调乏味的乡村生活得以适当的调节。

民间信仰活动与乡民的娱乐活动相伴而生，乡民在各种庙会节庆期间通过"酬神"实现了"娱人"的效果。传统江南乡村，"田间是农民的工作坊，庙会是农民娱乐的集会"[1]。酬神唱戏是庙会节庆经常举行的娱乐活动之一。"节庆的意义总是同样的，是对人与世界根本的和谐加以肯定；而节庆的目的则是要以一种特殊的方式来表现这种和谐以及人类对世界的参与。"[2]戏剧表演艺术家姚澄回忆自己童年在江阴的生活时写道："在单调的农村生活里，唱戏有难以想象的吸引力。村村巷巷，都有一些看戏兴头特别高的男女老少，我母亲也是其中的一个。只要听说什么地方在唱戏，哪怕是十里八里，她也要梳梳头，搽点雪花膏，换上干净的衣衫，打扮得扎扎俏俏，带上我和二妹，跟村里的姑嫂姐妹们一起赶了去。"[3]在枯燥单调的乡村社会，参与社庙戏文等活动成了调剂乡民生活的方式。在庙会戏场，乡民除了看戏的欢乐外，还有赌博的刺激。1936年秋，芜湖地区粮食丰收，乡间农民自民国二十年（1931）大水后，数遭灾侵，贫困甚久，一朝天时相助，"物阜民丰……载歌于野外"，共庆丰收。"除累累然金黄之谷粒外，充溢一片欢声"，主要的娱乐活动：一是酬神唱戏，"乡农狃于迷信，秋收后必举行，观戏男女众至数千人，有若赶集"。二是赌博，"与唱戏并行者，则为聚赌，此际在收割之后，乡农有钱有闲，如芜湖第三区境内村村有赌"。放高利贷的活动也在赌场盛行，"此为赌博演进之必然趋势，赌场有放阎王账者，月息二角，亦有按日计利者"。[4]庙会期间，酬神衍生出各类娱人的活动，文明与愚昧、新风与陋俗杂糅，乡民在置身其中的过程中获得了休闲、愉快与刺激的体验。

乡民在恒常的日常时间中，既有岁时节庆的生活调节，也有个人生

---

[1] 盛成：《茅山的香会》（一），《大公报》（上海）1936年4月5日第10版。
[2] 皮柏：《节庆、休闲与文化》，黄藿译，生活·读书·新知三联书店1991年版，第119页。
[3] 姚澄：《我的舞台生涯——童年和学艺》，《江阴文史资料》第11辑，政协江苏省江阴县委员会文史资料研究委员会1990年9月编印，第51页。
[4] 《皖省今年丰收　芜湖米市突活跃》，《大公报》（上海）1936年8月19日第10版。

命活动的高峰，主要表现为个体生命过程中出生、成丁、结婚、生子等重大事件，以及与春夏秋冬四季相伴的各种岁时节日。在生命礼仪或岁时节日的各种庆祝活动中，乡民超越平静的、呆板的、周而复始的日常生活，身心得到愉悦，活力得以抒发。"休闲的精髓，可以说，在于'庆祝'……如果'庆祝'是休闲的核心，那么休闲就只能在如同节庆日之庆祝同样的基础上才有可能并得以成立"[1]。春节，是乡村一年中最重要的节日，在百业消闲的冬春交替时节，农民卸下一年劳作的疲惫，进行欢庆，迎接新年的到来。"农民们的所以狂欢……是农人因百日之劳好容易换得这一日之乐"，孔子云："百日之劳，一日之泽。"因为是报功祭，举行的时间总在农隙，"就在所谓腊有新故交接之义的交接之隙——夏正十二月举行。所祭对象是有左右农耕之威力的八神"[2]。年节成为冬春农闲娱乐活动的高峰，"立冬小雪农家闲，拿去米棉换洋钱，只等大雪冬至到，把酒围炉过新年"[3]。乡村妇女在农历新年也要精心打扮，尽情娱乐，农家歌谣唱道："三十夜，梳梳头，戴戴花，胭脂点点粉搽搽，豆腐吃吃肉叉叉；米屑团子糖做沙，白面馒头满把抓。叫声婶婶和妈妈：明朝请到我家来耍耍。"[4]刻画了村妇拂去一年辛劳欢乐过节的生活场景。

农业社会的节庆日实际上具有"假日"的性质。"假日的欢乐性质乃是基于它本身的难得。只有基于平常工作日所塑造的生活为基础，才可能有假日的欢庆。"[5]节日"总是出现在生产活动间歇之际"，应和着乡民生产忙闲的节奏，在吴江开弦弓村：

> 阳历2月份，农闲时节，庆祝"新年"15天，人们欢欢喜喜地过年，并尽亲戚之谊，前去拜年……在蚕丝业繁忙阶段之前不久的是清明，进行祭祖和扫墓。蚕第三次蜕皮时，就到了立夏，有一次

---

[1] 皮柏：《节庆、休闲与文化》，黄藿译，生活·读书·新知三联书店1991年版，第124-125页。
[2] 董每戡：《戏剧考原（续完）》，《大公报》（上海）1948年2月18日第9版。
[3] 《立法院新历节令歌》，《申报》1929年4月13日第15版。
[4] 震开：《从歌谣中得到的民间生活状况》，《生活》1925年第1-52汇刊，第469页。
[5] 皮柏：《节庆、休闲与文化》，黄藿译，生活·读书·新知三联书店1991年版，第4页。

欢庆的盛宴。在缫丝工作之后，插秧之前，有端阳节。阳历 8 月满月的日子是中秋。此时正值稻子孕穗，也是在农活第一次较长间歇的中间。在此间歇的末尾是重阳节。农活完毕之后就是冬至了。每逢这些节日都要有一定的庆祝活动，通常是同祭祖和祭灶联系在一起。[1]

春节的节庆活动延续时间最长。有些地方，有些时代，从腊八起就开始交际与娱乐，直到二月还有过年的余韵。俗语说："青草盖牛蹄，正是拜年时。"[2]吴江盛泽的新年灯会于二月间尤盛，"各乡马灯会聚到镇……至东西两庙赛会互相争胜，备极华靡，费逾千万，奔走如狂，哄闻一二，百里观者如堵"[3]。传统的年节活动一直要到春耕时节，乡民的狂欢才告一段落。冬春时节正是一年中最长的农闲季节，年节活动应和了农事生产和乡村生活的节律。

春节之外，端午、中秋，是一般的节日；清明、冬至，是祭祖祭坟的节日；三元——正月十五的上元、七月十五的中元、十月十五的下元，是祭孤魂野鬼的节日。规律性的节庆活动，使乡民得以在辛勤劳作的间歇，通过亲友聚会、祭拜神明、戏文欢庆等方式获得适当的调节。湖州南浔镇上有四五个富商修建的花园，"每年只有清明佳节日，才开放游览一天。到那天，满园满林是踏青人，乡下人也穿上了漂亮的衣服来玩"[4]。吴江盛泽的中元之夜有唱山歌的习俗："中元夜，四乡佣织多人，及俗称曳花者，约数千计，汇聚东庙并昇明桥，赌唱山歌，编成新调，喧阗达旦。"[5]土地会、关帝会、东岳会、观音会，这是带有宗教性的农夫农妇的节日；花朝、寒食、七巧、重阳，这是士大夫的节日；而平民也另有其纪念方式。此外，还有定期的集市，有收割后庆贺丰年的野台戏，又是不一而足。农民为着节日，苦中作乐，到了要娱乐

---

[1] 费孝通：《江村经济：中国农民的生活》，商务印书馆 2001 年版，第 119 页。
[2] 范任：《中国人的社交性》，《东方杂志》1943 年第 39 卷第 4 期。
[3] 仲沈洙撰，仲周霈补辑：《盛湖志》卷下《风俗》，乾隆三十五年（1770）刻本。
[4] 徐迟：《一个镇的轮廓》（上），《大风》（香港）1940 年第 75 期。
[5] 仲沈洙撰，仲周霈补辑：《盛湖志》卷下《风俗》，乾隆三十五年（1770）刻本。

的时候,"有钱出钱,有力出力,或赛会,或演戏,使得大家开心"[1]。节庆日的社交与狂欢,最是乡民在平淡往复日常生活中的调味。

在日常的劳作中,乡民们也于劳苦中寻求着生活的意义,并在这一过程中获得简单的快乐。在农忙劳作的间歇,"大家煮丰盛的饭菜,还要走亲访友"[2]。宋元之际的湖州赵孟頫《提耕织图》写道:"更望时雨足,二麦亦稍丰。酤酒田家饮,醉倒妪与翁。"[3]刻画了江南田家老翁老妪耕耘劳作之余、闲隙之时饮酒自娱的画面。清代常熟金村竹枝词:"慈乌村里是吾家,岁晚农闲酒肆哗。诗思不须驴背觅,塘南风雪正交加。"[4]描绘了农家在闲暇之时的生活调剂。

(四) 地域文化生态与农暇生活

自古以来,人们习焉不察的生活方式受制于与环境相关的地域文化的影响。费孝通指出:"文化是推陈出新的,因为文化不过是一种求生的手段。生是目的,'生'而要'求'那是因为生活的维持需要利用物资,物资最终的来源是自然,所以文化是人利用自然时所采取的方法。"文化作为一种手段,它的价值在于它能否达到求取生存的目的,所以,"文化一离开人使用它的处境也就不发生价值问题"[5]。在江南乡民地域生活的空间范围,滨岛敦俊提示道:对于江南乡民来讲,商业化以后(16世纪下半叶以后),对于农民有意义的地域社会是由两层来构成的。第一层是基层(下面)的"社"(土地庙的范围);第二层就是"乡脚"(某一个镇包含了某一个范围的社区)。19世纪前,农民的生活大概是围绕着"社"进行的,不过19世纪后,就超越了某一个"社"的地域,到达了镇。[6]

地处水乡丘陵地带的江苏金坛儒林镇,人们"靠山吃山,靠水吃

---

[1] 范任:《中国人的社交性》,《东方杂志》1943年第39卷第4期。
[2] 费孝通:《江村经济:中国农民的生活》,商务印书馆2001年版,第119页。
[3] 宁业高、桑传贤选编:《中国历代农业诗歌选》,农业出版社1988年版,第347页。
[4] 金鹤翀撰:《金村小志》卷2,民国十二年(1923)铅印本。
[5] 费孝通:《乡土重建》,《费孝通全集》第5卷,内蒙古人民出版社2010年版,第123页。
[6] 滨岛敦俊:《江南的聚落、社区与农民共同关系》,《社会》2007年第3期。

水"。钱玉趾回忆道：

> 湖边的土地肥沃，灌溉便利，收成自然会好些。碧波荡漾的湖里有取之不尽的鱼、虾、蟹。别看那光秃秃的柚山长着青悠悠的岩石，寸草不生，可从我记事起，山上叮叮当当的声音长年不断。村民用铁锤、凿子、铁楔子等开山打石，做成石碾、石臼、石碓、猪石槽，还有石碑、石板桥、石门坎、石柱墩，等等。更多的石头运到山边的窑里烧成石灰出售。这山上长出的财富比湖里藏着的还多。村民农忙时种田，农闲时或下湖捕鱼或上山采石。[1]

乡民们依据地域文化生态安排着日常的生产与生活。同一区域内不同环境的差异形成了乡民生活方式的差别。南京高淳县，根据地貌分为圩乡、山乡、高乡三个区域，不同区域，农民生活有明显的差别。圩乡濒临湖泊，河港四达，鱼介丰饶，"居民除农作外，以捕捞为副业，每年赖此生活者，实居多数"。山乡地势高燥，多植棉花、甘薯，棉花自行纺织，甘薯为补助食品。高乡地势较高，农民相率栽桑饲蚕，"每年茧价收入，约在三十万元以上"[2]。在丹阳地区，各乡的风俗习惯，不全相同。"当水陆要道之吕城陵口等处，风气比较的开通些，生计亦比较的充裕些，可是赌风很盛"。高乡土地贫瘠，水利不兴，"农民勤于操作，但以屡遭荒歉，生活十分艰难"。当地乡民，"风气很朴实，大多生于斯，卒于斯，很少到外面去发展，往往年逾三四十、未出家乡二十里以外者，这大概都是为了交通阻塞的原因。西乡男子颇好逸游，田事每多女子为之"[3]。同是处于水乡丹阳，不同的乡镇，地理位置不同，土地贫沃不同，交通状况不同，因此形成的民风和生活方式也有着较为明显的差别。

时间和空间的"区域化"，通过把人的社会活动场景"固定化"，从而"创造性地促发日常生活的惯例，使人的实践意识固定在特定的客体

---

[1] 钱玉趾：《回乡找家》，《金坛文史选萃》（下册），金坛市政协文史委员会2000年10月编印，第615页。
[2] 江苏省农民银行总行：《第三年之江苏省农民银行》（内部资料），1932年7月，第157页。
[3] 《丹阳农村概况》，《大公报》（天津）1931年7月12日第5版。

性场景之中"[1]，形成了一定的生活惯例。苏州城郊的横塘、横泾等濒临太湖的乡镇有着优良的水稻生产基础，乡民于农隙酿造烧酒贩售，从唐代至明清，延续不断，远近闻名。明崇祯《吴县志》记载："新郭横塘，比户造酿烧糟发客，横金下保水东人，并为酿工。"[2]在这些江南乡村，"农户从事这种米烧的商品生产……是农闲时的一种临时行为"[3]。苏州吴县，"滨湖近山小民最力啬，耕渔之外，男妇并工，捆屦、辫麻、织布、织席、采石、造器、营生、梓人、甓工、垩工、石工、终年佣外境"[4]。地处太湖之滨、山水相连的光福镇，以其特有的自然生态环境，造就了当地居民在农暇时期特有的生产和生活方式，"妇女以蚕桑绣绩为工"，"山居者以树艺为务"，"泽居者以捕鱼为生"，"其他采石工作亦无不自食其力"。[5]昆山信义地势低洼，"里中妇女务农居多，农隙以绩麻为女工，蚕桑则从未讲求"[6]。乡民生活方式与地域文化生态密切相关，他们根据外界的环境和自身的条件，经营着自己的农暇生活。

生计活动之外，江南乡民的文化娱乐方式也与地域文化生态紧密关联。临近上海的宝山，在田事初了的农闲时节，乡民们集拢来拼凑些钱，"搭个草台，唱几天花鼓戏，做几夜皮人影戏，或者抬个猛将来看青苗，或者扛一次醮，高兴时，还要发个请柬，搬出真刀真枪，来和曾有宿仇的某村好汉械斗一场"。到了冬季，"棉花打在包里，谷子装到囤中，几个村庄联合起来，在附近庙上，唱几天草台戏，有时并且抬出神像，在自己庙界内，赛一场大会"。20世纪30年代中期，乡村经济受资本主义的冲击而日渐凋零，"唱花鼓戏，抬猛将，'看青苗'那种优游卒

---

[1] 吉登斯：《社会的构成：结构化理论大纲》，李康、李猛译，生活·读书·新知三联书店1998年版，"译序"第8页。
[2] 牛若麟修，王焕如纂：《吴县志》卷10《风俗》，崇祯十五年（1642）刻本。
[3] 范金民、夏维中：《苏州地区社会经济史》（明清卷），南京大学出版社1993年版，第470页。
[4] 曹允源等纂修：《吴县志》卷52《风俗》，民国二十二年（1933）铅字本。
[5] 徐傅编，王镛等补辑：《光福志》卷1《风俗》，清光绪二十六年（1900）修，民国十八年（1929）重印本。
[6] 赵诒翼纂：《信义志稿》卷20《风俗物产》，清宣统三年（1911）稿本。

岁的盛况，不可再得，已成为民俗史上的掌故了"[1]。外部"大世界"的变化直接影响了乡村"小传统"的延续。在20世纪二三十年代的常州金坛尧塘，农民的文化娱乐生活主要在农闲时期进行。京剧颇为流行，"四乡八社，演戏敬神，唱的是西皮二黄，演的是忠孝节义，许多草台班艺人，唱做念打，身手不凡，使农民在惩恶劝善中潜移默化，并受到历史知识和人格教育"。此外，"滩簧、木偶戏、元宵灯节"[2]也是深受乡民喜爱的娱乐方式。浙江的嵊县（现为嵊州市），是越剧的起源地。乡民们耳濡目染，农闲时作起与戏文相关的图画，"每到农闲或者寒冬腊月，台门里好多青年人就集在堂前作起图画来，他们不懂得素描、写生、透视，主要是画些戏剧人物，如'穆桂英挂帅'、'双枪陆文龙'、'梁山伯和祝英台'，贴在堂前两边"[3]，迎合戏文的氛围。

除了搭台唱戏和迎神赛会，农闲期间，也是乡民忙着子女婚嫁的时节。"田家婚嫁多在岁暮，盖农谷有收，年丰财足，择务闲之时，毕向平之愿。"源于江南乡间的嫁娶诗写道："村庄风俗敦，嫁娶惟近邻。年丰资财足，岁暮成婚姻。聘礼具鸣雁，贺酒来乡人。喧阗鼓乐奏，惟车走双轮。荆钗绾椎髻，却称田家贫。不贪门阀贵，上买崔卢亲。"[4]岁暮的农闲时期，乡民生活相对宽裕，空闲较多，便于亲朋之间的联络走动，"婚礼也往往在这时候举行，人们认为这是结婚的好时光"[5]。地域文化生态的接续绵延与乡民农暇生活方式的呈现展开息息相关。

二、江南农暇生活的近代色彩

1840年的鸦片战争，英国用坚船利炮打开了中国国门，天朝上国被

---

[1] 陈凡：《宝山农村的副业》，《东方杂志》1935年第32卷第18期。
[2] 孙天笠：《二三十年代的金坛尧塘》，《金坛文史选萃》（下册），金坛市政协文史委员会2000年10月编印，第494-495页。
[3] 周先柏：《剡乡旧闻》，《嵊讯》第13期（内部资料），台北市浙江省嵊县同乡会《嵊讯》编辑部1994年编印，第256页。
[4] 袁景澜辑：《吴郡岁华纪丽》卷10《十月》，江苏古籍出版社1998年版，第308页。
[5] 费孝通：《江村经济：中国农民的生活》，商务印书馆2001年版，第119页。

迫与世界接触。"与外界完全隔绝曾是保存旧中国的首要条件,而当这种隔绝状态通过英国而为暴力所打破的时候,接踵而来的必然是解体的过程。"[1]从此开始,中国被拖入了近代社会,中英《南京条约》规定中国的广州、厦门、福州、宁波、上海为商埠,成为中国与西方世界接触的新边疆。西方商品潮涌而至,"西方商人在兵舰支持下像章鱼一样盘踞着这些口岸,同时把触须伸展到内地富庶的省份。中国本身对于这些渗透并不自觉,对于必然产生的后果更茫然无所知。亿万人民依旧悠然自得地过着日子,像过去一样过他们从摇篮到坟墓的生活,从没想到在现代的工作上下功夫"[2]。但在不自觉中,"西风东渐"逐渐渗透到江南乡村,使江南乡民的农暇生活受到近代色彩的沾染。

（一）与近代工业的关系

农暇生活与近代工业的关系,主要体现在农暇的生计活动中。近代中国,机器工业开始兴起,但发展非常缓慢,极不充分,根本无力消纳已经过量存在并且还在不断涌现的"产业后备军"。此外,各地的城镇周围还散布着大量亦农亦工的手工生产者,他们并未完全割断与土地联系的脐带,多是农忙耕种,农闲做工,所谓"各工大都半工半农,农隙则出货较多,农忙则出货稀少"[3]。彭南生提出的"半工业化"概念即关照这种在近代江南等地区的现实存在。在论述农家生计经营时,彭南生指出:"随着社会经济大环境的变化、市场化程度的加深、农业与手工业结合的内容、方式的不同,农业与手工业经营方式的变化,名称上虽然还是'耕织结合',但其经济意义已悄然发生了变化,它可能是商品经济,也可能是资本主义,关键取决于农家与市场联系的程度及其经营方式的变化。"[4]在具体的研究中,彭南生将19世纪末20世纪初至30年代,长江三角洲地区的无锡、嘉兴、湖州等地的织布业、缫丝业、

---

[1] 马克思:《中国革命和欧洲革命》,《马克思恩格斯文集》第2卷,人民出版社2009年版,第609页。
[2] 蒋梦麟:《西潮·新潮》,岳麓书社2000年版,第14页。
[3] 《吴县纱缎庄业公会致吴县总商会函》,1933年4月4日。转引自王翔:《中国近代手工业史稿》,上海人民出版社2012年版,第472页。
[4] 彭南生:《半工业化:近代中国乡村手工业的发展与社会变迁》,中华书局2007年版,第66页。

丝织业，以及浙江平湖的针织业、浙江沿海的草帽业等行业从农村副业中剔除出来，用"半工业化"这个概念进行分析。关于半工业化，彭南生认为："近代乡村中的半工业化是传统手工业与大机器工业之间的一种动态现象，是大机器工业产生并获得一定程度的发展之后，传统手工业寻求自身存在和发展的一种应对方式。"传统乡村社会的人地矛盾，导致无地或少地的农民面临着收入不足难以维持生存的困难；同时，农业生产的季节性使乡村地区在农闲季节存在大量的"隐蔽性"失业，"随着农业劳动的剩余产品迅速接近于零，他们就会把劳动力转移到更多的生产领域，乡村工业正好提供了这样一个机会"。因此，彭南生认为："半工业化不仅出现在大机器工业产生之后，而且很大程度上就是大机器工业的产物。"[1]相较于传统手工副业，半工业化阶段，家庭手工业所占家庭经济比重迅速上升，产品面向市场，家庭生产构成了市场的一个环节。家庭工业的专业化生产，是农民利用农暇时间进行的面向近代市场的经营行为。半工业化概念及其相关论述，很好地解释了近代以来江南部分区域的乡民在农暇期间的副业生计与机器工业及近代市场发生的密切联系。

从日常生活的角度来看，工业化打破了乡村的宁静，对一些工业城镇附近的乡民生活产生了较大的影响。20世纪30年代，沪江大学教授H. D. Lamson与其学生对上海杨树浦附近四村五十户农家进行了调查，据与一位老年居民的访谈记载："工厂初设到附近地方的时候，经理派人下乡找工人，就有人抛开农事跑进了工厂；但也有人因为不习惯和不喜欢机器劳动，不久又跑回来了。许多青年人跑进城去，弄熟了，便离开工厂，加入商界。最后，工厂需要女工，在这里找了些去，于是只剩我们一般习于田事的老年人在家耕田。因为许多人搬进城中住，村庄便见缩小了。自从许多工厂设到这里以后，因为厂里出来的烟灰，伤及土肥，我们田里的出产，也就赶不上从前了。"近代机器工业也破坏了自然生态环境和乡村宁静的生活，改变了传统乡民生存生活的方式。一个

---

[1] 彭南生：《半工业化：近代乡村手工业发展进程的一种描述》，《史学月刊》2003年第7期。

女工坦言:"我宁愿在农村做工,不愿在厂中做工。因为我在农场上,即会身体疲倦了,但是精神还是清楚的。现在在厂里,机器的叫闹和单调的工作,弄得我头晕。"一位调查员遇到一位在家休息的妇人,她描述了工厂工作对女工身体的摧残,但为了生活,她们又不得不进入工厂打工。"在厂里工作,真太使人疲倦了,可是我们要得一点收入。"[1]利用农暇进入近代性的机器工厂打工,是城郊乡民农闲时期的副业选择,对于仍然从事耕种的乡民来讲,这种工作有一定的季节性。"上海各工厂每当秋获之后,雇用工人人数特多,因农隙之时,乡民赴城觅工,雇用甚易。"[2]上海法华乡,自"光绪中叶以后,开拓市场,机厂林立,丁男妇女赴厂做工"[3]。

农民进厂工作,与这一时期近代工业在江南地区的开拓相关。近代工业资本为了获得廉价的原料和劳动力,许多工厂往往直接在农村市镇投资建厂。1908年,江苏常熟出现了第一家近代织布工场,后来不断发展。"资本家为了获得廉价劳动力,早期都把布厂或工场设在农村",布厂的织工都是农村妇女,工厂的生产有明显的淡旺季,农妇"一到农忙季节便要弃工助农",冬季生产最旺,有"三春靠一冬"之说。[4]近代工厂,就其性质来说,无疑具有资本主义的雇佣与剥削特征,但客观上也为部分地区的乡民提供了农暇期间的工作机会,减少了乡村的季节性"失业",一定程度上提高了乡民们的家庭收入。

农暇与近代工业的关系也受到了同时代学者的关注与探讨,面对近代乡村衰落的现实,学者们纷纷提倡将民族资本的发展与乡村工业和农闲劳动力的使用相结合。祝慈寿论述工业统制与工业合作时指出:"合作事业之活动范围至广,自原料之生产、购置、加工,以至成品之出售,凡属农工商业经营之范围,无不可以合作方式替代……利用农暇,以合作方式从事农村副业之加工者,亦为工业合作。其主要之特征,乃

---

[1] 李文海主编:《民国时期社会调查丛编》(乡村社会卷),福建教育出版社2005年版,第254、258页。
[2] 何廉:《中古式之中国经济》,《独立评论》1934年第93期。
[3] 王锺纂:《法华乡志》卷2《风俗》,民国十一年(1922)铅印本影印,《中国地方志集成·乡镇志专辑》(1),上海书店出版社1992年版,第28页。
[4] 徐新吾主编:《江南土布史》,上海社会科学院出版社1992年版,第538页。

在开设合作工厂，共同生产，共同分配生产所得之利益；是人的结合，而非资本的结合。"[1]强调利用乡民农暇时间，开展近代性的工业生产合作。民国水利专家孙辅世提出"利用农闲之剩余劳动力，办理农业之工业，作为副业，则更可兼收工业之利润也"[2]。经济学家方显庭、陈振汉就乡村工业的种种好处进行了论述：

> 乡村工业的发展对农村有几方面的好处：就经济方面说，第一是能够使农民利用农余之暇从事生产事业。中国的人口，有百分之七十五是农民，而农业又大多是季节性的，一年中农闲的时间是可以从一百天到三百天，可见有加以利用的必要。第二是可利用乡间的原料与生产，如粮食果实皮毛苎麻草秆泥土之类。第三，乡村工业可以增加农民的收入……乡村小工业可以减少工厂机器生产的种种对工人的恶劣影响，增加农民生活的趣味智慧与进取性，以及发展教育的机会；特别是利用合作方法来组织乡村工业，对于农民可施以种种社会式的教育。[3]

乡民在年度生活中有着较长时期的农事闲暇，近代工业资本的发展产生了对劳动力的大量需求，使农民在农业生产之余加入近代化的产业大军，以补充家庭生计所需。乡民个体被卷入近代资本主义的大生产中，乡村原本封闭、分散的农闲生活与开放、集中的近代工业发生了关联。

（二）与世界市场的联系

近代江南乡民的农暇手工业活动与近代工业发生关系的同时，其产品的流通环节也被纳入了世界市场。"对近代中国的传统手工业而言，西方工业化有如一柄双刃剑。一方面，鸦片战争后，在西方工业化文明的冲击下，以手工纺纱业为代表的、原先存在于农民家庭内部的、与传统农业牢固结合的、以家庭消费为主要目的乡村手工业，逐步衰落……

---

[1] 祝慈寿：《工业统制与工业合作》，《大公报》（上海）1948年8月13日第8版。
[2] 孙辅世：《国营大农场经营计划方案》，《大公报》（上海）1937年6月7日第4版。
[3] 方显庭、陈振汉：《中国工业发展的前途》（下），《大公报》（天津）1933年11月8日第11版。

另一方面，工业化浪潮在席卷一部分传统手工业的同时，也激活了另一部分乡村手工业，输入了一些新兴的手工行业。"[1]上海开埠以后，随着西方商品的扩张与近代工厂的开办，口岸周边乡村地区的传统手工业受影响较大。以土纺土织业为例，上海华亭地区土布纺织业始于元末，盛于明清。"民国前，白布比户纺织，自衣外，每以出售……布，旧多出售，为生计之大宗。民国后，洋布盛行，黄草事业日渐发达，徐行附近多改织黄草制品……农隙时，女织男纺，日夜勤勤。"[2]由于洋布盛行，土布衰落，黄草编织逐渐取代土纺土织业，成为新的家庭手工业。[3]余姚竹枝词唱道："洋布推行土布稀，兰膏夜织利殊微，女红为作私房计，姑嫂商量合一机。"[4]鸦片战争以后，门户洞开，洋纱进口步步增长，洋纱排挤土纱，扩大了手纺与手织的分离。洋布虽没有土布耐用，但比较柔软美观，自进入中国后，使用日益广泛，洋布排斥土布，尤其在通商口岸和附近城镇，土布逐渐被挤出市场。晚清《松江府续志》记载："近自通商以来，洋布充斥，而女红之利减矣。"《嘉定县续志》亦载："邑中女工，向以纱布为生计大宗，光绪季年，土布之利被洋布所夺。"[5]从海外市场进入中国的洋纱洋布，对传统农暇时期的土纺土织业形成一定的冲击。

在进入近代市场体系之后，土布业等传统副业受到打击的同时，江南地区一些本来没有或未形成规模的手工业，由于国际市场的需要而勃兴。浙江沪杭甬铁路附近之平湖、嘉兴、石门及硖石等处，针织业非常发达，"工人则多为妇人及幼女"。花边业、抽纱品及绣花业，皆为出口工业，在上海、无锡等地极为隆盛，"此业者为农村妇女，于农闲期间在家编织"[6]。因海外市场的需求，草辫业在余姚地区得以兴盛。由于

---

[1] 彭南生：《半工业化：近代中国乡村手工业的发展与社会变迁》，中华书局2007年版，第1—2页。
[2] 沈日兰主编：《华亭乡志》，学林出版社2013年版，第189页。
[3] 樊树志：《江南市镇：传统的变革》，复旦大学出版社2005年版，第327页。
[4] 谢联方：《泗门竹枝词》，《余姚文史资料》第9辑，余姚市政协文史资料委员会1991年10月编印，第152页。
[5] 徐新吾主编：《江南土布史》，上海社会科学院出版社1992年版，第163、165页。
[6] 王毓铨：《中国农村副业的诸形态及其意义》，《中国经济》（南京）1935年第3卷第1期。

农村经济的凋敝和近代工业品的输入，传统棉纺织手工业受到冲击，在乡民迫切需要从事一种新手工业以维持生计的时候，与国际市场接轨的草辫业自然受到乡民的欢迎。草帽辫的原材料也并不产于当地，20世纪二三十年代，浙江余姚商人范永全引进草辫业之后，又从上海洋行里批进整箱的金丝草分给妇女们，叫她们照他所指示的模型编织。而金丝草的产地在小吕宋（菲律宾）。草帽编织好之后，就由他出工资收回草帽坯——未经漂白装袋的帽子——运销到上海洋行里。"这金丝草帽是专销欧美各国的。欧美人出得起钱，经手的洋行也愿开高价。"[1]余姚长河草帽行因国际市场的旺盛需求而走向繁荣，乡民们农暇时期的手工生产也因此成为近代世界市场体系中的一环。

花边业、草辫业外，织手套、织袜、织毛巾等手工业在上海及周边地区也得到了畸形发展。20世纪30年代末，上海出产的钩子手套畅销海外。"该项手套，完全系女工手制，每年畅销于欧美各国者，为数达一千余万元之巨……统计借此生活之全部女工，现约四五万人，近则附郊农村农女类多于农事之暇以此作为副业。"[2]嘉定的黄草编织品，自民国三年（1914）由意大利曲罗斯商行委托中方代理人汪季和从事进出口业务，开嘉定草编外销风气之先河。产品远销中国香港、南洋、美国、西欧等地。国际贸易带来黄草织品生产的长足发展，1937年，嘉定徐行地区从事黄草编织的已有3 000余人，中华人民共和国成立前夕已达5 000余人，"穷苦人家的生活费用半赖于此"[3]。

农暇手工业产品一旦与国际市场接轨，其兴衰即与世界市场的变动紧密关联。上海川沙"花边工作，亦系女工，制造之家，城乡皆有。从前盛时，境内设厂收买者，不下四五十家，均运销欧美，自欧战滞销，一落千丈"[4]。始于民国初年的无锡花边制造，主要面向海外市场，"从前每年约值银币一百万元，恃此为生之妇女数达四五万人"，主要销

---

[1] 茅可人：《余姚农村的续命汤：草帽业》，《东方杂志》1935年第32卷第12期。
[2] 《钩子手套畅销外洋》，《申报》1939年12月18日第7版。
[3] 沈云娟、陶继明：《黄草织品的历史和前景》，《嘉定文史》第20辑，中国人民政治协商会议上海市嘉定区委员会文史资料委员会2003年编印，第146-147页。
[4] 章有义编：《中国近代农业史资料》第2辑，生活·读书·新知三联书店1957年版，第420页。

路为美国,"自该国增加进口税,输出减半,价亦渐跌,向来值银币一百元者,现(1926年)仅值四十元"。[1]常熟东乡,"原为花边之发祥地……而农妇以做花边为农隙时唯一副业,嗣因供过于求,一度衰落……最近花边以洋庄销售甚巨,急需各地供应,故此间师桥乡陈某集资设立花边厂,分发各地女工制绣,工价亦见提高,加快并给奖金,故各妇女乐于赶制,故花边业在本县渐见苏复气象,但众料农隙仅春令一季,过时或将稍抑"[2]。世界市场的行情是农暇手工业兴衰的晴雨表,国外的草辫样式和市场需求朝令夕改,草辫的生产也就不断随着国际市场的变化而消长。于是,草辫业不能不受到外国商人的控制,实际上掌握着草辫业生杀予夺大权的是外国在华洋行。[3]在近代化的风潮中,与国际市场接轨的乡民农暇手工副业的生产并没有自主选择权,只能随行就市,被动地纳入近代资本主义世界市场体系之中。

随着西方列强对中国侵略的加深,近代中国被迫卷入资本主义世界体系,乡民的农暇生计活动与世界市场发生了关联。但这种联系,在区域上更多还是分布在通商口岸及其附近的村镇,而在封闭落后的山村,乡民们仍然过着封闭传统的生活,与外部世界的联系仍在缓慢地进行着。

(三) 市民文化的影响

随着近代化的推进,乡民的日常生活方式也受到近代风习与市民文化的影响。农民于农暇时期外出佣工,从传统村落进入近代城市与市镇工作。工作与生活方式的改变,市民文化的影响,一定程度上促进了农民生活的近代化。列宁论述道:"外出做非农业的零工是进步的现象。它把居民从偏僻的、落后的、被历史遗忘的穷乡僻壤拉出来,卷入现代社会生活的漩涡。它提高居民的文化程度及觉悟,使他们养成文明的习惯和需要。"[4]20世纪20年代的江苏宜兴,受近代风潮的影响,"寻常

---

[1]《无锡出口之花边及绣花品》,《中外经济周刊》1926年总第176期。
[2]《花边业复兴》,《申报》1937年4月23日第7版。
[3] 汪敬虞主编:《中国近代经济史1895—1927》(下册),经济管理出版社2007年版,第1458页。
[4] 中共中央马克思恩格斯列宁斯大林著作编译局:《列宁选集》第1卷,人民出版社2012年版,第215-216页。

人家之子女，亦大都入就近之学校而识字读书矣。附城乡村，颇有入城进工厂做工者，甚有往苏沪锡等埠在纱厂纺织者，此亦以生活所迫使其不得不如此也。统计全县由农妇变为工人者，可达六千之数"[1]。在农闲期进城进厂工作的农民，生活习惯和思想观念受着工作生活环境的影响而向着近代的方向转变。

近代教育机构在民间推广乡村改良活动，也为乡村带来了新式的思想理念和生计娱乐方式，有助于乡民开阔眼界，获取现代知识。上海川沙县于1918年创办以改良植棉为目的的百亩农场，"农场计划分普通棉场、育种棉场、试作棉场。至秋成农隙开农产品评会、棉作展览会、农友谈话会。其成绩，颇为一般农民所称道"[2]。江苏吴江黎里镇由市民公社设置的业余夜校，服务于当地乡民，[3]对于提高乡民的知识文化水平，起到了积极的作用。1928年兴办的徐公桥试验区，成立了乡村改进会。改进会注重社会教育与日常生活相结合，每月集中或分散巡回各村举办通俗演讲，传授推广近代文化知识，举办卫生、农事、体育、社会等常识展览。同时致力于改良风俗，建立长寿会，"以示尊老敬长"；改良婚嫁节省时节等会，"以节靡费"；有通俗格言，"揭示于要道，使识字者知所警勉"；电影"最为民众所欢迎，影响亦大"。[4]这些具有近代特征的乡村建设与改良活动，使农民置身于有别于传统世界的现代文明生活氛围中。1935年农历十二月十三、十四两天，常州武进三河口社会人士曾邀请江苏省立镇江民众教育辅导试验区，在城隍庙戏园内第一次放映无声电影，有《共赴国难》和《火烧闸北》等影片。[5]对于乡民来讲，新奇的电影放映，在丰富乡民休闲生活的同时，也对乡民破除迷信、了解国事、增进民族与爱国情感起到了一定的积极作用。

---

[1] 徐方干、汪茂遂：《宜兴之农民状况》，《东方杂志》1927年第24卷第16期。
[2] 方鸿铠修、黄炎培纂：《川沙县志》卷5《实业志》，民国二十五年（1936）刊本。
[3] 梨花村夫：《业余夜校将告结束》，《新黎里》1924年第30期。
[4] 姚惠泉、陆叔昂：《试验六年期满之徐公桥》，中华职业教育社1934年，第33-34页。
[5] 石长胜主编：《三河口乡志》，三河口乡编史修志领导小组1985年编印，第189页。

第二节　江南农暇生活的空间格局

"空间是一切生产和一切人类活动的要素。"[1]历史研究不能忽视空间，地域社会史研究尤其应重视社群生存的空间。在人类生存活动中，"第一个需要确认的事实就是这些个人的肉体组织以及由此产生的个人对其他自然的关系"。因此，"任何历史记载都应当从这些自然基础以及它们在历史进程中由于人们的活动而发生的变更出发"。[2]在空间属性上，"人类从根本上来说是空间性的存在者，总是忙于进行空间与场所、疆域与区域、环境和居所的生产"。在这一过程中，"人类主体总是包裹在与环境的复杂关系之中……而人类的空间性则是人类动机和环境或语境构成的产物"。[3]地理环境塑造着民众的生活空间，而生活的空间格局也与共同体在这种环境中形成的生活方式与文化样态紧密关联。在长时段的历史过程中，江南区域内部不同的自然生态与人文环境塑造着不同的民间生活方式，构成了江南农暇生活的空间格局。

一、农暇的历史地理分析

历史的发展时快时慢，"推动历史发展的内在力量却只有在长时段中才能起作用并被把握"[4]。作为人类生存的空间，地理环境缓慢而

---

[1] 马克思：《资本论》第3卷，《马克思恩格斯文集》第7卷，人民出版社2009年版，第875页。
[2] 马克思、恩格斯：《德意志意识形态》，《马克思恩格斯文集》第1卷，人民出版社2009年版，第519页。
[3] Edward W. Soja：《第三空间——去往洛杉矶和其他真实和想象地方的旅程》，陆杨、刘佳林等译，上海教育出版社2005年版，第9页。
[4] J. 勒高夫等编：《新史学》，姚蒙编译，上海译文出版社1989年版，第27页。

绵长地影响人类生活，只有经过"长时段的地理观察"，才能认识到缓慢曲折的历史发展。在这种情况下，"地理不再是目的本身，而成了一种手段。地理能够帮助人们重新找到最缓慢的结构性的真实事物，并且帮助人们根据最长时段的流逝路线展望未来……这样的地理学就特别有利于烘托一种几乎静止的历史，当然有一个条件，即历史要遵循它的教导，并接受它的分类和范畴"[1]。

以山脉—水文为划分标准，江南的地理类型呈现环状梯级格局：中心水乡、边缘山丘、中环沙地、东缀岛滩，在"这些特定的自然生态环境中，数千年来生息着不同的地方群体，衍为各具特色的生活形态"[2]。以湖州为例，西南道路崎岖，多山岭，是为山乡。东北地势平坦，多河流，是为水乡。山乡和水乡因地理环境的差异，造就了强弱不同的民性。"大抵山乡民性稍强，有好斗风，耐勤劳，富于进取。惟山地贫瘠，谋生艰难，故尚团结，宗族之制盛行。水乡民性温和，文雅华丽，为江南之冠。生活既易，枕于安逸柔弱，不敢以身试险，故仅能各安其业。"[3]不同的地理环境塑造出不同的生活样态和群体性格。生息于水乡—山丘—沙地—岛滩等不同自然生态中的江南乡民，创造了各具特色的群体生活样态，而在农作物产上呈现出棉作区、蚕桑区、山货区和海产区等区别。前两个类型，主要以太湖平原为中心，水乡和垄冈的自然条件决定了棉作区与蚕桑区划分的标准，而太湖平原主要的粮食作物水稻在棉作区和蚕桑区均有分布，不再做具体的讨论。后两个区域以明显的自然地理特征和各具特色的物产为地域划分的依据。

（一）棉作区农暇生活

江南地区植棉织布的历史最早可追溯至宋代。清赵翼《陔余丛考》记载："棉花布自古有之……迨宋末元初，其种传入江南，而布之利遂衣被天下耳。"[4]江南地区的棉作区，大体来讲在太湖以东的"高乡"地

---

[1] 费尔南·布罗代尔：《菲利普二世时代的地中海和地中海世界》第1卷，唐家龙、曾培耿等译，商务印书馆1996年版，第19-20页。
[2] 小田：《风土与时运：江南乡民的日常世界》，中国社会科学出版社2020年版，第78页。
[3] 中国经济统计研究所：《吴兴农村经济》，中国经济统计研究所1939年发行，第127页。
[4] 徐新吾主编：《江南土布史》，上海社会科学院出版社1992年版，第11页。

带及苏南浙北沿海滨江地带,"从11世纪开始,低乡水田稻作就一直领先于高乡。到了15世纪以后,高乡的棉花种植逐渐普及,到16世纪高乡许多地方已经遍地皆棉"[1]。明清时期,江南地区棉布业蓬勃发展并形成一定的聚集区域。傅衣凌指出,明清时期江浙两省棉花种植的区域自常熟、昭文、太仓、嘉定、崇明、上海、南汇、金山以及余姚、慈溪、平湖、嘉善、太平、缙云等,无地无之,质量亦最佳。[2]这种区域分布在20世纪30年代仍未见明显变化。棉花主要种在盆地外围的高地上,面积达60%以上,相比之下低地的种植面积则不足20%。[3]棉花种植因自然地理和水文条件的要求而呈现出一定的区域集中性。

一地的农暇副业往往与该地的自然条件和物产相关。纺纱织布是棉作区乡民主要的农暇副业。明代,江南棉产区基本上已形成"家家机杼"的局面。上海在明清时期成为江南纺织业商品的中心,有"衣被天下"之誉。[4]明清棉作区各区域碑刻县志等,对这一现象多有记载。清康熙十一年(1672)《奉宪禁革索贴扰害碑记》记载,织布为松江地区乡民维持生计的副业,"村野当农隙之候,妇女弄梭,主伯亚旅,更相效勤以佐之"[5]。棉作区的乡民在耕种之外,以织布补助生活,"布,以木棉为之……比户纺织,日产数千匹,民间赖以资生"[6]。清《松江府志》记载:"乡村纺织,尤尚精敏,农暇之时,所出布匹,日以万计,以织助耕。"[7]

在家庭副业的分工上,纺织工作以农妇为主。江苏太仓乡村,"于农隙之时,妇女无不从事纺织者,虽在午夜,一灯荧荧,机声不

---

[1] 谢湜:《高乡与低乡:11—16世纪江南区域历史地理研究》,生活·读书·新知三联书店2015年版,第46页。
[2] 傅衣凌:《明清封建土地所有制论纲》,上海人民出版社1992年版,第138页。
[3] 黄宗智:《长江三角洲小农家庭与乡村发展》,中华书局1992年版,第23页。
[4] 徐新吾主编:《江南土布史》,上海社会科学院出版社1992年版,第70页。
[5] 上海博物馆图书资料室编:《上海碑刻资料选辑》,上海人民出版社1980年版,第88-89页。
[6] 何士祁修,姚椿纂:《川沙抚民厅志》卷11《物产》,徐新吾主编:《江南土布史》,上海社会科学院出版社1992年版,第75页。
[7] 宋如林修,莫晋、孙星衍纂:《松江府志》卷5《风俗》,清嘉庆松江府学刻本。

绝"[1]。上海奉贤地区，"平旷无山，溪港环绕，土性宜棉，夙称产棉之区，土人多务农，妇女事纺织"[2]。上海松江寒圩地区，"其女勤纺织，匹布可售六七百文，不特贫者借以糊口，即稍有家者亦资以利用"[3]。上海浦东的妇女纷纷于农隙时织布，"成布日以万计"[4]。清代上海塘湾乡竹枝词《织布女》生动刻画了织布妇女的辛劳：

> 织布女，首如飞蓬面如土。轧轧千声梭若飞，手快心悲泪流雨。农忙佐夫力田际，农暇机中织作苦。贫家习苦自忘疲，积得余资期小补。谁知秋获半输官，一半尤亏功本数。算来私债布支当，布尽凭何谋二餔。雪白绵柔好女功，来朝知属何人主。停梭向天发浩叹，空际悲风自旋舞。[5]

为着生计需要，部分农夫于农闲时也参与纺织工作。在手工纺织比较集中的地区，"织户经常'醮脂夜作'甚至'通宵达旦'，农闲时男丁也参与纺纱等辅助工作"[6]。

在时间的利用上，纺纱织布占据了乡民大部分的农暇时间。上海杨思乡，"地势高爽平坦，排水极便，土质为埴质壤土，植棉甚宜，各农家皆有织布机一具，将所收之棉，于阴雨暇季，织成布匹，供合家制衣之料！"[7]在19世纪洋纱洋布尚未大量进口之前，乡民衣着大多仰给于土布。在部分以商品性生产为主的织户中，他们除了在农忙季节弃织助耕外，通常集中在纺纱和家务上。根据徐新吾的统计，"按农忙季节起自'清明'，'立夏'以后，进入夏收夏种的忙季，至'立秋'后有一个多月的空闲时间。过了农历的八月半，又进入秋收秋种的忙期。按此计

---

[1]《太仓农村经济》，《农村经济》1935年第2卷第4期。
[2]《奉贤县实业视察报告》，《江苏省公报》1923年总第3281期。
[3] 杨学渊纂：《寒圩小志》，咸丰元年（1851）影印版，《中国地方志集成·乡镇志专辑》(1)，上海书店出版社1992年版，第410页。
[4] 钦琏修，顾成天等纂：《分建南汇县志》卷15《风俗》，徐新吾主编：《江南土布史》，上海社会科学院出版社1992年版，第75页。
[5] 何文源等纂：《塘湾乡九十一图》（下编）《物俗》，清道光十四年（1834）钞本影印，《中国地方志集成·乡镇志专辑》(1)，上海书店出版社1992年版，第195页。
[6] 徐新吾主编：《江南土布史》，上海社会科学院出版社1992年版，第202页。
[7] 黄立鹏：《上海杨思乡之农民生活概况》，《国立中央大学农学院旬刊》1929年第35期。

算,加上雨天和早晚可资利用的间隙,减除疾病、生育、婚、丧事故和年节等停织期……织户在一年之内的织布时间,可达八个月左右。"[1]

纺织工作尽管辛苦,但成品进入市场,所得多为现金收入,在农家经济中有着缴纳赋税、购买不自产的生活必需品、还债等用途。江南棉作区的乡村土布业有着完整的生产、经销、运销产业链。以常熟为例,土布生产始于明朝中叶,从清同治年间到1931年左右,是常熟土布业的全盛时期。从"男耕女织"发展到男女老幼的"家户纺织"。农闲时期,"更是无朝无夜的纺车声相闻,机杼声相接"[2]。徐新吾在1963年与职工徐静溪、唐祥麟、萧友文进行了关于旧时的农副工作及日常生活的访谈。他们谈及:"每届农闲时期,机杼声昼夜不息。产布多而又比较集中的地区,当推梅李四乡,如王市、邓市、塘坊桥、赵市、先生桥、浒浦、白宕桥、珍门乡、沈家市、周泾口、徐市、老小吴市等地。另有只纺土纱出卖的村镇,如辛庄、莫城、冶塘、大义等地,那里专门纺纱出卖,不织土布。当地亦有单一经营的土纱庄,收购转销给本县及江阴、常州织布地区。"[3]常熟农户生产的土布,经由土布商人就地收购,贩卖给远近的零售商与批发商,远销到浙江的金华、兰溪、丽水、龙泉、庆元,福建的福州、福安、兴化、浦城、崇安、建阳、邵武,安徽的休宁、歙县、绩溪等,以及省内的盐城、兴化和苏州正仪、唯亭等地区[4],形成了较大的生产运销网络。农暇时期的纺织也成为产销体系最基础的一环,是棉作区乡民谋生不可或缺的手段。上海奉贤紫堤村乡民,"耕种之暇,多借纺织谋生"[5]。嘉定宝山地区,生计多赖棉花,"嘉宝风土,人民只能耕种,耕种之外唯有纺织,耕种实为谋食,纺织本为营生,大都赖棉花之多收售出之,上供钱粮,下还租债"[6]。

[1] 徐新吾主编:《江南土布史》,上海社会科学院出版社1992年版,第201页。
[2] 顾砥中:《"常熟土布"的生产和流通的概况》,《文史资料辑存》第2辑,政协江苏省常熟市委员会文史委1962年编印,第122-123页。
[3] 徐新吾主编:《江南土布史》,上海社会科学院出版社1992年版,第511-512页。
[4] 顾砥中:《"常熟土布"的生产和流通的概况》,《文史资料辑存》第2辑,政协江苏省常熟市委员会文史委1962年编印,第123页。
[5] 汪永安著,沈葵增修:《紫堤村志》,咸丰六年(1856)影印版,《中国地方志集成·乡镇志专辑》(1)上海书店1992年版,第241页。
[6] 《灾荒可悯》,《申报》1877年12月25日第3版。

近代上海乡下的妇女,"农闲之时,他们整天就在屋里忙着纺纱"[1]。农暇时纺纱织布出售,成为棉作区农家经济收入的重要来源。

(二)蚕桑区农暇生活

江南地区有着植桑养蚕和丝绸生产的悠久历史,其"渊源于远古、崛起于唐末的江南丝绸,到宋代三分天下有其一,到明清时期则蚕桑之盛,丝绸数量之多,质量之优,品种花样之繁,用途之广,在海内外声誉之隆,为全国任何一地所不及"[2]。清代的唐甄论述道:"夫蚕桑之地,北不逾淞,南不逾浙,西不逾湖,东不至海,不过方千里。外此,则所居为邻,相隔一畔,而无桑矣。"[3]至清代前期,太湖以南地区,包括了湖州府属德清、归安、乌程,嘉兴府属石门、桐乡、秀水、海盐,以及杭州府属钱塘、仁和与苏州府属吴江、震泽等县,为"蚕桑区"或"桑稻并重区"。[4]这些地区地形低洼潮湿,土壤呈黏性,利于桑树而不利于棉花生产。[5]在农作物产与农暇副业上与棉作区形成明显差异。

植桑养蚕、缫丝纺绸是蚕桑区乡民赖以生存的副业。清代卫杰提出:"三农之隙,及阴雨之暇,当教人种桑。"[6]倡导利用农暇发展蚕桑副业。吴江地处太湖南岸低地水乡,植桑养蚕历史悠久。据中华人民共和国成立初在吴江震泽、严墓、大庙和坛丘四个区的调查,桑田大多是自有的,租佃关系很少,农民反映:"这里不论穷富,多少有点桑田的,宁愿把家里的东西一切卖掉,不愿卖掉桑田。"桑田中还可以种植蔬菜和豆类,借以解决春荒。桑田在冬春季节还可开展轮作,"每亩桑田种菜,从十月到翌年的正月,可得五十担左右,如种豆,至五月即可收"。据统计,蚕桑收入在农家年度收入中占比40%左右,"一般蚕农,全年生活,七个月靠稻田收入,其余五个月就全靠蚕桑收入"。以严墓

---

[1] 王维江、吕澍:《另眼相看——晚清德语文献中的上海》,上海辞书出版社2009年版,第67页。
[2] 范金民、金文:《江南丝绸史研究》,农业出版社1993年版,"前记"第1页。
[3] 唐甄:《潜书》,古籍出版社1955年版,第158页。
[4] 黄宗智:《长江三角洲小农家庭与乡村发展》,中华书局1992年版,第23-24页。
[5] 范金民、金文:《江南丝绸史研究》,农业出版社1993年版,第80页。
[6] 卫杰:《蚕桑萃编》,中华书局1956年版,第23页。

区农民盛友鹤家为例,全家"共五个人,种稻田5.5亩,桑田1亩,每年养蚕种三张,自己桑叶好的话,可以养二张,一般的养一张多,其余需要购进桑叶,全年产茧一百斤左右",该户每年五月至八月四个多月就靠养蚕收入来维持生活。[1]

在蚕桑区,农暇生活与蚕业紧密相关。乡民于正月的农暇即开始做好养蚕的准备,"蚕室及时治,槌箔宜预安。窗户当奥密,勿使透风寒"。同时在岁时年节开展"报蚕功"的民间信仰活动,"灯火元宵闹,神祠报蚕功",承载了乡民对一年蚕事丰收的祈愿。二月开始植桑,准备育蚕的食粮,"仲春阳气起,种桑乃其时。列树遍阡陌,森森接藩篱。培植日渐广,地美绿云肥。未蚕先谋食,经营得所宜"。三月开始出蚕,"暮春蚕甫出,似蚁细如芒。莫嫌特细小,腹蕴丝纶长。殷勤采桑叶,饲之在深房"。四月是农事最忙的时候,也是养蚕的关键时节,"四月号清和,麦浪如绿绮……蚕大叶更浓,时时勤桑饵。食如风雨声,听之中心喜"。五月开始收获蚕茧,"夏半蚕已老,罄腹吐丝纶。簇山营锦茧,烂然似金银。择之盈筐筥,聚观来四邻。养蚕功至此,足补终年贫"。同时利用空闲时间,乡民聚集起来祭祀蚕神,"赋性贞如此,合祀马头神"。六月利用农隙时间,抽丝、剥茧、缫丝,"六月暑方盛,挥汗苦莫辞。茧老缫难缓,当釜自抽丝。缫车殷勤转,且喜日迟迟。妇子躬蚕桑,自免淫惰思。旬日可经绢,衣食两有资"。七月,蚕桑区妇女利用现成的原料开始织绸,"唧唧复唧唧,当窗鸣促织……取我筐中丝,用我闺中力。既经而复纬,焚膏可继晷。青灯照抛梭,午夜尚未息。莫谓多辛苦,此乐人罕识"。八月织丝成绸,"八月白露降。万物尽成秋。寒气渐渐逼,织丝已成绸"。同时育秋蚕,"八月秋蚕天,桑叶大而圆。一一躬采摘,三三卜起眠。工夫有余力,栽培计来年。殷勤课诸女,市之有余钱"。九月,"西风吹渐近,凛凛寒气生。是月当授衣,有绢已织成……妇女于蚕桑,殷勤不可轻"。十月,"孟冬三时毕,岁寒识勤惰。勤者衣食足,农隙酿新糯。乘闲宴姻亲,婚嫁随时过。庖羔复蒸豚,称

---

[1] 《吴江县六都乡后港村桑田调查》,华东军政委员会土地改革委员会编:《江苏省农村调查》(未出版),1952年12月,第381页。

寿双亲座。子弟攻诗书,勤理窗前课"。农历十月开始,农事基本结束,进入较长时段的农闲时节,蚕桑区乡民借蚕桑收入而改善生活,修理房屋、庭院女红、婚丧嫁娶、人情往来等活动开始密集进行。"十月纳禾稼,声涵乐岁中。为裳正流火,卒岁颂豳风。牵箩补茅屋,挑灯课女红。"十一月,"飞雪扑人面,日暮又北风。此时寒已甚,方知蚕有功。白发拥重纩,少壮衣俱丰。织妇深闺里,围炉暖气融。堂上陈肴醴,醉倒姬与翁。无襦街头子,号寒总属空"。冬月农闲,村妇忙着纺织,"冬月木叶脱,冬至桑叶干。枯桑知天风,海水知天寒。长宵劳纺绩,终岁怯衣单"。腊月进入岁末,乡民在休闲的同时也准备着来年的蚕业生产,"凄其岁云暮,寒风声飕飕。征人须似铁,室家正好休。闲户垂帘幕,暖阁衣重袭。此时理桑櫱,明年芽早抽。更宜浴蚕种,丝纩亦倍收。凡事预筹画,自无号寒忧"。一年蚕业所得报酬,成为农家生计和日常开支的重要来源,"初蚕征税供,再蚕锦绣歌。三蚕衣食裕,人力敏如何"。[1]蚕业四时图咏,描绘出江南蚕桑区年度的蚕业生活,桑蚕业与农业相伴而生,从工作的时间上看,是乡民多利用农事空隙成就的生计副业。这种传统的生计模式也延续至近代,中华职教社在1929年对无锡蚕桑区农村副业进行的调查分析认为:"无锡农民所以比较生计不甚困乏,赖有副业蚕桑收入之补助,亦其最大原因。"[2]乡民们孜孜不倦,不辞劳苦,追求着生计的自足。

(三)山区农暇生活

相较于水乡平原的繁荣开阔,"山通常是远离文明的世界,而文明又是城市和低地的产物。山没有自己的文明史,它几乎始终处在缓慢传播中的巨大文明潮流之外。在横的方向,这些潮流能扩展到很远的地方,但在纵的方向,面对一道数百米高的障碍,它们就无能为力了"[3]。山脉和水文是区域地理的天然界限,江南山区主要分布在长

---

[1] 卫杰:《蚕桑萃编》,中华书局1956年版,第302-324页。
[2] 中华职业教育社主编:《农民生计调查报告》,李文海主编:《民国时期社会调查丛编》(乡村经济卷),福建教育出版社2014年版,第22页。
[3] 费尔南·布罗代尔:《菲利普二世时代的地中海和地中海世界》第1卷,唐家龙、曾培耿等译,商务印书馆1996年版,第31页。

江下游由西而向西南、而南一线的环状地带，相对应的类型地理区域有宁镇山区、天目山区、徽州山区、莫干山区、四明山区、天台山区等。[1]受自然地理环境的影响，山区乡民靠山吃山，自古以来"山区人民又为克服不利的自然条件，使全年劳动得到合理的安排，每采取多种经营的方式，以解决他们生活的困难"[2]。山区乡民农暇从事的生计活动主要包括砍柴烧炭、采石烧灰、伐木砍竹、采药材、采摘制作茶叶等山货，以及纺织、编织等手工业，利用山区的资源和物产，结合自身的劳动，经营着农暇时期的生活。

在宁镇山区的句容县，农暇烧窑为其传统。"耕农之人，烧窑原非其本业，不过于农隙之余，借此以射余利。"[3]丹徒县杨树村，"三面环山，土田肥沃。山中树木茂盛，樵采者取之不穷。所产青石，烧成石灰，物高价贵。故承平时，居民一百余家，族大丁繁，皆称富庶"[4]。宜兴地区的太平村、张家村，官庄村的缸窑芥，安徽省广德县的长兴芥，有窑3座，乡民利用农闲煅烧石灰，烧成的石灰用于浸淹造纸原料的嫩竹及供附近居民用。[5]莫干山区的建德县大畈村王家，官书作陈家，隔溪有石灰廿一处，"每岁农隙时该姓业农者往往醵金自行开烧"。[6]

江南部分山区拥有煤炭等矿产资源，乡民于农隙开挖矿山，以此获利。杭州淳安鸠坑乡，是典型的江南山区，传统手工业主要有制茶、煅烧石灰、烧制砖瓦、采矿、榨油等。山区采矿的历史可以追溯到明万历年间，万贯坞建有"裕元窖"一所，工人百余人，生产煤灰，供徽州及浙江遂安、开化、兰溪等地。道光后期，鸠坑乡金塔、树山等村，南赋乡中联、余家等村利用土窑烧制砖瓦达19处，供本地及周边百姓建房等

---

[1] 小田：《风土与时运：江南乡民的日常世界》，中国社会科学出版社2020年版，第72页。
[2] 傅衣凌：《明清封建土地所有制论纲》，上海人民出版社1992年版，第184-185页。
[3] 曹袭先纂修：《句容县志》卷2《建置》，清光绪二十六年（1900）刻本。
[4] 《益闻录》，第六三二号，清光绪三十三年（1907）一月初十日。转引自李文治编：《中国近代农业史资料》第1辑，生活·读书·新知三联书店1957年版，第155页。
[5] 张焕明：《太华镇志》，江苏古籍出版社2001年版，第115页。
[6] 夏日璈等修，王韧等纂：《建德县志》卷2《地理志》，民国八年（1919）铅印本。

用。[1]皖南旌德、宁国、休宁、歙县一带砂金面积甚广，品质优良，"每年农隙，农民至各河流中淘金者甚多"[2]。由徽州黄山的水流汇聚而成的新安江，是沟通皖浙两省唯一的水道，在皖浙交界的淳安县境内，"百余里的江岸沙坪上，有着大批的淘金者，他们以极简陋的器具，用土法淘取沙金"。在工作方式上，淘金的乡民以"六个人为一组，管理一块'淘金床'，每天从早到晚，他们是用劳力换取黄金，淘得好的，每天有二三钱金子，但淘个整天，而得不到一厘的也是常有"[3]。烧窑、采矿等与山区自然出产相关的行业为山区乡民提供了农暇期间的谋生机会，成为山区乡民生计来源之一。

徽州山区，地少人多，贩运是徽民农闲时普遍选择的事业。"徽民凿山而田，高耕入云者，十半其力。"[4]崇山峻岭将徽州与外部世界隔离，"使徽州社会系统能稳定运行"，新安江、青弋江、闾江又把徽州与江南联系起来，通过商人、士子与外部世界保持密切的物质联系与信息交流，"使徽州区域社会能持续运行"。[5]自宋代开始，徽州乡民"巧妙活用自然条件，植林栽培松杉等优良树种，作为特产而有'产木之乡'的美称。松杉、漆、蜡、茶、纸等物资，一起贩运至江苏、浙江、江西的水乡市场。浙江、江西的米及浙江的鱼鲞、鄱阳湖的鱼苗、江西的牛、宣城的猪等则贩入徽州。通过这种商品交换方式，徽州的黄山松墨、婺源砚、楮纸、蜡（医用）、歙梨之类在全国市场流通的名特产品应运而生"[6]。此外，徽州的农人，"胼手胝足，终岁勤劳，犹觉入不敷出，生活维艰，遂不得不于秋收农事既毕之后，冬令空暇之时，住居城市附近者，则做散工，以糊其口，其距城镇稍远者，则惟冒炭负薪，

---

[1] 洪春生等编：《鸠坑乡志》，浙江大学出版社2003年版，第137页。
[2] 《皖南金矿蕴藏丰富》，《大公报》（香港）1941年10月10日第3版。
[3] 吴宝基：《徽港淘金记》，《良友》1940年总第160期。
[4] 方岳：《秋崖集·徽州平籴仓记》，雒启坤、韩鹏杰主编：《永乐大典精编》第3卷，九州图书出版社1998年版，第1899页。
[5] 唐力行：《超越地域的疆界：有关徽州和江南研究的若干思考》，《江南社会历史评论》第1期，商务印书馆2009年版，第4页。
[6] 斯波义信：《宋代江南经济史研究》，方健、何忠礼译，江苏人民出版社2001年版，第414页。

赴市鬻卖，以养其家"[1]。

江南山区拥有丰富的林木资源和物产，山民常利用农暇挖掘采伐，谋取生存资源。湖州德清县西部位于莫干山区，林木茂盛，盛产竹、木、茶、笋，其中毛竹的副产品"毛料"为该地较大的出产，土产产销也是山农农闲时一项重要的副业。每年白露过后到来年清明前的农闲时期，是该地区毛料产销的旺盛季节，售卖毛料所得收入是德清西部山区乡民家庭经济的来源之一。同为莫干山区的安吉、余杭、吴兴等地也生产毛料，并经德清三桥、上柏两地中转，销往全国各地。山区土产产销具有明显的季节性，山区市镇上的各品类山货行都只在应季时期营业。毛竹毛料在白露至来年清明节前生产销售，笋干和茶叶在清明节前后开始收购。每一个市镇覆盖周边山区的若干乡村，德清县的瑶坞、大造坞、后坞、仙人坑、姜湾、佛堂、和睦桥与安吉县的高坞、苦竹湾，吴兴县的小溪、后洪等地山货都往三桥投售；德清河埠岭、淡坞、东岑坞、西岑坞、九都、银子山、筏头、东沈、钱家边、百家坞、下郎和余杭县北部一带乡村的山货到上柏镇区投售：

> 山农们于凌晨肩着山货经数十里不等的翻山越岭，到达目的地时正是市集热闹的时光，他们走到大路口，就有人前来招呼，只用几句话，买卖双方就成交了。手续十分简便，收购人员既不开小票又不用签名盖章，他只从山农货担上取下一条五寸来长的青篾片，用铁锅的碎片在其上面刻划一些简单而难以认识的符号，投售者拿着这篾片把货送到堆场，然后向该行账房领取应得的货款。[2]

长期交易形成的市场规则，在这里不言自明并被长期遵守。山丘区乡民利用农暇开展商业性的生产经营活动，为农民家庭的生计来源提供了一定的保障。

（四）岛滩区农暇生活

沿海岛滩生活形态的考察在过往的江南研究中较少涉及，小田从地

---

[1] 程宇尘：《徽州冬令之农民》，《上海报》1935年12月30日第8版。
[2] 席志儒：《山区的毛料与山货行》，《德清文史资料》第4辑，中国人民政治协商会议浙江省德清县委员会文史资料研究委员会1993年2月编印，第138页。

域社会史研究的类型学意义层面提出："东海类型是江南社会天然的生活形态",是"江南史研究必然的取径单位"。东部岛滩在聚落形态、岛民生活风俗等方面,以其不同于其他生活形态的特性,成为江南社会生活史研究的取径单位之一。[1]同是江南区域的岛滩区,其地理类型显然有别于太湖平原与江南山区,岛滩区乡民的生活方式与前述地区也呈现一定的差异,成为社群生活史研究的一种类型。

江南东部岛滩在区域上指江南东部沿海的岛屿,以及近海的半岛和滩涂地区。与江南其他地域类型相似,自然生态环境很大程度上塑造了岛滩区乡民的生活形态。如舟山群岛,主要聚落位于"山地与平原接触之处",平原本部多用于耕作,"本岛山地多,平地少,凡有平地,理宜用于生产,毋使为屋宇所占"。东海海滨的渔民,则"每架棚寮而居,此种棚寮或因过于星散而不能表现于五万分一图上,不然,则本岛渔民,或与耕者同住一处"[2]。岛滩区乡民,以农耕为主,鱼盐业为辅。如象山位居半岛,"农民于耕耘之外,大都从事制盐、捕鱼为副业,就地所产粮食,勉足自给"[3]。有的地区,因土地贫瘠稀少,不适宜耕种,渔业或盐业占比更多,即所谓"命定的自然生活——天赋予沿海渔民的是荒僻的岛屿和苍茫的海水,沙多土少的山地,只可栖止,不足养活他们;但有潮汐的海水,却可以供给他们无穷的需求。天铸定他们的命运,非结网捕鱼过活不可"[4]。位于舟山东北部的长涂岛,"山多地少,农产奇缺,除出产少量落花生,及山薯充作岛民副食品外,余皆仰给舟山方面运来"。但全职从事渔业或盐业的乡民,仅占一小部分。该岛有居民"两千余户,渔业者一千五六百人,约占全岛人口十分之一"。舟山渔业根据渔汛有着自己的生产节律,不同类型的鱼有不同的渔期。依据各岛渔民捕捞的经验,大黄鱼的渔期,"恒自四月至六月,可分为三期,俗称三水",第一水"自农历三月底至四月初",第二水为

---

[1] 小田:《江南社会史研究中的东海类型——一个问题的引论》,《江苏社会科学》2015年第5期。
[2] 罗开富:《舟山岛》,《地理》1948年第6卷第1册。
[3] 浙江省公路管理局:《浙江省公路沿线工商业暨农民生活概况》,《浙江省建设月刊》第8卷第12期。
[4] 吴念中:《我国沿海的渔民文化调查》,《文化建设》1935年第1卷第10期。

"农历四月中旬",第三水"自农历四月底至五月初"。蟹的渔期自农历十月至十一月;比目鱼渔期自农历十二月至翌年三月;鰤鱼渔期自农历四月至五月底;鲳鱼渔期自农历六月至八月。此外还有小钓渔业,亦很发达。春季时,以二月至六月为渔期,钓捕大黄鱼、鳗及鰤鱼;冬季时,自九月至次年一月为止,钓捕带鱼及鳗。[1]渔民的劳作呈现着一定的节律,也有忙有闲。

舟山岛上的渔妇也常利用农隙辅助渔业工作,"每当渔船回来了,于是她们忙着搬运鱼儿,整理船上的杂物,修补破渔网,晒渔网啦,托浮子啦,忙个不停"。渔业之外,盐业是岛滩区乡民另一利用自然环境和农暇时间从事的生计产业。金山近海地区有盐民四千九百余口,盐板一万一千九百余块,乡民利用农闲,以滩地犁松,候潮水浸润或吸海水灌之,各盐民再用铁木器具,铲土成堆,挑作盐塔,更淋以水,塔旁凿井,令水由塔底芦草灰内滤过流入井中,名曰盐卤,烧之成盐。[2]在舟山,妇女与男子合作制盐,二百多个岛屿的海岸边上,常常可以看见许多穿着蓝色或黑色粗布短衣裤的壮实妇女们在忙碌着,"她们的头上包裹着黑毛巾,被阳光与海风弄得黧黑的面庞露出在前面,看起来是非常健康的模样,她们是诚心诚意地在执行她们制盐的工作呢!"岛滩区妇女在农暇时还肩负着担柴负贩等工作。舟山群岛多山,"在高耸的山岭顶尖上,常常有小脚的妇女负着沉重的柴担或蔬菜等,从岭后的他乡挑到岭的这边来,她们的脚步是那么的坚定,似乎在生活问题前面,一切都成为不足畏惧的了"。因男子长期外出,不少家庭的一切大小事宜均由农妇承担。"这些农家的妇女们大多是很穷困的,或者她们的丈夫到外埠做工去,或者到地主家去做长工了,有的甚至随着外洋轮船到外国去了,于是她们辛勤地自己主动生产,亲自下田种田,或者在山岭的沙田里种番薯,高粱豆类等的杂粮,浇肥,捉虫,收获甚至贩卖都是她们自己的小脚奔波出来的。"[3]

岛滩区乡民的娱乐生活主要在农暇或非渔时节进行,主要内容无非

---

[1] 马耳:《舟山群岛北部之渔业》,《海事》(台北)1949年第29期。
[2] 《金山县实业视察报告书》(续),《江苏省公报》1923年3月7日第8页。
[3] 陆洋:《世界知识:舟山群岛的渔盐农妇们》,《女声》1943年第9期。

为常见的赌博、赛会等。在嵊泗列岛,"各岛居民,平时尽为渔村,惟一届渔汛之时,市廛繁盛"。闲暇时节,赌风较盛,"赌台几乎到处皆是",每"遇大风浪或夜晚时,渔民不能取鱼,即麇集各赌台,呼喝之声,上彻云霄"。其实,嗜好赌博并非民性天然如此,"是因为没有正当的娱乐,赌博聊以娱乐"。[1]在舟山群岛影响比较大的集会是农历三月十五举行的"三月半会"和都神戏。三月半会的赛会利用农闲期举行,赛会分为迎袍(预赛)和正赛,从三月初十举行到三月十五。参会的民众广泛,盛况空前。[2]都神戏的举行时间在农历五月初七到五月廿八,在规模上,五月都神戏演出时间之长、声势之大、耗费之巨超过定海各地其他庙会,堪称舟山庙会之冠。都神戏演出期间,正是农闲之际,又正逢杨梅成熟时节。于是定海各地的乡民以及在沪、甬、汉的定海籍乡人都专程前往。富人家有坐黄包车来的,也有乘坐轿子来的,而一些穷苦人家及农民则是挑担携儿,摸黑起程。"他们不仅是为了看戏,更重要的是在这千载难逢的盛大庙会中,做些生意,赚点钱。"在都神戏开演的日子里,这里人山人海,"有头戴草帽的农民,也有身着长衫的市民,更有那大户人家的女眷"[3]。庙会成为岛滩区乡民在农暇期间休闲娱乐、生意买卖和人际交往的中心。

二、农暇生活区位

(一)农暇生活结点

生活结点与日常空间相关,民众生活总在一定的空间发生,所谓结点,即交会点,是具有结节性的地方。在江南乡村社会,农暇生活的结点主要有与生产生活相关的农家庭院,与社交娱乐相关的乡村(镇)茶馆、书场,与贸易交换相关的市镇集场,与信仰相关的祠庙圣址,与交

---

[1] 《苏浙争管的嵊泗列岛》,《大公报》(香港)1936年6月26日第10版。
[2] 王定良:《东岳宫与"三月半会"》,《定海文史资料》第1辑,政协浙江省定海县委员会文史资料研究委员会1984年12月编印,第111页。
[3] 陈金生、王定良:《都神殿及都神戏》,《定海文史资料》第2辑,政协浙江省定海县委员会文史资料研究委员会1985年10月编印,第204页。

通出行相关的航船，等等。

1. 庭院

传统农家手纺手织业的工序大多在农家庭院进行。明代松江徐献忠《布赋》描述了家庭纺纱的场景："若乃铁木相轧，手挽足压，且喂且扔，出絮吐核。张弓柱弦，弦急声喧。牵条络车，尹哑错杂，借光于膏，夜以继日。"明董宪良《织布谣》写道："朝拾园中花，暮作机上纱。织妇不停手，姑纺不停车。"[1]及至近代，江南地区传统家庭手工业仍然延续存在。据沪江大学社会调查班的学生1923年的调查，上海郊外的沈家行，"每家几乎都备有手工纺纱机。该村有手工织布机20余架，榨油机一架，石臼数座，及簸谷机、手摇纺纱机、轧棉机等。此种机器，皆系木石所造，非常简笨，大都仍旧用之"。家庭工作多在农事间隙进行，"按季而定，在春季多棉作品，如纺线织布等。秋末始行补制衣服，以备冬寒。冬尽时做些鞋子，及预备饼果糖食"。农家庭院成为农暇手工业的起始结点。

庭院也是家庭娱乐生活的结点。在缺乏有组织的公共娱乐时期，家庭娱乐"占闲暇事业的重要地位"。近代江南乡村，由于道路不畅、交通不便、邮务不通，乡村居民与城市居民形成阻隔，尤其是众多的妇女与儿童，往往与城市居民相隔绝。"自沈家行至上海，相距不下20余里，不但往返不便，即费用方面，就乡人视之，亦不算少。所以沈家行的居民，很少到上海去寻求娱乐的事情。"关于休闲娱乐，据民国时期的调查，"未进学校的儿童，多半在街上或旷地上闲逛，没有年长者指导他们"。对于年长的人而言，"当居家无事的时候，往往以赌博为乐"。[2]

以家庭为基础，有着地缘和血缘关系的乡民共同体，在农闲时自发地进行以庭院和村庄为主要范围的自娱活动。苏州乡间，"夏秋间的夜里，青年男女在豆棚瓜架下纳凉，往往唱山歌相应答，谓之'对山

---

[1] 徐新吾主编：《江南土布史》，上海社会科学院出版社1992年版，第30-31页。
[2] 白克令、张镜予：《社会调查——沈家行实况》，李文海主编：《民国时期社会调查丛编》（乡村社会卷），福建教育出版社2005年版，第28、38页。

歌'"[1]。锡剧表演艺术家姚澄回忆旧时童年生活时描述道:"夏天的晚上,村里家家户户都端了小凳,用长凳搁起了门板,在场上乘凉。这个时候,父亲是很受欢迎的,常常有不少人围着要他讲故事,或者'唱几段听听'。"[2]南京龙都乡,在春节前后两个多月的农闲及节庆期间,许多村上都要舞弄锣鼓乐器,除节日有自发的演出活动外,平时农闲期间或夏日夜晚纳凉之时,活跃的青年男女,胡琴、笛子、箫凑在一起吹、拉、弹、唱来上几曲,也有的围在一起听上几段《三国》或《水浒》,亦颇有情趣。[3]农家庭院,因此成为乡民闲暇娱乐生活的结点。

在新式思想和组织的影响下,农家庭院还成为乡村教育活动的结点。抗战时期,湖州湘湖师范学校组织初级民校开展社会教育活动,其中之一"为家庭式的民校",开办方式为借民众的庭院为教室,"集合庭院附近的男女青年于一堂,孤灯高悬,环而攻读,妇女们或携小儿入校,有一面推动摇篮一面听讲者,有任小儿嬉戏于庭者。年高男妇,或吸烟旁观,或微言细语",诚所谓"黄发垂髫,皆怡然自乐"。[4]

2. 茶馆

茶馆是近代江南最基本的物化人文景观,农暇上茶馆消遣是江南乡民普遍的生活方式。"农家自春徂冬,骤视之,似无片刻之闲,细思之,则冬天与雨天为事甚鲜也。每见冬天与雨天,乡镇上之茶寮酒肆,较平日为盛,视其顾客,强半多农人也。"[5]在乡村社会的运作中,茶馆是"乡村市场的结点、社区政治的焦点和闲暇生活的热点"[6]。

江南乡村茶馆林立,尤以市镇最为聚集。江苏张家港杨舍镇处在江阴与常熟两县之间,商业经济与交通事业比较发达,商贾往来众多。从

---

[1] 顾颉刚:《顾颉刚民俗论文集》卷1,《顾颉刚全集》14,中华书局2010年版,第283-284页。
[2] 姚澄:《我的舞台生涯——童年和学艺》,《江阴文史资料》第11辑,中国人民政治协商会议江苏省江阴市委员会文史资料研究委员会1990年9月编印,第57页。
[3] 笪本才主编:《龙都乡志》,南京出版社1992年版,第200-201页。
[4] 周汉、张天乐:《杭州文史资料第16辑——陶行知乡村教育思想在湘湖师范的实践》,政协杭州市委员会文史资料委员会1992年9月编印,第129页。
[5] 明璋:《农家宜利用闲日以营副业》,《申报》1921年8月17日第20版。
[6] 小田:《近代江南茶馆与乡村社会运作》,《社会学研究》1997年第5期。

清末到民国，居住人口不满三千，店铺百十余家，而茶馆竟有三十六七爿之多。乡村市镇，农民是主要的茶客，其中上了年岁的老农，过了半夜就睡不住，便起身上街进茶馆喝茶。有的于凌晨二点就来了，再迟些，农民们都来了，闹猛过一阵子，各自回家下田或到地主家上工去了。[1]昆山千灯镇，民国时期，大小茶馆开过38家，一般茶馆凌晨二三点钟即生火煮水，茶客至下午四点钟左右方尽散去。一天中茶客最多的时候是清晨四五点钟和下午一二点钟，以农村老年男子居多，女子绝无仅有。[2]建于1891年的桐乡福和楼茶馆，开设在镇上最热闹的中心——西寺前，是迎神赛会的必经之地。每遇赛会，即使从不吃茶的乡下村民，也会蜂拥而上地前来吃茶。[3]

茶馆是乡民聚会闲聊的场所。"吃茶是一般农人认为最重要的生活的一部分，他们可以借着上茶馆的机会，使他们的生活社会化。"[4]在开弦弓村，农业蚕业的劳作有周期性的间歇，在持续劳作一周或十天以后，乡民们即可以停下来稍事休息。"娱乐时间就插入工作时间表中……男人们利用这段时间在茶馆里消遣。茶馆在镇上。它聚集了从各村来的人。在茶馆里谈生意，商议婚姻大事，调解纠纷等等。"[5]即便在非市镇的乡下，茶馆也有其存在的空间。在嘉善天凝镇农村，有空闲时间，三五成群的老年男女聚在一起，边喝茶，边谈说东西，俗称"搭茶棚"[6]。无锡北夏的冬季，多阴雨天气，农民"扛着两个肩头，捧起了脚炉烤火……有时还提了小茶壶到茶馆里谈谈今年的收成和来年的希望，以及许多没紧要的闲话"[7]。常熟严家上村，乡民"所见其余

---

[1] 顾友云、缪介夫：《杨舍茶馆史话》，《文史资料选辑》第4辑，中国人民政治协商会议江苏省沙洲县委员会文史资料研究委员会1985年编印，第76-77页。
[2] 曾惠元主编：《千灯镇志》，上海人民出版社1991年版，第145页。
[3] 张罗、蓉汀：《民国时期崇福的茶馆、旅馆业》，《桐乡文史资料》第9辑，中国人民政治协商会议浙江省桐乡县委员会文史资料委员会1990年编印，第106页。
[4] 乔启明：《乔启明文选》，社会科学文献出版社2012年版，第365页。
[5] 费孝通：《江村经济：中国农民的生活》，商务印书馆2001年版，第119页。
[6] 《嘉善风俗小志》，《嘉善文史资料》第10辑，嘉善县政协文史委员会、嘉善县志办公室1995年1月编印，第10页。
[7] 《冬天的农民生活》，《新北夏》1935年1月16日第4版。

暇，只有到县城的茶馆里去，才是其唯一的娱乐"[1]。茶店既是乡民的消闲场所，也是社交的中心。1923年，沪江大学社会调查班的学生对上海沈家行的调查描述道：

> 茶店为多数人所常往的，因为村人很欢喜在那里和他们的朋友邻舍说说闲谈。沈家行有小茶店6家，合计吃茶的桌子有61张。中国丝竹，说大书，是他们娱乐的事情。麻雀牌是茶店里最普通的赌品。当我去调查的时候，一家茶店，有三张赌桌；另外一家有二张；又一家则有一张。赌博本为法律所不许，而受警察之管束。所惜者，警察不是常住在沈家行的，以致管束方面不甚严密……在中国的小镇市里，茶店实为居民社交的重要地，有时公众的舆论，及时事的讨论，都能在茶店里表示出来。这样看来，茶店也可以代表人民的思想。[2]

在茶店的经营上，根据乡村习惯，地区各异。在浙江平湖，全公亭早市，清晨三时就有老农泡茶，一天二市。夜茶，农民都到附近乡村小茶馆。沦陷期间，新仓镇"乡脚"很远，因是"三白"（白盐、白棉、白米）市场集中交换点，吸引着廊下、吕巷、张堰、全公亭、虎哨桥等远近农民集聚，一日三市。抗日战争胜利后的新埭镇，有百分之四十的农民来自兴塔、夏坊渡、朝泥滩、枫泾等地，还有过境船帮、各种渔民、养猪户、小手工业者、赶集商贩等，水路要道，四通八达，茶馆酒店，送往迎来，一日四市，繁盛异常。茶馆古习相传，规定一壶茶可二人同饮。茶资以赊账为主，现付为次。[3]

茶店的茶客，大致可分为四类：一是附近农民，壮年、老年居多，以茶店作为谈天说地消遣之处，有的兼卖农副产品；二是各行各业人员，借座茶馆交流生意经验、洽谈交易；三是过路客商歇脚，打听本地

---

[1] 常熟市档案馆编：《江苏省常熟县农村实态调查报告书》，承载译，中共党史出版社2006年版，第123页。
[2] 白克令、张镜予：《社会调查——沈家行实况》，李文海主编：《民国时期社会调查丛编》（乡村社会卷），福建教育出版社2005年版，第39页。
[3] 岳士明：《旧时茶馆杂录》，《平湖文史资料》第4辑，中国人民政治协商会议浙江省平湖市委员会文史资料委员会1992年编印，第85-86页。

市面行情；四是民间发生房屋、土地、债务、婚姻纠纷案件，当事人往往通过"吃讲茶"达到解决纠纷的目的。[1] 茶馆是乡间男子消磨时光的场所，在湖州吴兴：

> 较大之乡村，多有小茶馆之设……乡间男子除在农忙及养蚕时期外，每日生活大约须耗其半日光阴于此。晨起后，俟航班开行，即附船上镇，除在船上须耗去几许时间外，到镇后即步入茶馆，集相识者于一隅，高谈阔论。本地新闻，茧丝价格以及年成好坏等等，均为主要谈话材料……在不养蚕或农闲之际，乡民来此饮茶者尤多。在夏季昼长夜短之时，大约自晨至午，半日时间，皆消磨于此。临归时再买些油酒之类，回家午餐，餐后开始下田工作。在冬日昼短，农家每日只有两餐，则早餐后上镇，晚餐前始归。此种情形，虽非人人皆然，多数要皆如此。一年四季除蚕忙田忙之时外，其余多日时间皆以此地为唯一之消遣所。[2]

对于乡民来说，茶馆是人际交往、信息交流、休闲娱乐的活动场所。乡间信息的交流、热点话题的闲聊、乡民矛盾的裁决、文化娱乐的消遣，均可以茶馆为空间媒介，得到解决或满足。茶馆因此成为农暇生活的结点。

3. 市镇

市镇是在传统农业社会商业化发展的基础上形成的，"市镇的生存与发展土壤在四乡的农村"。市镇四周的乡村，社会学家又称之为"乡脚"。"一般而言，一个市镇有着固定的乡脚，大抵是若干个村庄围绕市镇为中心形成的共同体，他们之间有着传统的联系。"[3] 基层农村市场满足了农民家庭所有正常的贸易需求，"家庭自产不自用的物品通常在那里出售；家庭需用不自产的物品通常在那里购买"[4]。同时，市集

---

[1] 徐建新：《练市镇志》，金陵书社出版公司1996年版，第225页。
[2] 李文海主编：《民国时期社会调查丛编》（乡村经济卷），福建教育出版社2014年版，第773页。
[3] 樊树志：《江南市镇：传统的变革》，复旦大学出版社2005年版，第55页。
[4] 施坚雅：《中国农村的市场和社会结构》，史建云等译，中国社会科学出版社1998年版，第6页。

也成为乡民社会活动和宗教信仰的中心地。费孝通在考察开弦弓村的民间宗教时写到，但凡遇到干旱、蝗灾或水灾，所有宗教和巫术的活动都在该区的镇内举行。"镇不仅是经济中心，也是宗教中心。"[1]

根据乔启明在1930—1931年夏季的调查，南京江宁淳化镇的市镇交易发生范围约为150方里，所包括的村庄有42个，共计有2 558户，14 068人。共有熟地24 561亩，其他有生产的荒地面积为7 050亩，共31 611亩。若以150方里的面积估计，总面积应为81 000亩，人口密度每方里约为116人。[2]市镇辐射乡村区域和人口，成为乡民经济生活的结点。从淳化镇各种店铺数量与每日营业状况可知，市镇上的商店与乡民的日常生活发生紧密的联系（表1-3）。乡民在农隙之时，上市镇开展贸易和消费活动，满足生活所需。市镇的商铺作坊小店，在农暇时期也吸纳着周边乡村的劳动力前来工作。上海朱家角的德昌染坊，农忙时进入淡季，染坊师傅及收布先生都放假回家，参加农忙劳动；农忙过后进入旺季，师傅们也都从农村回到染坊。[3]市镇成为乡民农暇时交往、交易、娱乐、休闲、工作的结点。

表1-3　1930—1931年南京江宁淳化镇之各种店铺及每日营业状况[4]

店铺种类	家数	店中人数	每日营业进款/元
当铺	1	6	80.00
木作店	1	8	
布店	2	5	45.00
铁匠店	2	6	6.50
药铺	2	3	5.00
浴室	2	4	5.00
肉铺	3	7	30.00
剃头店	3	9	10.00

---

[1] 费孝通：《江村经济：中国农民的生活》，商务印书馆2001年版，第99页。
[2] 乔启明：《乔启明文选》，社会科学文献出版社2012年版，第351页。
[3] 尔冬强：《口述历史：尔冬强和108位茶客》，上海古籍出版社2010年版，第73页。
[4] 乔启明：《乔启明文选》，社会科学文献出版社2012年版，第353-354页。

续表

店铺种类	家数	店中人数	每日营业进款/元
京货铺	4	5	45.00
豆腐店	4	11	23.00
粮行	6	21	161.00
茶饭馆	6	15	65.00
木作	6	16	40.00
杂货铺	7	17	170.00
饭馆	9	17	70.00
茶馆	10	25	22.00
总数	68	175	777.50

4. 祠庙

"庙宇"（Temple）最初的含义，"意指一块特别保留的地方，并且是特地从作为耕作或居处的土地划分开的一块地方。而这块地就变成神明专属的财产"。与此相同，"在'神圣礼拜'中，也是从工作的时日中拨出某一段特定的时间，就像分配给庙宇的空间一样，这段限定的时间特别从所有纯为营利目的的时间中划分出来"[1]。祠庙是乡民信仰活动物化的空间所在，以周期性的庙会固化了乡民的共同体生活。魏晋以来，江南地区的宗教势力逐渐世俗化，宗教信仰与民间习俗熔为一炉，渗透到民众的日常生活中。至明清时期，随着乡镇的大量勃兴，大大小小的庙宇大量建造，成为江南民众庞杂随意的多神信仰的物化标志。[2]庙会不是一般的民间集会，它必须以庙宇为中心，"没有庙宇就无所谓庙会"[3]。以神圣信仰和世俗娱乐为活动空间的庙宇，成为乡民农暇生活的结点之一。

祠庙结点因信仰活动的不同而呈现多元化和层级性的特征。南京江

---

[1] 皮柏：《节庆、休闲与文化》，黄藿译，生活·读书·新知三联书店1991年版，第126页。
[2] 小田：《江南乡镇社会的近代转型》，中国商业出版社1997年版，第245页。
[3] 小田：《苏州史纪（近现代）》，苏州大学出版社1999年版，第243页。

宁淳化镇乡村社会中的宗教生活比任何组织都复杂。除了许多村庄单独所有的各种小神庙——土地庙、财神庙、龙王庙等，还有许多其他较大的社庙，这种社庙都是由好几个村庄联合组织的，每年在一定的时候，各村农民联合起来敬拜菩萨，叫作"香会"。单以淳化镇宋墅村为例，每年农历二月初七和七月初二这两日，村民联合起来，在土地庙做土地会。每一农家出钱二千文，买办鸡、肉、鱼三样东西，以"三牲祭礼"来供祭土地。乡民们在这天，除了敬土地以外，还有聚餐会，本村上的一切公共事业，都可以在这一天来讨论。每年农历正月初四至初六日，在财神庙集合组织财神会，本村数十户农家共同组织，头家轮流担任。是日群集一处，宰猪杀鸡，供祭财神，吃喝赌钱，在所不免。[1] 从宗教节庆的本源意义上来讲，献祭代表"一种慷慨、无条件的牺牲、奉献，而且绝不含任何实用或功利的成份"。宗教活动并未脱离其神圣性，"若是要脱离对神的礼拜，或对圣者的敬礼之领域，并要摆脱它所散发出来的力量，休闲便与节庆的庆祝一样不可能"[2]。在宋墅村，娘娘会是已出嫁的女子以求子为目的，每年分两次（四月初十与九月初十）在护国庵内组织举办的。当地已婚女子参加者约占60%，赴庙会时，涂脂抹粉，装饰华丽，在会前还有清音歌唱及吃唱等娱乐活动。土地会、财神会、娘娘会均属于村内的庙会，祠庙就在本村，参会的会众也限于本村村民或返村的外嫁女。庙会生活的结点以村内祠庙为中心，酬神的同时，也是村民在农忙之余放松休息、加强交流的难得机会。

除了村内举办的庙会，宋墅村村民还要参加市镇甚至离市镇较远的香会。三茅会的地点在道教圣地茅山，会期共有六天，每年自二月十一至十六日，参加者约占全村人口的70%，加入者每年约缴纳费用二元。全村敬香的农家，公举四大头家，及廿四小头家，发起办理。二月十一日，筹备布置，十二日烧香请神，十三日舁香案、旗伞、锣鼓等游神，十四日起香，十五日至茅山拜香，十六日归家。茅山庙会虽是出会，由宋墅村牵头组织本村的村民参加。另外比较普遍的是市镇庙会。松岗庙

---

[1] 乔启明：《乔启明文选》，社会科学文献出版社2012年版，第359页。
[2] 皮柏：《节庆、休闲与文化》，黄藿译，生活·读书·新知三联书店1991年版，第127页。

是淳化镇乡村社会最大的社庙，属于联合村庄的社庙，它的势力范围共有48村，农家2 300余户，农人12 000余口。联合村庄的社庙总是在每年一定的时候，齐来做会，借此祈福，同时讨论诸如修桥铺路等地方公共事业。松岗庙每年的会期，在农历三月十一至三月二十日，共计十天，在这十天当中，凡加入这个庙会的村庄，都要来这庙中敬香，每年人山人海，热闹异常。[1]庙会中的宗教活动、物资贸易、休闲娱乐以祠庙为集合点，成为乡民农暇生活的结点。

5. 航船

航船在水乡江南成为乡民农暇生活的结点，其原因在于船在水乡江南乡民日常生活中的地位。"泽国之民，舟楫为居。"[2]常熟严家上村55户农家中，就有37条船（1938年）。[3]在江南水乡，通行运输离不开船：从事书籍交易有"书船"；专门运送戏班子有"班子船"，露天戏台搭在船上，那是"戏船"；收租船称"账船"；远路朝山进香乘"烧香船"，近路参加庙会搭"拜香船"，供奉、祭拜神明的是"佛台船"，不一而足。[4]

20世纪30年代的湖州吴兴，"农民终岁务力耕种，社交生活极为幼稚，平日每多不相往来，除亲邻之婚丧庆吊外，公共交际，惟在闲暇之时于航船及茶馆中进行"。对于生活在江南水乡的乡民而言，航船既是交通工具，也是社交场所：

> 吴兴各大镇市如南浔、旧馆、织里、菱湖、袁家汇、双林、乌镇以及其他较大乡村，各有定班航船，直通附近各村。船系木制，一二人搬橹，可坐10余人。开航船人家，皆类乡间无赖子。平日乡人往来市镇，照例不收船钱。每日开行一二班不等，视航途远近而定。大约每晨由各乡村开船来镇，中午由镇返乡……船家特备有麻

---

[1] 乔启明：《乔启明文选》，社会科学文献出版社2012年版，第359—363页。
[2] 倪进选注：《元明笔记选注》（下），上海教育出版社2018年版，第326页。
[3] 常熟市档案馆编：《江苏省常熟县农村实态调查报告书》，承载译，中共党史出版社2006年版，第97页。
[4] 费三多：《湖州船谱》（内部资料），湖州市政协文史资料委员会、湖州市港航管理局2006年。

雀牌，供乘客消遣，并藉以收取头钱。乘客之叉麻雀，有意聚赌者固有，其临时凑趣，藉破舟中寂寞者，实居多数。但船家利其头钱之收入，常故意迟迟其行，藉延行进时间，以博大宗收入。[1]

船成为水乡江南生活形态的基本要素与农暇生活的结点。

（二）农暇生活共同体

马克思指出："人的本质不是单个人所固有的抽象物，在其现实性上，它是一切社会关系的总和。"[2]作为"现实的和有机的生命"相互作用的共同体关系，是最基本的社会关系，滕尼斯认为："共同体是古老的，社会是新的。"共同体的类型"主要是在建立在自然基础上的群体（家庭、宗族）里实现的，此外，它也可能在小的、历史形成的联合体（村庄、城市）以及在思想的联合体（友谊、师徒关系等）里实现……血缘共同体、地缘共同体和宗教共同体等作为共同体的基本形式，它们不仅仅是它们的各个组成部分加起来的总和，而是有机地浑然生长在一起的整体"[3]。在农耕社会的江南乡村，乡村共同体以血缘、地缘、信仰等形式将乡民自然地连接在一起，形成了近世以降以市镇—村落为格局的小农生活共同体，农暇生活的展开则使乡村共同体的关系进一步展现。

1. 家族

亲缘关系表现在家庭与宗族之间以血脉为纽带结成的天然共同体之中。"同血缘共同体关联着的是人们的共同关系以及共同地参与事务，总的来说，就是对人类本质自身的拥有。"[4]农暇期间，乡民的互动往来，使家族亲缘关系进一步加强。"七月田家是暇时，省亲少妇抱娇儿。

---

[1] 李文海主编：《民国时期社会调查丛编》（乡村经济卷），福建教育出版社2014年版，第772-773页。
[2] 马克思：《关于费尔巴哈的提纲》，《马克思恩格斯文集》第1卷，人民出版社2009年版，第501页。
[3] 斐迪南·滕尼斯：《共同体与社会——纯粹社会学的基本概念》，林荣远译，商务印书馆1999年版，第53-54页；译者前言，第2-3页。
[4] 斐迪南·滕尼斯：《共同体与社会》，张巍卓译，商务印书馆2019年版，第87页。

几多瓜果时鲜物,夫婿亲携后面随。"[1]另有"重阳赏罢菊华杯,社戏连朝又上台,一叶篷船柔橹稳,阿娘接得女儿来",是外嫁女儿与娘家亲缘关系的体现。家族祭祖时,"家庙冬蒸演戏文,同来祭祖各缤纷,案前世次高声报,序齿勿忘长幼分",通过举行仪式活动来凝聚家族的共同体意识。过新年时"祭灶拂尘又送年,家家团子庆团圆,太平无事豚已足,乞与儿曹压岁钱"[2],体现的是年节时家族团聚、其乐融融的景象。

由于地理历史因素,徽州地区的家族关系在江南乡间体现得最为充分。在绩溪县宅坦村,宗族升主仪式的场面异常热闹:

> 正式越主那天,除宅坦人外,所有邻近的从宅坦迁出的胡氏分支及外姓邻村均要送对联祝贺,并派专人参加越主。前来祝贺的同宗和亲朋都要抬猪牵羊,备酒带香,吹奏喇叭……1920年和1948年宗祠二次越主,上庄、尚廉、洪坑等村均前来祝贺,并称宅坦宗祠为"胡氏大宗祠"。一俟参与人员全部到齐,就开始烧老祖宗牌,然后将新牌位扎成小捆放入砖圹内……升主仪式结束后就开始上演徽戏。[3]

大规模的祭祖升主仪式一般在农暇举行,族人聚集在一起祭祀共同的祖先,家族关系在这一过程中得到强化和凝聚。

2. 邻里

邻里关系以地缘相近为基础,"邻里关系是乡村共同生活的普遍特征。在这里,居所毗邻,人们拥有共同的田地,或者为各自的农田划定了边界,这些都引起人们相互之间的大量接触,大家彼此适应、互相熟知"[4]。在传统的地缘关系中,邻里共同体与家族共同体也形成一定的重合。"在早期农村地区自给经济内部,'村庄'是一群紧挨在一起居

---

[1] 何文源等纂:《塘湾乡九十一图》(下编)《物俗》,清道光十四年(1834)钞本影印,《中国地方志集成·乡镇志专辑》(1),上海书店出版社1992年版,第193页。
[2] 谢联芳:《泗门竹枝词》,《余姚文史资料》第9辑,余姚市政协文史资料委员会1991年10月编印,第156页。
[3] 唐力行:《徽州宗族社会》,安徽人民出版社2004年版,第130-131页。
[4] 斐迪南·滕尼斯:《共同体与社会》,张巍卓译,商务印书馆2019年版,第88-89页。

住的家族共同体,是典型的邻里团体。"[1]

上海松江泗泾地区是典型的江南水乡,乡民们忙完一年的耕作收获,在闲来无事的冬日时节,"大家邀集几个老乡邻,老亲眷,什么!阿大! 阿二! 阿猫! 阿狗! 排列酒,菜,鱼,肉在场上,吃吃茶,喝喝酒,讲讲收成的好坏,谈谈田东的性度,说说米行家的特性,是最开心的晨光了! 那无赖的,就乘此上茶馆,或是拿三十二只的毛竹牌!什么! 打牌九哪! 接龙哪! ……玩起来了"[2]。即使在农忙季节,农人在田场做完一天工作后,也会聚集在一起闲聊,这是他们的愉快时刻。1925年暑期从上海回乡的学生王志逸描绘乡村生活时写道:

> 直待太阳渐渐西落,他们便揣着锄犁之属,一路的唱着那种不入调的歌,欢欢跃跃的回到各自的家里去。妻子早已把晚饭置在桌上,喝酒的也早已备了酒瓶酒杯等在上面,且谈且吃,正自有他们的乐趣;晚饭食毕,便集了许多人,坐在树荫下纳凉,卧在长凳上的,蹲在树底下的,各自各鼓动着嘴唇,发表自己的意见,或者讲些山海经,故事,或者竟然谈近日时事,津津有味,到天暗的时候,就上他的卧床,去寻那梦里乐趣。[3]

浙江嵊州南山乡村,夏夜的晒场是邻里乡民消闲纳凉的欢乐场:

> 山村的夏夜,实在热闹,不大的晒场上坐满了人,好像在开欢乐晚会。有拉胡琴的,约十来人,他们一边纳凉,一边拉胡琴(这些胡琴都是自己做的)……有的拿着竹板,唱一些小调,如:矮婆嫂,叫伊牵牵磨,磨担拿不着;叫伊烧烧饭,十餐九餐成焦饭;叫伊洗洗碗,十个九个倒破完;叫伊插插秧,十双九双插出外;叫伊洗洗衣,十件九件沉塘底……弄得大家笑声不断。还有人讲故事"三国""水浒",大家听得津津有味。[4]

[1] 马克斯·韦伯:《经济与社会》,林荣远译,商务印书馆1997年版,第404页。
[2] 洪尚智:《松江县泗泾人的形形色色》,《生活》1925年第1-52汇刊,第365-366页。
[3] 王志逸:《农村生活的可爱》,《生活》1925年第1-52汇刊,第118页。
[4] 周先柏:《剡乡旧闻》,《嵊讯》第13期(内部资料),台北市浙江省嵊县同乡会《嵊讯》编辑部1994年编印,第255页。

乡民于农暇时在村庄的聚会闲聊和游戏中找到了精神依托，以及自身与乡邻的共同在场。"通过情感纽带的联结，形成了一种浑然一体的团契秩序。"[1]正如吉登斯所言："个体在日常活动过程中，在具体定位的互动情境下，与那些身体和自己共同在场的他人进行着日常接触。共同在场的社会特征以身体的空间性为基础，同时面向他人及经验中的自我。"[2]所谓"共同体"关系，是"建立在参与者主观感受到的互相隶属性上，不论是情感性的或传统性的"[3]。处于相同时空同一聚落的乡民，在情感上相互依赖和影响着，构成了农暇"共同体"中的乡邻关系。

3. 人神

人神关系由以地缘为基础的邻里关系衍生，在乡间，"共同的劳动、秩序和管理成为必要的事情；土地、河水里的诸位神灵赐予人们恩典，或者施予他们灾祸，这反过来又促使人们向神祈求，以期望获得他们的恩赐与宽宥。尽管邻里关系本质上受制于共同居住这一条件，但这种共同体类型在人与居住地分离的情况下仍然能保持自身……因而它更需要寻求固定的集会习惯与各种神圣仪式的支持"[4]。

农暇时期的人神关系表现在集体的信仰仪式中。南京江宁殷巷镇各乡村的寺庙庵堂，以清水亭大庙为中心。该庙建筑约占地十亩，有良田六七十亩。有僧八人，常住庙内。为殷巷镇四十八社农民醵资建立。社为宗教团体，社长（俗称"社头"）主持一切关于公共酬神烧香朝山等事宜。社头任期三年，任职者为莫大荣幸，必招宴宾朋，时亦借此聚赌。清水亭举行庙会时，各社至清水亭，由社头赤膊持绸制之大社旗前导。旗为三角形，上绣或镶嵌各种图案花纹，有人马形者，亦有七星三角八卦等形式者，此即该村宗法思想所遗留之图腾，均有种种传说。另有一人穿红衣，负该村万岁牌，或四人抬之。参加公共集会时，每家均

---

[1] 张凤阳：《现代性的谱系》，江苏人民出版社2012年版，第53页。
[2] 吉登斯：《社会的构成：结构化理论大纲》，李康、李猛译，生活·读书·新知三联书店1998年版，第138页。
[3] 马克斯·韦伯：《社会学的基本概念》，顾忠华译，广西师范大学出版社2005年版，第54页。
[4] 斐迪南·滕尼斯：《共同体与社会》，张巍卓译，商务印书馆2019年版，第89页。

有代表一人，入庙时必先放炮，以免他社前进冲突。即在神殿内，合社具有其跪拜之固定地位，倘有紊乱，立即打架。[1]"共同的风俗和共同的信仰；它们渗透到了一个民族的成员当中，意味着人们团结、和平地生活在一起，即使它们绝不能可靠地确保这一结果。"[2]乡民们通过信仰仪式，在自我意识中增强与神灵之间的联系，也增进着共同体内部的关系。

4. 友朋

友朋关系以人们一致的工作、一致的思维方式作为条件和结果。在传统社会，劳动协作是友朋共同体存在的基本形式，在劳动过程中的组织、协作、分工，按照一定的规则，承担相应的责任，分享劳动成果，形成人与人之间的信任和友谊。与原子式的社会个体结成的友谊不同，传统社会的友朋共同体与地缘共同体相关。

在开弦弓村，乡民们于农闲进行贩运，以此作为农暇副业的一种方式。兼业的商贩与外地的客商因长年累月地交易而结成友朋关系："这个经济网络看来由来已久，这个村上的老乡和产地的老乡具有传统的关系，有了交情，因此他们可以从甲地赊了货，到乙地卖走了，再把现款带回给甲地。"[3]这种稳定持久的友朋关系源于长久的商业往来过程中的信任。安徽泾县茂林山区，农隙以采伐售卖薪柴为生的山农除了将薪柴售往柴行，在乡村或市镇也有固定的客户或主顾。吴祖缃回忆儿时母亲收购薪柴的场景：

> 院子里已经堆满了人和柴担子。柴都一概概排好摆在竹片制的套篮里；人都是一家人：祖父，父亲，儿子，侄儿和孙子。他们都穿着紧身棉衣，戴着厚布帽。脖子上吊一只盛锅巴的小袋，把在山上吃剩的锅巴末倒在手掌上，低头舔到嘴里，咀嚼着；不吃的人，把卷起来的长袖口捋下来，罩在嘴沿上，哈着气，借以取暖。样子都是傻傻的……对于他们，母亲都熟识。因为买柴的人家喜欢老头

---

[1] 漆中权：《中央模范农业推广区农民生活调查》，《农业推广》1931年第3期。
[2] 斐迪南·滕尼斯：《共同体与社会——纯粹社会学的基本概念》，林荣远译，商务印书馆1999年版，第100—101页。
[3] 费孝通：《江村经济：中国农民的生活》，商务印书馆2001年版，第265页。

脑；老头脑的柴料都是上色的；同时卖柴的也喜欢老主顾：老主顾的秤比较的公平。所以除非不得已，十年八年难得换一次新头脑……每年收柴，都是我的母亲执秤。母亲嫁过来三四十年，就已经收了三四十年柴了。对于那些小孩子，前不久的那年冬天，就在这院子里，听到他的祖父说今年要替他父亲娶个媳妇了；他父亲那时还是个小伙子，听到这话，就红了脸，把眼睛盯在自己柴担上，低着头，显得怕羞的样子；随后听到他祖父谈新娶的这个小媳妇多么贤德，多么肯吃苦，多么的有能干；又不久，就听说家里又新添一个小把戏了；现在忽然看见这小把戏能挑得二三十斤柴到这院子里来，果然像个人样了，回头想一想，自然觉得格外亲切，格外有趣似的。对于那些老头子，母亲少不得要谈到他当年的时候，担子一百八十斤，二百斤，都是如何骇人的重；说那几年曾经有挑过二百斤出头的。老头子就喘着气，回答道："没谈头了，奶奶。""要落土了，奶奶。"说的时候眼睛里泛着凄清的光，神气很衰弱，很颓废。[1]

城乡主客之间因常年在秋冬时期的薪柴交易而熟识，进而形成主顾之间的友朋关系。

浙江嵊县的胡村为山地，谷雨之前茶叶旺时，山下沿江村里来的采茶女，七八人一伙，十几人一队，一村一村地采进去，与胡村的乡民产生交集：

> 她们梳的覆额千丝发，戴的绿珠妆沿新笠帽，身上水红手帕竹布衫，各人肩背一只茶篮。她们在胡村一停三四天，帮茶山多的人家采茶叶，村中的年轻人平日挑担打短工积的私蓄，便是用来买胭脂花粉送她们……沿江来的采茶女是头年下半年挑私盐去就约定的。胡村人下半年田稻收割后，身刚力壮的就结队去余姚挑私盐，他们昼伏宵行，循山过岭，带着饭包，来回两百里地面，要走六七天，用顶硬的扁担，铁镶头朵柱，力大的可挑一百六十斤至一百九

---

[1] 吴祖缃：《拾荒集》，北京大学出版社1988年版，第76-77页。

十斤，一个月挑两次，一次的本钱两块银洋钱变六块……胡村人挑私盐经过下沿江，村村保保有相识的采茶女把他们当客人款待，而亦即在此时约定了明年茶时与女伴们来。[1]

山区的胡村与山下沿江村庄乡民之间的交往，主要与忙闲季节两地劳动力的交流互换与互补有关。在山区茶忙季节，沿江采茶女上山去采茶；山区秋收之后，当地男子往往赴余姚挑私盐，由此形成了曹娥江下游山区与沿江区域之间人与人、人与物的交流，促成了异地乡民之间的友朋关系。这种关系显然是建立在地缘与业缘互补的基础上，在乡民于农暇外出寻求生计的过程中所产生的。

---

[1] 胡兰成：《今生今世》，中国社会科学出版社2003年版，第20—22页。

小　结

通过对江南乡民农暇生活的时空定位,可以发现,近代乡民在农暇期间首要的活动是满足生计需求,他们根据自然节律的变化安排农家日常生活以及农隙副业活动。乡民的休闲娱乐活动也主要在农暇时期开展。与民间信仰、岁时节令、生命礼仪相关的庆祝活动,日常劳作之余的休闲活动,成为封闭而单调的乡村生活的调节剂。同时,不同的文化生态塑造了江南不同的农暇生活样态,近代江南农暇生活即基于这样的历史传统。近代以降,作为上海的腹地,江南广大地区最先受到冲击,乡民们的日常生活日渐受到了近代工业和世界市场直接或间接的影响:部分地区乡民的生计副业与近代工业和世界市场产生关联,进而影响到乡民农暇生活的方式,也在一定程度上促进了乡民生活的近代性变迁。

对近代江南农暇生活所进行的历史地理考察表明,以自然生态环境为基础的农暇生计模式,大体可分为棉作区、蚕桑区、山货区和海产区四类。前两个类型,以太湖平原为中心,因局部区域地势水文的差异,而形成了不同的生计模式;后两个类型,则以与太湖平原迥然相异的自然地理类型为划分的依据。深入江南乡民生活共同体,不难看出,农暇生活结点主要与农家庭院、茶馆、市镇、祠庙和航船等地点相关;在频繁而特定的生活共同体中,农暇生活以家族关系、邻里关系、人神关系和友朋关系为基础形成内部的连接与外部的联系。

在农暇生活的形态上,农暇生计、农暇消闲和农暇参与乡村社会事务是近代江南乡民农暇生活的主要内容。农耕之外的生计活动补充家庭生活所需,农业生产与农余副业的结合构成近代江南农家生计结构的基本形式。农暇消闲与乡民的日常信仰、休闲娱乐和精神文化需求相关联，表现为乡民农暇期间的文化娱乐活动。而农暇参与乡村社会事务，体现的是乡民农暇时期进行的社会活动。三者相互依存结合，构成了近代江南乡民农暇生活的基本面貌。我们将在以下的章节中展开论述。

第二章 近代江南农暇生计

由于农业生产力的限制和农业生产季节性的特点，农民在耕作之外，普遍地从事副业、兼业活动。在近代江南地区，农暇副业产出在家庭经济中的比重较高。1929年陈翰笙等学者对无锡县22个自然村的挨户调查，以及1958年以1936年、1948年、1957年为调查基期在无锡组织的第二次调查统计表明：农业生产收入（纯收入）占农民总收入的比重，1929年为42.15%，1936年为45.01%，1948年为51.08%；而副业收入占农民总收入的比重，1929年为25.25%，1936年为21.06%，1948年为21.03%。调查显示："无锡地区的副业，比较普遍的有蚕桑和动物饲养……在果园蔬菜方面，有水蜜桃、芹菜；在家庭手工业方面，有织布、摇袜、织黄麻布、做花边、做爆竹、做纸牌、扎黄钱；在作坊手工业方面，有糟坊、粉坊、磨坊；在独立工匠手工业方面，有打铁、做泥水匠、做木匠、做裁缝；在商业运输方面，有贩稻、贩灰、运猪、运黄沙等等。"[1]这些副业，有一些是为农业生产服务的，如动物饲养园的厩肥，就是农业生产的主要肥源之一；铁木手工业，大多是制造农具的。也有一些是人们消费生活所必需的，如动物饲养、果园蔬菜、作坊手工业和家庭手工业的部分产品等。这些副业的产出能够补充农业生产之不足，使乡民得以增加收入，维持生计。无锡张村镇乡民，农村副业及农业外其他收入，在全年开支中占比很大，"其农业生产以外的其他生产收入可维持约四个月的生活，贫农可维持五个月"[2]。

　　乡民们从事的诸多副业，多在农暇进行。近代教育家张宗麟提出了

---

[1] 陈翰笙、薛暮桥、冯和法编：《解放前的中国农村》第3辑，中国展望出版社1989年版，第315—316页。
[2] 华东军政委员会土地改革委员会编：《江苏省农村调查》（未出版），1952年，第96页。

"农暇工业"的概念,即乡民在农暇时从事的生计事业,纺织业为最普遍之一种。"除了纺织工业以外,可以做的农暇工业还很多。浙江富阳用稻草做粗纸,宁波温州等一带沿海人们的捕鱼,深山人民的砍柴烧炭等都是极好的农暇工作。乡村妇女农暇纺织、缝纫,实在是最正当也是最方便的工作。"[1]农暇生计副业,"有的是依于农村之自然条件的,例如本地有山石可开,森林可伐,鱼藻可取;有的是依于交通之不发达的社会条件的,例如可做交通工人,小商贩等;有的是依于交通发达的社会条件的,则或于暇时远到都市去做工"[2]。乡民们"为求保证他们生活的安全,他们就必得在空闲的时候兼营种种副业以为补充。有技艺的丝绸,织布,或者做木匠泥水匠;无技艺的出卖他们的劳力,做临时的雇农,或者充当仆役;也有些人从事农产制造;总之,只要有利可图,即使是微利,他们莫不努力赴之"[3]。

---

[1] 张沪:《张宗麟乡村教育论集》,湖南教育出版社1987年版,第114页。
[2] 汪疑今:《江苏的小农及其副业》,《中国经济》(南京)1936年第4卷第6期。
[3] 冯紫岗:《嘉兴县农村调查》,国立浙江大学、嘉兴县政府1936年编印,第128页。

第一节　农暇手工业

　　农暇手工业常以副业的形态在乡村社会普遍存在并与农业相补充。农业"生产期间和劳动期间的不一致（后者仅仅是前者的一部分）"成为"农业和农村副业相结合的自然基础"。马克思以俄罗斯北部地区为例，指出农暇手工业对于农民生计的意义："在那里，北部一些地区，一年只有 130 天到 150 天可以进行田间劳动。可以想象，假如俄国欧洲地区的 6 500 万人口中，竟有 5 000 万人在必须停止一切田间劳动的冬季的 6 个月或 8 个月中无所事事，俄国将会遭受多么大的损失。"农民于农暇时发展手工业劳作，"除了有 20 万农民在俄国的 10 500 家工厂劳动，农村到处都发展了自己的家庭工业。有些村庄，那里所有的农民世世代代都是织工、皮匠、鞋匠、锁匠、制刀匠等等，在莫斯科、弗拉基米尔、卡卢加、科斯特罗马、彼得堡等省份，情况更是这样"。[1] 在 19 世纪的德国乡村地区，"占优势的工业是家庭工业。农民或短工……在每年的冬季享受充足的自由时间。按照惯例，他们会同妻子和孩子们团聚在一起，共同从事一些古老的家庭手艺，其中最常见的手艺即纺纱和织布，不过他们也会从事木匠活和雕刻业；做这些活都是为了满足他们自己的需求以及他们亲近之人的需求，但偶尔也是为了拿到城镇市场上出售，或者卖给那些走街串巷的商人"[2]。在近代中国乡村，这种情况也普遍存在。农夫力田，为季节和可耕作土地的面积所限，其必努力于他种副业，"举凡樵采也、运输也、负贩也、木工也、泥水也、石工也、

---

[1] 马克思：《资本论》第 2 卷，《马克思恩格斯文集》第 6 卷，人民出版社 2009 年版，第 268-269 页。
[2] 斐迪南·滕尼斯：《共同体与社会》，张巍卓译，商务印书馆 2019 年版，第 168 页。

陶作也、篾作也，以及制鞋、缝衣、铸镬、打铁等等工作也，固无一而非农人之副业也。农村农人与各行手工艺者，实一而二，二而一，几无鸿沟之可分也"[1]。农业与手工业的结合是传统中国社会的稳定器，费孝通提出了"乡土工业"的概念并对此进行了阐释：

> 农业虽则在短期需要大量劳力，但是有2/3的日子是没有农作可做的，于是发生周期性失业的情形。换一句话说，我们是"养工一年，用在农忙"。这些劳工并不能离开农村，离开了，农忙期会缺工，可是农闲期怎么办呢？这里引入了乡土工业，乡土工业在劳力利用上和农业相互配合了来维持农工混合的经济。也只有这种农工混合的乡土经济才能维持原有的土地分配形态。一个自己没有土地的小农场上的佃户，在男耕女织的农工合作下，勉强能达到他们生活的小康水平，同时也使传统的地主们可以收取正产量一半的地租，并不引起农民们的反抗。[2]

西方列强的入侵以及商品和资本输出的扩大，使得在近代江南通商口岸附近的城镇地区，现代化的机器生产逐步侵蚀到传统工艺的生产，但在广大的乡村地区，与农业结合的农暇手工业生产仍然广泛存在。段本洛对近代苏南工业结构的研究指出，随着近代民族工业的产生和发展，近代苏南地区逐渐形成了"大型的民族工业""中小型民族工业""手工工场""作坊和个体手工业"多层次的工业结构。"这种多层次的工业结构，反映着在半殖民地半封建社会的中国，工业经济发展的严重不平衡，城市里微弱的资本主义机器工业，乡镇上广泛的工场手工业和个体手工业，广阔农村还是家庭手工业与小农业紧密结合的自然经济状态……看不到这一点，就不能认识旧中国社会经济的全貌。"[3]以农暇生产为主的乡村手工业就顽强存在于这种多层次的工业结构之中，并随着时代与外部环境的变化而不断地适应与调整。

---

[1] 何廉：《我国今日之经济地位》，《大公报》（天津）1935年1月16日第11版。
[2] 费孝通：《乡土重建》，《费孝通全集》第5卷，内蒙古人民出版社2010年版，第68页。
[3] 段本洛：《历史上苏南多层次的工业结构》，《历史研究》1988年第5期。

一、农暇与传统手艺

（一）传统纺织业的绵延

传统纺织业是近世以来江南乡村最为普遍的家庭手工业，按其类型，主要有棉纺织、麻纺织和丝织业。民国经济学家方显庭在1936年分析了纺织业在农家副业中的地位："我国工业仍为农业之附庸，亦与中古时代无异，农民恒于农暇从事工业品之制造，以为副业。以举国必需之衣料棉布为例，则五分之四之产量，仍由农民家庭之手织机所生产。他如蚕丝毛麻之织造，亦为农家之主要副业。"[1]乡民主要利用农闲和农事间隙从事纺织业工作。棉织业为江南最普遍的工艺生产，"从前农家，莫不置有纺车。冬令农闲，妇女从事于纺纱。春季暖和，则着手织布"[2]。所谓"田事忙过又夜作，十月当窗织梭布。尽室饥寒甘自衣，私捕偿过官钱误"[3]。与乡村纺织业并存的还有许多上下游关联的行业，如踹布业、染坊业、服装加工业等。这些行业的从业者可以分为专营和兼营两类，专营者以此为主业，兼业者将这些行业作为副业与农业结合，主要在农暇从事生产和经营。1859年，马克思在《对华贸易》一文中引用了《关于额尔金伯爵赴华赴日特别使命的函件》的蓝皮书，其中描述了中国乡村小农经济与传统的手工业结合，顽强抵抗着英国商品的输入：

> 在收获完毕以后，农家所有的人手，不分老少，都一齐去梳棉、纺纱和织布；他们就用这种家庭自织的料子，一种粗重而结实、经得起两三年粗穿的布料，来缝制自己的衣服，而将余下来的拿到附近城镇去卖，城镇的小店主就收购这种土布来供应城镇居民及河上的船民。这个国家十分之九的人都穿这种手织的衣料，其质地各不相同，从最粗的粗棉布到最细的本色布都有，全都是在农家

---

[1] 方显庭：《中国经济之症结》，《大公报》（天津）1936年2月17日第6版。
[2] 《提倡土布》，《申报》1933年9月19日第6版。
[3] 徐新吾主编：《江南土布史》，上海社会科学院出版社1992年版，第60页。

生产出来的，生产者所用的成本简直只有原料的价值，或者毋宁说只有他交换原料所用的自家生产的糖的价值。我们的制造商只要稍稍思索一下这种做法的令人赞叹的节俭性，以及它与农民其他活路的可以说是巧妙的穿插配合，就会一目了然，以粗布而论，他们是没有任何希望与之竞争的。每一个富裕的农家都有织布机，世界各国也许只有中国有这个特点。在所有别的国家，人们只限于梳棉和纺纱——到此为止，而把纺成的棉纱送交专门的织工去织成布匹。只有节俭的中国人才一干到底。中国人不但梳棉和纺纱，而且还依靠自己的妻女和雇工的帮助，自己织布；他的生产并不以仅仅供给自己家庭的需要为限，而且是以生产一定数量的布匹供应附近城镇及河上船民作为他那一季工作的一个主要部分。[1]

在日常生计方面，洋纱洋布进入之前，江南乡民农暇从事的纺织业除了自给，大部分均为面向市场的商品化生产，是农家收入的组成部分。徐新吾主编的《江南土布史》辑录的大量口述资料对此进行了佐证。1965年5月15日，织户汤引男在接受访谈时谈到农闲织布对其家庭生计的作用：

> 在我年轻时，三林塘周围多数种花稻，菜蔬菽麦只供自己食用，很少出卖。我们一家人，除农忙种田外，农闲时节都纺纱织布。日常生活全靠织"卖布"，一年之中每人要织十多机（每机16匹）标布，合二百多匹。其中自用布只有两三匹。

1962年5月，织户张金凤、章桂仙、沈林娣等接受访谈时描述了旧时上海江湾部分地区土布生产获得的收入水平及在家庭生计中的地位：

> 江湾高境庙、七宝、莘庄等地农民，农业收入均不能维持家庭生活，不得不靠织"卖布"来补足。因之，七八岁的小姑娘和六七十岁老太太，只要力所能及，都参加纺织生产，连男丁在农闲时也一道助织……织户每织一匹布，约可赚二三角钱，除去经布、刷布工缴和上浆等费用外，净收入约合籼米四五斤。农民生活水平低，

---

[1] 马克思：《对华贸易》，《马克思恩格斯文集》第2卷，人民出版社2009年版，第675页。

有此收入，可勉强过得去。当时家家如此，否则，生活就成问题了。

织户甘阿妹、王茄妹则描述了旧时土布生产的详细过程和织妇辛苦的营生：

> 我在四十岁（1923年）前，一直以织小布（翔套）来维持生活。这种小布是洋经土纬，纬纱要自纺。织一匹布从拣花、轧花、弹花、搓棉条、纺纱、摇筒纡、经布、浆纱、刷布、盘轴、穿筘、上机，要经过十几道手续，又要有一定的技能。初学时，弹花会把弹花槌敲在执弓的左手大拇指上，敲得皮破血流。刷布、经布一般都在天色微明时，遇到数九寒天，手指会被冻裂。织布时尾脊骨亦常磨破，有时梭子与手指碰击，会撞得麻木起泡，生了老茧才不觉得痛。农忙季节，日里下田，晚上仍要钻在蚊子窠里织布。农闲时既要忙家务，织布更是日干夜干。天勿亮就起身，要到半夜才能睡觉，即使这样日夜辛苦，还是经常"米甏空空债满身"。

上海织户高朱氏、徐陈氏、费文秀、曹爱英、彭兰珍等谈到了利用一切空隙进行织布，以及乡间妇女织布技能的高低决定了她们的家庭与社会地位：

> 纺织不单在农闲期间全家出动，即使在农忙时期的雨天以及间隙时间，也积极进行……由于纺织是家庭生活的重要来源，家长对晚辈学纺织都管教很严，社会舆论也非常重视，形成一种压力。在浦东三林塘，如某家姑娘工艺精巧，织出来的布品质较好可卖顶价，即被誉为"顶价姑娘"（已婚者被称为"顶价娘子"）。因此媒人盈门，身价十倍，家长亦引以为荣。其他不少地区均有类似情况。土布生产每由全家动手，在一些家庭人员之间也会展开竞赛，互比织布的快慢。如有几房媳妇和几个姑娘的家庭，在一间房子内摆上两三台布机，姑嫂妯娌同时竞织。若小姑占先，则媳妇会受到左邻右舍的奚落和公婆丈夫的歧视；妯娌间有先有后，也会遭到不同的待遇。[1]

---

[1] 徐新吾主编：《江南土布史》，上海社会科学院出版社1992年版，第243、249、279页。

这些资料，以乡民个体的生活经历，具体生动地描述了传统农暇纺织业在乡民们的个人生活和农家生计中的作用和地位。

19世纪中后期，商品输出和机器化的工业生产开始冲击一部分地区的土布业市场，但自给性的农暇纺织业仍在江南乡村顽强地维持着。上海嘉定黄渡镇，植棉纺纱的历史可追溯至元代，明清时期，黄渡地区的农村几乎家家户户都纺纱织布。"每年秋后，农事初毕，东邻新妇西邻媪，无不忙着拣花、轧花，夜以继日，贫苦人家的妇女，连夜织布，织成的布去城镇出售。"民间有"唐家刷布蒋家筵，徐家布机陆家筘"之说。上海通商后，洋布、洋纱涌进市场，土布无法与之竞争，销售日降，连农民自己用的棉布也开始购买洋纱来进行纺织，之后，农户中虽保留有土纺土织，已不普遍，多半自家受用。[1]商品化的土布业因外来冲击虽然受到影响，但因其在成本上的比较优势，以及农暇时期乡民并不能找到更多更好的替代工作，家庭棉纺织业在广大江南乡村仍然有顽强的生命力。上海协大祥布店原工商业者严有礼1962年接受访谈时谈道："在1920年前后，土布生产虽然已濒没落阶段，但在上海郊区农村中，纺纱织布仍然没有中断。这时商品性生产已经大大减少，然而自给需用仍依靠自己生产，很少购买机制布。"在严有礼的家乡浦东严家桥严家宅村，"全村九户，家家都有纺织工具，他们利用农闲或早晚间隙时间从事纺织"。这一时期的织布原料，已多是洋纱作经，土纱作纬。"除织一部分本色土布外，还把棉纱加染各种颜色后，织造各种条、格布，供自己穿着。我的大姐、大嫂都是织布能手，能织各种花纹的土布，供家人服用……所以即使在洋布大量进口以后，农村中的土布生产还不少，只是商品性生产大为减少而已。"[2]

在江南不同区域，因自然环境和生活传统的差异，洋纱洋布对传统棉织业的冲击有强弱之分，整体上，土布业在近代江南广大的乡村地区仍然存在和延续。浙江慈溪地区，农民手纺织业对洋纱洋布的抵抗则更为顽强。究其原因，一是当地为传统的棉作区，农民难以放弃自植自纺

---

[1] 徐学长主编：《黄渡志》（内部资料），1986年，第191页。
[2] 徐新吾主编：《江南土布史》，上海社会科学院出版社1992年版，第134-135页。

自织的传统；二是该地生产的土布销路多为山区，土布坚牢耐穿，山民乐于使用，"加之当地农民缺少其他副业，因而一直到20世纪20年代初，洋纱、洋布很难打入这个地区"。因此，慈溪地区与江南其他区域有所不同，"由于慈溪土布一向袭用土纱织制，土经土纬，厚实耐用，所以直到解放初期，还维持住一定销售阵地，没有完全淘汰。至于当地农民的自用布，绝大部分仍取给于手纺手织"[1]。江南地区传统的土布业生产在特殊时期，由于外部环境的变化也出现了返潮的现象。1944年《申报》记载："最近嘉定各地农民，以秋收已过，闲暇无事，纷理三十年前之旧工作，即纺制土纱是也。"[2]从更广泛的区域来看，"以农民衣着所需的自用布来说，由于土布厚实耐洗，兼以广大农民喜爱穿用土布的习惯，所以直到1949年全国解放前夕，农村中自给布的产量还是相当可观的。若以1840年与1936年作对比，历时几及一个世纪，而自给布产量，减少不到一成。农村土布并没有被机制布完全淘汰。"[3]

棉织业之外，江南部分地区的乡民于农暇期间还从事麻纺织业。苏州木渎附近出产苎麻，在历史上，"木渎以西农村以绩缏而著名，木渎以南农村则以织夏布而著名"。鸦片战争后，面向市场生产的木渎麻纺业受到严重冲击，"光绪年间，大麻商葛氏永宁庄、元益庄均告关闭"。然而，"种麻绩缏、织夏布仍是木渎附近农村的一项家庭副业。农民利用空地种苎麻，秋后收割剥皮晒干、贮藏；农闲时妇女用手工劈成麻丝，纺成麻纱，用土机织成麻布，于夏天做衣服或蚊帐"[4]。清代末年，昆山真义的乡村农妇，"利用农闲，以苎麻为原料绩缏，织夏布，作为家庭副业。用夏布制作的蚊帐及衣衫凉爽不粘，坚固耐用，是当时市场上颇受欢迎的麻织品"[5]。但此时的夏布主要为满足家庭消费的农家副业，相较棉纺织业，流入市场的份额要少得多。

江南地区另一重要的传统纺织业为丝织业。明清时期，"南京、苏

---

[1] 徐新吾主编：《江南土布史》，上海社会科学院出版社1992年版，第664-665页。
[2] 朱述训：《提倡利用土纱》，《申报》1944年1月11日第4版。
[3] 徐新吾主编：《江南土布史》，上海社会科学院出版社1992年版，第206页。
[4] 潘泽苍：《木渎麻市变迁》，《吴县文史资料》第9辑，政协吴县委员会文史资料委员会、吴县工商行政管理局1992年编印，第164-165页。
[5] 赵绵行主编：《正仪镇志》，中国大百科全书出版社上海分社1992年版，第48页。

州、杭州、镇江和湖州等都会之地，苏、杭、嘉、湖、常、镇的广大乡村，以及城乡间星罗棋布般的市镇，民间丝织业都有着极其重要的地位，与棉织业一起成为江南的两大手工业"[1]。丝织业的发展也带动了与之相关的手工业如缫丝、纺丝、染色、刺绣等的发展。

传统民间丝织业在生产方式上分为个体机户的专业性商品生产和农家副业生产，"千百年来，中国传统丝织业的主体，一直是蚕区的家庭副业生产和城镇手工业的小商品生产"[2]。作为农家副业的丝织业多于农暇时从事生产。丝织业为盛泽传统农隙副业，"绫绸丝线，邑中所产亦不少，而黄溪人家务此者什有八九，志之以重生业"[3]。丝织业的盛衰成为农家生计的晴雨表，"按镇之丰歉，不仅视田亩之荒熟，而视绸业之盛衰，倘商贩稀少，机户利薄，则凋敝立形，生计萧索，市肆亦为减色矣"[4]。纺绸业在繁盛时期甚至超过农业而成为乡民生计的主业："盛泽的纺绸业也是农村副业的一种。盛泽镇四乡近四千户的农家，几乎都以纺绸为副业的。"[5]在浙江湖州，"北门外十里之内，各乡村居民，无不以织绸为业，每家有织机一二张者甚多"[6]。即便纺绸业成为家庭生计的主要来源，但从农家劳作的时段来看，仍是以农暇时期为主的副业。浙江吴兴乡村，织绸业非常兴盛，"唯遇农忙时期，则绸机相率停织，以事耕耘，迨及秋季，各地需要骤增，销路激增，出产以此为最旺时期"[7]。南京江宁殷巷镇一带，"农民之主要家庭副业为织玄色缎子、南京玄缎……其生产方式为织工在账房领料回家，织缎结束后再交回账房领取工资"。在生产的时间上，"农民农忙时则务农，暇时则织缎。其人数现尚占全数中之22.96%。盖借此以补助其有限之农产收入，而维持家计焉"[8]。

[1] 范金民、金文：《江南丝绸史研究》，农业出版社1993年版，第196页。
[2] 王翔：《中国近代手工业史稿》，上海人民出版社2012年版，第318页。
[3] 钱墍撰：《黄溪志》"凡例"，清道光十一年（1831）刻。
[4] 仲沈洙撰，仲枢、仲周霈增纂：《盛湖志》卷三《风俗》，清乾隆三十五年（1770）刻本。
[5] 河冰：《盛泽之纺绸业》，《国际贸易导报》1932年第4卷第5号。
[6] 《浙江桑蚕茧丝绸近况调查录》，《中外经济周刊》1926年总第186期。
[7] 冯子栽：《浙江吴兴丝绸业概况》，《实业统计》1933年第1卷第3-4期。
[8] 漆中权：《中央模范农业推广区农民生活调查》，《农业推广》1931年第3期。

蚕桑区农家除了从事丝织业之外，也有掌握一定技能的农民利用较长的农闲时期赴外地佣工织绸。光绪《海盐县志》记载："澉地农民……农隙时多远出赁织，西至杭州，北至湖州，有至宜兴者，每年正月出，四月归，七月又出，岁暮归。"[1]即便在机制丝织业发展起来之后，作为农暇副业的手工丝织业在江南乡村仍然占有很大的比例。1936年统计的《苏州手工丝织业土特产生产概况表》记载："20世纪30年代，苏州丝织业从业人员中，农村专业者占20%，农村副业者占50%。"[2]

蚕茧缫丝织绸之后，会有部分废茧剩余，桑蚕区乡民最大限度地将其利用，在农暇时将其制成丝制品出售。吴江七都镇，"农民惯在农闲时用次茧、废茧及黄斑茧制作丝绵，以充分利用蚕茧资源"[3]。黄土泾桥的拉丝绵，始于1933年，是利用废蚕茧而发展出的一项副业。"当时只有一家富农经营，除夫妇二人和一小孩从业外还雇用了两个工人……一方面向丝厂购入下脚茧，另一方面利用农闲季节，进行加工，拉成丝绵，一年约经营四个多月，能拉25市担下脚茧，除去一切开支，可获利340元。"[4]农暇丝织工艺在近代江南乡村有着顽强的生命力，乡民们利用一切可利用的条件，努力增加产出，最大化地提高收入。

（二）特色手工业的发展

特色产业植根于江南各区域独特的自然生态和历史人文环境之中，是乡民们通过自然的出产与人工的培植获取原料，通过习得专门的技艺，在农事之余从事的各类手工业劳作。

刺绣在太湖流域有着悠久的历史传统，蚕桑丝绸业的兴旺，带来了刺绣业的发展。明清时期，吴地刺绣即享誉天下，刺绣成为吴县女子必须学会的活计。至清同治六年（1867），苏州吴县城乡绣工达4万余人，刺绣是"乡村妇女农耕之余的重要副业"。妇女在农暇专注于刺绣，母女、婆媳、姐妹、妯娌之间互为影响，祖代相传。这样的刺绣家

---

[1] 王彬修，徐用仪撰：《海盐县志》卷八《风土》，清光绪二年（1876）刻本。
[2] 苏州档案馆藏：《苏州手工丝织业土特产生产概况表》，1936年；转引自王翔：《中国近代手工业史稿》，上海人民出版社2012年版，第472页。
[3] 丁学明主编：《七都镇志》，江苏古籍出版社2001年版，第154页。
[4] 陈翰笙、薛暮桥、冯和法编：《解放前的中国农村》第3辑，中国展望出版社1985年版，第318-319页。

庭手工业者，几乎遍布城乡每个家庭，尤以吴县西部的横塘、蠡墅、白马涧、善人桥、光福、香山、东渚等乡村为盛，并在各区域形成了专业化的生产分工。如"平金在横塘，打子在蠡墅，刻鳞绣龙在向街、白马涧，戳纱在葑门外特撽头，袍褂、补子在善人桥，被面在光福、西华、东渚，寿衣、寿被在香山"[1]。据中华人民共和国成立初在光福镇八个村的调查，"405户中，刺绣者达331户，占总户数的81.7%。所绣者大都是被面、鞋面、戏袍之类"。在刺绣最盛的时期，光福镇的代办商"每天要发工资五六十石米，每个女工平均每天可得工资大米五升，一月收入可供七人费用……过去绣被一条，可净得工资五斗米，一般女工起早带夜，一个月可绣成被面四条"[2]。妇女于农暇从事刺绣业，为家庭的生计贡献着自己的力量，并传承和发展了"苏绣"这一特色工艺。

在吴地，与丝织品相关的另一特色手工业是"缂丝"。吴县陆墓、蠡口、黄桥三乡交界处的张花村，被称为"缂丝村"。该村有许多缂丝世家，有的直接供宫廷内室；有的终岁守机，为苏州织造府缂织御服充贡；有的且耕且织，作为家庭副业，产品或充贡，或为中间商收购转售。在工作的时段上，"大多数艺人以务农为主，只有在订货时于农隙从事缂丝"。至20世纪30年代，苏州的陆墓、光福、木渎、唯亭等地尚有少数农家以缂丝为副业。[3]农民于农闲时期从事的这一副业，使得缂丝的技艺和文化得以保留和延续至今。

制茶是江南山区的特色产业，山区乡民将茶叶视为一年重要的出产物，在农暇时即为此而忙碌着。杭州西湖龙井村，"整个冬季，对茶农来说，并不空闲"，茶叶需要人工的栽培，除了培植松土、除草施肥等日常工作外，除非下雨、下雪，茶农每天最紧要的事情，就是上山砍毛柴。每户茶农要在冬季聚集上千上万斤毛柴，愈多愈好，"一方面是应日常家用，一方面是为明年一年四次炒茶准备的"。冬日农闲期的准备工作，只为来年春季有个好的收成，"在近五十天的春茶中——茶农是三冬

---

[1] 胡金楠主编：《吴县工业志》，上海社会科学院出版社1993年版，第121页。
[2] 华东军政委员会土地改革委员会编：《江苏省农村调查》（未出版），1952年，第412页。
[3] 胡金楠主编：《吴县工业志》，上海社会科学院出版社1993年版，第151-153页。

靠一春，主要收入靠春茶"。[1]

  陶器制作是江苏宜兴部分地区的特色产业。在丁山、蜀山二镇，乡民大多以陶为业，所谓"黄泥换饭吃"。他们分别在大、小窑户的作坊里干活，或在家里制坯卖给窑户（俗称"做卖坯的"），周围农村也有不少乡民在农闲时做坯卖给窑户（俗称"做乡坯的"）。[2]宜兴惠山的泥制耍货，是驰名全国的特产之一。惠山附近的三四百户家庭，没有一家不是制作泥耍货的，"他们男女老幼约有二千多人，个个都参加这种工作。他们农忙时候种田，农闲时候就做泥耍货；这种工作不仅是他们最主要的手工业，而且也是他们唯一的副业收入"[3]。

  造纸为浙东乡村主要的特色手工业。造纸的原料为新竹，每县有数十户或百余户不等，均有造纸之槽户，"槽户均为农余假妇孺之手为之"。这种设备简陋的纸槽，"大都设于山溪之旁，借着水力推动木制的转轮，来推移木桩以槌碎竹肉，而从事制造"。[4]浙西北地区的富阳县山农亦利用山区之毛竹与落差之溪流生产纸张。"富阳当天目山之支衍。山陵起伏，风土丰肥。物产之富饶，远胜他邑。其中毛竹尤为著名。乡民除物用与出售外，类皆就地设厂，利用溪流，以制成各纸，运销于他处，获利甚厚。"[5]除了毛竹造纸，稻草也是制作草纸的原材料，"沿为境内农家利用农事间隙，'老小勤作，昼夜不休'"[6]。富阳的农民除了种田看蚕外，就做草纸。1930年浙江省经济调查报告显示："富阳纸业在浙江产纸的二十几县中占了个最高的数字……全县有四万多工人，占了全县五分之一的人口，纸槽达一万多具，全县纸类总额约值八百六十六万余元，占全省总产值之百分之四十一。"其中，"富阳的草纸槽在全省中，竟占了差不多百分之八十"[7]，为该地区最重要的

---

[1] 陈学昭：《我在农村生活中的一些体会》，丁茂远编：《陈学昭研究专辑》，浙江文艺出版社1983年版，第253页。
[2] 陈鉴明主编：《丁蜀镇志》，中国书籍出版社1992年版，第671页。
[3] 钱志超：《无锡的"泥人街"——惠山镇》，《东方杂志》1936年第33卷第2期。
[4]《浙省造纸工业》（三），《申报》1939年3月6日第6版。
[5] 俞荃芬：《富阳县毛竹造纸调查》，《中华农林会报》1919年第5期。
[6] 陆佐华主编：《富阳镇志》，汉语大辞典出版社1994年版，第119页。
[7] 徐彭年：《富阳的草纸槽户》，《东方杂志》1936年第33卷第8期。

特色产业。

编织业为江南乡村普遍盛行的手工副业，尤其在盛产竹木、黄草等编织原料的地区更为常见。浙江平湖，历来竹匠众多，辛亥革命前，钟埭乡饭箩浜和沈家弄，家家户户在农闲时从事竹器生产，成为有名的竹器专业村。其原材料，除了乡民自己种植的各类竹子之外，还需要从安吉等山区购入大的毛竹。[1]常熟东张农村，乡村竹匠农暇时生产的竹制农具有扁担、籇篮、畚箕、竹箩、匾子、筛子、晒栈、栈条、乍栾、罱河泥竿、锄头柄、铁搭柄、抓扒等；生活用具有提篮、筲箕、竹椅、竹榻、坐车、摇篮、簟席、竹筷、碗架、洗帚等。[2]这些竹制品以其精致轻巧实用，服务于乡民的日常生产和生活所需。常熟东南乡一带农隙多制作雨笠，光绪《常昭合志稿》记载常熟"东南乡一带，农隙多业此，编竹为胎，夹以油纸为之"[3]。常熟淼泉境内的竹器生产历史悠久，除专业竹匠制作簟席、竹椅、筛子等外，农民在农闲时也制作竹制品，其品种有竹筷、竹针、竹夹、衣架、碗架、四角篮等，所制产品以自销为主。[4]

上海嘉定地区盛产黄草。野生黄草随意生长在嘉定乡村的池塘边、河道旁、水田中。自唐代开始，这里的人们就开始将野生黄草制成凉鞋，作为苏州郡的土贡之一。"农闲时节，广大农户不论男女老少，相与围坐编织……黄草编织品的密集性劳动，使这个地区的农民几乎没有空暇的时间。"[5]吴县浒关区的主要副业有草席、草包、草绳、硬衬等，其中尤以草席、草包的制作为最普遍。东桥、望亭、长青以及浒关等地农民，十之八九，皆从事这些副业生产。[6]

位于太湖北岸的无锡杨市，各村的农暇特色产业均与编织相关，且

---

[1] 屈济沧：《铁木竹业的演变》，《平湖文史资料》第4辑，政协浙江省平湖市委员会文史资料委员会1992年编印，第17页。
[2] 王俊如等编：《东张乡志》，上海古籍出版社1993年版，第199页。
[3] 郑钟祥等修，庞鸿文纂：《常昭合志稿》卷四十六《物产》，清光绪三十年（1904）刻本。
[4] 陶钟朴主编：《淼泉镇志》，立信会计出版社2000年版，第269页。
[5] 沈云娟、陶继明：《黄草织品的历史和前景》，《嘉定文史》第20辑，中国人民政治协商会议上海市嘉定区委员会文史资料委员会2003年编印，第144页。
[6] 华东军政委员会土地改革委员会编：《江苏省农村调查》（未出版），1952年，第409页。

品类有所区别。张华桥的江湾、姚巷上，福山村的邵家桥、邵基坝、夏家桥、沟圈里等地的农户，"在农闲季节，编织竹篮、苗篮等"；兰溪岸、王大岸、徐城头、开元庄等地农民利用当地盛产的芦苇，"在农闲时采集芦花、芦苇，编制成芦帘、芦花蒲鞋等"；老年农民，"在农闲时将稻草搓绳、打草鞋、扎米囤、织草帘"；20世纪30—40年代，妇女在农闲时，"以编织刺绣为主要副业"。[1]乡民利用本土本乡的出产物结合自身的技艺与劳作，发展具有特色的手工业品。宜兴地区，"乡村妇女，在农闲时间，多操副业及手工艺，如和桥一带聚隆桥等处之编制芦席；徐舍之造草纸；张渚之作竹器；芳桥、周铁桥之纺织业，大致都可为农业生产之一助"[2]。无锡县荆福乡农民有农隙打草鞋的副业，"此种副业不需要什么本钱，稻草自家有，空余时间即可打，每双草鞋价七百元左右（1949年），每人每日可打五六双，可赚大米二升余"[3]。

昆山蓬朗镇的村民把编织草鞋、蒲鞋作为家庭副业。草鞋和蒲鞋都利用农家出产的草做原料，用木制靴头，农家现有的推床做工具编织而成。蓬朗镇西部和北部的农民，"每到农闲季节就集中在家里编织，1人1天可编5双至7双草鞋，3双至5双蒲鞋，自用或拿到镇上出售……也有苏北来的船户挨家挨户上门收购，运至浙江嘉兴、嘉善一带销售"。蓬朗地区的农民宅旁普遍栽有竹林，"农闲时用竹子劈成篾，编成菜篮、饭箩、草篮、筛子等各种竹制品，自用或上街出售"[4]。

浙江嘉兴，"灯草为六区余贤镇之一种特殊行业"，常用于点油灯、棺材入殓、药用、制墨之原料等。销往杭州者，多供寺庙点香灯之用；运往浙东，多为农家点灯及药用；销往徽州，大多为制墨之原料。除了灯草，编织蓑衣（作为农家耕耘时的雨具）也是余贤镇农民重要的副业，与灯草为同家经营，原料即为灯草之外壳。"余贤镇每年输出量有十

---

[1] 管墨林主编：《杨市乡志》（内部资料），1991年，第93页。
[2] 徐方干、汪茂遂：《宜兴之农民状况》，《东方杂志》1927年第24卷第16期。
[3] 华东军政委员会土地改革委员会编：《江苏省农村调查》（未出版），1952年，第413页。
[4] 顾瑞华主编：《蓬朗镇志》，生活·读书·新知三联书店1992年版，第80页。

余万件,价值在一万元以上,输出地点,多由杭州转入浙东绍兴各地。"[1]浙江上虞县百官镇,"居民约两万余人,类多以种田捕鱼为生,非农忙时期,乡民妇女亦多以编织草鞋草帽等为临时副业"[2]。

还有一些特色手工业在一个地区世代相传。嘉善县的窑业起源于汉代,发展于宋明两代并延续至近代。从事窑业之工人,大致可分为坯工、烧窑工、出装工、盘窑工和运输工等。坯工为农民余暇日之副业,从事这种副业的以嘉善西北乡为最多。全县总计约十万人,每人每日可收入二角左右。[3]嘉兴澄溪镇的瓦坯业为传统的副业工作,"全镇一千四百九十七户,除去镇上一百余户外,其余几有百分之八十之农民,兼操是业……每人每月工作所得,约计五万……每年工作日数,除田忙蚕忙及冬季严寒冰冻不能工作外,约可七月"。其收入为乡民一年家庭收入之重要组成部分。嘉兴南汇镇,"做砖坯者约四百家,每天每户可出砖坯七百,工作日数年约六月,全镇全年出坯约五千万,以每万八元计,计产值四万元"。[4]黄土泾桥的砖坯副业,"已有400多年历史……每年在夏收、秋收之前,各做三个月左右"[5]。无锡地区的砖瓦业兴起于明代,在江南地区素负盛名。做砖坯的时间,"都在农闲时做,不影响农业生产"。从具体时段来看,"除了炎夏、寒冬及农忙时不做外,上半年一般从三月间做到芒种割麦(五月间);下半年从七月(立秋)做到九月(割稻),麦子种下后则再做一个多月(冬至后一般不再做),共约有五个多月至六个月左右"。[6]这种农闲剩余劳动力的有效使用,利于增加农家收入,改善乡民的生活。

芯梗业是湖州德清新市镇的特色产业,在新市镇已有悠久的历史。"新市水路运输方便,附近蚕桑发达,养蚕季节家家户户在晚间饲蚕都

---

[1] 冯紫岗:《嘉兴县农村调查》,国立浙江大学、嘉兴县政府1936年编印,第143页。
[2] 逸飞:《浙东观感》(三),《申报》1945年6月14日第1版。
[3] 倪学礼:《嘉善县窑业发展简史》,《嘉善文史资料》第4辑,政协浙江省嘉善县委员会文史资料研究委员会1990年3月编印,第12页。
[4] 冯紫岗:《嘉兴县农村调查》,国立浙江大学、嘉兴县政府1936年编印,第142页。
[5] 陈翰笙、薛暮桥、冯和法编:《解放前的中国农村》第3辑,中国展望出版社1985年版,第319页。
[6] 华东军政委员会土地改革委员会编:《江苏省农村调查》(未出版),1952年,第416页。

用灯芯照明,芯子在蚕季颇为旺销。"当地农家妇女,"昼夜从事烛芯加工作为副业……工资极微,但积少成多,于生活不无小补"。[1]

绍兴地区人稠地狭,一村所有之田不足供村人之耕作,乡民为了生计,"于农隙时,亦须别就相当工作,自食其力,是箔工一项,实为农人唯一之出路,亦即贫女第二之生命"。据20世纪20年代的调查,绍兴城乡箔铺数千家,上下间男工少或十余人,多或三四十人,共二万余人,而得男工须佐以男女杂工,统计男女工友总数将近八十万人,实为各地罕有之手工制造业。[2]

食品加工业属于江南各地普遍所见的副业,乡民们用地方出产和生产工艺造就了不同特色的地方美食,自给之余面向市场。黎里地处江南鱼米之乡,历来粮产丰足。其中大麦、粔、玉米等,除作饲料外,尚有余裕,为饴糖业的发展提供了足够的原料。"农村有小糖坊,均为一灶。其中多数为冬闲时季节性经营,以章湾里、黄杨浜为最盛。"[3] 无锡新安乡华大房庄一带的农民利用农暇酿酒,"乃将秋收后米筛漏下之泥稻烂米,吊取烧酒,少则为农作时兴奋之饮料,多则卖与上门收买之客人,是为农家一种副产品,但皆于农隙之时为之"[4]。无锡县荆福乡十二村的农民有冬天农闲拉粉丝的副业,手工拉粉丝的时令性很强,限于气候寒冷的冬天进行。"在靠近旧历年关时,线粉的销路很大,手艺好的人,最多一天可做值一石二三斗米的线粉……十二村做这生意的很多,每年年底都运往苏州去卖,一次可赚米一石左右。"[5]

此外,江南乡间还有着数量众多的工匠手工业者。工匠手工业是一种古老的手工业形态,它造就了中国历史上大量的能工巧匠。在形态上可以细分为两种:"一种是固定的铺户,如父子班、夫妻店,运用世代相传的技术,接受客户的加工订货;另一种则是流动的匠人,往往在农闲

[1] 沈立民等:《新市芯梗业的兴衰》,《德清文史资料》第4辑,中国人民政治协商会议浙江省德清县委员会文史资料委员会1993年编印,第173-174页。
[2] 《江浙箔业联合会将为箔商请愿》,《申报》1928年2月12日第15版。
[3] 杜培玉:《黎里饴糖业》,《吴江文史资料》第10辑,中国人民政治协商会议江苏省吴江县委员会文史资料委员会1990年12月编印,第129页。
[4] 《无锡酒税征及农民》,《大公报》(天津)1934年11月27日第10版。
[5] 华东军政委员会土地改革委员会编:《江苏省农村调查》(未出版),1952年,第414页。

季节主动外出揽活,进入客户家中,运用自己的生产工具与技术为客户服务,这种流动的工匠手工业促进了生产技术在地理上的传播。"[1]

农民在农暇时兼营工匠手工业,凭着自身的技艺和劳动获得收入,"绝大部分副业,对促进农业生产和改善人民生活,有着直接的影响"。如无锡苏巷的泥水匠副业,是祖祖辈辈传下来的,"有了这个手艺,农忙可以参加农业生产,农闲可以外出混饭吃,找另用钱"。白水荡的打铁副业,"每年农忙之前,摇船到各地农村,上门打铁"。[2]常州武进三河口乡,晚清民国时期,城乡各地有铁匠、木匠、瓦匠、竹匠、箍桶匠、银匠、铜匠、凿花匠、弹棉匠、鞋匠等工匠。[3]旧时昆山蓬朗镇的木匠、竹匠、泥水工等,"多数是利用农闲外出做工"[4]。清末嘉定黄渡,镇上开设木业铺面,其间有走乡串户的专业木匠,"也有以农为本,农闲时做点生活的"。高架木匠专门以修建房屋为业,"务此业者,多以农村闲散木匠居多"。黄渡镇横跨吴淞江两岸,水陆交通方便,在晚清民国时期,此地造船修船业较为发达,船厂(号)多半集中在千秋桥南、北塽附近。"间有闲散修船木工,多半为船厂做临时工,忙时雇,闲时退,这些木工有'半年闲'之说。"[5]

上海金山县松隐镇竹枝词描述木匠、铁匠工作:"凿子原殊铤子尖,莫家非有莫邪铦。只闻打铁桥头响,打出霜天割稻镰。"[6]20世纪30年代的无锡梅村,除了市镇上的铁匠铺,"还有季节性的流动铁匠铺"[7]。镇江句容东南天王寺一带出产剪刀,"自己炉子里烧出来的钢和铁,自己铁锤子下铁座子上打出来的左右剪枝,自己糙石凹陷中磨出

---

[1] 彭南生:《半工业化:近代中国乡村手工业的发展与社会变迁》,中华书局2007年版,第301页。
[2] 陈翰笙、薛暮桥、冯和法编:《解放前的中国农村》第3辑,中国展望出版社1989年版,第320页。
[3] 石长胜主编:《三河口乡志》(内部资料),三河口乡编史修志领导小组1985年编印,第135页。
[4] 顾瑞华主编:《蓬朗镇志》,生活·读书·新知三联书店1992年版,第94页。
[5] 徐学长主编:《黄渡志》(内部资料),1986年,第190、191页。
[6] 黄佩荑主编:《松隐志》,上海人民出版社1991年版,第277页。
[7] 童子明主编:《梅村志》,江苏科学技术出版社1991年版,第134页。

来的锋芒"[1]，是制作剪刀的铁匠艺人的工作流程。农村从事作坊工作的农民，"以农为主，农忙时务农，经济收入一般以农业为主，实际上是凭其手工技艺赖以增加收入，弥补家庭生活的不足"[2]。

无锡胡埭乡历来以农业为主体，部分农民兼营小手工业和加工业，"农村的木匠和泥水匠，农时务农，闲时务工，拜师学艺，代代相传"[3]。昆山张浦农村五匠中以泥水匠、木匠居多，散居各村，"农忙务农，农闲由筑头师傅召集，成员大体固定。一般以师带徒，父子相传为业"[4]。辛亥革命前，黄渡乡中就有不少专门从事房屋修建的能工巧匠。大部分泥水匠、木匠分散经营，为农民打灶头、砌壁脚、做家具、修门窗等。也有一些匠人师傅合伙承包黄渡镇上和乡村民房的建筑任务以及庙宇、学校的修缮工作。由于房屋修理业务的增多，泥水匠、木匠逐渐组织起来，成立了黄渡泥水木工包作。所谓泥水木工包作，也只是个临时组织，当时"有工则聚，无工则散"[5]。乡村工匠多利用农暇做工以增加家庭收入。

在农家生计活动中，江南乡民将农业生产与农暇手工业相结合，以维持家庭经济的平衡。在资源配置上，乡间的自然资源和农业生产的副产品为手工业提供了丰富的原材料，可以连续生产并减少市场交易费用；在时间安排上，农业生产的季节性和农事耕作时间的灵活性，使得乡民可以根据家庭生产生活的实际情况合理安排手工业生产；在人力投入上，乡民可以根据家庭人口情况和劳力的特点进行适当的工作安排。长期以来，这种农工结合方式在江南农家生活中形成"巨大的节约和时间的节省"，一定程度上，具有"小农经济凝固性的本质传统"，并牵制着乡村社会"分工的起步和发展"[6]，但在乡村传统的日常营生中，确是合乎农家生计利益最优化的一种结合方式。

---

[1] 盛成：《茅山的香会》（二），《大公报》（上海）1936年4月6日第10版。
[2] 童子明主编：《梅村志》，江苏科学技术出版社1991年版，第134页。
[3] 吴忠德等编：《胡埭乡志》，江苏科学技术出版社1990年版，第127页。
[4] 曹有庆主编：《张浦镇志》，生活·读书·新知三联书店1992年版，第119页。
[5] 徐学长主编：《黄渡志》（内部资料），1986年，第192页。
[6] 徐新吾：《中国封建社会长期延续的基本原因——关于中国小农经济生产结构凝固性问题探讨》，《中国经济史研究》1986年第4期。

二、农暇与近代工艺

(一) 地方工艺的近代转型

农业与手工业的结合仍然是近代江南农家生计的主要模式。汪敬虞指出,"探究中国近代手工业生产的根源,不能离开中国社会历史的特点和经济发展的水准。人口的压力、耕地的缺乏、农村经济的普遍贫困化,使手工业成为农村剩余劳力的天然出路……几乎所有小农家庭都兼营或此或彼的各类手工副业"[1]。近代以来,由于外国资本主义的商品输出以及机器工业的逐步发展,部分面向市场的农暇手工业受到冲击,一些传统的手工业因"洋货"的输入而首当其冲。以棉纺织手工业为例,由于洋纱洋布的输入,原来棉作区靠土纺土织的"土布"行业因此受到影响。1871年英国驻华领事商务报告书称:"中国农民开始发现这种外国货物(棉布)比他自己的(土布)便宜得多,在某种程度内,洋布低廉的售价抵补了洋布不耐用的缺点。贸易的普遍恢复和扩张,洋布价格的低廉,和中国国内情况的改善,使得中国农民能够购买这些货物(洋布),其结果,就是贸易的增加。"[2]在太仓地区,"近年来因洋布输入,渐有舍土布而衣洋布的趋势,因之纺纱织布等家庭工业,渐有废止的现象"[3]。上海奉贤、川沙等棉布出产地皆然。奉贤"织布之工,从前比户皆是,纯系女工,土名小布……近自厂布盛行,销路顿滞。贫民生计,大受影响"。与土布相关的印染业,也受此影响而萧条。"染坊二十三家,工徒六十九人。每家染价收入或一二千、二三千元不等,近以土布失败,靛价奇昂,利益实少。"[4]川沙地区,以前"乡村妇女纺织,机声札札,比户皆是……近自厂布盛行,土布销售,不免

---

[1] 汪敬虞主编:《中国近代经济史 1895—1927》(下册),经济管理出版社2007年版,第138页。
[2] 李文治编:《中国近代农业史资料》第1辑,生活·读书·新知三联书店1957年版,第494页。
[3] 周廷栋:《各地农民状况调查》(太仓),《东方杂志》1927年第24卷第16期。
[4] 纪蕴玉:《沪海道区奉贤县实业视察报告书》,《江苏实业月志》1919年第3期。

受有影响"[1],进而影响到乡民的农暇生计。"若织布,三十年前大盛,现(1927年左右)已稀有……故妇女除农忙外,一入秋冬,即无相当工作。"[2]外部冲击使部分棉作区面向市场的农暇手工业陷入困境,被迫开始转型。

  进入近代以来,一些手工业因外部环境的变化而受到冲击,生产减少,而另一些行业则因国际国内市场需求的增加而有所发展。"纺织工业的发展及织品的输入,使家庭纺织业没落了,因国外贸易的增大,给予了扇子、帽辫的制造以刺激……国外的需要,发展了发网的制造,并带来了它的样式的变化……在资本主义经济支配下,中国农村里却又发生或发展了许多其他的家庭工业。"[3]上海周边,"早在1910年前后,上海四郊乡镇及郊县,已有少数针织小厂或手工工场的开设。他们除吸收农民的廉价劳动力外,又向农民发折子,委托加工刺绣做花边等工作,其后又有发料编结网袋、绒线、手套、做绷子(刺绣)、织毛巾、摇袜子等许多家庭手工副业"[4],进入民国以来,余姚的杜布业,"逐渐受帝国主义经济势力的打击,由衰落而至于消减。十五万个本以纺纱织布为生的农村妇女,都被撵出了生产领域之外,而仅仅做些家庭琐碎的工作"。而在20世纪20年代,宁波慈溪长河市小本商人范永全偶然从鄞县西乡学来了编织草帽的方法并传授给一般邻近的妇女,草帽由代理商经洋行销往欧美,需求旺盛,利润可观。长河草帽行如雨后春笋般,发展到一百余家。"草帽行越多,需要编帽的妇女也越多,草帽行既然逐渐由长河市蔓延到县内的各市镇,编帽的妇女也逐渐由长河市蔓延到县内的各个农村。"1927—1930年的四年,是草帽业的全盛时期。"余姚的每一个农家,都有编草帽的妇女,较大的市镇,总有几家或十几家草帽行。"[5]农暇手工副业的生产内容和形式发生了明显的变化。

---

[1] 吴清望:《沪海道区实业视察报告》,《农工商报》1920年第6卷第6期。
[2] 章有义编:《中国近代农业史资料》第2辑,生活·读书·新知三联书店1957年版,420-421页。
[3] 王毓铨:《中国农村副业的诸形态及其意义》,《中国经济》(南京)1935年第3卷第1期。
[4] 徐新吾主编:《江南土布史》,上海社会科学院出版社1992年版,第302页。
[5] 茅可人:《余姚农村的续命汤:草帽业》,《东方杂志》1935年第32卷第12期。

在织布收入减少的情况下,乡民们也主动想办法,农暇时另谋他业以弥补损失。据江湾镇原织户张金凤、章桂仙、沈林娣口述,江湾的土布生产在1900年左右已显见衰退,只是走势比较缓慢,延续了好多年。沈林娣在十二三岁(1929年左右)就开始学编结绒线帽子、鞋子等。她们向江湾镇的店家领来绒线原料,加工成品所得的收入,比织布要好,所以越后,编结绒线的人就越多。原织户彭兰珍、吕阿妹、费文秀、曹爱英、杨梅珍等回忆道:"莘庄、七宝的土布生产在1915年左右初见衰退,当时农民已有做花边、结网袋等副业生产……到了1920年前后,土布生产收入越来越少,做花边、结网袋、结绒线手套等副业生产不断发展,工作既省力,而收入要比织布好,因此,年轻的小姑娘多不学纺织而搞其他副业了。"[1]

在传统土布业市场份额减少的同时,"资本主义又在农村中创造新的手织业",在无锡农村,"代织布业而起的是织花边业"。新兴的手工业也随着市场的兴衰而繁荣或衰落,1918—1925年间无锡花边业为极盛,不久就消减了。"在花边时代以后,无锡又盛行手工织袜,在礼社镇上有手工工厂之成立。农民每人每日织袜一打左右,可得工资二角至三角。"[2]洋袜为浙江海宁硖石镇产额之大宗,兴起于清末宣统年间,最多时有六十余家。"其工作方法亦采放机于女工之制,每月取其租值……专以摇袜为生者,约半数,其余系于间隙时为之,平均每日每机可出袜一打有半……可得工资四角以上,每机每月可得工资十二元之谱。"[3]

江南部分乡村地区,由于近代交通的发展带来物流的便利,便于原材料的购买和产成品的销售,进而发展起新的特色产业。无锡塘头在锡澄公路旁,交通便利,农家于农暇时皆以制造丝线为业,"本镇操此业者共一千二百余家……此项制造丝线工作,均系妇女从事,其生产时期大部分在农隙之际"。既有家庭个体生产,也有较大丝线作坊雇工生产,丝线产销旺盛。"农家将丝线制成、装包后,即分批卖至各地线布商号,

---

[1] 徐新吾主编:《江南土布史》,上海社会科学院出版社1992年版,第302-305页。
[2] 汪疑今:《江苏的小农及其副业》,《中国经济》(南京)1936年第4卷第6期。
[3] 《硖石之经济状况》,《中外经济周刊》1927年总第215号。

然后再由线布商号转售于顾客,惟商人直接赴产地收买者亦多,至其去路,颇为广大,销于本省者,以京沪等处为最多,镇常宜溧各地次之,行销于外省者,以杭州为最多。"丝线产业成为当地乡民除农业之外的特色产业,诸多的乡民借此生活,以之为家庭生计的重要来源。"全镇做丝线妇女达六七千余人,其直接间接借此生活者当在三万人以上。"[1]

随着近代交通的发展与信息技术传播速度的加快,新式的农暇手工业也向山区和偏远乡村传播,影响和改变着当地乡民的农暇生计方式。1903年,徽州歙县郑村的郑履德在南京学会了织东洋布和毛巾的方法,第二年上半年,就在家乡郑村开了一个织布厂,专教当地农闲时无所事事的农民。"起初学的人还不多,现在渐渐地多起来了,就是女工来学的,一天多似一天。厂中织的布,虽比不上外国货色,却也很用得了。"[2]这也成为当地乡民农暇时一项新的副业。

乡村教育对新式手工业的推广也起到了积极的作用。1919年奉贤县办的平民习艺所面向乡民教授手工艺生产技能,开办了"竹木缝纫三科,雇技师三人,木工科制造圆凳、长凳、桌几等器,竹工科制造竹椅、竹床、竹桌等器,缝纫科分制各衣庄绸布等衣"[3]。通过教授技艺,引导乡民农暇时从事手工副业以谋生计的发展。20世纪30年代的乡村复兴运动潮流中,江苏省立教育学院于1932年在无锡北夏成立了民众教育实验区,试图用教育的力量,改造乡村社会,实现农村的复兴,并创立面向乡村民众的《新北夏》,提供各种农业信息及新闻资讯。《怎样利用农闲》这篇小文,采用举例示范的方式倡导乡民在农闲时从事特色手工业:

> 种田的农友们,一年最忙的时期,是初夏起到秋尽冬初止。那六个月中要割麦,栽秧,养蚕,割稻等等。真忙得两脚不停,两手无闲。可是到冬季,谷已登场,麦已种好,农事的重要工作都已完毕。这是农家比较空闲安食的时期了。这样长长的日子,没有事做,

---

[1]《无锡农村副业:塘头丝线业概况》,《大公报》(上海)1937年3月27日第11版。
[2]《徽州工艺的情形》,《安徽俗话报》1904年第15期。
[3]《奉贤县实业视察报告》,《江苏省公报》1923年第3281期。

许多人去学坏做歹，这实在太没出息了。或者坐在家里空空的把光阴流了，也未免太可惜哩……现在藤昌乡有个手工艺传习所。里边专门教做稻草藤竹器具和打席子等。朋友们！不要看轻了它，以为是轻利。俗话"轻利要长算"，请看我举例子吧：一、东亭杨巷做弓弦，每家每年收入有二百元。二、南方泉打席子，每家每年收入有一百元。三、双河上做竹器，每家每年收入有一百四十元！上面三个都是实在的例子，大家不要空过了好日子。[1]

在宣传倡导的同时，民众教育实验区也开办了工艺学校以教授农民手工艺技能。1934年，江苏省立教育学院农场农村工艺传习所与无锡北夏民众教育实验区合作设立北夏农村工艺传习所，旨在培训乡民"利用农闲劳力制作自用或出售的手工艺品藉以补助农家生计"[2]。在实验区内的周巷民校、坟里四房民校、天福庵分别设立草帽鞭工班、竹工班、藤工班，以固定时间进行教学，提高当地农民的手工技能，并开展生产以及销售代售，取得了一定成效。无锡出产的元草地毯即受益于此。农村工艺传习所"教导农家民众妇女，利用农闲，精制各式砖形地毯。原料系采用苏州浒墅关元草，完全是地道国货。不论中式厅堂，或者西式客室，要拿这种地毯做点缀，不仅美观，而且耐久经用"[3]。乡村教育推动了新式手工副业在江南乡村的发展，农民通过新式的手工劳作，减少了季节性的"失业"并提高了家庭的收入。

（二）农暇工艺的近代性

农暇工艺的近代性体现在生产工艺与生产方式等方面向具有近代性的生产特征转变。彭南生将一部分在近代转向中与工业化建立更密切关系的乡村手工业用"半工业化"的概念进行分析，由于最先受西方工业文明以及民族工业化的影响，半工业化的乡村手工业很大一部分分布在江南等地区，典型者如平湖等地的织布业、针织业，无锡、嘉兴、湖州等地的缫丝——丝织业。这些乡村手工业在一个时期中，"在地区经济总

---

[1] 琢成：《怎样利用农闲》，《新北夏》1933年第27期。
[2] 陈一：《北夏农村工艺传习所的办法大纲》，《农村经济》1934年第1卷第12期。
[3] 绿滨：《介绍无锡的元草地毯》，《申报》1935年3月21日第16版。

量及家庭经济中的地位迅速上升,在很大程度上改变了乡村手工业依附于农业的自然经济状态,转向与工业化建立起更密切的关系"。在范围的界定上,近代乡村中的"半工业化"是介于"传统手工业与大机器工业之间的一种动态现象,是大机器工业产生并获得一定程度的发展之后,传统手工业寻求自身存在和发展的一种积极应对方式"。[1]因此,以家庭经营为基础的农暇工艺的近代性与"半工业化"的生产方式相联系,具体表现为生产工艺上由传统手工作业转向新式工具或近代机器动力的发展;生产方式上由原来的家庭作坊式经营转向包买主制或家庭工厂的模式;产销市场由原来的区域或国内市场被动走向近代世界市场体系等。

1. 生产工艺的近代性

在丝织业方面,传统江南地区的丝织业,除了为数不多的城市官营丝织手工工场之外,绝大多数丝织生产均以家庭副业的形式分散在乡村地区进行。甲午战争后,丝织业的生产方法逐步由旧式木机发展到新式手拉机,再到电力织机。江南名镇盛泽,传统纺绸业的生产工具为脚踏动力的木机,"虽则数十年来还是依然故我,毫无变动";纺绸业以家庭经营为主,"农家木机最多的不过四架到五架,大部只有一二架"。1916年,经成丝织有限公司在盛泽成立,"购置日式手拉机20台,每日出产绸缎130匹。随后又有郎琴记、云记、民生、华记等绸厂问世,起初都选用日本式手拉织机"。[2]生产工具的更新亦向乡村家庭扩散,到20世纪20年代初,农村机户纷纷以手拉织机取代旧式木机,新式织机的需求大增,促进了农村丝织业技术的革新和产品质量的提高。[3]1930年,盛泽善家桥郎琴记改用电器织绸的生产方法,"共有五部织机,应用三匹马达,有五个男工,四个女工……这是盛泽第一个应用电力的家庭工业"[4]。盛泽地区丝织业生产方式的近代性发展比较明显,但这种

---

[1] 彭南生:《半工业化:近代中国乡村手工业的发展与社会变迁》,中华书局2007年版,第131-132页。
[2] 河冰:《盛泽之纺绸业》,《国际贸易导报》1932年第4卷第5号。
[3] 王翔:《中国近代手工业史稿》,上海人民出版社2012年版,第101页。
[4] 河冰:《盛泽之纺绸业》,《国际贸易导报》1932年第4卷第5号。

转向并不具有普遍性。同样为丝织业发达的嘉兴地区,新式织绸机器在广大乡村普及的范围有限,织绸所用的工具,仍以木机和铁机为主,"至于电机织绸,本为最进步的,惟因价格昂贵,连同马达,每架需四五百元,普通农民都是入不敷出的,对于这种工具,虽明知其工作迅速,出品美观,却真是可羡而不可接"[1]。乡民在谋划工艺改进时,总是会考虑投入产出比,当新式工具投入成本太高,不能带来更高的收益时,他们宁愿保留传统的方式进行生产而拒绝新式的生产工具。

在乡村改进组织的推动和专业人才的指导下,乡村手工业生产工艺的改进在江南部分地区产生明显的效果。20世纪20—30年代,由费达生等蚕桑专家在吴江开弦弓村组织的生丝经制运销有限合作社,进行了生产组织的变革与生产工具的更新,在机器生产方面,为了继续保持缫丝的家庭工业,采用了改良木制机器代替旧式机器。合作社改革者在谈话中提出:

> 我们从实验中了解到,除非能有一个用蒸汽引擎的中心动力,质量就不易达到出口水平。但引进蒸汽引擎必须同时有集体工厂系统。换句话说,如果我们要提高产品质量,就不能保持家庭手工业的生产方式。所以我们决定试验设计一个要能实现应用现代生产技术的一切有利条件的工厂。这个工厂同时又不宜太大,要能办在农村里,用当地的劳力和由当地供应的原料。这个试验具有比较广泛的意义。如果我们能用较便宜的劳动力生产与大工厂同等质量的生丝,我们就能扩大这种缫丝工厂而不必惧怕城里工厂的竞争。通过开办这种小规模的工厂,乡村工业能打下一个坚实的基础,乡村经济从而可以复兴。1929年我们开始试验。我们的试验直到1935年重新装备了新机器之后才证明是成功的。这种机器是由日本最新型机器修改而成。我们用它生产出中国最好的生丝。1935年,这个工厂的产品被出口局列为最佳产品。[2]

江南地区其他纺织业的生产工具在近代也同样经历了改造升级的过程。浙江平湖织袜工业,为1909—1910年从上海引进,"所用织机,均

---

[1] 冯紫岗:《嘉兴县农村调查》,国立浙江大学、嘉兴县政府1936年编印,第132页。
[2] 费孝通:《江村经济:中国农民的生活》,商务印书馆2001年版,第187-188页。

系英美所造，价值较昂……所织线袜，形式虽甚粗陋，而袜身颇极坚固，取值亦较廉于舶来之袜，渐为社会所乐用"[1]。生产工具的改进能够提高农暇手工业的生产效率与乡民的经济效益，同时也促进了生产组织的近代化。

2. 生产组织的近代性

近代以来，随着机器工业的发展和商品市场的扩大，包买主制下的依附经营形式在近代江南地区发展迅速。以乡村常见的纺织业为例，浙江嘉兴，除了传统农家自织自用的家庭手工业，"另有一种所谓'织庄布'者，是商业资本支配下的家庭工业，有些地方的农民，把它当成一种主要的副业，从而获取工资"[2]。浙江海宁硖石镇用洋纱生产的硖石扣布经营，"产额尤多，均系家庭工作，俗称放机，由附近各乡民向硖石布行领取洋纱，回家纺织，织成布匹，来硖缴行……其工作皆乡农妇女于农隙时为之"。海宁硖石镇的布行放机区域广泛，在1927年前后，有布行九家，放机的区域周围约百余里，"西至石门街及桐乡屠甸等处，东至海盐沈荡，北至嘉兴之王店镇附近，所放之机，约有二万张。每张每月除歇工外，至少出布十五六匹，每年以十月计算，可出布一百六十匹，二万布机，每年可出布三百二十万匹"。[3]无锡袜厂"织袜女工虽有三千人，然在厂工作之数，不过五百人，余均带机回家工作，仅就持家政之余暇为之"[4]。江苏常熟布厂，有所谓放机者，"乃将布机放与工人之家……随时织布，随时交货"。在具体的流程上，"工人请领布机时，一切原料均由布厂供给，并由厂家发给凭折一扣，借此可以取原料，计工资焉，是项收支，月给一次。厂内支取之纱，重量须与交还之布匹相符合，如有短少，须在工资内扣除"。这种方式对于包买主与农民来说，二者皆获其利，实施较为顺利。"是项放机制通行以来，尚无阻碍，在布厂方面，既可免除管理之烦，又可节省工厂之地基，在工人方

---

[1]《浙江平湖织袜工业之状况》，《兴华报》1926年2月17日第25-29页。
[2] 冯紫岗：《嘉兴县农村调查》，国立浙江大学、嘉兴县政府1936年编印，第136页。
[3]《硖石之经济状况》，《中外经济周刊》1927年总第215号。
[4]《无锡之袜厂》，《工商半月刊》1930年第2卷第13号。

面,既可免除每日往返之劳,且可兼顾家事,利益均沾,法颇善也。"[1]这种生产组织形式适应了当时的生产力发展水平,在工业发展未能吸纳大量的农村劳动力,乡民不能脱离其耕作的土地,但农闲又有富余劳力的情形下,以家庭劳动为基础的手工业生产是适合农家经营的选择之一。民国时期的农学家钱天鹤指出:"我国的工业,虽有若干已有近代化的外形,但实质还未全脱家庭工业的精神。因此一般工厂应该善为利用农民的过剩时间和劳力,去做不用机器做的一部分工作,工厂方面既可以低价收买,农民方面因为有可靠的收入,亦乐得而为之,所以是两蒙其利。"[2]包买主制的生产方式,兼顾了农民劳作时间的忙闲与生活空间的分散。无锡礼社的纺织业,"原料之购买及出品之销售,全为一二商人所独占。农家妇女向纱庄领取棉纱,织成土布后交还纱庄,获得工资。这里,资本主义的家庭手工业,显明地已代旧式家庭手工业而起了"[3]。

城市丝织业中包买主制下的依附经营形式早在明末清初就已经存在,鸦片战争后这种经营形式开始向乡村渗透。[4]丹阳的手工业,"以织绸为大宗,机户散在四乡,而以北乡为尤多,合境有机二千张左右"。百分之四五十的乡民农暇以此为生计副业,"乡人制成之品均系投行,由行向各庄分售,再由各庄自行练染转销各省"。[5]吴江盛泽,"各庄之绸,并非设厂自织,系由各乡户将织成之绸,携至该镇会总之所,名曰庄面。此庄面为织户与绸行交易之所,共有五六处,每处有房屋四五十间……闻该乡以丝织为业者,殆不下万户,男女工作人数,殆在五万以上"。丝经是震泽有名的手工业,其生产经营方式也是包买主进行放料,农民在家利用空余时间进行生产。"以丝为经,假手摇工,而摇工并不住居本镇,系由各丝行将丝之分两秤准,交由各乡户携家摇

---

[1]《常熟之经济状况》,《中外经济周刊》1927年总第214号。
[2] 钱天鹤:《怎样提倡农村副业》(下),《申报》1936年9月28日第6版。
[3] 汪疑今:《江苏的小农及其副业》,《中国经济》(南京)1936年第4卷第6期。
[4] 彭南生:《半工业化:近代中国乡村手工业的发展与社会变迁》,中华书局2007年版,第315页。
[5]《丹阳县实业视察报告书》,《江苏省公报》1923年2月2日第9页。

成。俟交货时再为按工付值。计沿镇四乡三十里之遥。摇户约共有一万数千口。男女工人当在十万左右。其原料之丝,本境仅吴溇一乡,所产尚堪合用,余多购诸浙省菱湖、乌镇、双林、南浔等处。"[1]

除纺织业和丝织业之外,包买主制下的依附经营在江南其他农暇手工副业中也普遍所见。苏州吴县的刺绣业以绣娘领料回家加工,绣庄再将成品回收的方式进行。"她们承接绣庄下发的绸缎品种与丝线,拿回家中刺绣,成品交绣庄账房计件领取工价,工价按人工巧拙而定……她们实际是吴县历史上最早、为数最多的资本主义雇佣性质的家庭手工业生产者。"[2]德清新市镇的芯梗业是乡民从事的特色产业,加工烛芯,采取的是发放原材料、收回成品、按件计酬的外包工方式。[3]湖州善琏出产湖笔,全镇除正式之工人日常在毛笔工厂内工作外,其余均为散工,从厂店领出毛笔原料回到家里面制作,农暇在家制笔的散工占了制笔业的大部分。[4]20世纪30年代,王绍猷在参与松江普查时走进松江华阳桥计中寿家,见"有一女子,正在摇袜,据说每日每人平均可打成一打,每打工资一角八分,机和原料,均由厂中供给,每只机须缴保证金四元,按月行租一元,租期起码一年,农忙时可以请假,请假时必须将机的机壳子送交厂中,表示绝不偷织,才可免除月租"[5]。

近代江南乡民从事的花边、织袜、织毛巾等手工业生产也多依附于包买主生产经营。无锡礼社,仅有花边商两人,"便支配了附近农民约两千户。按件计工,每人每日可得工资两角左右"[6]。常熟县花边业发源地大义区,从事花边业之工人,都为妇女,人数占全区总人口六万人的百分之三十以上。其生产过程,"先由花边商将花边原料如竹布或麻布及花线等分发给农户;农户即逐日编制,完成后交给花边商,并领取

---

[1] 姚日新:《苏常道区吴江县实业视察报告书》,《江苏实业月志》1919年第6期。
[2] 胡金楠主编:《吴县工业志》,上海社会科学院出版社1993年版,第121页。
[3] 沈立民等:《新市芯梗业的兴衰》,《德清文史资料》第4辑,中国人民政治协商会议浙江省德清县委员会文史资料研究委员会1993年编印,第173-174页。
[4] 《湖州之毛笔》,《经济半月刊》1928年第2卷第4期。
[5] 王绍猷:《九峰三泖话松江》,《农业周报》1935年第4卷第9期。
[6] 汪疑今:《江苏的小农及其副业》,《中国经济》(南京)1936年第4卷第6期。

工资"[1]。海宁硖石镇的乡妇,"每次到镇领取洋纱,以一捆为度(俗谓一机,重一百二十两),细纱每捆二十绞,粗纱十二绞,乡妇领回工作成布……每月至少出布十五六匹。布行所发机户工资甚微,窄面之布,每机发价六角,阔者每机三角。平均每布一匹,仅发工资四五分,饭食由机户自管,所借为津贴者,惟余纱一项"[2]。江阴南乡农妇普遍从事摇洋袜的工作,"大概在每一个镇区范围内,有一个或两个商业资本家以所需的摇袜机及原料分发给农妇们,摇成洋袜再交还给商业资本家。而商业资本家更以摇成之洋袜分给另一部分农家小姑娘,完成缝袜头及剪贴商标的工作"[3]。上海川沙县乡民纷纷投入织毛巾的副业生产,以弥补生活的不足。毛巾业的生产,"均为小型的家庭手工工厂,大多只在每年春、秋两季,进行六个月的生产。据调查,全区有二分之一以上的户口从事这种副业,其收入一般约占各户总收入的百分之四十五左右"。[4]这种受商业资本支配的家庭手工业生产,在近代江南乡村地区农暇手工副业中普遍存在。汪疑今在1936年论述道:

> 今日江苏存在的小农,或者依于资本主义工业的副业,或者是依于资本主义大农经营的工钱劳动,或者是纯粹的农业者,以过大的劳动与过小的消费维持生活。他们是资本主义经济体制中重要的一个有机的构成部分……江南一带小农,则在资本主义的新家庭工业中,找得副业以维持其小经营……农产物贵而引起农业专门化商品化才使农民几乎全去经营农业。但是很多种类的手工业仍然是保存着的,所以一等到农业在其农业收入不能维持家庭时,手工业又博得器重了。这种被保持着而且后来成为替资本家商人和收买者生产时方能发展的手工业,首先发生在附近有原料的地方。如江苏镇江姚家桥一带农民,因附近的扬中县产竹,便多购竹制竹器……苏

---

[1] 华东军政委员会土地改革委员会编:《江苏省农村调查》(未出版),1952年,第407-408页。
[2] 《硖石之经济状况》,《中外经济周刊》1927年总第215号。
[3] 罗琼:《江苏江阴农村中的劳动妇女》,《东方杂志》1935年第32卷第8期。
[4] 华东军政委员会土地改革委员会编:《江苏省农村调查》(未出版),1952年,第407-408页。

州种烂田的农民，几乎每家都做蒲包或蓑衣，蒲包原料很贵，而且制成蒲包之后也不能直接运到市场去卖，必须待中间商人来取，因此价格完全为商人操纵。无锡惠山的农民，则制造泥人，双尖河的农民则制造竹器，太湖沿岸的农民，则制造芦席。宜兴和桥及聚隆桥等处，多编制芦席；徐舍则造草纸；张渚则作竹器；蜀山丁山则多制陶器及竹器……他们的经验虽还是手工业的，而且其历史也多半是封建时代传来，但他们早已为商业资本所买占，成为一种形式的手工工厂，而结合于资本主义经济体制了。[1]

从经营形式上来看，包买主制下的乡村手工业者不自觉地在"资本、原料供应与产品销售等多方面陷于对包买主的依附之中"，但这种制度也"适应了包买主和依附经营者双方的经济状况"[2]，客观上促进了近代江南乡村手工业的发展，使得乡民能够更好地利用农暇开展生计副业，一定程度上支持了乡民家庭生计的维持与改善。正如汪敬虞指出的，"各地农村中更存在着大量的剩余劳力。他们没有机会被大都建立在城市里的近代工厂所雇佣，而更可能仍然信守传统的生产经营习惯，更容易为商业资本的触须所缠绕，为商业资本向手工生产领域的渗透，为包买主制生产经营方式的生长，提供了一片天然肥沃的土壤"。通过这种经营方式的作用，"在商业手工业资本的干预和组织下，大批城市小生产者和乡村农户也被吸引到资本主义关系的网络中来"。[3]

需要指出的是，农暇手工业生产组织形式在近代江南也是多元存在的。浙江嘉兴，织绸业的手工业发展阶段并不一致，既有传统生产经营方式，也有近代组织方式。根据生产组织方式的不同可以分为三种。第一种是独立小生产者，"他们为市场而生产，但是他们自有原料，不受任何人的限制；他们的生产品售与绸行，转销他处"；第二种是商业资本支配下的家庭工业，例如各地均有所谓"包机"者，"原料由丝行供给，织成后，将产品缴还丝行，而领取每日约一角的工资"；第三种是手工

---

[1] 汪疑今：《江苏的小农及其副业》，《中国经济》（南京）1936年第4卷第6期。
[2] 彭南生：《包买主制与近代乡村手工业的发展》，《史学月刊》2002年第9期。
[3] 汪敬虞主编：《中国近代经济史1895—1927》（下册），经济管理出版社2007年版，第1402页。

作坊，"较富的地主富农，有机数架，即雇佣若干工人来家织造，付以工资"。[1]此外，随着近代乡村合作事业的推进和商业资本的发展，在乡村地区也出现了在近代性机构指导之下的新式的合作经营手工业生产。专业生产合作社经营，采取合作社生产，能够扩大组织，抵御风险，也便于进行技术指导和销售经营，是江南地区近代化特征比较明显的农工副业生产方式。

1923年，吴江震泽市议会通过陈杏荪、沈秩安等人提出的设立育蚕指导所的决议，与江苏省女子蚕业学校在开弦弓村合办吴江县震泽市省立女蚕推广部合办蚕丝改进社。"杏荪即招集育蚕历年失败之蚕户二十家，连杏荪二十一家，于十三年（1924）春，即由推广部费达生等从事二十一家蚕室消毒，蚕具消毒，共同暖种，稚蚕共育，养蚕示范及传习养蚕，期前并由女蚕校购办干茧及木制足踏缫丝车十架，招集年轻女子练习生十人，传习制丝。是年，二十一家育蚕成绩极佳，最次者有八分收成，此为开弦弓村养蚕合作之始。"合作社开办之后，于冬春季节指导蚕户养蚕缫丝，提升农民的技能。事毕，分别测验，"于二月呈请县政府登记，三月建筑双灶六座，四五两月建筑房屋三十余间，全村蚕户，自动组织蚕室八处，由蚕桑场指导员巡回视察，蚕后即将社员原料施行干燥，装置机械，计日本式缫丝车三十二座，复摇车十六座，全部设备，计洋二万一千余元。至八月初五正式开车。而该社小规模之合作制丝事业，始告成功"[2]。这种方式开创了近代以来，在近代蚕业学校的组织指导下，农户以现代方式合作进行生产销售，并进行生产技术改良的农暇手工业的新模式。采取合作制生产销售，"并由推广部之鼓励和协助，更进一步起而组织生丝精制运销合作社，以经营机械制丝，是为我国农村自办机械制丝工业之创作"[3]。这种新式的合作方式在吴江地区也得以进一步推广（表2-1）。

[1] 冯紫岗：《嘉兴县农村调查》，国立浙江大学、嘉兴县政府1936年编印，第133页。
[2] 陈杏荪：《开弦弓生丝精制运销合作社经过概况》，《合作月刊》1930年第2卷第9/10期。
[3] 吴根荣、徐友春主编：《吴江蚕丝业档案资料汇编》，河海大学出版社1989年版，第31页。

表 2-1　吴江县合作社一览表（1928 年）[1]

名称	社员数/人	成立年月	指导费/（元/年）
震泽区开弦弓蚕业合作社	168	1924 年 3 月	700
震泽区八都蚕业合作社	264	1926 年 3 月	2 200
震泽区十都蚕业合作社	30	1928 年 3 月	700
震泽庙头蚕业合作社	35	1927 年 3 月	700
五都区大咸港蚕业合作社	130	1925 年 3 月	实支实销
五都区罗家港蚕业合作社	114	1928 年 3 月	实支实销
五都区西溪蚕业合作社	26	1928 年 3 月	800
吴溇吴溇蚕业合作社	12	1928 年 3 月	800
严墓区严墓蚕业合作社	33	1928 年 3 月	890
总计	812		6 790
说明：以上各社原名蚕丝改进社，历年所办事性质完全与合作社相同。			

---

[1]《吴江县合作社一览表》，《江苏省农矿厅农矿公报》1928 年第 2 期。

第二节　农暇兼业

兼业是指在从事本职工作之余，又从事其他有报酬的工作。费孝通指出："农作活动有季候性，在一个短的时期中需要相当多的劳力，也就是所谓'农忙'。农村里必须养着能够足够应付农忙时所需的人口，虽则农忙一过，这些人在农田上可以并没有工作可做，也就是所谓农闲。"[1]农民对农作投入的劳动时间远少于农作物生长与耕地休耕的时间，因此，对于农民来讲，如果没有兼业的存在，每年的农闲期就意味着周期性的失业。事实上，勤劳的江南乡民在耕作的同时，也兼营诸种副业，在农事较少的季节，"就另外去找活动"[2]。以中华人民共和国成立初对苏州吴江庞山湖农场509户佃农的生活情况调查为例，乡民"普通一年农产的总收入，只够维持四个月的开支，丰收可维持到六个月。如去年（1949年）因歉收，便只能维持三个月至四个月。故在秋收后至春耕前，就需出外经营各种副业，以补生活之不足"[3]。1949年，该地乡民经营副业情形如表2-2所示：

---

[1]　费孝通：《乡土重建》，《费孝通全集》第5卷，内蒙古人民出版社2010年版，第68页。
[2]　邵仲香：《农人当怎样善用农闲》，《农林新报》1937年第14卷第1期。
[3]　华东军政委员会土地改革委员会编：《江苏省农村调查》（未出版），1952年，第361页。

表2-2 吴江县庞山湖农场佃农从事副业情况（1949年）[1]

副业种类	贩卖地货	捕鱼虾	做工	摆渡	摇鱼船	开茶店	大饼店	养鸭	木匠	鞋匠	磨剪刀	拉人力车	踏三轮车	赶马车	运沙	其他	合计
经营户数	三七	三〇一	一〇〇	二	二	二	一	二四	六	一	一	二	一	一	一	二七	五〇九
经营时间	十月至翌年三月	十月至翌年三月	十月至翌年三月	全年	八月至翌年三月	全年	全年	八月至翌年三月	八月至翌年三月	八月至翌年三月	十月至翌年三月	十月至翌年三月	十月至翌年三月	十月至翌年三月	两三个月	—	—
平均每户收益	八.八石	八.〇石	七.二石	二〇.〇石	九.〇石	七〇.〇石	四八.〇石	一八.〇石	一一.〇石	四.〇石	七.〇石	九.〇石	一〇.〇石	九.〇石	八.〇石	三.〇石	—

根据满铁上海事务所1939年对常熟县严家上村55户农户的调查，以农业为生的农户有38户，其余17户均从事农业外的船头或行商等劳动。而农业经营耕种的面积很少，农业收入不足以支持家庭生活，在38户农业经营者中，有33户还兼业从事渔业或其他职业，获得农业外的收入以补充家庭生计。各农户农业外的兼业情况如表2-3所示：

---

[1] 华东军政委员会土地改革委员会编：《江苏省农村调查》（未出版），1952年，第361-362页。

表 2-3　常熟县严家上村 55 户农户农业外兼业情况表（1938 年）[1]

农家编号	农家名	职业 主业	职业 兼业	兼业作业时间	兼业收入金额/元	说明
1	严小五	农业	—	—	—	
2	严云云	农业	捕鱼	利用余暇	80.00	
3	严二喃	农业	捕鱼	利用余暇	30.00	
4	严炳耕	农业	捕鱼	农闲期	50.00	在城内及附近村庄售货
5	严根喃	农业	捕鱼	农闲期	50.00	在西门外售货
6	严寿寿	农业	捕鱼	利用余暇	40.00	将货物运往县城销售
7	严永生	农业	捕鱼	利用余暇	30.00	
8	严海喃	农业	—	—	—	
9	严永和	农业	捕鱼	利用余暇	40.00	
10	严兴兴	农业	捕鱼	利用余暇	30.00	
11	黄根和	农业	捕鱼	利用余暇	50.00	
12	严大和	农业	—	—	—	
13	严生喃	农业	捕鱼	利用余暇	33.00	在城内及附近村庄售货
14	严二二	农业	捕鱼、纺纱、行商	利用余暇	93.00	在城内售货
15	严祖喃	农业	捕鱼	利用余暇	20.00	
16	严炳福	农业	捕鱼	利用余暇	20.00	
17	严二喃	农业	捕鱼	利用余暇	30.00	
18	严畚二	农业	捕鱼	农闲期	30.00	
19	严缪氏	农业	—	—	—	
20	严四喃	农业	捕鱼	农闲期	100.00	夫妇捕鱼

[1] 常熟市档案馆编：《江苏省常熟县农村实态调查报告书》，承载译，中共党史出版社 2006 年版，第 130-151 页。

续表

农家编号	农家名	职业		兼业作业时间	兼业收入金额/元	说明
		主业	兼业			
21	顾根寿	农业	捕鱼、经营水果	农闲期	80.00	在城内或南门外销售西瓜、桃等水果
22	严三保	农业	捕鱼	农闲期	22.00	户主及女儿
23	邵关金	农业	木匠	约一年	80.00	在城内外工作
24	顾根根	农业	捕鱼、杂物、搬运	农闲期	78.00	
25	严关福	农业	苦力、杂物	农闲期	42.00	劳务地在城内外
26	冯根和	农业	燃料中介商、杂物	利用余暇	60.00	在附近村庄售货，劳务地不确定
27	严畲金	农业	捕鱼	利用余暇	30.00	
28	黄云云	农业	捕鱼	农闲期	50.00	夫妇共同捕鱼
29	严根生	农业	捕鱼	利用余暇	40.00	在城内及邻近村庄售货
30	严根全	农业	捕鱼	利用余暇	20.00	
31	邵银春	农业	捕鱼	农闲期	49.00	
32	严根仁	农业	船头	约5个月	120.00	
33	严全福	农业	运猪	约10个月	20.00	
34	王金海	农业	帮助捕鱼	—	12.00	
35	严金春	农业	—		—	
36	王根全	农业	捕鱼	约1个月	100.00	随户主捕鱼
37	张炳福	农业	捕鱼	约10个月	70.00	
38	顾永全	农业	船头	约6个月	150.00	用船向苏州、常熟送鱼
39	顾庆元	尼	—			
40	严根寿	渡船工	—	约7个月	30.00	向每个乘船渡河的人收取铜板3枚

续表

农家编号	农家名	职业 主业	职业 兼业	兼业作业时间	兼业收入金额/元	说明
41	王顾氏	行商	—	利用余暇	3.00	在村内村外售货
42	严根寿	捕鱼	—	约1年	80.00	在西湖、东湖捕鱼
43	袁根寿	捕鱼	—	约1年	100.00	在城里的鱼行卖鱼
44	顾严严	苦力	—	约2个月	30.00	
45	顾二郎	行商	船头	利用余暇	62.00	
46	蒋生喃	行商	船头	约1个月	60.00	
47	陈春林	船头	—	约6个月	164.00	劳务地点在苏州、无锡之间
48	邵根根	船头	—	约1个月	84.00	
49	邵狗喃	船头	生产锡箔纸锭	约2个月	44.00	在县城卖锡箔、纸锭及其他丧葬用品
50	邵根全	渡船工	—	约2个月	50.00	在西门到鹿苑之间搬运货物
51	黄云福	船头	—	约6个月	42.00	在常熟至上海的船上当船夫
52	陈关林	船头	织布	约10个月	48.00	
53	徐寿根	船头	—	约3个月	15.00	
54	王二大	裁缝业	—	约1个月	60.00	接受村内外的订货
55	曹全全	水果销售	—	约2个月	130.00	

上述农业外兼业活动大部分在农暇时期经营，兼业经营的收入是家庭生计的重要来源。第二章第一节主要阐述了江南地区农暇手工业的发展状况及其在乡民生计中的作用，本节旨在从乡民于农暇从事的输运贩售、外出佣工、渔猎樵采等兼业活动展开，概述乡民如何利用农暇从事兼业活动以提高农家收入，维持和改善家庭生活。

一、贩售输运

"夫用贫求富农不如工,工不如商。"[1]利用农闲,进行输运贩售,从事商业活动,是古往今来比较常见的各地乡民兼业类型。兼营商业也是乡民实现货币需求的途径。"货币经济,忽尔普及,余粟余布,远逊金钱。金钱既获,百求斯给,且贡赋之制,易为庸调,庸调又必使钱,于是农隙不得不趋市井。而所持以如市之生产物,即不得不计其有无限之丰穰。"[2]金陵大学农学院教授卜凯(Buck)于民国时期对中国农村地区的调查统计指出,在近代农家经济中,"副业之最要者,厥为家庭工业,经商次之"[3]。

(一) 农暇贩售

与专业的商贩相同,兼业农民经商亦分为坐商与流动商贩。坐商一般为固定商铺,分布在村镇市集,在江南一些市镇,"商人大率土著兼业农者十之八"[4]。据江宁县东山镇1948年统计,私营百货、烟酒、茶店、柴行等42家店,绝大多数是"父子兵""连家店",农忙种田,农闲经商,俗称半农半商户。[5]行商为流动商贩,在水乡多用船只运送售卖货物,山区则用牲畜驮运或肩挑背扛,也有沿街担货叫卖的小贩。这种自发性的兼业行为,既提高了农民家庭的收入,也促进了乡村货运的流通和商业网络的形成,促进了乡村商品经济的发展。

在贩运的方式上,水乡地区多用船运。《宋孚惠庙敕牒碑》记载了太湖流域的湖州德清县新塘一带的乡民于农暇从事贩运活动:"本乡居民多以舟舡远出商贩。"[6]这种经商模式在太湖流域一直延续到近代。费孝通于1936年在太湖南岸开弦弓村的调查描述了乡民农闲贩运的时间

---

[1] 司马迁:《史记》卷129《货殖列传》,中华书局2011年版,第2836页。
[2] 《农商学阻力助力之丛说》,《申报》1906年11月23日第2版。
[3] 卜凯主编:《中国土地利用》,成都成城出版社1941年版,第404页。
[4] 王鸿飞纂:《双浜小志》卷1《市镇》,民国二十一年(1932)稿本。
[5] 王镇主编:《东山镇志》(内部资料),1989年,第121页。
[6] 阮元编:《两浙金石志》卷9《宋孚惠庙敕牒碑》,浙江古籍出版社2012年版,第214页。

与方式，贩售的货物与范围，以及贩运所得的收入："村里的人，每年有两个清闲的时期，第一个阶段是在秋天，从处暑到寒露，为时约两个月……第二个阶段是在冬天，从大雪到年底，也是两个月，在这农闲季节，我们出去经商。"开弦弓村有600多户人家，在吴江属于较大的村，大小船只就有160条，"过去一到农闲，老乡们就利用这些船只去贩卖和运输了。据说利用来做贩运的船只有140条左右。他们活动的范围很广，几乎包括整个太湖流域：东到上海、浦东，南到杭州，北到长江，西到宜兴、句容"。乡民贩运的货物以各地土产为主，比如"靠山地区出产毛竹、杉木、硬柴和炭，靠海地区出产海蜇，靠太湖地区出产蔬菜，而且还有些地区出产特有的手工业品，如竹器等"。乡民们通过农闲贩运，使太湖流域各地互通有无，并形成了持久稳固的市场体系。农闲贩运的收入也不可小觑，"估算一下，每只船一年挣750斤米，是并不困难的"。[1]这种农闲时期的贩售所得，在农家家庭收入中占有相当大的比重。

山区道路崎岖，可利用的水路有限，负贩则主要依靠畜力和人力。皖南山区自古即有农隙负贩的传统，"旌德地不满百里，而山溪十有八九焉，居民万家垦山为日，画佃宵纴，莫赡厥家，农隙之时负贩为计"[2]。徽州休宁多山区，距城镇稍远的农民，在冬季挑炭负薪，"每日当巳午之时，四乡炭柴毕集，以应城镇商民需要"。农人在售卖之后，"所得之资，购买日常需要的物品返家，在勤劳农人，逐日工作，则一冬薪炭收入，可达三四拾元，于家庭经济上，不无小补"。[3]浙江建德山区，"农民冬春可以去做挑炭背树等类运输工作，就用所得工资去买日常用品。所以假使不遇荒旱或遇其他变故，一般农家大多能够丰衣足食"[4]。相较水乡的舟楫负贩，山区乡民农闲负贩需要较大强度的劳力支撑，营生自然更加艰辛。

[1] 费孝通：《江村经济：中国农民的生活》，商务印书馆2001年版，第135、265-266页。
[2] 吕养中：《义粮碑记》，陈炳德修、赵良霦纂：《旌德县志》卷9《艺文志》，清嘉庆十三年（1808）刻、民国十四年（1925）旌德吕氏石印本。
[3] 程宇尘：《徽州冬令之农民》，《上海报》1935年12月30日第8版。
[4] 张坻：《浙江建德的农民生活》，《东方杂志》1935年第32卷第24期。

农家贩卖的物资大多为各区域出产的土特产品。湖州菱湖镇，"土民农隙蓄鱼卖秧，肩挑负贩，日觅蝇头"[1]。浙江沿杭徽路之临安、昌化、於潜等县，均僻处山陬，山多田少，"惟昌化出之竹、木、茶叶、萸肉、山核桃，於潜出之於术、茶叶、香菰、木炭、笋干、竹、木等物，俱尚丰富，每年运销沪杭各埠，为数颇多"[2]。1936年，《申报》"国货"专栏，探讨了乡民农隙贩售土布的情形："土布乡农，自织的土布，幅头极狭！每逢农隙，农妇，农夫，往往堆置肩头上，出门沿户叫卖。"[3]上海奉贤光明乡，"有些农民在完成田间农活之余，穿村走户，沿街叫卖农、副产品"[4]。在苏州近湖地区，乡民在秋季则捕蟹入城贩售。"湖蟹乘潮上簖，渔者捕得之，担入城市。"[5]浙江上虞县汤浦、章家浦、上浦，"向产丝茶，农民闲时以此项土产，运在远方贩卖，以博利征"[6]。上海松江枫泾镇农民于农隙时贩卖蔬菜，有歌谣传唱："乡农入市起中宵，蔌自篮提菜自挑，细雨船来箬帽荡，秋风人渡米筛桥。"[7]南京江宁殷巷镇清水亭，驴为乡村必备之运输牲畜，冬春则运粮食柴草进城售卖，闲时可于大路上供行人乘坐而取数角小洋之收入，或驱供磨面等工作。[8]镇江茅山附近的乡村民众，每到春季香会期间，即将自家去岁收获保存的甘蔗运到汽车站等人流多的地方零售。"甘蔗每年每亩可得出息四五十元，芒种后种，秋收时收，除去施肥用十余元香饼外，秋收割了干子窖在地下，来春拿出来卖，每根三铜元，养家活口。"[9]农民在农暇时利用乡村物产及外部条件从事商业活动，以赚取农耕之外的收入。

---

[1]《严禁假名兴学苛捐》，《申报》1908年12月31日第11版。
[2] 浙江省公路管理局：《浙江省公路沿线工商业暨农民生活概况》，《浙江省建设月刊》1935年第8卷第12期。
[3] 孟昭：《土布乡农印象记》，《申报》1936年2月7日第15版。
[4] 路福昌：《光明志》（内部资料），1985年，第111页。
[5] 顾禄：《清嘉录》，江苏凤凰文艺出版社2019年版，第279页。
[6] 逸飞：《浙东观感》（三），《申报》1945年6月14日第1版。
[7] 曹相骏纂，许光墉增纂：《重辑枫泾小志》，清光绪十七年（1891）铅印本影印，《中国地方志集成·乡镇志专辑》（2），上海书店出版社1992年版，第153页。
[8] 漆中权：《中央模范农业推广区农民生活调查》，《农业推广》1931年第3期。
[9] 盛成：《茅山的香会》（二），《大公报》（上海）1936年4月6日第10版。

部分地区的农暇出产物，因其品类丰富、质地优良而远近闻名，形成了一定的生产销售规模。浙江嘉兴塘汇镇、玉溪镇及池西乡盛产咸菜。"塘汇镇雪菜等出产，已有数百年之历史……除供应农家自己消费外，复运往他处"销售。嘉兴咸菜，可分三种，"曰'雪菜'（雪里红），曰'大头菜'，曰'冬菜'（白菜之心）；以雪菜为最多"。农民种下雪菜等咸菜原料菜后，于冬春农闲期收获并制作售卖。经营方式有农家"自卖"；贩菜船民以"冬菜船"向本地农民收购后运至外地零售；由别处商人开来的"客船"大批向本乡农民兜买以及制造者自行售卖外埠行家的"滚庄"等。嘉兴咸菜销路甚广，在江南一带很受欢迎。分为东南西北四路。"北路之主要县市，计南京、镇江、丹阳、常州、无锡、常熟、江阴、宜兴、苏州、昆山、吴江等处；东路计枫泾、松江、泗泾、七堡、奉贤、南汇、上海、嘉定、青浦等处；西路计湖州、南浔、新市、长兴、杭州等处，南路计澉浦、乍浦等处。"在20世纪30年代，嘉兴塘汇镇、玉溪镇、池西乡从事咸菜制造的户数有2 612户，"除一般农民所制自食者不计外，作为副业生产者共计五万余元"。[1]农闲时，这些特色产品的加工生产和贸易活动，于农民生计不无裨益。

利用农暇往返城乡经商的个体小商贩在江南地区普遍可见。在20世纪30年代的无锡梅村镇，由于乡村经济的凋敝和层层剥削榨取，"中农以下，不得不脱离农村而向都市讨生活。他们每届农隙，就成群结队跑到上海做小贩，农忙时再还故乡"[2]。无锡前洲镇，农村有半农半商人员，"忙时务农，闲时经商"。邻近市镇的乡民利用农暇经商较有优势，贩售的商品以日常生活的产品为主，如"黄石街东街的芹菜、荸荠，柘塘浜韩家弄的豆腐花、豆浆，朝西巷的酒酿，贩卖红枣、草籽都闻名于方圆十余里之内"。[3]上海松江县华阳桥镇西里行等乡村的农民主要从事农业耕作，农闲期村民多以贩卖农副土特产为副业。1939年，有24户农民"利用农闲期进城做小买卖。贩卖的物品有黄豆、蚕豆、蔬菜、水果、鸡蛋、鱼虾等……这些贩卖物品多是从附近农村收

---

[1] 冯紫岗：《嘉兴县农村调查》，国立浙江大学、嘉兴县政府1936年编印，第139-141页。
[2] 倪养如：《无锡梅村镇及其附近的农村》，《东方杂志》1935第32卷第2期。
[3] 张岳根主编：《前洲镇志》，江苏人民出版社2002年版，第327页。

购,然后肩挑手提运往镇上零售的"[1]。此类农暇贩售的风习在上海地区由来已久,《南汇二区旧五团乡志》记载了上海南汇竹桥镇乡间农民饲养牲畜并在农暇贩售的生计副业:"乡间农民本守养二母彘之旧制,则养连窠猪著名。"即将小猪饲养至四五十斤,"则运售他处,获利颇丰"。养猪售卖之外,"并于农隙时担篦沿村收买鸡蛋……或以鸭蛋兑换,积至千数,贩至上海亦可获利"[2]。奉贤平安镇,旧时一些农户,在完成田间农活以后,穿村走户,沿路叫卖一些农副产品,如瓜果、海货之类,来增加家庭经济收入。[3]据黄宗智在20世纪80年代的调查访谈,上海松江何家埭的何书堂(生于1917年),农暇期间,以1元钱100斤的价格买下荸荠,然后挑到松江县城设摊叫卖,赚20%左右的利润来贴补家用。[4]在农暇经商的方式上,乡民们利用一切可利用的资源、时间和市场,实现家庭生计利益的最大化。

(二)兼业运输

作为商业活动的基础,乡民分散和自发组织的运输活动,实现了不同区域的互通有无和市场交换,是传统社会物流运输的主要力量。在现代化的交通物流运输网络建立之前,乡村民众自发从事的运输兼业工作在维持乡村的正常运转方面起着不可或缺的作用。布罗代尔描述了中世纪欧洲农民在农暇从事的运输工作:

> 经常存在一支庞大的农民运输队伍,既然这是农民的副业,所收的运费便低于真正的成本……某些村庄(如十六世纪巴鲁瓦地区的伦贝库村)村民的"手推车"远届安特卫普;阿尔卑斯山区农民早就经营从一村到另一村的接力运输。除开这些专业运输人员外,还有大批农民以赶车为副业……运输自由为发展商业所必需,不得对它有丝毫损害;农民可使用其马匹,临时充当车把式,也可以随

---

[1] 曹幸穗:《旧中国苏南农村工副业及其在农家经济中的地位》,中国经济史研究1991年第3期。
[2] 储学洙纂:《南汇二区旧五团乡志》,《中国地方志集成·乡镇志专辑》(1),上海书店出版社1992年版,第850页。
[3] 季勤飞主编:《平安志》(内部资料),1987年,第81页。
[4] 黄宗智:《长江三角洲小农家庭与乡村发展》,中华书局1992年版,第164页。

时放弃该项职业,不必办任何手续……农民从事运输的唯一缺点在于其季节性……1771年7月22日,在福西尼地区的博纳维尔,由于小麦不足,财务总管决定紧急调运黑麦……但他给萨朗什的行会理事写信说:"目前正值秋收大忙季节……不能随意抽调乡村的车辆,否则就会影响收成……忙于犁耕土地的农民不能再出车去搞运输。"[1]

乡民兼业运输活动具有较强的季节性,与乡民农闲经商活动的季节性相一致,农闲为旺季,农忙则为淡季,这在近代江南地区也同样存在。江南乡民农暇时于水陆交通从事货物运输,促进了各地货运物流的畅通。无锡东吴塘靠近太湖,由于各地到太湖挖取泥沙用于砌墙,东吴塘各地农民就负起了运输的任务,于清末民初最盛。"当时农民除种田外,大都兼营扒运黄砂的副业,全村几乎家家都有木船。"[2]浙江西部莫干山区,竹排运输有一千多年的历史,"竹木出山,排行必始于此,故名排头"。湖州德清县境的后坞、莫干山、筏头及安吉县的山岭、溪口等地通过阮公溪、盘溪、双溪、石胡梯水等溪流,将竹货汇聚于筏头秋家潭,交由筏头十三村为主的"合记放竹班",撑过六洞桥,到武康沙港杨树湾,移交给当地撑排工会。由撑排工会将竹排重新整理,扎成一块块方排,或一帖帖尖头排,经手工撑运至上海、苏州、平望、嘉兴等地。此种运输分段经营并有严格的规矩。"合记放竹班有百余人,有'排工世家'之称。此班有个规矩,上游放竹至筏头秋家潭为止,其业务由合记放竹班包揽,如私人放了,其运费收入均归合记放竹班……武康沙港杨树湾的撑排工,世代以撑运为业。一年中撑排时间为1月至5月和8月至12月。"[3]浙江余杭山区的山货,旧时以苕溪排运为主,陆路以骡马、肩挑运输,集中镇区,翻入南渠河,散销各地。[4]泗门竹枝

[1] 费尔南·布罗代尔:《十五至十八世纪的物质文明、经济与资本主义》第2卷,顾良、施康强译,生活·读书·新知三联书店2002年版,第374-375页。
[2] 陈翰笙、薛暮桥、冯和法编:《解放前的中国农村》第3辑,中国展望出版社1989年版,第320页。
[3] 朱惠勇、孟雨来整理:《西部山区的排运历史》,《德清文史资料》第4辑,中国人民政治协商会议浙江省德清县委员会文史资料研究委员会1993年2月编印,第197-198页。
[4] 周霖根主编:《余杭镇志》,浙江人民出版社1992年版,第95页。

词记载了运送货物的船只麇集在乡镇集市的热闹景象:"河塍南北半边街,百货联檐齿样排,忽见篙人齐用力,桥门塞住一船柴。"[1]

除了水运或畜力运输外,农暇时期的人力挑运也较为常见,在交通要道的堆栈场常有农民于农闲时期从事搬运的工作。"无锡水陆交通,为米麦杂粮汇集之所,以故堆栈林立。在昔农闲之候,农民之为堆栈搬运夫者甚多。"[2]江南山区交通不便,山区的农副产品多由挑夫人工运至山外。浙江桐庐的田启晚年回忆旧时从山区人力运木柴至钱塘江边柴码头的经历:"下半年,农闲时候,就去挑柴卖,人家3、4角一天,我可以挑到1天1元,工资也算是很高的了。挑柴,从大山、珠村、斑竹岭、童家坞、考坑等地沿着琴溪一路挑出来,挑到分水江边的元川埠。"挑担工作非常辛苦,"天一大早就起床,在斑竹岭的1天挑5担,140斤左右1担,挑一次吃一餐……人就像机器一样。挑担,是很不容易的苦力活,挑得当天晚上上楼梯都上不去,腰背疼、腿疼,要到第二天早上才好。"[3]担运薪柴是纯力气活,在柴炭需求旺季,从山区去往市镇的路上,担柴人往往成群结队。吴祖缃在《柴》一文中记录了皖南山区乡民担柴入市的情景:

> 有那年纪很小的孩子和头白嘴瘪的老头子,因为路远,担子吃力,落了阵,别人都到了,他还不到。做老子,做哥哥或是做儿子孙子的,此时就放下自己担子,又回原路去接他;原意是想替他挑一肩的,但是本人却爱面子,很倔强,不愿意照办,歪着身肢,歪着嘴巴,硬要自己挑着,一路打着辫腿走进来。其实他的担子每头套篮里只摆着一概二概柴,看来不过二三十斤。要是这人是个小孩子,就有人不免打趣他,说:"看看和尚挑轻担咧!""他刚才下山的时候还夸口说太轻了呢!"被打趣的人照例没得回辩,腼腆地放下担子,动一动压痛了的小小肩膀,用袖口抹抹小小额头上的汗,

---

[1] 谢联方:《泗门竹枝词》,《余姚文史资料》第9辑,余姚市政协文史资料委员会1991年10月编印,第152页。

[2] 容庵:《各地农民状况调查(征文节录)——无锡》,《东方杂志》1927年第24卷第1期。

[3] 田启口述,丁贤勇整理:《乡居的冲突》,《史林》2007年增刊。

红着脸站到一边去。要是这人是个老头子呢，情形又两样。儿子孙子都开心地望着他，他打一个踉跄，别个身肢也不由得跟着歪一歪，好像这样就可以代替他出一把力气，减轻他的负担似的。这时大家脸上的表情都不约而同的很严肃，纵然老头子的那个不像样的担子和那种吃力的姿势惹人好笑。[1]

农暇担运是纯体力活，其辛苦程度自不待言。乡民们总是负重前行，即便是农暇期间，也在辛苦劳作，于艰辛中获取生计的来源。

二、农隙佣工

农民在农闲期，也会选择就近或外出务工以获取收入，支撑家庭生活。"古人所谓春播、夏耘、秋收、冬藏，到了冬末春初，田事已毕，农夫大多袖手赋闲；而夏秋之交，则因农作繁忙，往往须夜以继日。"所以，整个乡村，"夏秋常闹劳力不足，春冬常闹劳力过剩"。劳动工资，因供求关系的影响，频有涨跌，"以致农业劳动者的生活，极不安定。无地的雇农或贫农，靠贩卖劳力，以维生计"。[2]即便有土地可耕作的自耕农和佃农，也不会在农闲期无所事事，总会找些工作来做。近代工业化发展和市场化的潮流，使乡民有越来越多的机会选择农暇外出佣工。佣工的方式，既有传统的商铺、店铺或家户的季节性雇工，也有去近代工厂打工。

在手工业作坊或商行商铺，以及乡村内部因农副业生产旺季而产生的雇工佣工方式承袭历史传统，由来已久。苏州西部木渎镇的焦山出产石料，从明朝嘉靖年间乡民就开采山石。张潜九于20世纪30年代记录了农闲到采石场打工的乡民。山南部分村庄的乡民，"就向来靠着在农闲的时候，到石宕里去做工，当作重要的副业，而沿山左近的种田人，也都把到石宕里做工当作一件赚钱的大事情"。不仅农夫，就连妇女空闲时也来石宕做工，"这些拽石头扛石头的女人，都是沿焦山各村子里

---

[1] 吴祖缃：《拾荒集》，北京大学出版社1988年版，第76—77页。
[2] 达五：《中国手工业的将来》，《申报》1933年10月2日第20版。

的农家妇女,她们在樵柴、煮饭、弄孩子、做农田工作之外,有空功夫,就得到宕里来出卖她们的多余的劳力,换几个只够摩登姑娘吃几粒糖的钱,回去贴补家用"。[1]上海青浦朱家角的德昌染坊,主要服务于四乡农民。秦水林十五岁便从绍兴老家到朱家角德昌染坊拜师学艺,受雇于染坊的师傅大多是农暇时期出来兼业的,据他的口述:

> 染坊染布也有旺季、淡季的区分,一年中吃过端午粽、农村大忙时染坊是淡季,此时染坊只留我与师傅两人守店,应付门面,染些零碎布,其余师傅及收布先生都放假回家,参加农忙劳动……到农历七月开始,农忙过后,染坊又逐渐进入旺季,师傅们也都从乡下返回染坊,接下来要一直忙到十二月二十放年假,回家过好年到正月十五以后才回染坊开门营业。[2]

乡村的贫雇农于农闲时外出佣工是普遍的选择。华东军政委员会土地改革委员会在无锡梅村对八位农民的座谈式访谈,留下了翔实的资料。时年四十五岁的赵根大,"一家大小六人,妻子四十三岁……家中有自田七分(包括荒、坟在内),租田二亩二分(内桑田八分),借种田一亩……每年的收入不够吃,靠卖零工,每年要帮人家做五六个月的工"。三十六岁的范寿根,"家中共有五人,母亲六十五岁,妻子三十二岁。儿子七岁,女儿九岁……欠债十五石稻子……平时不够吃,帮帮零工,过去原在浒关做席子"。薛永寿,除了种田之外,"帮人家开机船(每年一季四个月),可得五石米工资,又帮人家开碾米机,二个月可以得两石米"。谢桂泉,过去"是制麻雀牌的手艺工人,每年秋收后到城里去做工,开年二月才回来。种田实际上只种四个月"。[3]上海何家埭的何书堂(生于1917年),仅种六亩地,每年三月后便青黄不接,他的补充收入是冬天去镇上的餐馆打工,一月所得相当于八十斤米。[4]民国时期,浙江萧山临浦镇,"绝大部分农民靠租种地主土地为生。因生

---

[1] 张潜九:《吴县焦山石宕访问记》,《东方杂志》1935年第32卷第16期。
[2] 尔冬强:《口述历史:尔冬强和108位茶客》,上海古籍出版社2010年版,第73页。
[3] 华东军政委员会土地改革委员会编:《江苏省农村调查》(未出版),1952年,第211-214页。
[4] 黄宗智:《长江三角洲小农家庭与乡村发展》,中华书局1992年版,第164页。

活所逼，忙时务农，闲时进镇挑脚、抬轿、撑船、磨豆腐、出卖苦力"[1]，以维持生计。

在需要大量劳力的副业生产的旺季，是雇工佣工频繁和集中的时节，采茶制茶业为此类典型。黄山之麓的汤口出产"黄山毛峰"，每到采茶时节，徽州歙县南乡、休宁一带的采茶工，进山为人采茶，"成千成万，不绝如缕"。屯溪为徽州绿茶的总集散地，"歙南、休南、婺东、婺北、婺西、休西、黟县、太平、石埭，差不多靠近屯溪各县的绿茶，都由茶贩收买运到屯溪……每年一到了茶市，制茶工人，男的女的，老的少的，统统集合屯溪。屯溪的市面，因着制茶工人的增加，会突然热闹起来，靠着茶叶吃饭的，不下万余人"。[2]山区的蜜枣行业亦是如此，歙县深渡一带出产蜜枣，"当出蜜枣的时候，女子多到蜜枣行中去制蜜枣，其工价不多，但她们却十分的满足了"[3]。在水乡吴江同里，妇女善于剪制芡实，随着生产销售的扩大，芡实成为一方的名产。芡实一般在秋季收获剪制，剪制芡实"看似平常，实乃绝技"。既要有耐心又需要一定的技巧，而勤劳心细的同里妇女善工于此，农闲时则受雇剪制芡实。"查邑境同里镇，原产有芡实，第为数无多，该处妇女因产有芡实之故，亦遂工于将晒干之芡实剪开，俾去壳而存实。所以洪泽湖一带所产之芡实，必须用船悉数装至同里，雇请该处妇女剪制，然后乃运往上海销售。计该处妇女恃剪制芡实为生活者，约共有三千人，每人每日可进工资自一角至三角。而几成为同里妇女之专门工作矣。"[4]

农闲季节至近代工厂或新式的机构打工，是近代以来乡民致力于农暇佣工的新途径。在新式的农场——南京"中央"农业实验所，有雇佣季节性工作的劳工，"当地农人皆各自有田，农闲则愿来，农忙即想去"[5]。上海虽为工商业荟萃之区，然周边有农田五十余万亩，农村栉比，人烟稠密。"农民因感受生活程度之向上、都市经济之压迫，田园

---

[1] 楼南山等编：《临浦镇志》，浙江人民出版社1988年版，第240页。
[2] 汪承祺：《徽州的茶业》，《皖事汇报》1936年第21期。
[3] 吴文音：《徽州妇女的生活》，《安徽学生》1932年第1卷第1期。
[4] 姚日新：《苏常道吴江县实业视察报告书》，《江苏实业月志》1919年第6期。
[5] 闵贤：《中央农业实验所参观记》，《申报》1944年11月29日第13版。

所出难于维持一家之生计，往往于农闲之时，来沪入厂做工，农忙时仍回家耕种，于农村经济，大可调剂。"[1]上海"沿浦一带，工厂林立，农闲之时，男女可以随时进厂工作，故经济情况，较路东南都专经营普通作物者为优"[2]。无锡"全县农民经济，自表面上观之，以极优裕，实则紧迫殆甚。多数农家，皆在债里生活。然工厂林立，事业发达，谋生之路甚多，苟能勤俭谨慎，维持生活，尚不为难也"[3]。20世纪30年代，上海宝山农村的妇女为了生计，除了种田及在附近做短工外，颇多去上海从事"做洋纱""织布""摇袜"工作。[4]在常熟乡村，"较大的自耕农多在自家工作完毕之时，散布到无锡一带去当雇工，以博得些微的收入"[5]。

农闲进厂打工的乡民以居住在工厂附近的为多，多亦农亦工，"农忙时回家种田，农闲时进厂干活"。这些工厂也会季节性地再雇佣一些外地的工人。"当本地人农民回家种田时，工厂则从其他地方招收一些临时工，以补充工厂的缺员。农忙过后，原先的熟练工人又重返上工。"[6]苏州太仓县遥泾村1939年"有劳动力140人，在利泰纱厂工作的有35人，占全村劳动力的1/4。工作总日数8 220日，收入2 411.7元，平均每工0.29元（大约相当于5斤大米的市价）"。村中有的家庭全家几个劳动力都在农闲季节进厂务工。"如10号王奎元家（6人，耕地13.2亩），户主夫妻及妹妹三人各务工8个月，田间劳动4个月，年务工收入180元。38号奚锦山家（10人，耕地2.6亩），长子及次子夫妇4人进厂，两个儿子各务工10个月，两个媳妇各务工半年，4人收入390元。这个只有2.6亩地的10口之家，有了这一笔数目可观的

---

[1]《市社会局农村复兴计划草案》，《申报》1933年8月9日第15版。
[2]（上海）市社会局：《本市区农村概况调查摘要（续）》，《申报》1928年10月4日第20版。
[3] 江苏省农民银行总行：《第三年之江苏省农民银行》（内部资料），1932年7月，第90页。
[4] 陈凡：《宝山农村的副业》，《东方杂志》1935年第32卷第18期。
[5] 王培棠：《江苏省乡土志》（下），商务印书馆1938年版，第361页。
[6] 曹幸穗：《旧中国苏南农村工副业及其在农家经济中的地位》，《中国经济史研究》1991年第3期。

收入，其生活水平甚至高于耕地较多的富农。"[1]农闲进入近代工厂打工，一定程度上改变了普通乡民家庭的收入结构，是近代化过程中一种新式的农暇兼业形式。

三、渔猎樵采

渔猎与采集活动，是人类最初从自然界获取生存资源的主要手段。农业活动形成后，人类通过种植农作物、饲养牲畜而获得稳定的食物来源与必要的生活资料。在农暇时，乡民也通过渔猎樵采活动补充生活所需。

（一）农暇渔猎

沿海及近水的乡民农暇时期多兼营渔业。"傍海民多捕鱼，春夏张网，鱼随湖上。得鱼载贩上海谓之鲜船。"[2]上海奉贤平安镇，滨海居民世代相传捕鱼为生者为数不少，"但更多的是在农闲时用小型渔具捕捞鱼虾的农民"，捕鱼区域除滩涂潮间一带外，还有河中用摇橹的小船张网捕鱼。少数船体较大，且有风帆者，出海较远。凡以捕鱼谋生者，不论出海远近，均早出晚归。[3]浙江海盐县沈荡镇，农民大多有渔船和捕鱼技术，"是农忙耕作、农闲捕鱼的'半渔民'"[4]。此外还有特殊的捕鱼方式，嘉定东南的戬浜乡及费家浜，农民多育水老鸦，"每值农隙，恒以一叶扁舟，手仅持一篙，立于船尾，撑之而行，船之两舷，皆水老鸦栖之，为数可十余头。入城河，以足踏船板，其声挞挞，震于水滨，乃驱水老鸦为首者先泅，余皆依次以争入，霎时俱没水不见。船前进，而水老鸦亦一往直冲，遇鱼即搏，得之而上浮，以示献俘之意。舟人见之，恐其下咽，辄以一竿钩之至，于其喙中挖其鱼，复驱之入水"[5]。常熟乡民在夏天，"放舟湖滨，张网捕鱼，视其容，怡然自

---

[1] 满铁上海事务所：《江苏省太仓县农村实态调查报告书》，转引自曹幸穗：《旧中国苏南农家经济研究》，中央编译出版社1996年版，第138页。
[2] 储学洙纂：《南汇二区旧五团乡志》，《中国地方志集成·乡镇志专辑》（1），上海书店1992年版，第849页。
[3] 季勤飞主编：《平安志》（内部资料），1987年，第81页。
[4] 王志明主编：《沈荡镇志》，上海人民出版社1991年版，第107页。
[5] 清瘿：《水老鸦》，《申报》1936年9月2日第19版。

得,并不为身体劳苦也"[1]。常熟严家上村,乡民从事农业之外又兼业捕鱼,"于早晨整顿渔具出船捕捞,傍晚则必定返回家中,与家人一同吃饭"。而在麦收季节到水田插秧结束的6—7月份,以及10—11月水稻收获的季节,全家所有劳动力则从事农耕。"如此,渔业则是其利用农闲与农忙的间歇期间从事的工作,并且一般均是男性所为。"[2]

除了在江河湖泊或出海捕鱼,乡民们还根据乡村出产的"特产"开展特色的捕捞活动,甚至获得可观的收入。上海奉贤光明乡,"少数农民利用冬闲季节,搞狩猎等收入,增加家庭经济来源"[3]。上海松江许步山桥的杨味生(生于1906年)曾经非常落魄,仅租种两亩田面权。"但他靠农闲时在低洼的水稻田里挖泥鳅,攒了相当可观的一笔钱。杨和他的4个十几岁的孩子天未明即起床,步行3小时到约18公里外的地方,从水底铲挖泥鳅,每人每天约可得10余斤。然后他们到华阳桥镇设摊,以每斤泥鳅换2.5—4斤米的价格出售。"杨甚至借此农闲收入而买下了6亩土地。[4]农暇兼业所获得的收入在农民家庭经济中的作用不可小觑。

(二) 农暇樵采

樵采一般以可食用、药用或具有实用价值或经济价值的根茎果实为主。对于上虞余姚山区的妇女们来说,"采樵是她们的特殊工作。杨梅,是山中的一种特产;夏初结实累累,如火如荼,她们摘得满筐,揣着到各村里去卖"[5]。嘉定娄塘镇,秋冬时间,农民外出采乌桕子、扫壁硝等,以补足生活。[6]无锡漆塘山区,在果实成熟时,无论何人,都不能自由入山采果,按规定在一定的日子,打锣开山后,方准入山采取。到了一定的时候,又打锣关山,大家就得回家。杨梅是山区的一种

---

[1] 有文:《山塘生活状况》,《生活》1925年第1-52汇刊,第398页。
[2] 常熟市档案馆编:《江苏省常熟县农村实态调查报告书》,承载译,中共党史出版社2006年版,第109页。
[3] 路福昌主编:《光明志》(内部资料),1985年,第111页。
[4] 黄宗智:《长江三角洲小农家庭与乡村发展》,中华书局1992年版,第164页。
[5] 岩泉:《上虞余姚妇女的生活状况》,《妇女杂志》(上海)1928年第14卷第1期。
[6] 罗宏运、倪福堂编:《娄塘镇志》,生活·读书·新知三联书店1992年版,第124页。

副产，每到采食季节，山农们很多用船只载往各地零售或是换取米麦。[1]处于太湖平原冈身地带的上海邬桥镇，野生资源较多，采集草药和地龙干（蚯蚓干）为邬桥农民家庭的一项重要副业。草药主要有杜瓜根、糯稻根、地骨皮、凤尾草、金钱草、益母草等。[2]在绍兴，农民采集的山货在冬季汇入当地的药材市场，东阳延胡、白芍，新昌白术，嵊县玉竹，每到冬季，近千件山货到来。[3]浙江淳安鸠坑乡背靠大山，山高林茂，中药材资源丰富，品种繁多，每年农闲季节，农户上山采掘，当地俗称"小秋收"[4]。在天目山区，春天的时候，山区的阖家老小去采些野笋，摘一点儿野茶，换了几个血汗的金钱，补贴一家什用。[5]采茶、挖笋等兼业是具有明显的时令特征的樵采工作。每到摘茶的季节，徽州的妇女们"从早晨就去到平地或山坡上的茶园里，胸前吊着一个竹篮，背上有时还背着小孩子，一枝枝、一片片地摘来放在篮里，摘满了倒到大篮筐里再来。低的枝子坐下摘，高的站着，再高的就站在凳子上摘。嘴里唱着山歌、小调、小曲，有时同同伴的摘茶女谈天。午饭在茶园里吃晨间带去的冷饭。到了太阳下了西边的山尖，渐渐的有些昏暗时，她们便停工了。如果她们是帮人家摘的，这时候就要秤秤她一天所摘的生茶叶，取她应得的工资"[6]。宜兴太华山区，竹子是农闲期间重要的收入，"春季挖除多余的笋，谷雨出笋高峰时开始挖笋……大年毛竹的砍伐时间从白露至翌年清明，小年毛竹的砍伐时间从白露至12月底"[7]，具有明显的季节特征。

除可食用的根茎果实和可变卖的特产药材之外，采伐薪柴是乡民获取生活燃料的主要方式，多余的薪柴运至市场售卖所得也成为乡民的经济来源之一。江南山区林木资源丰富，樵采薪柴多在农隙进行。浙江建

---

[1] 倪养如：《漆塘山中的农民生活》，《中国农村》1935年第1卷第10期。
[2] 蒋祖兴主编：《邬桥志》（内部资料），1986年，第151页。
[3] 贺贤能：《绍兴的药材行业及其它》，《绍兴文史资料》第2辑，绍兴县政协文史资料研究委员会1986年编印，第94页。
[4] 洪春生主编：《鸠坑乡志》，浙江大学出版社2003年版，第111页。
[5] 钦汉章：《天目山下的几种农民生活》，《论语》1936年总第83期。
[6] 万孚：《徽州妇女的生活》，《今代妇女》1928年第6期。
[7] 张焕明主编：《太华镇志》，江苏古籍出版社2001年版，第86页。

德、桐乡、富阳诸山区，"一岁修柴木，宜早筹备，以应急需也。查塘柴产自建德桐富诸山，樵采每在农隙，故春夏之交刀工稀少，砍运无多，往往不敷工用"[1]。常熟虞山南面的山塘地区，农妇"于余暇时，复入山采薪，或供饲料，或供燃烧"[2]。无锡漆塘山区，农民靠山吃山，农妇被称为"山里婆"，樵柴是"山里婆"的主要工作。"只要有气力，大家可以去樵，自己没有山地的，可以到公山上去樵。"当地上山砍柴有一定的时期规定，不在此期间上山砍柴会被罚款，"每年四月至五月，八月至十月这个时期内，'山里婆'每天下午挽着镰刀，肩着扁担，成群地走向山上去，到了傍晚，每人至少有三五担柴挑回来"。[3]徽州农村的妇女，"她们穿着粗陋的衣服，拿了应用的农具上山去采柴"[4]。于山区乡民而言，上山樵柴是农暇之时应季而自然的生活常态。

在林木茂盛的江南山区，乡民采伐的薪柴除了自用，大量的柴炭还会被运往市镇柴行售卖。在吴组缃的家乡安徽泾县，"天气一冷，山上树木落了叶，草也枯萎了。山居人家已忙完庄稼，日子很空闲。这时候他们上山斫柴，挑到村里和镇上出卖，算是一种业余的营生"[5]。薪柴的交易形成了较大的柴行市场，无锡漆塘山山柴的交易即在樵采季节进行，买家拿货币或者粮食来换取山柴，运到城市里面去。对于山农来说，这是主要的收入，所以许多人说"山里人吃的是柴"。[6]在浙江湖州山区，旧时有经营木柴的柴行和流动商贩（柴主人），农暇之时山农运柴进城较多，一般农户常挑柴炭上市换取油、盐、米和日用品。平日上市约在千担之数，传统节日如春节、清明、端午、中秋等，还要增加一倍。[7]

---

[1] 龚嘉俊修，李榕纂：《杭州府志》卷52《海塘六》，民国十一年（1922）铅印本。
[2] 有文：《山塘生活状况》，《生活》1925年第1-52汇刊，第398页。
[3] 倪养如：《漆塘山中的农民生活》，《中国农村》1935年第1卷第10期。
[4] 厚：《徽州妇女生活》，《妇女新生活月刊》1937年第3期。
[5] 吴祖缃：《拾荒集》，北京大学出版社1988年版，第75页。
[6] 倪养如：《漆塘山中的农民生活》，《中国农村》1935年第1卷第10期。
[7] 汪端初：《建德的柴炭业》，《建德文史资料》第9辑，建德市政协文史资料委员会1992年编印，第242-243页。

第三节　农暇备耕

在农事较少的农闲季节，乡民们于生计上除了从事副业兼业以增加收入、满足生活所需之外，还要为接下来的农业生产做好相应的准备。在江南乡村，这些工作主要包括农家肥料的备蓄、农具的备蓄以及田间地头在休耕期间的虫害防治，是为"农暇备耕"。

一、肥料备蓄

肥料是农家从事农耕活动不可缺少的生产资料。近代中国，化学肥料虽在20世纪初引入，但始终处于试验推广阶段，未能普遍应用。[1]近代江南地区农事活动使用的肥料仍以传统的农家有机肥料为主，分为泥肥、饼肥、绿肥、粪肥、草木灰等。泥肥为河、塘、湖、沟底部由泥土、动植物排泄物或遗体形成的淤泥；饼肥为油料种子榨油后的残渣；绿肥是作为肥料的野生或种植的绿色植物；粪肥即普遍所见的动物和人的粪尿。与化学肥料即行购买即可使用不同，农家有机肥的储备和加工需要一定的时间。农民在农暇时期，即利用自然出产物和农家生产生活的残渣废料为农业生产做好肥料准备。

罱河泥为江南地区常见的备蓄肥料的方式，这项工作通常安排在农暇时期进行。"江苏运河一带河道深通，沟洫纵横，三农利赖河中一岁之淤，小民每于农隙棹舟挖取用以治田，在官无挑浚之劳，而于民得肥苗之用。"[2]在河网密布的江南水乡尤甚，昆山"巴溪之水质厚味甘，沃

---

[1]　过慈明、惠富平：《近代江南地区化肥和有机肥使用变化研究》，《中国农史》2012年第1期。
[2]　《两江总督通饬各关道札》，《东方杂志》1904年第3期。

田甚肥,田家于农隙时驾舟罱泥,壅培田土,较其他肥料为胜"[1]。常州武进西郊一带,紧接滆湖,灌水便利,排水通畅,湖底积泥水草,是农场的天然肥料。"每当农闲时候,就可利用余暇,操舟湖中,随意罱取;真所谓'取之不尽,用之不竭'。"[2]知识分子沈厚润在北夏生活期间,也记载了乡民在冬闲期间罱河泥的场景:

> 冬天清晨,我踱到河浜梢头散步,看见一对鬓已斑白的夫妇正在船上工作着。他们的船停在一株枯凋的杨树底下,踏板上正涂着一层浓霜,锐利的西北风吹得他们的脸红又发紫,但是他们还是很勇敢很努力。那男子用力向河里夹河泥——只需劳力不需法币的一种好肥料——女的帮他撑着船,这样地分工合作着。这时东方的太阳才露出光芒来,船舱里的河泥已经快要满了。[3]

乡民于农暇利用农家生活的残渣废料用以堆肥,经过一段时间的腐化发酵,使有机物转化为腐殖质以形成肥料,是肥料备蓄的另一种方式。常熟虞山脚下的山塘一带,"每于谷雨后,农家辄从事播谷,于未布以前,预将红花堆一泥潭中,覆以河泥,隔数星期后,泥草均腐臭,乃移入耕田,为施肥之第一步"[4]。武进地区的竹枝词,也讲到了乡民利用农隙以储蓄肥料:"君不见田夫恒少疾病忧,却缘劳作无日休,不独三时春夏秋,农隙还将堤岸修,蓄储肥料勤搜求。"[5]旧时昆山蓬朗镇,"农民习惯罱好河泥,至来春再同绿肥堆沤"[6]。

二、农具备蓄

江南地区传统的农具,其类型大略可分为以下几种:一是耕地用具,有犁杖、铁搭、铁耙、铁锹等;二是播种施肥用具,有插刀、畚

---

[1] 朱保熙辑:《巴溪志》,民国二十四年(1935)铅印本。
[2] 念飞:《剧变中的故乡——武进农村》,《东方杂志》1936年第33卷第6期。
[3] 沈厚润:《北夏农民生活漫谈》,《教育与民众》1936年第8卷第3期。
[4] 有文:《山塘生活状况》,《生活》1925年第1-52汇刊,第398页。
[5] 蕫百:《卫生谣》,《申报》1921年9月1日第20版。
[6] 顾瑞华主编:《蓬朗镇志》,生活·读书·新知三联书店1992年版,第69页。

箕、粪桶等；三是中耕除草用具，有锄头、耥耙等；四是灌溉用具，有水车、脚踏车、水桶等；五是收获用具，有镰刀、风车、柴耙、叉、扫帚、花箩等；六是脱粒用具，有稻床、连枷等；七是精选用具，有风扇、筛子等；八是精壳用具，有磨子、碾子、米砻等；九是贮藏用具，有碗子、脚匾、栈条、缸、坛等；十是搬运用具，有扁担、泥畚箕、扛棒、船、泥络、箩筐、脚篮、担绳等；十一是饲养用具，有料铡刀、食槽、饲料桶等。还有农业外用具，如纺织用的摇车、布机等，捕鱼用的船、网等。[1]这些农具服务于乡民的生产生活，既是必需品，也是消耗品，是农作生产的"流动资本"。

在生产工具的备蓄方面，马克思特别提到了基尔霍夫的论述："筛、篮、绳、车油、钉之类的用具或附件，越是不容易在近处马上买到，就越是要储存起来，以备随时替换。"这些生产工具在农暇之时也应该及时进行修补保养，"每年冬季都应该仔细检查全部用具，并立即进行必要的补充和修理"[2]。这种针对乡村手工业生产工具的储备、修补与保养的论述，在乡村农具的备蓄上也是同样适用的。农民在农暇期间，也要为接下来的生产做好准备，农具的备蓄成为必要的环节。所谓"磨刀不误砍柴工"，利用农暇准备农具，是乡民农暇之时的常态工作。

江阴青阳镇竹枝词《上街》描述一个农人农暇时上街购买农具的情形："今朝落雨谢谢天，省得我俚再坳田；趁得空闲上街去，买点农具买点盐。"[3]道出了农具如同食盐一般，为乡民生产生活所必需。笆斗是农民收割农作物后用于装运粮食的农具，为篾作，每季农作生产后，容易损坏。无锡梅村的扎笆斗是传统的农闲副业，旧时有六个自然村的农民扎笆斗，每年利用农闲出门两个月到四乡扎笆斗，赚取收入。[4]上

---

[1] 常熟市档案馆编：《江苏省常熟县农村实态调查报告书》，承载译，中共党史出版社2006年版，第170-171页；倪所安主编：《嘉定县简志》，方志出版社2008年版，第147页。

[2] 马克思：《资本论》第2卷，《马克思恩格斯文集》第6卷，人民出版社2009年版，第274页。

[3] 季震宇主编：《青阳镇志》，苏州大学出版社1999年版，第437页。

[4] 童子明主编：《梅村志》，江苏科学技术出版社1991年版，第122页。

海马桥农家，"常于农闲时，制竹器及农具出售"[1]。无锡胡埭乡莲杆村农民利用农闲制造木砻，以及鹤膝、斗板等工具。[2]上海青浦县章练镇的农民在农闲期，"大半以制车为业，俗名镶车。车为田家灌水之具，或以人力，或以牛力，形式不一。制作灵便，向非他处所及"[3]。乡民利用农闲制作售卖农具，也从侧面反映了农暇之时乡村对农具置备的需求。

三、虫害防治

虫害防治是农业生产活动中减少病虫害以实现增产增收的必要手段，也是近代乡村驱除疫病、促进乡村环境改善的有效方法。近代江南地区虫害频繁，危害较大，普遍的虫害有蝗虫、螟虫、棉虫、蚜虫等。在冬春农闲季节除掉害虫卵，能够防患于未然。"虫之为害盛于夏而衰于秋，金风一起，百虫日渐减少。此时或遗卵于尘芥之中，或化蛹潜伏于阴湿之地。迨至来年，春回大地，气候转暖，蛰者出，眠者起，蔓延甚速，一发而不可复止。其中，以农业界受害最大，而蚊、蝇、蚤、虱诸虫尤为传染病疫之媒介，防患未然，最好在此百虫始蛰之时努力驱除尽。"[4]事实上，在近代江南乡村，乡民们沿袭着传统，在冬春农闲季节即开展防治虫害的活动。浙江余姚蒋村，冬季，农夫们用稻草将柏树树干裹起来，等到春天，即把稻草取下来烧掉。"一般人相信，这种办法可以产生一种神秘的力量杀死寄生虫。事实上这件事毫无神奇之处，只要我们在树干上扎上足够的稻草，寄生虫就只好在稻草上产卵，烧掉稻草等于毁掉虫卵，寄生虫也就无法繁殖了。"[5]海宁袁花镇农村，农历正月间，乡民有在田头烧稻草的风习，各农户在田头堆起一堆堆稻草，

---

[1] （上海）市社会局：《本市各区农村概况调查摘要（续）》，《申报》1928年11月8日第20版。

[2] 吴忠德等编：《胡埭乡志》，江苏科学技术出版社1990年版，第141页。

[3] 高如圭原纂，万以增续纂：《章练小志》，民国七年（1918）铅印本影印，《中国地方志集成·乡镇志专辑》(2)，上海书店出版社1992年版，第813页。

[4] 《驱除害虫之最好时期》，《申报》1923年10月17日第11版。

[5] 蒋梦麟：《西潮·新潮》，岳麓书社2000年版，第35页。

黄昏时分各自点燃，此时旷野熊熊火焰冲天而起。年轻人则用稻草扎成小把，点燃后高举绕田奔跑。观者齐呼："烧啊烧，今年年成格外好。"农民在焰火中祈祷丰收，而实际上，烧田之后，"可杀伤越冬病虫害，有益禾稻丰收"[1]。烧田活动使乡民们在欢庆的同时也进行了虫害防治。

近代以来，随着新式学堂的建立和近代科技的引入，农业生产开始逐步采用科学的方法防治作物病虫害。除自发进行的烧田等方法之外，部分乡村地区也在近代机构的指导下开展防治虫害的工作。1917年，以现代经营方式管理和运行的上海穆氏植棉试验场总结并推广冬季除虫害的方法。一是冬季扫除虫巢："各种害虫往往于隆冬时，蛰伏于树根下，田塍中，腐草败叶中，宅边枳杨篱中，荒冢草根中，浜边芦科根中，至明春天暖即出现，然其藏身不甚深，约一二寸，苟于冬季将此项害虫巢穴扫除净尽，则虫害可逐步减少，故各地农夫应于冬季农隙时，将田间腐草等物，概行收拾，聚而歼之，举火焚烧，定收大效。"二是劝隶犁田土："因海中穴居田土甚浅之处，以避寒威，寒时类皆蜷伏不能行动，苟于冬季农暇时，将田土使犁一次或数次，则害虫巢穴尽行捣毁，或则被野鸟啄食或则自行冻毙。"[2]此两种方法均在冬季农闲时期进行，能够科学有效地防治虫害。

20世纪20年代初，地处南京的东南大学农科设立了病虫系，研究并推广病虫害的防治方法。1921年，江苏昆虫局成立，并设于东南大学农科内，1924年嘉兴成立浙江昆虫局。江浙两省昆虫局负责组织各地乡村开展防治虫害的活动，指导农民掌握防治螟虫的方法。[3]推广的治螟方法有："秧田采卵块，捕捉螟蛾，拔除枯心苗，挖掘稻根，处理稻秸、稻根和冬耕灌水等。"其中挖掘稻根，处理稻秸、稻根和冬耕灌水多在农闲休耕时期进行。扫除卵块在时间上多利用农闲，"农家收割既终，田务不忙可利用农闲"。在方法与作用上，一是"田间杂草丛生，

---

[1] 周景良主编：《袁花镇志》，方志出版社2010年版，第523页。
[2] 《上海穆氏植棉试验场第一次报》，《大公报》（天津）1917年4月6日第9版。
[3] 李志英、吕洋：《昆虫局与农业虫害防治（1921—1937）》，《北京师范大学学报（社会科学版）》2017年第3期。

虫类多潜伏卵育于此,利用此时搜集杂草而焚化之,既可除虫,又可肥田";二是"虫类卵子之潜伏于土中者,可利用冬耕法,既可冻毙许多虫卵(或被鸟类啄食),又可促进土壤之风化";三是"虫类之繁殖力最大,此时若捕去一个害虫,实胜于来年之捕杀千万害虫也,且此时虫类捕捉亦较容易"。[1]

地方政府等机构也采取了多种方式倡导乡间于农隙驱除害虫。一是发布告示。如1913年,上海县知事按照省长通令,发布烧除螟害的公告:"本年稻根有螟虫,藏伏于内,虽经大雪之后,并未冻毙,现当农隙无事之际,速将此项稻根悉行搜掘,晒干聚成小堆,逐堆焚烧以除遗孽,而免传染等情。"[2]1933年,江苏省建设厅发布除治秋蝗卵块浅说,颁发各县印转各区,"晓谕农民,利用农隙,扫除秋蝗卵块"[3]。二是编印手册暨讲演词书报。1932年,江苏省实业厅编印手册宣传除螟虫,提倡预防螟蝗虫害应于"冬日农暇尽力实行"[4]。三是影像宣传。1930年,上海市社会局在昆邻某小学校操场,当众焚毁收集的螟卵螟蛾,同时摄取活动影片,以便于农闲时,分赴各乡映演,借以引起农民除虫观念。[5]四是行政指令。1936年,吴江县发生严重的蝗患,江苏省建设厅令时任徐姓县长"严督区乡保甲长等,趁农隙之时,指导农民就荒地芦滩堤岸土孵,以及其他蝗虫曾经飞集之处,尽力搜查,掘除遗卵,随时消灭,以免本年孵化为患"[6]。农暇期间进行的虫害防治活动在减少虫患、增加生利方面起到了一定的积极作用。

---

[1]《驱除害虫之最好时期》,《申报》1923年10月17日第11版。
[2]《搜除稻根螟虫》,《申报》1913年1月22日第7版。
[3]《苏省施政近况》,《大公报》(天津)1933年11月15日第9版。
[4]《苏实业厅令各县预防螟蝗虫害》,《大公报》(天津)1932年12月7日第5版。
[5]《前日社会局焚螟记》,《申报》1930年8月21日第14版。
[6]《预防蝗患》,《大公报》(上海)1937年3月1日第10版。

第四节　农暇生计分工

在农业社会,"家庭内的分工和家庭各个成员的劳动时间,是由性别年龄上的差异以及随季节而改变的劳动的自然条件来调节的"[1]。在农暇生计中,男女之间的分工也是由性别差异和所从事的工作对劳动力的要求来决定的。近代江南乡村,农夫与农妇在农暇生计中既沿袭传统男女分工的特点,也呈现出新的特征。

一、农夫与农暇生计

在江南社会史的研究中,对农夫的关注点多为他们在家庭生计中的作用。王加华指出,在年度家庭生计活动中,男女劳动力的投入情况基本呈现出一种耦合的态势,农忙时大田劳作以男劳力为主,妇女为辅,农闲时手工业生产以妇女为主力军,男劳力处于一种辅助地位。[2]这种分析强调了男女劳动力在农业和手工业生产活动中的自然分工,但从家庭生计的角度来看,男子在农闲时往往身兼多职,并不能以"辅助"论之。1935年浙江大学农业社会系在嘉兴五个乡镇的调查统计出各村户男子副业分配的比例,较为翔实地显示了农夫于农暇时所从事的副业活动。如表2-4所示,受调查的嘉兴乡村农夫,从事技匠等手工业为除地主以外的农村男子的主要副业,占40.82%,他们同时也兼营多种其他副业。

---

[1] 马克思:《资本论》第1卷,《马克思恩格斯文集》第5卷,人民出版社2009年版,第96页。
[2] 王加华:《分工与耦合——近代江南农村男女劳动力的季节性分工与协作》,《江苏社会科学》2005年第2期。

表 2-4　各类村户男子副业分配的百分比（1935 年）[1]

村户类别	农	雇农	技匠	商	学	政	医	捕鱼	航	仆佣	其他	合计
地主	66.67	—	—	33.33	—	—	—	—	—	—	—	100.00
地主兼自耕农	24.24	6.06	33.34	30.30	—	3.03	3.03	—	—	—	—	100.00
自耕农	3.65	34.31	55.47	1.46	0.73	—	0.73	2.92	0.73	—	—	100.00
半自耕农	1.63	33.12	55.52	6.17	0.32	—	0.32	1.30	1.30	—	0.32	100.00
佃农	2.00	55.20	34.00	2.80	0.80	—	—	0.80	—	1.20	3.20	100.00
雇农	16.38	75.86	6.90	0.86	—	—	—	—	—	—	—	100.00

江南农夫根据家庭生计需要，利用自然社会环境从事着多项兼业。杭州市西湖区的农民，单靠农业的收成，收支不能相抵，不得不借债或兼营副业，"兼营之副业，男子的有做坟、划船、卖柴、抬轿诸项"[2]。上海金山的农夫，既兼做工匠，又兼做商人，"播种收获时，他为农夫，农忙过了，他往往盖屋、造木器、农具、家具。除自己需用之外，常常用担挑或船载到镇上出售粮食、稻柴、棉花、篮、筛和应用的农具等等。赚了几千钱，或置备他项用具回来，这是很多见的"。还有一部分农夫空时从事商业活动，"于农业暇时，在市镇上做小本经营，或是开酒馆，或是卖小点心，都是临时的商铺"。[3]农夫于农暇时期辛勤劳作与经营，为着生计而忙碌奔波着。

手工业也是农夫农暇时经常从事的副业。民国时期，常熟碧溪地区部分村巷的男人农闲时以编制各种农用或家用竹器和绳索绞等为副业。[4]上海七宝镇农夫赵少亭（1857—1912），农闲时常帮人结扎枝杨篱笆之类。[5]湖州善琏镇制笔的工序繁多，制笔管及笔套的工作，"均以男工任之，每工人每日能做管套共 3 捆，计为长竹 2 250 根……此项工

---

[1]　冯紫岗：《嘉兴县农村调查》，国立浙江大学、嘉兴县政府 1936 年编印，第 198 页。
[2]　王毓铨：《中国农村副业的诸形态及其意义》，《中国经济》（南京）1935 年第 3 卷第 1 期。
[3]　金炳荣：《金山县的农民生活》，《生活》1925 年第 1—52 汇刊，第 357 页。
[4]　殷业成主编：《碧溪镇志》，中国书籍出版社 1995 年版，第 174 页。
[5]　琚墨熙：《七宝皮影兴衰记》，《闵行文史》第 1 辑，政协上海市闵行区委员会文史资料委员会 1994 年 11 月编印，第 101 页。

人，每日得工资大洋 2 角，膳宿均由雇主供给之"[1]。

靠近山区的农夫，农暇多从事采掘工作。无锡漆塘山的农夫，以开采黄石为主要副业，被称为"山老鼠"。"他们一早在茶店里喝了一壶苦得不能上口的浓茶、一杯老酒，就带着铁椎、铁凿、烟管及食物上山去，拼命地举起笨重的铁椎，把黄石一块块凿下来，抛到山脚下。直到太阳下山了，才拖着疲倦的身子回来，又是一壶浓茶、一杯老酒……他们的身子晒得漆一样黑，褴褛的衣衫，染上一层黄灰，当他们站在斜坡上，把一根绳子，一端系在石山上或树上，一端系在腰里工作的时候，在远处望去，我们当他是野兽呢。"[2]石工的工作辛苦且危险，当地的农夫为了生计，只要有空闲即上工挣取这点收入。

苏州西部焦山附近的农夫，农暇时即上采石场采集运输石头，赚些外快以贴补家用：

> 在那一大块的石头炸落之后，第二步就是打"小窠子"。用铁制的小錾子经大作头指点之后，由男工在石上每隔四五寸，凿一个二寸方三寸深的洞，要多少长的石料，就打多少窠子，每个窠子里，插着一个錾子，几个人轮流用大铁椎，在錾子上用力地打，经过了相当的时候，那石头就裂为两半了。做这些工的，都是本地人，叫做"铁椎班"，由作头介绍去做工，他们家里，都是种田的，还得照顾田里的事。他们常在上午十时去上工，午饭是带上去，或是家里送去的；经过了剧烈的劳作之后，在下午二三时，就要停工了。他们的工钱，也是论天计算，每天八百至一千文，记在账上，陆续支付，每天有酒钱三百文，是天天现给的。大概每一宕户，用这种工人十人至二十人，全焦山统共只能容纳一百多人，做这项"生活"。为着人多任务少，不能天天有得做……这里面人数的增减，又要看是否在农忙期而定。因为种田是一年的生计，而"拽石头"终究不过是赚些外快罢了。[3]

---

[1]《湖州之毛笔》，《经济半月刊》1928 年第 2 卷第 4 期。
[2]倪养如：《漆塘山中的农民生活》，《中国农村》1935 年第 1 卷第 10 期。
[3]张潜九：《吴县焦山石宕访问记》，《东方杂志》1935 年第 32 卷第 16 期。

农夫于农暇从事多种兼业，其目的在于维持家庭生计，改善家庭成员的生活，同时，力图实现家庭事业的进一步发展。胡适的外公金灶，幼时被太平军掳走，在军中学会了裁缝，后来从宣城广德逃回绩溪老家。"金灶是个肯努力的少年，他回家之后，寻出自家的荒田，努力耕种。有余力就帮人家种田，做裁缝。不上十年，他居然修葺了村里一间未烧完的砖屋，娶了一个妻子。"组建家庭，生儿育女后，金灶还有一个中兴祖业的心愿，即"在老屋基上建造起一所更大又更讲究的新房子"。为此，他充分利用农闲时间，准备建造新房屋的材料：

> 他费了不少功夫，把老屋基地扒开，把烧残砖瓦拆扫干净，准备重新垫起一片高地基，好在上面起造一所高爽干燥的新屋。他每日天未明便起来了；天刚亮，便到村口溪头去拣选石子，挑一大担回来，铺垫地基。来回挑了三担之后，他才下田去做工；到了晚上歇工时，他又去挑了三担石子，才吃晚饭。农忙过后，他出村帮人家做裁缝，每天也要先挑三担石子，才去上工；晚间吃了饭回来，又要挑三担石子，才肯休息。这是他的日常工课，家中的妻子女儿都知道他的心愿，女流们不能帮他挑石头，又不能劝他休息，劝他也没有用处。[1]

金灶农闲时去做兼业裁缝，补充家庭经济，同时在农隙时平屋基、挑石头，准备建造新房子，以图实现中兴祖业的理想。金灶的理想和行动代表了江南乡村农夫们改进家庭生活的朴素愿望，他们试图通过自己的不懈努力，利用一切可利用的时间，辛勤劳动来实现它。农夫在家庭生计中起着"顶梁柱"的作用，农忙时耕耘收获，农暇时以劳苦换取酬劳，孜孜以求，力图实现家庭生活的改善。

二、农妇与农暇生计

女性固有的勤劳、细腻、耐心等特点，使她们适宜于从事对体力要

---

[1] 胡适：《我的母亲的订婚》，《新月》1930年第3卷第1期。

求不高而对技艺和耐心有一定要求的工作。以蚕桑丝织业为例,"女子主静,凡采桑饲蚕,调和温暖,征验健弱,体察眠起,及烘茧制丝纺织等手续,无一可鲁莽从事。女子,以柔软之手段,运静细之心思,不事应酬,不生嫌厌,名虽劳动,无伤体育,如爱子然,抚鞠殷殷如刺绣,然层次井井,此女子独一无二之性质"[1]。人们将妇女所从事的纺织、刺绣、针黹等工作称作"女红"。传统农家,夫耕妇馌,昼耘夜织,妇女在维持家庭生计中起着"半边天"的作用,日常生活用度,很大部分为妇女利用农隙承担。曾在中华职业教育社工作的姚惠泉谈及自己是一个十足地道的农家子,从有知一直到十四岁小学毕业,全身穿的没有一样不是老土布,那时候他家的老土布是:

> 自己田里产的棉花,自己厂里轧的花衣,母嫂手里弹的松花,祖母手里搓的棉条,家里妇女纺的棉纱,母嫂手里织的老布,乡间染坊染的土色,用土产的棉花……由农家妇女于农暇时纺成土纱织成的布,方才可以叫做土布。[2]

除纺织、刺绣、针黹之外,妇女于农暇还从事其他诸种手工业。如绍兴地区,"最普通之妇女职业,为锡箔之造作,一般妇女,多优为之。即小康家庭之勤俭妇女,亦间为之……其特殊者,如坎山花边厂之针织手艺;孙端布厂之纺织;永乐之织袜与毛毡毯;瓦窑头之造砖瓦;湖桑州之制扇"[3]。光绪中叶以后,上海法华乡的女工除赴厂做工外,"另有做花边、结发网、黏纸锭、帮忙工生计"[4]。湖州德清新市镇出产蜡烛芯,"凡江浙皖三省之制烛业,所用烛芯,咸取给于是。四乡女工,从事制造烛芯者,不下万余人。营业以每年五六月及十一二月为最旺"[5]。杭州西湖区的妇女农暇从事的副业有制冥币、制纸锭、磨

---

[1] 村士:《普及女子蚕业教育之意见》,《妇女杂志》(上海)1919年第5期。
[2] 姚惠泉:《我的服用土布谈》,《申报》1933年9月28日第13版。
[3] 张履壮:《绍兴妇女杂谈》(二),《妇女杂志》(上海)1928年第14卷第1期。
[4] 王锺纂:《法华乡志》卷2《风俗》,民国十一年(1922)铅印本影印,《中国地方志集成·乡镇志专辑》(1),上海书店出版社1992年版,第28页。
[5] 《德清县的物产状况》,《湖州月刊》1933年第4卷第12期。

箔、划船、糊火柴盒、缝衣、针织诸项。[1]妇女普遍利用农暇,在家或外出从事商品化的手工业生产,换取报酬以补充家计。

近代妇女在承袭传统女红的同时,也适应时代变迁而有新的发展和延伸,在新的经济结构中利用自身优势于农暇时从事相关工作以获得收入。上海近郊乡村妇女,20世纪20年代之前,"每于冬春农暇时,多数以纺织为副业",20年代之后,"花边业盛行一时,于是纺织的妇女,改结花边,其最盛时,一人每日所得,辄在一元以上"。[2]做丝线是无锡塘头镇农家妇女的副业,"工资很低,整天工作只可得到二角左右。附近塘头镇二三里内的几个村庄,居民除种田外,差不多家家户户操此副业……工资虽微,但是老少妇女,莫不乐为,劳而无怨"[3]。浙江平湖织袜业于民国初期发展起来,均为女工从事。袜厂初期招收女工,但仍供不应求,"乃改为女工到厂租机领纱回家工作,缴袜时给与工资,于是有家庭职务之妇女,不能到厂工作者,亦纷纷租机领纱,于家务闲暇时,在家工作,自此制一行,而平邑针工业遂日臻兴盛,织袜遂为一种家庭之副业……近来附郭四五里内之乡农妇女,亦均改织布之业而为织袜"[4]。近代江南妇女们农暇从事的工作因时代和市场的变化而改变。

在手工业生产过程中,部分工艺须由男女合作完成。浙江富阳槽户在制作草纸的过程中,"村妇们每日也要帮助男人操作。她们担任的工作是'分张'(俗叫掀纸筒),扯纸。有时也出去晒纸,晚来纸干了,帮着整整齐齐地收回来"[5]。男女相互合作的工艺在制绸过程中亦比较明显。"绸为丝之加工品,顾由丝而成绸,手续上须经过料房炼染房经绒作纹制部杂工机户等各项工作,方能成为绸货……料房之工作,为由丝而成绸之第一步工作也,其营业多以男工为主,女工副之,重要者为摇大车,其次为摇丝,摇大车多以男工任之,女工则任摇丝之业务。料房

---

[1] 王毓铨:《中国农村副业的诸形态及其意义》,《中国经济》(南京)1935年第3卷第1期。
[2] 二白:《沪郊农民生活之变迁》,《上海周报》1933年第1卷第9期。
[3] 汪疑今:《江苏的小农及其副业》,《中国经济》(南京)1936年第4卷第6期。
[4] 《浙江平湖织袜工业之状况》,《兴华报》1926年2月17日第25—29页。
[5] 徐彭年:《富阳的草纸槽户》,《东方杂志》1936年第33卷第8期。

有自营者，有代庄作活者。"经绒之业，"多女工为之，系由铺主向绸庄领取丝经，发给女工手络"。[1]湖州善琏镇乡民农暇以制毛笔为业，其中做笔头手续中的漂洗、梳理笔毛的分类工作，均系女工为之，每日工资自大洋一角至一角五分。管及笔套则由男工制作。[2]无锡袜厂工人以女工为主体，男工仅任整理烘烫等工作，"全邑约有女工三千人，男工二百五十余人"，女工占绝大多数。"织袜女工虽有三千人，然在厂工作之数，不过五百人，余均带机回家工作，仅就操持家政之余暇为之。"[3]手工业生产根据男女自身的特点，进行着适当的分工，农妇在手工业生产中起着不可或缺的作用。

妇女在农暇期间通过劳动取得经济报酬。制造红胭脂，是苏州光福地区妇女的一种最好副业生产，曾经做此种副业可以赚到一个冬季的食米和过年的用费。[4]绍兴地区的妇女制作锡箔，每月所入有四五元之多。[5]苏州五龙桥为一小镇，距城八里，乡民千余人，"男子尽力田畴，女子则划灯草以补不足。八口之家，融融如也"[6]。茶叶是徽州的大宗出产，从事采茶制茶相关的工作是当地妇女获取报酬的一种途径：

> 由发芽采下，以至拣好制成装箱，这些工作，到有大半是属诸妇女，同时一季茶市，也是妇女们的惟一希望，自己的冬衣，孩子的学费，腌两块腊肉，买一口小猪，一切的一切，都预备在自己十个指尖上取出，还没有到清明不就得预备进山的事项，衣服仅可将就，鞋帮却要特别，并且还得多带一两双，因为要爬山，又要防下雨，干粮是大家一致的，米粉、玉蜀黍、干南瓜、豆豉、咸笋等，上山时呼姑唤嫂，结队成群，到也十分热闹，一次上山总在十多天，采茶过去，就是拣茶，火茶，火茶非富有经验的人不能胜任，

---

[1]《浙江桑蚕茧丝绸近况调查录（四续）》，《中外经济周刊》1926年总第186期。
[2]《湖州之毛笔》，《经济半月刊》1928年第2卷第4期。
[3]《无锡之袜厂》，《工商半月刊》1930年第2卷第13号。
[4] 华东军政委员会土地改革委员会编：《江苏省农村调查》（未出版），1952年，第414页。
[5] 张履壮：《绍兴妇女杂谈》（二），《妇女杂志》（上海）1928年第14卷第1期。
[6] 汪葆蕙：《划灯草》，《妇女时报》1913年第9期。

同时报酬也多些，拣茶却很容易，十一二岁的小姑娘，一天也可以拣得三四十枚铜元，大人们有拣一百余枚的，真是她们最愉快的一季。[1]

浙江吴兴的丝织业，"掉丝工人多系女工，除仅少数设备工场外，余均发往乡间，故乡妇趁农忙之暇，每日工作所得，亦可获半元之谱"[2]。近代无锡，农事为乡妇们一般的生活，但农事终岁所得的酬金很少，乡妇们还兼着从事其他行业以补充生活。纺纱活动枯燥无味，长期劳作对身体亦有损伤，但无其他职业的妇女为了每日微薄的工资，只能利用农隙或空余的时间而劳作着。[3]浙江余姚草帽业兴盛的年代，编帽女工的收入要超过她家"家长"的农产收入。"假使一个普通的女工，赚普通的工资，一年编五十顶帽坯，就有一百元的收入，假使一个农家有一妻一女在编帽，那么他家里就添了二百元的收入。岂不是比她们种十亩租田的家长收入还多吗？"[4]妇女通过农暇兼业工作，加强了与外界的交往，同时借着收入的提高，也提高了自身在家庭和社会中的地位。

城郊的妇女在农忙之余，为了赚取金钱，选择进入近代工厂做工，而忍受恶劣的环境与资本家的剥削。在经济萧条的20世纪30年代，江阴城郊，"大批农妇攒进附近的纺织厂或纺织作坊中"，每日"提着饭篮，在上午五时左右进厂，到下午六时方得重见天日"[5]。无锡近代纱厂和丝厂很多，需要的劳工亦多，特别是女工，因为"妇女心细、勤耐、能忍、容易驾驭，工资又可较男子少些"，因此，纱丝两业，除管理事务，"大部分的下等工作都是妇女劳力工作的"。当时无锡有纱厂五家、丝厂十余家，每处至少需要女工四五百人，大多数女工是城市平民，或外来务工者，是贫困的城居者、异乡的移植者和自乡间来者：

其间约可分为二部：一部为着自己有家庭而仅仅入厂工作；一

---

[1] 白眉：《徽州的职业妇女》（三），《福尔摩斯》1937年3月27日第4版。
[2] 冯子裁：《浙江吴兴丝绸业概况》，《实业统计》1933年第1卷第3/4期。
[3] 徐独夫：《无锡妇女的劳工生活》，《妇女杂志》（上海）1928年第14卷第1期。
[4] 茅可人：《余姚农村的续命汤：草帽业》，《东方杂志》1935年第32卷第12期。
[5] 罗琼：《江苏江阴农村中的劳动妇女》，《东方杂志》1935年第32卷第8期。

部是抛撇了家庭，住在工厂附近的工房内而入厂工作的。每天天还没有亮，汽笛呜呜的叫了，她们从睡梦中惊醒，提了盛着食料的洋铁罐子，匆匆的自家里进厂或结伴的从工房走入厂里去工作。除掉午餐外，简直没有休息的时间，稍一偷懒，管理员的鞭责立至。直至夕阳在山万家灯火时，才下了放工的恩诏，于是身心俱乏的妇女，随着汽笛声而蜂拥出厂。住在家里的，还须忙着家务，住在工房内的，亦须忙着烧饭等事，你想这种生活是容易的吗？一天工作十二小时，外加杂务，和牛马有什么分别？但是一般贫苦的妇女，受了金钱的压迫，还鳃鳃忧虑，以不能进厂工作为可忧呢！多么可怜！她们的酬资，纱厂每天可得小银元三四角，丝厂每天可得五六角，在妇女职业未发达的中国，妇女们能够用劳力去赚这许多的钱，未始非幸事了。[1]

上海郊外的闵行、周浦、川沙、南桥等处乡村妇女，她们在农忙之余，大多以糊制火柴盒为唯一的副业，据调查所得：

> 手法敏捷的妇女，自早至暮，充其极，每天可以糊制火柴盒五千只，所得到的酬报，也只是法币四千元而已。在生活如此高昂的情况之下，一个农村妇女，如果要以糊制火柴盒的收入，来维持一家三四口的生活，无论如何，是一件不可能的事……以糊制火柴为副业的农村妇女，彻底的说来，她们实在也是可怜的被剥削者。因为在目前，沪郊各乡镇上的该业主持者，他们向上海各火柴厂中所取得的酬报，决不会这样的菲薄；然而，他们却利用一般农村妇女农暇中无事可为的弱点，来剥削她们，以肥一己，这确乎是一件不合情理、不合人道的事。[2]

此外，在江南一些地区，村妇为了生活，还从事着与女性身份并不相称的兼业工作，女轿夫即为典型。女轿夫多见于山区，徽州女子抬轿，"每来往于崇山峻岭中，都不为苦"[3]。离苏州城三十余里的灵岩

---

[1] 徐独夫：《无锡妇女的劳工生活》，《妇女杂志》（上海）1928年第14卷第1期。
[2] 巴玲：《糊火柴盒》，《申报》1946年11月19日第10版。
[3] 吴文英：《徽州妇女的生活》，《安徽学生》1932年第1卷第1期。

山与天平山麓,"那边的妇女,都是以抬轿为本身的职业,身体的强壮,步履的健快,不禁让我们感觉到女子的体力,并不弱于男子",被称呼为"苏州女轿夫"。在春光明媚、游人众多的时候,住在苏州灵岩、天平两山的妇女们,"大都以抬轿为生活的泉源",在平常的时候,"她们便从事耕作,有的还帮助丈夫做着采石的工作"。[1]

天平山的女轿夫,"于她们的外表,乃是十足的农妇,手脸的皮肤都粗糙枯黄,更毫无我们想象中苏州女人的风度"。1944年,一潘姓游客在与女轿夫攀谈中得知,"原来抬轿是她们的外快,在春秋两季农忙之余,这是一笔很好的收入。每逢星期日,城里的人休息了,她们抬轿的生意也就格外好一点"[2]。1947年上天平山的游客,汽车只能开到半路,原本修好的公路竟被女轿夫逐渐破坏,"意欲达游客代步,只能备乘山舆底目的"。只因民国末年,经济凋敝,通货膨胀,女轿夫为了生存不得已而为之。"苏州的女轿夫,不过是可怜的老百姓的一部罢了。"[3]

---

[1] 玲:《苏州的女轿夫》,《上海报》1937年4月28日第6版。
[2] 钱公侠:《苏州的女轿夫》,《杂志》1944年第12卷第6期。
[3] 横云:《苏州的女轿夫》,《铁报》1947年7月5日第3版。

小　结

从工作的时间和内容来看，乡民在农业生产之外从事的各类生计活动无疑是农暇生活的一部分。近代江南乡村地区以分散的小农家户经营为主要特征，在人均土地资源有限、农业生产力落后的情形下，农民普遍于农暇时从事各种手工副业与兼业活动以弥补农业收入之不足，维持和改善家庭生计。同时通过制作储备肥料、购置修理农具以及防治病虫害等活动为农耕生产做好准备。

小农家庭作为生产单位，总是理性地利用家庭的劳动力以最大限度实现家庭经济的最优化。近代江南，农业与家庭手工业仍然稳定地结合于广大乡村，在较长的农暇期从事手工业是江南乡民的普遍选择。乡村手工业产品一方面满足家庭生活自给，另一方面进入市场以获得货币收入，成为农业生产之外农家生计的重要补充，融入乡民的日常生产与生活过程中。西方资本—帝国主义的经济渗透加深了乡村的危机，乡民传统的手工业生产受到冲击，一些传统的行业因"洋货"的输入而受到影响。乡民在新的历史形势下，很快进行家庭生产的调整以适应时代与市场的变化。近代江南乡村兴起了许多新式的手工业，在手工业生产的工艺上，引进新式的生产工具，促进了传统手工艺效率的提升；在生产组织的形式上，包买主制下的依附经营冲击了原有的家庭手工业的生产模式，乡民手工业生产成为近代世界市场体系中的一环，一定程度上促进了乡村手工业的近代化发展，乡民的生计模式也因此而发生转变。

手工业生产之外，江南乡民根据自然条件禀赋和外部环境的变化，在农暇期间还从事着商业、运输业、外出当雇工、渔猎樵采等兼业活动。商业和运输业是手工业之外各地乡民选择最多的副业活动。江南各地既有农民于农闲组织的远距离贸易与运输的商业队伍,也有普遍所见的乡民于农闲从事小商小贩的活动,活跃了乡村经济,构成了江南乡村重要的商品贸易网络。外出当雇工,是解决农闲季节乡村隐性失业的方式之一。近代江南乡村,既有在传统商铺、店铺打零工,或从事特殊产品产销的季节性佣工,也有进入近代工厂打工,成为近代化进程中往返于城乡的"农民工"。此外,江南乡民也根据当地的自然条件,在农闲季节进行野外的渔猎樵采活动,这对于改善乡民的生活质量不无裨益。

  在农暇期间,乡民也积极从事肥料备蓄、购置修理农具、防治田间虫害等活动,为下一阶段的农事生产做好准备。近代江南乡村地区的农业肥料来源主要是传统的有机肥,肥料的备蓄也大多在农暇期进行。农业生产活动离不开各类农具,乡民们会利用农闲置备农具,做好农具的修理保养。近代江南地区虫害频繁,危害较大,乡民们为了减少农业生产中的病虫害,自发地或有组织地在冬闲时期进行虫害的防治。而在农暇生计活动中,农夫与村妇相互协作并进行适当的分工,在家庭生计中各自承担着不可或缺的角色。

第三章 近代江南农暇消闲

社会学家指出，休闲是"从文化环境和物质环境的外在压力中解脱出来的一种相对自由的生活，它使个体能以自己所喜爱的、本能地感到有价值的方式，在内心之爱的驱动下行为，并为信仰提供一个基础"[1]。生活于社会底层的近代江南乡民显然不是"有闲阶级"[2]，他们"朝夕从事耕作，尚不能得以温饱，纵有闲隙，亦必经营副业，借资补助，安有余暇以事娱乐"？ 但休闲娱乐既是乡民在繁重劳动之后的身心需求，也是社会交往的纽带。乡民在农暇自发进行的若干活动本身就带有休闲娱乐的性质。"按乡俗最流行之娱乐言之，又多无组织涉及迷信，例如迎神、赛会、赌博、吸烟……其他若新正之拜年，元宵之斗龙，清明之扫墓，端午之竞渡，六月之尝新，中秋之赏月，重九之登高，再如神庙之福会，令节之演戏，田间之秧歌等"[3]，这些活动，在世人眼中可能既无组织又多迷信，但皆为乡民依传统而自发进行的消闲娱乐活动。农民胼手胝足，"辛勤劳动后，放松肌肉和神经的紧张是一种生理需要。娱乐需要集体活动，于是社会制度发展了这种功能"。消闲方式与生活和信仰相关，"娱乐中的集体活动加强了参与者之间的社会纽带，因此它的作用超出了单纯的生理休息"[4]，而具有一定的社会功能。

[1] 托马斯·古德尔、杰弗瑞·戈比等：《人类思想史中的休闲》，季斌等译，云南人民出版社 2000 年版，第 11 页。
[2] 美国制度经济学家索尔斯坦·凡勒伦（Thorstein Veblen）对"有闲"一词下的定义为："有闲"，并不意味着好逸恶劳或无所事事。它的意思是无产出消费。(1) 意味着人们认为生产工作毫无价值。(2) 人们将其作为有足够金钱能力懒散度日。从经济角度看，有闲作为一种职业，在类型上与掠夺生活密切相关。索尔斯坦·凡勒伦：《有闲阶级论》，凌复华、彭婧珞译，上海译文出版社 2019 年版，第 36—37 页。
[3] 龙发甲：《乡村教育概论》，商务印书馆 1937 年版，第 9 页。
[4] 费孝通：《江村经济：中国农民的生活》，商务印书馆 2001 年版，第 118 页。

第一节　乡村演艺

以戏文搬演和评弹为代表的乡村演艺活动是江南乡民消闲的方式之一，戏文演出大多在庙会会期或节日举行，在祠庙或空地演出，吸引周边乡民，在江南各地普遍盛行。而评弹等曲艺多以乡村茶馆为书场，盛行于水乡江南。乡村演艺根植于乡土社会，艺人多为兼业的农民，题材也多与乡土生活相关。乡村演艺于公众空间汇聚乡民，呈现一定的节律性而与民众的休闲生活相契合。

一、搬演艺班

地方戏以乡土生活为土壤，顾颉刚指出："歌谣、唱本及民间戏曲，都不是士大夫阶级的作品，中国向来缺乏民众生活的记载；而这些东西却是民众生活的最亲切的写真。"[1]乡村演艺活动与乡民生活融为一体，相互联动，乡间艺人组成的艺班成为活跃于乡间的民间文化团体。

（一）农闲艺人

与民间戏曲的创作源于民间一致，民间戏曲表演的艺人也多来自乡土，乡民于农闲期从事文艺活动。"原来地方剧的演员，大多数都是当地不会脱离生产的老百姓，这些人是不轻易也不能离开家乡的。他们演戏，都是在农闲的时候临时凑成了戏班；戏演完了，演员们便各自回到自己的工作岗位，戏班也就散了。"[2]

---

[1]　顾颉刚：《顾颉刚民俗论文集》卷1，《顾颉刚全集》14，中华书局2010年版，第288-289页。
[2]　效厂：《漫谈地方剧》，《大公晚报》1948年11月20日第2版。

乡村艺人农闲聚，农忙散，在此过程中带给乡民以娱乐，同时获得相应的报酬。兴起于绍兴嵊县的的笃班，"完全是农闲时期的民众娱乐"[1]。的笃班的艺人，"平常散落在各地庙堂里学戏，一到农忙结束，五谷登仓，便要到各乡村搭台演出，喜庆丰收，以增添欢乐气氛"[2]。嵊县南山乡村的坐唱班，"唱的是绍剧。班里有十多人，平时务农，需要时凑在一起去演出"[3]。绍兴诸暨西路乱弹以诸暨地方官话道白，极富乡土气息与地方特色。"诸暨乱弹戏班多为半职业性的，忙时务农，闲时演剧。一般自农历八月十三起，至次年的清明前后，是他们的主要演出时期。"[4]杭州建德和龙游交界的弥陀山万圣村于1927年建立"武举堂太子班"，戏班演员以演戏为业，靠演戏维持生活，"每年割稻大忙季节即封箱停演……农忙一结束，外地乡村就纷纷上门来请班子去演出"。[5]皖南繁昌县丰裕圩戏班"是农村半职业性的流动戏班"，演员经过投师学艺掌握了演唱技能后，"平时在家从事农业生产或其他活计，每年三月麦收以后，就集中起来，组班流动演出"，当地人称为"三月黄班"。[6]安徽绩溪的徽剧班或徽剧庄一般在农闲时排练，逢年过节为群众演出。[7]流行于浙江淳安、遂安、开化及安徽歙县、屯溪一带的淳安睦剧竹马班为半职业班社。"他们秋收结束开始演出，演至次年春耕，息锣回家生产。"[8]锡剧表演艺术家姚澄的父亲也是一位民间艺人，据她回忆："割过稻，农闲了。父亲打一个包裹，出门搭班子去唱戏。"当时，像姚澄父亲那样"农忙务农，农闲从艺"的半艺人

[1]《风靡一时的越剧，全沪最盛时期达三十家之多》，《申报》1947年1月6日第6版。
[2] 过希贤：《金桂香飘五十秋——屠桂飞舞台生活侧记》，《建德文史资料》第10辑，建德市政协文史委员会、建德市文化局1993年编印，第6页。
[3] 周先柏：《剡乡旧闻》，《嵊讯》第13期（内部资料），台北市浙江省嵊县同乡会《嵊讯》编辑部1994年编印，第255页。
[4] 陈娅玲：《绍兴戏曲文化概论》，浙江大学出版社2012年版，第100页。
[5] 倪潘：《民声越剧团》，《建德文史资料》第10辑，建德市政协文史委员会、建德市文化局1993年编印，第157页。
[6] 杨有贡：《繁昌的目连戏》，《繁昌文史资料选辑》第5辑，政协繁昌县文史资料工作委员会1988年11月编印，第157页。
[7] 宋多健：《戏里人生》，中国戏剧出版社2012年版，第313页。
[8] 陈起冀：《淳安地方剧种——睦剧》，《淳安文史资料》第1辑，政协淳安县文史资料组1985年7月编印，第24页。

还不少,而且有许多"农忙散、农闲聚"的戏班子。[1]安徽南陵县新老万福目连戏班,存续时间约九十五年。"从艺的演员多在秋后和春节前后演唱,其余时间或做工,或务农,各自从事本业生产。"[2]浙江新叶村的金昆戏班,一年中演出时间并不固定,其中农忙时节还要回乡务农。[3]浙江新昌调腔班的演出活动多在农村,平时以演庙会戏为主。农历正月最为兴旺,一般是农历正月初一开锣,演至盛暑"歇夏";下半年农历八月半再开锣,到冬至封箱。有的班社,农历正月就流向外县,立夏回家种田,八月半再往外地开锣。[4]乡间艺人的活动集中在农闲时期,在从事文艺活动的同时还要顾好自己种田的本业。

除有组织的戏班演出之外,以民间曲艺、民间乐队等形式存在的乡间艺人的演出则更加灵活。越剧名家傅全香回忆自己儿时的生活时提道:"爸爸种田,也是一个业余的民间艺人——打鼓的,喜欢唱唱绍兴大班。农闲时或别人家办婚丧喜事,他就去帮忙,吹吹打打。"[5]上海朱泾乡的打田发表演方式灵活:"每年春节到三月底,两个田发艺人组成一档,一人肩挑田发担(箩筐)、一人敲小锣,每到一家,一人手抛三个田发榔头,一人有节奏地敲锣,唱田发调,内容均为好口彩。到农历三月廿八日田发会,聚集松江岳崩庙交流比唱,然后回乡耕种。"[6]乡村乐队在茶余饭后演奏江南丝竹以消遣,于婚娶喜事、庙会等节庆日更是活动频繁,吹奏助兴,增加热闹气氛。[7]乡村乐队"平时坚持业余习练,每至黄昏,琴声此起彼落,箫笛声声应和绕耳"[8]。唱春为江

---

[1] 姚澄:《我的舞台生涯——童年和学艺》,《江阴文史资料》第11辑,中国政治协商会议江苏省江阴市委员会文史资料研究委员会1990年9月编印,第57页。
[2] 章光斗、陈绍连:《南陵目连戏的"马园班"》,《南陵县文史资料》第6辑,政协南陵县文史办公室1987年12月编印,第71页。
[3] 叶志衡:《新叶古村落研究》,浙江大学出版社2016年版,第410页。
[4] 吕济深主编:《调腔初探》(内部资料),浙江新昌调腔剧团调腔研究小组1982年编印,第9页。
[5] 《文化娱乐》编辑部:《越剧艺术家回忆录》,浙江人民出版社1982年版,第34页。
[6] 朱碧主编:《朱泾乡志》(内部资料),1996年,第276—277页。
[7] 路福昌主编:《光明志》(内部资料),1985年,第165页。
[8] 蒋行知:《丝弦故乡音 民歌泥土香——忆念民族音乐家宗震名》,《宜兴文史资料》第19辑,中国人民政治协商会议宜兴市委员会文史资料委员会1991年编印,第202页。

南民俗活动,农历正月十五和农村逢集时最为盛行。其曲调源自吴歌和地方小曲,称为"唱春调",所唱内容多为孟姜女故事,又名"孟姜女调"。[1]唱春艺人"大多为贫苦农民,平时务农,闲时唱春挣钱"[2]。他们"身穿长衫,手敲小锣,在春节或农闲时到各家各户唱春。唱词都是祝福语,每唱完毕,住户须给唱者钱或者粮食"[3]。乡土艺人在农事闲暇通过才艺表演给各地乡民娱乐助兴以谋取生活。

  乡村艺人谋生的方式并不轻松,受经济局限,在戏文演出过程中,通常由一人饰演几个角色,演出的道具也因陋就简、就地取材。嵊县南乡的坐唱班,"一伙人演员兼乐队……有的还要唱二个角色,即用大口小口唱。演出时不用台,在庙的大堂里围坐一个小圆圈。观众坐在圈外看"[4]。湖州德清滩簧挑箱班演出的"行头"还是利用前清的旧衣衫帽靴,"如绣花衫、红缨帽、夏漏斗,还有和尚尼姑的旧衣,有时在长衫大褂上贴些纸剪花纹图案,当作袍套,各式官帽用纸板做成"。演出的乐器如胡琴、锣、鼓、檀板等,"由演奏者自带或临时向当地民间借用"。演出的"道具"亦只有"半桌、木椅、木制的刀、剑、枪、棍和马鞭、拂尘等,为数不多"。所有演出的行当均放在几只木箱里,外出演戏时,用扁担一挑,所以称为"挑箱班"。[5]受戏班人数的限制,一位艺人往往身兼几个角色,非常辛苦。金坛东、南两乡,碰上灾荒年份,社庙演不起戏,村民凑些米供吃饭,就给搭台唱戏。当地乡民回忆:"我们璜箔村穷庙也穷,请不起好班子……演员人少,出场人物多的剧目不能演,有时人手不够,刚刚演完'皇帝'、'大将'的来不及脱'龙袍',卸盔甲,摘掉戏胡子就赶快出场摇旗呐喊跑'龙套'了,那

---

[1] 王洪、张棣华等编:《中国曲艺志·江苏卷》,《中国曲艺志·江苏卷》编辑委员会1996年编印,第75页。
[2] 虞新华主编:《武进掌故》(下),中国文史出版社2000年版,第767页。
[3] 陶钟朴主编:《淼泉镇志》,立信会计出版社2000年版,第470页。
[4] 周先柏:《剡乡旧闻》,《嵊讯》第13期(内部资料),台北市浙江省嵊县同乡会《嵊讯》编辑部1994年编印,第255页。
[5] 车建坤:《德清东部滩簧戏的兴衰》,《德清文史资料》第3辑,中国人民政治协商会议浙江省德清县委员会文史资料研究委员会1990年3月编印,第127页。

台上的狼狈常引起台下的哄笑。"[1]晚清民国时期,江南各地时常禁止演剧,艺人除了风餐露宿、四处漂泊,在乡村演戏,还要时刻提防。绍兴滩簧在演出期间,为保安全,必须派专人负责望风。如演至中途,发现有警察来,望风者立即发出信号,演员便立即跳下台来,逃入附近人家。假如望风者疏忽,演员躲避不及,为警察抓获,轻者课以罚款,重者害得坐牢,艺人之苦,不堪言述。[2]艺人们在乡下演出的艰辛可见一斑。

对于乡土艺人来说,学戏唱戏与其说是对艺术的追求,毋宁说是维持生活的一种手段。宜兴钱松嵒回忆童年生活时谈到滩簧演员一般只有一男一女两人,也叫对子戏或小戏,自拉自唱,由于地方时常禁戏,"他们在深夜借野庙或丛冢中偷偷地演"。还有一种大戏,每年春秋两季,到村上来演,叫作社戏,农村俗称"草台班",唱的是徽调,又叫作"徽班演戏"。"那时我年幼,常常跟着大小孩,到后台,或到他们临时住宿的庙中乱玩。见他们睡的是乱草,吃的是粗粝,穿的是破烂,和他们演出时身着戏装,判若两人。总之,他们的生活十分艰苦。"[3]在缺田少地的弥陀山万圣村,乡民们组建了徽剧清唱班,"由于唱腔高昂、风格粗犷,乐队热闹而悦耳,受到了村民们的欢迎。附近村坊凡有庙会,婚嫁寿辰等喜事都来请去唱戏文。过年过节,正月辰头,各村自集资金,各家派饭,唱上三天三夜戏,给寂静的山村带来了欢乐,有时还应付不过来"。这成为当地乡民农闲谋生的一条出路。[4]

地方戏的艺人虽然是非职业的演员,演出的场地、道具、舞美也都非常简陋,演出的内容多取材于乡土生活,但演员演出时非常投入,与乡民产生共情。《漫谈地方剧》对此进行了评论:

---

[1] 孙天笠:《三十年代苏南农村京剧追忆》,《金坛文史资料》第11辑,中国人民政治协商会议金坛县委员会文史资料研究委员会1993年7月编印,第102页。
[2] 阮余庆、陈天成:《绍兴滩簧概况》,《绍兴文史资料选辑》第14辑,绍兴县政协文史资料工作委员会1995年5月编印,第159页。
[3] 钱松嵒:《皓首忆童年》,《宜兴文史资料》第9辑,中国人民政治协商会议宜兴县委员会文史资料研究委员会1985年12月编印,第71-72页。
[4] 潘文达:《婺剧之村——万圣》,《建德文史资料》第10辑,建德市政协文史委员会、建德市文化局1993年编印,第156页。

> 地方戏的演员是农民,观众也是他们的一伙。彼此间的生活条件完全相同,因而他们的喜怒哀乐是相同的;希望与要求是相同的;对事物的认识也是相同的。所以一个故事的搬上舞台,必然是演员与观众间共同发生兴趣或共同关心着的故事。每一出戏上场,台上认真的演,台下也认真的看;演到悲哀处,演员掉泪了,观众也掉泪了,演到快活处,演员高兴了,观众也高兴了。
>
> 地方戏是农民大众自己的艺术,不论内容形式,都是农民的。它的故事,都是他们日常生活中所习见常闻的;故事中的人物,也都是土头土脑和他们一样的角色。因之,演员们对剧情的拥抱,对人物的刻画,都有最真实的情感作基础,所以演来极为深刻动人。自然,过火的地方是免不了的。[1]

农闲艺人因此成为江南乡村娱乐的供给者和民间文化的传播者。

(二) 醵金请戏

江南乡村地区的戏文演出频繁,既有与民间信仰相关、以酬神为由的庙会戏,也有为庆贺节日或乡村各类活动而举行的戏文演出。宜兴地区的社戏:春天有"花戏";庙会有"接圣戏";初秋不少村庄为了祈求田稻茂盛有好收成,要演"青苗戏";为使田稻树木不受蝗虫灾害,要演"猛将戏";耕牛多的村庄,为了保障耕畜健壮,要演"牛郎戏";草滩多的地区,为保堤坝植皮不准樵青草,要演"禁草戏";赌风炽盛的地方要演"禁赌戏";甚至失火过后要演"谢火戏"。[2] 20世纪30年代的南京农村,一年到头,演戏的名目就有"社戏、开光戏、修谱戏、祝寿戏、满月戏、牛王戏、青苗戏等",此外,还有因偷窃、民间纠纷,茶馆评输了理的"罚戏"。[3] 乡村戏文名目繁多,种类不一,呈现一定的节律并有其特定的组织方式。

乡村戏文的举办,一般由乡民自发组织醵资请来戏班表演。"农民

---

[1] 效厂:《漫谈地方剧》,《大公晚报》1948年11月20日第2版。
[2] 晓方:《社戏》,《宜兴文史资料》第5辑,中国人民政治协商会议宜兴县委员会文史资料研究委员会1983年8月编印,第144页。
[3] 孙天笙:《三十年代苏南农村京剧追忆》,《金坛文史资料》第11辑,中国人民政治协商会议金坛县委员会文史资料研究委员会1993年7月编印,第104页。

终年辛劳，这么一种文化娱乐自然是十分向往。请戏班做戏的这笔戏钱，取自农家，按自田、租田的多少来分派，还要杀鸡炊黍，邀亲友来吃戏饭，所费不赀。"[1]上海松江地区三月演出的社戏，俗称"春台戏"，其组织方式也形成常规：一般由"行头人"征得同村村民及富户后台支持，于农历正月初一在庙前大树或高建筑物上扬起黄布旗幡，上书"庆丰收，太平，本社定于某月某日演戏三天"。日期一经确定，即由发起人分头筹措，到浙江等地与戏班子签订合同。[2]各戏班一般也有负责人与各村联络人商议接洽演出事宜。浙江新叶村金昆戏班，演出前后有专人负责"写戏"，负责各地演出的事前联络，由交际能力强的人充任，负责协商戏金多少、演出日程、演出剧目等。[3]

在演出时节分布上，春季农忙之前，秋季收获之后，农民的空闲较多，相应的戏文演出最多，其他季节间或也有各种戏文上演。"后土社稷"是乡村最有权威之神，乡民一般于岁首祈求丰年，因而土地庙演的戏剧最多，"这种为一方祈求丰收平安的戏剧，一般由各户集资请戏班来演出"。金坛乡村，"正二月里农事清闲，管公堂的社首、乡董派人和班主联系，预付定金，届时前来演出"。[4]苏州的农历二三月间，"里豪市侠，搭台旷野，醵钱演剧，男妇聚观，谓之'春台戏'"[5]。昆山周庄镇"入春以来，各乡村次第演春台戏，几无虚日。所谓迎神赛会，则乐趋醵钱演剧，则不吝也"[6]。余姚泗门竹枝词唱到了乡民阳春季节醵金请戏观看的过程："纷纷甲戏唱阳春，比户醵钱大小匀，忙煞看台旁处搭，中郎有女独丰神。"[7]位于杭嘉湖平原的海宁长安镇，农民于

---

[1] 费子文：《鲈乡梨园满芳菲》，《吴江文史资料》第20辑，吴江市政协文史工作委员会2003年12月编印，第178页。
[2] 徐树清：《浅谈旧时民间敬神活动及其表演形式》，《松江文史》第13辑，中国人民政治协商会议上海市松江县委员会文史资料工作委员会1991年3月编印，第72页。
[3] 叶志衡：《新叶古村落研究》，浙江大学出版社2016年版，第410页。
[4] 孙天笠：《三十年代苏南农村京剧追忆》，《金坛文史资料》第11辑，中国人民政治协商会议金坛县委员会政协文史资料研究委员会1993年7月编印，第104页。
[5] 顾禄：《清嘉录》，江苏凤凰文艺出版社2019年版，第81页。
[6] 陶煦纂：《周庄镇志》卷4《风俗》，清光绪六年（1880）刻本。
[7] 谢联方：《泗门竹枝词》，《余姚文史资料》第9辑，余姚市政协文史资料委员会1991年10月编印，第153页。

每年春季育蚕的农闲时节,蚕农或一户或几户联合请皮影戏班上门演"蚕花戏",以祈求"蚕花廿四分"(蚕花最好的收成),久而成俗。[1]绍郡城坊村堡,每届夏秋之交,居民皆醵资演剧,名曰平安戏,由来久矣。[2]醵资请戏在江南乡村相沿成习,看戏文则是普遍受乡民欢迎的娱乐活动。

  除了各村社自筹请戏外,也有以大的庙宇为中心的公共集会演戏,即由多个社共同筹资举办规模较大的庙会戏。南京江宁殷巷镇,各乡村俱有寺庙庵堂,而以清水亭大庙为中心,每年举行三次会期。第一次在正月十五日,以庆祝新年,祈求一年风调雨顺;第二次在三月十五日,于会场买卖各种农具、种子、牲畜,以预备春耕;第三次在七月三十日,于秋收后感谢神祇福佑,亦于会场举行买卖。每次会期均唱戏数天,所需费用由各村社公摊,"每社所购置之仪仗锣鼓乐器约需数百元,每一会期,每家亦至少花费大洋一元"[3]。在常州武进三河口乡,农闲时节,各村常邀本地艺人演出滩簧,每年的农历四月十五日,"三河口作'节',地方人士往往邀请'草台班'在戏楼上连演京戏二至三日,附近群众,纷纷前来看戏"[4]。松江张泽镇,春季乡村醵资唱滩簧。"遇丰年兴高采烈,竟有轮连至一、二月者,至春耕开始方罢。"[5]昆山县境"石臼镇因本年(1878年)田稻丰收,各村农人醵资报赛,酬神演剧,特于苏郡雇定昆腔戏班,不计重资,定于十月二十六日开台,以十日为率,盖吹豳饮蜡,鼓舞升平,尤见丰年景象"[6]。常州横山桥,每年春节、清明节和农闲时节,时有请"戏班子"在场上搭台演戏,俗称"草台班"戏。除此之外,横山桥的戏院也经常演戏。农历七月十三、十四两天,东洲村猛将堂开演"青苗戏";八月初一是白龙庙庙会,初一到初三,分别由东股(东洲为主)、西殿(西岙为主)、北股

---

[1] 陆秉仁:《长安镇志》,当代中国出版社1994年版,第343页。
[2] 《鉴湖销夏》,《申报》1898年7月14日第3版。
[3] 漆中权:《中央模范农业推广区农民生活调查》,《农业推广》1931年第3期。
[4] 石长胜主编:《三河口乡志》(内部资料),三河口乡编史修志领导小组1985年编印,第189页。
[5] 王古与、陆龙潭等:《张泽志稿》(内部资料),1994年,第174页。
[6] 《姑苏近闻》,《申报》1878年11月26日第2版。

（奚巷为主）请戏班子在白龙庙戏楼演戏三天。[1]

就乡村与戏班达成演戏合约的过程来看，一般分为乡村会首到城镇请戏与演员下乡兜售戏剧两种。绍兴滩簧的演出范围较广，在邻近乡村受欢迎的程度很高。各村"为头者上城来请，可去五福亭茶室接洽，这里是滩簧艺人的汇集点，并有专人等候。订戏和收定金，则在厕所中进行。每场酬金为银元十二块，规定折子戏六出，最多添一出，演出从傍晚开始，至深夜二时结束"[2]。吴江黎里镇华字村，每年农历三月十三，必请戏班做戏，届时村里头面人物会在镇上茶馆预定戏目。[3]演员下乡兜揽是戏班主动面向乡村市场的行为，一般会有头家主持。就价格来看，以绍兴滩簧为例，民国二十三年（1934），戏价为四五块钱，另加白米数斗。"出钱的自不必说，无钱可出的姑娘、媳妇们，只好把家里的米偷出来，以尽自己的一份情谊。"[4]

乡村请来戏班之后，戏班班主不能自己决定演出剧目，要把"戏折"拿出来请当地的"名人"点戏。戏的好坏固然与演员水平相关，但点戏也非常重要，点戏人要根据戏班的条件、乡民的爱好等各种因素点演剧目：

> 有一年汤庄北乡一财主给吸大烟的儿子做寿，有意点了一出《金不换》的时装戏，内容是富家子抽大烟家产败光，改邪归正重振家业，颇寓有"教化"之意；某一地寡妇为超度亡夫，点的清末戏《杀子板》，剧情是南通寡妇私通和尚，杀子灭口，其寓意在表白自家贞节，劝诫其他孀妇自重。还有某处演明朝魏忠贤阉党"十狗"戏目，因此发生械斗事件。[5]

---

[1] 宋建清主编：《横山桥公社志》（内部资料），1983年编印，第228页。
[2] 阮余庆、陈天成：《绍兴滩簧概况》，《绍兴文史资料选辑》第14辑，绍兴县政协文史资料工作委员会1995年5月编印，第159-160页。
[3] 杜培玉、陆廉德主编：《黎里镇志》，江苏教育出版社1991年版，第197页。
[4] 阮余庆、陈天成：《绍兴滩簧概况》，《绍兴文史资料选辑》第14辑，绍兴县政协文史资料工作委员会1995年5月编印，第160页。
[5] 孙天笠：《三十年代苏南农村京剧追忆》，《金坛文史资料》第11辑，中国人民政治协商会议金坛县委员会文史资料研究委员会1993年7月编印，第107页。

点戏确实要有相当学识才能发挥寓教于乐的作用。绍兴新昌调腔班在各地演出之时，选演何剧，视地区而异。"读书人"多的地方，则演《挑魁星》，因此剧寓有魁星点状元之意。年岁歉收、灾害较多之地，则演《四吉祥》，祈求风调雨顺，五谷丰登。如在山区，则多演《赵玄坛打虎》。此剧结束，还有一个有趣的情节：赵玄坛抓住老虎后即问台下观众："猛虎打死还是放生？"观众高声回答："打死！"赵玄坛说声："开鞭！"即将猛虎击毙，以示从此不受猛兽侵袭，四季平安。[1]请戏、点戏、演戏三个环节，构成了乡村戏文演出的一般过程。

（三）戏班联络

农闲赴外地演出的艺人，多组成戏班结队出行。湖州德清县流动的滩簧戏班被当地人称为挑箱班，白彪东村、西村、后窖的挑箱班，在晚清开始风行。距离相近的各个戏班平时也会在一起切磋技艺，遇到大的节场，相互合作举行演出。德清县的士林乡白彪东村、高林乡韶村草塘里、钟管戈亭的三个挑箱班，"常在一起切磋技艺，有时联合起来会演，就更加吸引观众"。韶村有八圣寺戏台，东庙（吴王庙）戏台，白彪的相公堂、永宁寺、东村小圣堂都有木板木架，可以临时搭"草台"，一到冬春农闲时，挑箱班便在这些地方会演。其时，"四乡观众纷至沓来，家家户户客人满座"。[2]新昌、绍兴最早的调腔班是"群玉班"，为道光年间创办，称"汤群玉"；而后，"应群玉""老群玉""双鱼群玉""双鱼锦林""双鱼贤记"等班社相继建立，称"绍兴五块头"。当时的调腔班，统称"群玉班"。1865年之后，绍兴又相继成立了日日新、月月明、文秀舞台、蚨生舞台、天蟾舞台、老大舞台、大统元、共和舞台、丹桂越中台、桂仙舞台、新大舞台等班社，活动于绍兴、萧山一带。新昌、嵊县等地，亦是班社遍布。仅新昌一县，就有宋凤台、老凤台、张老凤台、吕老凤台、五老凤台、锦凤台、凤舞台、日日新、日月明、越舞台、新舞台、浙东第一台、连莺群玉、大三元、大通元、新大通元等

---

[1] 吕济深：《调腔初探》（内部资料），浙江新昌调腔剧团调腔研究小组1982年编印，第9页。

[2] 车建坤：《德清东部滩簧戏的兴衰》，《德清文史资料》第3辑，中国人民政治协商会议浙江省德清县委员会文史资料研究委员会1990年3月编印，第126-128页。

近二十付班社。演员、乐师等从业人员达一百九十七人。新昌下泮一个村，就有演员、乐师二十六人。"年终封箱，艺人回乡，说声做戏，即可开场。"[1]同一地区诸多的戏班构成了乡土艺人共同体，活跃于江南各地。

戏班之间既有相互协作，也会产生竞争。乡下庙会节场，也经常会请好几个戏班同时演戏，称为"斗台"。"乡下庙会做戏，最怕'唱对台戏'。如劳村二月八，抬'刘爷爷'，经常有三至四个戏台同时演出，群众称之为'斗台'"[2]，显示了乡村庙会节场戏班演出的热闹景象。

组建成熟、口碑较好的江南乡村戏班，农闲时期演出流动的范围非常广泛。自清末至民国年间，南陵县马园地区的新老万福班都是当时被外地"抢箱子"的热门戏班，先后去过安徽的歙县、旌德、泾县、宣城、宁国、太平、青阳、贵池、铜陵、繁昌、芜湖、无为、庐江以及江苏的高淳、溧阳等地流动演出。[3]新叶金昆班，演出范围从建德兰溪扩大到建德梅城、衢州龙游、金华汤溪等三个旧府州。[4]绍兴滩簧在外地可以公演，偶有查禁，亦远不及绍兴严厉。老艺人回忆，旧时一到春节，他们就到临浦茶楼演半个月，再下乡做包场戏，演至正月底，分成两路：一路去杭州城隍山或大坂茶室演唱；另一路上临平、许村、上海及苏常一带。[5]德清东部的三个挑箱班活动地域也很广：东到桐乡、濮院、崇德、石门、含山、善琏、乌镇；南到雷甸、徐家庄、五杭、安溪、上柏、下柏；西到筏头、递铺、安吉；北到菱湖、荻港、湖州郊区。[6]新昌调腔班在农历新年开始放长路出演，一直演至农历三

---

[1] 吕济深：《调腔初探》（内部资料），浙江新昌调腔剧团调腔研究小组1982年编印，第1-4页。
[2] 倪潘：《民声越剧团》，《建德文史资料》第10辑，建德市政协文史委员会、建德市文化局1993年编印，第155页。
[3] 章光斗、陈绍连：《南陵目连戏的"马园班"》，《南陵县文史资料》第6辑，政协南陵县文史办公室1987年12月编印，第70-72页。
[4] 叶志衡：《新叶古村落研究》，浙江大学出版社2016年版，第408-410页。
[5] 阮余庆、陈天成：《绍兴滩簧概况》，《绍兴文史资料选辑》第14辑，绍兴县政协文史资料工作委员会1995年5月编印，第159-160页。
[6] 车建坤：《德清东部滩簧戏的兴衰》，《德清文史资料》第3辑，中国人民政治协商会议浙江省德清县委员会文史资料研究委员会1990年3月编印，第126-128页。

月，称为"春旺戏"。春旺戏长路有四：一为"台路"，放天台、临海、黄岩、椒江、温岭一带演出。此一路有调腔子弟，观众喜欢调腔戏。有不少大村或集镇，只要有班社就有戏码。二为"绍路"，放新昌、嵊县、诸暨、萧山、上虞、绍兴一带演出。此一路为调腔本路，观众爱看调腔戏，但班社多、剧种多，有竞争。三为"甬路"，放宁海、象山、三门、奉化、宁波、慈溪、余姚一带演出。此一路多有调腔唱班，也为调腔本路，观众多，地近海路，地域较宽，游刃有余。四为"海路"，出镇海或象山石浦，走沿海岛屿，主要是舟山群岛各县市，这一带向有邀请调腔班社演戏习惯，到时观众云集。[1]戏班在农闲流动演出中与江南各地乡民产生广泛的联结与互动。

二、作为消闲方式的乡村演艺

（一）"看戏文"与"听评弹"

戏文在传统江南乡村有着广泛的受众。演剧看戏，在农村是一件大事。戏班第一天演出叫"开锣戏"，"锣鼓响，脚底痒"。农民闻讯后，"要准备酒饭，邀请亲友看戏。新正拜年刚完，又一番你来我往，平添了不少乐趣"。[2]余姚泗门流传的一首关于演剧的竹枝词，描绘了乡民不分昼夜演剧看戏的热闹场面："新岳殿中演剧多，尽是还愿谢弥陀，夜来罚戏连三局，明日开台又网罗。"[3]江南各地演出的戏剧种类繁多，如昆山正仪农村农闲时组织社戏以自娱。演出曲种有苏滩、京剧、锡剧等。[4]四明文戏在宁波名曰"滩簧"，又曰"串客"，"新年庙赛，秋日举行盂兰盆会之时，此所谓四明文戏者常出见于街市间，它若农隙无事、夏夜纳凉之时，管弦呕哑，亦往往见此四明文戏也"[5]。绍兴滩

---

[1] 王秋华等编著：《新昌调腔》，浙江摄影出版社2008年版，第150页。
[2] 孙天笠：《三十年代苏南农村京剧追忆》，《金坛文史资料》第11辑，中国人民政治协商会议金坛县委员会文史资料研究委员会1993年7月编印，第104、106页。
[3] 谢联尔：《泗门竹枝词》，《余姚文史资料》第9辑，余姚市政协文史资料委员会1991年10月编印，第153页。
[4] 赵绵行：《正仪镇志》，中国大百科全书出版社上海分社1992年版，第87页。
[5] 《四明文戏谈》，《申报》1924年8月9日第22版。

簧在当地流传广泛，颇受欢迎，世有"听了嵊歌班，男的迟出坂，女的迟烧饭"[1]之说。嵊县南乡坐唱班演出时，"常常唱到深夜，观众还不肯散去"[2]。元宵刚过，苏州乡村即开始上演春台戏。蔡云《吴歈》诗云："宝炬千家风不寒，香尘十里雨还干。落灯便演春台戏，又引闲人野外看。"[3]描绘春节过后即上演春台戏，乡民野外观看的情景。吴江七都的农民在农忙已过，秋收之前，各溇港兴出灯会之俗，名之"秋野游灯"。"其时装扮杂剧，助以金鼓，星球万点，遍走村落，乡民狂欢。"[4]徽州宅坦村，在举行宗祠的升主仪式后，照例要演徽戏，"正戏每晚演一场，连演五至七天……观看演戏时，男人们站在台前，妇女小孩则坐在有四五尺高的戏台凳上观看"[5]。

戏文演出期间，台上演员卖力演唱，台下热闹异常，民众情绪高昂。戏文演到精彩之处，乡民的注意力高度集中。在金坛乡村，戏文演出之时，吸烟的老农带着三尺烟杆，全神贯注，看戏时怕折断，举在手里，远远望去，几百根烟杆好似一片竹林。[6]乡民们在看戏文时沉浸在忘我的境界之中。茅盾主编的《中国的一日》记载了盛泽演出小满戏时的盛况："平常很冷清的胡桃街，今天不大相同了。丝业会馆里（又称蚕花殿）容下了几万的看客……咚咚锵的锣鼓声，布满了整个戏场，在几个红袍绿袍的出场和进场中，不知受了多少玩客的怪声叫好……在这拥挤的人群中，几个警察已失去了他们维持秩序的效力。"[7]宜兴社戏演出之时，"观众挤在台前，仰头看戏，你挤我推，形成人浪，如潮涌一

---

[1] 阮余庆、陈天成：《绍兴滩簧概况》，《绍兴文史资料选辑》第14辑，绍兴县政协文史资料工作委员会1995年5月编印，第156页。
[2] 周先柏：《剡乡旧闻》，《嵊讯》第13期（内部资料），台北市浙江省嵊县同乡会《嵊讯》编辑部1994年编印，第255页。
[3] 顾禄：《清嘉录》，江苏凤凰文艺出版社2019年版，第81页。
[4] 丁学明主编：《七都镇志》，江苏古籍出版社2001年版，第351页。
[5] 胡昭璧主编：《龙井春秋》（内部资料），2000年，第235页。
[6] 孙天笠：《三十年代苏南农村京剧追忆》，《金坛文史资料》第11辑，中国人民政治协商会议金坛县委员会文史资料研究委员会1993年7月编印，第104-105页。
[7] 费子文：《鲈乡梨园满芳菲》，《吴江文史资料》第20辑，吴江市政协文史工作委员会2003年12月编印，第148页。

样,吸烟的把自己的长旱烟筒高高举起,以免挤断"[1]。戏文演出现场,乡民情绪高涨,举止若狂。

乡民对戏文好坏的评判也毫不掩饰,充满着朴素的情感。"夜戏唱到精彩处,戏场上静得汽灯'丝丝'的声音都能听到。"遇到精彩的片段,"大声叫好喝彩",或起起小哄;而遇到演得差劲的地方,则大喝倒彩,"吃烂泥"。[2]乡村戏演出的题材大多与农民的实际生活相关,演员也都是土生土长的农民,因而极易引发看戏乡民们的共鸣。人们沉浸在剧情之中,与戏文人物共情。德清滩簧戏《金广财》剧目演出现场形象地说明了这一点:

> 《金广财》是一出风趣的神话小说,表演农民金广财助人为乐的故事。表演十分滑稽,处处令人发笑。当戏中演到"吕纯阳甩药箱"时,演员当众用碎纸板做成的"药箱",里面装的却是许多什锦糖、落花生之类,演员将这些抛向台下,观众拾起来吃,欢声动地。《双金花》是一出悲剧,演得十分悲戚感人,饰谈金花的演员从戏头哭到戏尾,竟真的把眼睛都哭红了,观众无不一洒同情之泪。演《赵五娘剪发卖发》时,扮演赵五娘的演员跪在台前,呜咽痛哭,泪流满面,手里提着自己的头发,乞讨似地叫卖。突然,观众发现演员手上戴着两只"金戒指",不由得喧哗起来。这时,演员立刻把金戒子取下,抛向台下,观众十分惊讶,争相寻找,却发现戒子原来是铜的,引得观众哄然大笑。[3]

孙天笠追忆20世纪30年代江苏金坛乡村冬天演出《南天门》时的场景:

> 剧情是小姐老仆二人(青衣、老生演)逃难在外,风雪饥寒,

---

[1] 晓方:《社戏》,《宜兴文史资料》第5辑,中国人民政治协商会议宜兴县委员会文史资料研究委员会1983年8月编印,第151页。
[2] 孙天笠:《三十年代苏南农村京剧追忆》,《金坛文史资料》第11辑,中国人民政治协商会议金坛县委员会文史资料研究委员会1993年7月编印,第111页。
[3] 车建坤:《德清东部滩簧戏的兴衰》,《德清文史资料》第3辑,中国人民政治协商会议浙江省德清县委员会文史资料研究委员会1990年3月编印,第128-129页。

跪在街头哀告乞讨……台上铺毯子，老仆露一臂，小姐单衫，大段反二簧轮唱诉说冤情，哀求舍施，唱得十分凄楚哀婉动人。此时台下纷纷掏出铜板，角子掷上台去；有些带女眷的阔少爷，掏出"袁大头"（银币）钞票送到台口，台上专人收钱拱手作揖。每演此戏，班子特别卖力，老生索索发抖，唱得凄凉悲壮；青衣满腔哀怨，声情并茂。台上台下感情汇成一片，弄不清是真是假。[1]

听评弹是江南乡民消闲的另一种方式，评弹起源于苏州，流行于水乡江南。通常情况，江南乡镇地区的评弹书场依照前后次序分别为年档、年二档、夏档、秋冬档以及年末会书等[2]，四季赓续不断，而以岁末年初和秋冬农闲最为繁盛，适应着乡民们的生活节奏。

评弹演出的书场大多依存于茶馆。评书有一人档和两人档：一人档以醒木、纸扇、手势、声调助内容；两人档上手说唱，下手持助班相助，生动易懂。平时，市镇茶馆开设书场，招徕茶客听书喝茶。农闲时期，尤其春节期间，部分乡村也开设书场，为村民所喜闻乐见。无锡江阴黄墅村有评书艺人徐生林和刘行生，节日和农闲时受聘在本地和外地短期说书。[3]昆山正仪镇区，最盛时有3爿书场。开书前有专人在寿安桥顶上高喊"开书哉"以招徕听众。[4]在农村里，评弹说书更较城市里来得发达，大部分的听客便是农民大众。所谓"三家村""五家院"，差不多都有书场，"农忙之余，必定要请一两位说书人去，一来在穷乡僻巷可以有个正当的娱乐，二来也可以免避农民沉沦于赌博的恶习"[5]。常州横山桥，1925年就设有"东园书场"，常年说书。[6]西塘人爱听评弹的很多，书场遂应运而起，盛极一时。20世纪30年代，全镇先后有韩厅、卫生楼、赵厅、乐庐、集贤、乐园、胜利、天蟾等8家书场。40年代，西塘镇有三四家书场同时开书，有夏荷生、徐云志、

---

[1] 孙天笠：《三十年代苏南农村京剧追忆》，《金坛文史资料》第11辑，中国人民政治协商会议金坛县委员会文史资料研究委员会1993年7月编印，第105页。
[2] 郝佩林：《苏州评弹与近代江南乡镇生活》，苏州大学博士论文，2018年，第264页。
[3] 高才琴主编：《璜土镇志》，苏州大学出版社1996年版，第339-340页。
[4] 赵绵行主编：《正仪镇志》，中国大百科全书出版社上海分社1992年版，第87页。
[5] 左弦：《从评弹的听客谈改革》，《大公报》（上海）1949年7月15日第7版。
[6] 宋建清主编：《横山桥公社志》（内部资料），1983年，第228页。

严雪亭、杨莲青、顾宏伯、唐耿良等评弹名家前来说书。1948年10月，严雪亭来乐庐书场说《杨乃武与小白菜》，连续演唱一个半月，"听众场场爆满，日夜有听众近千人"[1]。听评弹是极受江南乡民欢迎的休闲方式，应和着慢调的乡村生活节奏。

（二）戏文与乡村休闲节律

江南地区的戏剧演出在时间上随季节流转，几乎每月都会上演酬神娱人的戏文活动，观看戏剧表演填补了乡民娱乐生活的空缺。《盛湖志》"风俗"记载了江南水乡年度戏文演出的安排："正月少年锣鼓戏；二月春台戏；三月神赛会；四月小满戏；五月关帝降神戏；六月雷祖诞生戏；七月观音会；八月酬神戏；九月两总管金神诞；十月神赛会；十一月送施主；十二月叫火烛。"[2]几乎每个月都会根据节场庙会的安排上演戏剧。浙江嵊州是越剧的起源地，当地一年四季上演的戏剧种类繁多、名目多样。在时节上，农历正、二月上演"灯戏"，适应年节热闹欢快的氛围。三、四月，在介于春收春耕之间的农隙上演"麦黄戏"。七、八月正好农忙，当地的艺人们组班去渔区流动演出，好如赶潮水，被称为"潮头戏"。十一、十二月的"春前戏"，演唱戏文进入黄金季节。此外，还有定时演出的"庙会戏""祠堂规戏"，及时演出的"宗谱戏"，为平息宗族、村庄间纠纷而演出的"和戏"，村民中有过失者表示认错的"罚戏"，通过演戏发布禁止捕鱼、狩猎、砍伐等规约的"禁戏"，贺喜的"彩戏"，酬谢支持修桥铺路等善事的"谢戏"，谢神的"还愿戏"，以演戏为手段组织集市贸易或聚赌的"开篷戏"，等等。[3]戏文演出与乡民的日常生活安排紧密关联，在春耕前和秋获后的农闲季节更为频繁，仪式也更盛大。"在中国乡村，春天举行迎神并祈愿农作物丰收的'祈福祭祀'，秋天举行镇抚成为灾害之源的孤魂幽鬼的'攘灾祭祀'已成了惯例……在这类春秋祭祀中，除举行由僧侣、道

---

[1] 卫保德主编：《西塘镇志》，新华出版社1994年版，第325页。
[2] 费子文：《鲈乡梨园满芳菲》，《吴江文史资料》第20辑，吴江市政协文史工作委员会2003年12月编印，第176页。
[3] 石道：《剡乡戏文补遗》，《嵊讯》第22期（内部资料），台北市浙江省嵊县同乡会《嵊讯》编辑部1999年编印，第254页。

士主持的祭祀神灵、镇抚幽鬼的礼仪外，多数情况下作为迎接神灵和幽鬼礼仪的一部分，还上演由农民和艺人们表演的戏剧。"[1]酬谢神灵、驱赶幽鬼、节庆祭祀、乡规民约等成为戏文演出的理由，也是乡民借以娱乐休闲、相互交往的依托。因时节的规律性和周期性，戏文演出与乡民的休闲生活相契合。

春季耕作之前是乡民空闲时间相对较多的时期，与戏剧相关的活动则成为乡民忙碌之余的消闲。《忆江南》诗句描绘了吴江在清明节前庙会戏的盛况："吴江好，节序届清明。群庙旌旗坛里盛，十乡台阁半塘迎，看戏遍乡村。"十里八乡迎神台阁游市完毕，成千上万的乡民蜂拥而动，聚集到庙前的白场上看戏。[2]无锡的滩簧在农历新正之后、农耕之前最为流行。1936年春，逸霄在无锡访问时记录了乡民"追剧"过程中的狂欢：

> 乡村间，正是滩簧热达到高度的时期。许多村镇都在演唱着滩簧，当你走在路上，所听见的来往行人的嘴里所哼着的是滩簧的调子；人们相见时，第一句先问，你今天到不到某处去听滩簧？种田人的灵魂从大年初一放开门爆竹时落掉了以后，要到四月初一才重新返归到身上。这时候，正是他们失魂落魄的时候，赶节场，听滩簧，要尽量乐一下；转眼谷雨节到，就得忙着采桑饲蚕，随着是割麦插秧，戽水耘草，直要忙到稻谷登场，小麦下种……在此将忙未忙时分，极力寻点精神上的娱乐，谁说是不应该呢？[3]

对于辛苦劳作的乡民来说，这段时间正是一年忙碌之余难得的放松机会，对乡民这种追逐娱乐的心态应该给予同情式的理解。

戏文演出期间，也是乡村儿童集体欢乐的时光。江南乡村流传一句谚语："娘要断气，儿要看戏"；小孩子们"一盼过年，二盼做戏"。儿童看戏不仅关注着台上演出的内容，更欢喜的是戏文演出时候的热闹场

---

[1] 田仲一成：《中国戏剧史》，布和译，北京大学出版社2011年版，第418页。
[2] 费子文：《鲈乡梨园满芳菲》，《吴江文史资料》第20辑，吴江市政协文史工作委员会2003年12月编印，第177—178页。
[3] 逸霄：《盛行中的滩簧戏是农闲时唯一的调剂》，《大公报》（上海）1936年5月19日第10版。

景。常州金坛的孙天笠先生回忆自己小时候（20世纪30年代）看戏文演出时的盛况："每当戏文演出，翘首踮脚，张大嘴巴，看得出神入迷。"有的时候还受邀到亲戚家去看戏文。"到姑母家看戏最惬意，她会给我一大把铜板，可以买一块拳头大的五香酱牛肉尽情吃个痛快——这是平时想吃总难吃过瘾的；武戏看罢，台上红脸白脸花旦大唱其'二进宫'时，就钻到台子底下买芝麻糖；见到抢亲、比武，则一头钻进人堆看稀奇去了。"[1]

从某种意义上来讲，戏剧成了乡民在农事活动与四时八节之间同忙闲生活相协调的文化生活安排。蒋梦麟回忆儿时在蒋村的生活经历时描述道："碰到过年过节，或者庆祝神佛生日，或者其他重要时节，活动的戏班子就到村庄上来表演。戏通常在下午三点钟左右开始，一直演到第二天早晨，中间有一段休息的时间，以便大家吃晚饭。"[2]浙江余姚的上元节演唱戏文："戏演灯头贺上元，家家留客总盈门，莫嫌下酒无滋味，菜蕻年糕炒几盆。"清明节则箫鼓悠扬："攀来新柳插门前，正是清明拨火天，箫鼓悠扬人满坐，谁家摇过上坟船。"[3]总之，节庆祭祀活动，都需有戏文活动的点缀。江阴利港镇乡民在秋季看"草台班"演京剧、抬菩萨出会。[4]昆山张浦镇，"农历三月二十五、二十六日在新庙和四月初一、初二、初三在老庙是常年定期演出的五台戏。请来的外地戏班多演出京戏，视京戏为'大戏'；本地堂班演出的以花鼓、昆曲、串曲为主，视为'小戏'。那时，看戏的凑热闹的都很多。但到四月半，就以'收魂戏'收场，以示农村大忙开始"[5]。浙江嵊州，十月田稻收割之后，乡村进入了相对空闲的季节，"此时峥浦大王出巡，经过的村子都办素斋酬神，招待迎神诸众。较小的村子菩萨只停一停，打了午斋或只分糖糕，较大的村子则做戏文，请诸菩萨落座，翌日再启

---

[1] 孙天笠：《三十年代苏南农村京剧追忆》，《金坛文史资料》第11辑，中国人民政治协商会议金坛县委员会文史资料研究委员会1993年7月编印，第105页。
[2] 蒋梦麟：《西潮·新潮》，岳麓书社2000年版，第28页。
[3] 谢联方：《泗门竹枝词》，《余姚文史资料》第9辑，余姚市政协文史资料委员会1991年10月编印，第153页。
[4] 陈卓文主编：《利港镇志》，苏州大学出版社1997年版，第259页。
[5] 曹有庆主编：《张浦镇志》，生活·读书·新知三联书店1992年版，第203页。

行"。戏剧演出期间,"四亲八眷都从远村近保赶来,长辈及女眷是用轿子去接,家家都有几桌人客"。[1]

绍兴、新昌一带的调腔班,一年四季赴外地巡回演戏,与乡村一年中的休闲节律正好相契合。在农历正月,艺人们在本乡,主要在本地区演出:

> 调腔的演出,与地方风俗关联密切,流行地区曾有一定的俗规形成,并有诸多名目的演剧活动。有农历正月、二月间的灯戏。正月初一至初七演戏,称之为"灯头戏",各地争相邀戏班演剧,戏价从优,演出的剧目多为彩头戏,即有"大团圆""结婚拜堂""状元及第""庆寿祝福"等情节……正月初八至十六演戏,称"上灯戏",邀请班社者纷至沓来。请到班社后,则着重看情节曲折、场面热烈、演技特殊、有头有尾的戏……正月十七至正月下旬,邀班社演戏,称为"落灯戏"。此时,因农闲,各地邀请班社演戏仍很热络,由于忌讳已解,悲戏、鬼戏、公案戏、有杀头场面的戏都有点看的,故演出愈显多彩。[2]

正月过后,调腔班就开始放长路演出,一直演至农历三月,称为"春旺戏"。春旺戏分四路,流动范围遍及浙南、浙北及沿海岛屿。此时各地乡村还未进入农时大忙季节,农民有较多的时间观看戏剧演出。

> 四条戏路的观众,均有称调腔班为"吊脚板"的,意为"看着上瘾,吊牢脚板,无法走开"。放长路一般演至农历三月底或四月初即散班回乡休假。[3]

在农历四五月与七八月农事大忙季节,调腔班则就近去城市或渔区演出,避开农忙时期戏文演出的淡季;城市的演出不受农事忙闲的影响,而在七八月份休渔期,调腔班的到来,又正好满足了岛滩区渔民休闲娱乐的精神需求。九月份秋收之后,进入农闲季节,调腔班则又迎来

---

[1] 胡兰成:《今生今世》,中国社会科学出版社2003年版,第34-35页。
[2] 王秋华等编著:《新昌调腔》,浙江摄影出版社2008年版,第149页。
[3] 王秋华等编著:《新昌调腔》,浙江摄影出版社2008年版,第150-151页。

了演出的旺季。

农历四月中旬至五月间，调腔班社一般就近演出或赴城市献艺。农历七月至八月演戏，称为"潮头戏"。此时各地农事正忙，调腔班社即应邀去渔区演戏。由于七八月间潮汐、台风活动频繁，渔民多回港停泊休渔，不仅本省渔民休渔，也常有江苏、福建渔民进浙江渔港休渔，如此就汇成较多的观众群，尤以石浦、坎门、沈家门、镇海等地最旺。渔民难得有此休闲，一闻有戏曲班社来演，立马蜂拥而至，欢声笑语充满剧场，可以连续满场。渔民性格豪放爽朗，喜观调腔戏《铁麟关》《凤台关》《五熊阵》《天门阵》，尤喜连台戏，如调腔《凤凰图》等剧目。农历九月至十月的演出，称之为"秋后戏"。秋收以后，仓廪实、腰包鼓，人们就会想到看戏，于是各地开始邀班演剧，连接农历十一月至十二月的春前戏，再连接新年的灯戏，调腔班社的演出进入黄金时段，各班社更新行头（戏装、盔头、鞋靴、道具等），全力以赴。[1]

调腔班演出活动的时间安排与演出频次，既与传统的节日相关，也与乡民的生产活动规律吻合。农忙时期为演出的淡季，农闲时在各地频繁演出，契合着乡民的休闲生活节律。

（三）乡村演艺的化育功能

戏剧、评弹等乡村演艺，扎根乡村，演出与传唱的内容既有家国情怀的历史故事，又有观照现实生活的乡俗小曲，在乡间极受欢迎。对于受教育程度不高的乡民来说，乡村演艺在提供休闲娱乐的同时又不自觉地具有寓教于乐的功能。绍兴滩簧为地方性的戏文，"用方言演唱，通俗易懂，是一种代言体的文艺形式，即便一字不识，也能欣赏与接受"。在演出形式上，"滩簧以诙谐见长，可为田间劳作的农民解乏"。滩簧曲目内容主要是平民百姓普普通通的生活琐事，"这些事情随时随地都会发生，而且非常真实，非常具体……其语言有生活气息和艺术魅

---

[1] 王秋华等编著：《新昌调腔》，浙江摄影出版社2008年版，第151页。

力"。[1]其表达的生活理想与日常情感容易为乡民接受。湖州德清地区，乡民们称誉滩簧戏："笑煞《金广财》，人人笑得捧肚皮；哭煞《双金花》，个个看得落眼泪。"[2]乡民们对戏文内容的共情，表达了乡民们的情感寄托和生活理想。

而历史典故和儒家伦理兼具的传统戏文在给乡民带来娱乐的同时，也不自觉地向乡民普及了历史文化知识和朴素的价值观念。"农民不出村，能知古今事。"[3]浙江余姚的蒋村，在神佛诞辰或传统节庆期间要上演戏文，"演的戏多半是根据历史故事编的，人民也就从戏里学习历史。每一出戏都包括一点道德上的教训，因此演戏可以同时达到三重目的：教授历史、灌输道德、供给娱乐"[4]。调腔的剧目故事情节完整，题材丰富多样，其中多为反映封建王朝宫廷内部的忠奸斗争，一般正义战胜邪恶，代表了民众的理想和愿望。如改编本《闹九江》，写的是元末农民起义军领袖陈友谅、朱元璋争夺天下的故事。此剧以陈友谅的惨败，深刻阐明"兼听则明，偏听则暗"的古训，具有现实教育意义。[5]孙天笠回忆20世纪30年代金坛乡村地区的京剧演出时谈到了京剧对乡民日常生活和观念的影响：

> 小时候奶奶曾用"雷打张继保"的故事吓唬过我，村妇骂街会把王婆、阎婆惜拿来损人。又如"孔明的计多，周瑜的气多""严嵩做寿，照单全收"等等谚语，既提高了对事物的认识和判断能力，又丰富了语言词汇。金坛、丹阳一带语言，接近南北变音区，当地方言复杂难懂，由于常听京戏的唱词和道白，增强了对普通话的理解能力，还能讲讲带江北音的普通话，对于社会交往很有益。……

---

[1] 阮余庆、陈天成：《绍兴滩簧概况》，《绍兴文史资料选辑》第14辑，绍兴县政协文史资料工作委员会1995年5月编印，第157、165页。
[2] 车建坤：《德清东部滩簧戏的兴衰》，《德清文史资料》第3辑，中国人民政治协商会议浙江省德清县委员会文史资料研究委员会1990年3月编印，第128-129页。
[3] 孙天笠：《三十年代苏南农村京剧追忆》，《金坛文史资料》第11辑，中国人民政治协商会议金坛县委员会文史资料研究委员会1993年7月编印，第114页。
[4] 蒋梦麟：《西潮·新潮》，岳麓书社2000年版，第28页。
[5] 吕济深：《调腔初探》（内部资料），浙江新昌调腔剧团调腔研究小组1982年编印，第6页。

千百年来，农村文化生活极其贫乏。多数农民受教育机会很少。京剧上自历代国家大事，下至民间悲欢离合儿女之情，体裁很广。表演手法上融合歌舞杂技于一体，雅俗共赏，深得人们喜爱。许多老农能够说三国、讲水浒，还能唱几句《空城计》，牛背上的牧童也会学唱《追韩信》里的三生有幸……传统戏给农民灌输了朴素的爱国家、爱民族思想和伦理道德观念。[1]

在乡村教育事业中，知识人也常用改编后的戏文向民众传播科学文化与新式观念，改良陋风陋俗。1930年，宜兴县立农民教育馆成立，成为全县民教事业的先导，聘请宗震名任康乐科主任，具体负责文化体育活动。有一次，举办文娱晚会，在广场上搭台演戏，人山人海，他自编自演了《炮打襄阳城》和《胡蜂叮蛤喇痢》等小型喜剧，戏到高潮时，舞台上突然挂下六个大字：不识字苦一世。戏散后，许多农民连夜报名，农民识字夜校一度书声琅琅。[2]陶行知在总结晓庄师范学校的办学经验时就谈到了戏剧在乡村教育中力量的伟大：

> 南国社的同志第一次到晓庄来的那一天是最可纪念的。那天晚上我们看见革命的艺术，初次下乡与革命的教育联手。不久，我们便成立了晓庄剧社，把农民生活捧上舞台。阴历正月从元旦起演了五天。连赌场烟馆的民众都被我们吸收来了，这是多么痛快的事啊![3]

乡村评弹也具有同样的文化传播功能。跑码头的说书人，在给农民带来休闲欢乐的同时，在乡村也传播了文化知识。"有时荒僻的地方，说书人去还顺带尽着教育他们的任务，凡是农民中有什么纠葛疑难，便都要拿来请教说书先生，因为一般的说书先生跑的码头比较多，至少也识得几个字。"[4]

---

[1] 孙天笙：《三十年代苏南农村京剧追忆》，《金坛文史资料》第11辑，中国人民政治协商会议金坛县委员会文史资料研究委员会1993年7月编印，第112-114页。

[2] 蒋知：《丝弦故乡音　民歌泥土香——忆念民族音乐家宗震名》，《宜兴文史资料》第19辑，中国人民政治协商会议宜兴市委员会文史资料委员会1991年编印，第203页。

[3] 陶行知：《第二年的晓庄》，《地方教育》1929年第5期。

[4] 左弦：《从评弹的听客谈改革》，《大公报》（上海）1949年7月15日第7版。

（四）戏台与茶馆：乡村公众空间

与具有封闭性的私人空间相对应，公共空间是偏向于共享的、具有开放性与流动性的空间。乡村公众空间以民众交往的空间为结点。村口街头、渡口桥边、茶馆酒肆、祠堂庙宇以及公共节庆与婚丧嫁娶的仪式场合，是乡民休憩闲谈、交往交流、祈福禳灾，形成共识与集体记忆的开放自由的空间，均可以称为乡村公众空间。戏台与茶馆，是乡民们常于农暇参与乡村文娱活动与消闲的公共空间。

戏台是江南乡村公众空间的物化景观，既有临时搭建的，也有永久性建造的。在江南各地乡村，临时戏台最为普遍，门前屋后，田间路边，哪里需要演出就可以在哪里搭建，随演随搭，随搭随拆。清汤斌《禁赛会演戏告谕》记载了吴地搭台演戏的风俗："如遇迎神赛会，搭台演戏一节，耗费尤甚……于田间空旷之地，高搭戏台，哄动远近男妇，群聚往观，举国若狂。"[1]在戏文演出旺季，不少庙会同时约请几个戏班演戏，出现了置备戏台构建和装运工具的搭台班，专为戏班演出搭台。在浙江嵊县，临时搭建的戏台根据复杂程度分为用现成的农具家具搭起的草台；用木板拼制成的拼台；设台柱、台枋、台桁、台板、帐篷，能遮风避雨的穿台。[2]

节会期间，江南乡村常在市镇中心和乡野的空旷之处组织搭台演戏。吴江黎里镇，一年有数次出会，一般在农历的节日举行。每逢过年过节，地方商会等团体即向镇上头面人物和富裕户募资，邀请外地的戏班子来本地演出，因无剧场，往往在露天搭台，俗称"草台戏班"。每逢请来戏班子演出时，男女老幼，纷纷赶去看戏。[3]上海松江地区的社戏大多在野外演出，戏台由京戏班带来，高2米，宽12米，深10米，前后分隔，四角翘起，形如庙台。上插"风调雨顺、国泰民安"黄布旗，迎风招展，作为演戏的标志。往观者人山人海，影响遥达十里之

---

[1]《清代诗文集汇编》编纂委员会编：《清代诗文集汇编》第102卷，《硕园诗稿　汤子遗书》，上海古籍出版社2010年版，第651页。
[2] 王荣法、王鑫君：《嵊州古戏台》，中国文史出版社2014年版，第49-50页。
[3] 杜培玉、陆廉德主编：《黎里镇志》，江苏教育出版社1991年版，第197页。

外。行商小贩、杂耍博弈在数月前已得到消息，故都不肯错过这个机会。[1]在湖州德清地区，滩簧戏一般只能在临时搭建的戏台上演出。戏台是利用农家原有的门板、跳板、长蚕凳等临时拼搭而成的，四周缚上毛竹为栏，上面用芦席作棚顶，后台挂起长草荐为帘子，台前没有幕布。照明方面，最先仅用四盏煤油灯，后来用箬帽玻璃灯或倒挂鸡心灯，最后发展到汽油灯。[2]社庙演戏，一般为露天的戏场，戏场搭在空旷地或麦田里，占地十余亩。初春时期，麦苗未返青，不怕踩，吸收了野肥，长势还特别好。戏台要正对庙门或祠堂大门，说是便于神和祖先"看戏"。在金坛农村，没有固定戏台建筑，只有水北白马庙离码头远，有一副现成台板。当戏船开到码头，村民扛的扛、抬的抬，搭台十分齐心。[3]常熟梅里镇，每年农历三月廿八前后，有演社戏的习俗。地方人士为了祈求五谷丰登、人口平安，集资酬神演戏，请"草台班"上演京剧三四天。据董匡一的复述，最热闹的一次为1933年，演出8天。演出地点在南街颐真宫前戏台上，台高3米左右，分中台和耳台，左右耳台置乐队和道具。中台为演出区，后台为化妆室。左右两门，额上右书"出将"，左写"入相"字样。台前是容纳观众的露天场地。场上搭有看台，台上有布幔遮阳，内放长凳。看台基地属于私人所有，各有固定地点，互不侵占。上看台看戏，每条长凳收费二角左右，一半收入交主事者作雇戏班之用。"戏场周围摊贩林立，人如潮涌，盛况空前。"演戏一般都在下午一时开锣，先用锣鼓打闹场，然后跳加官、财神，再上演戏文。每场演六七出，中间有休息时间，最后以"老旦做亲"谢幕结束，每场演出约三小时。"镇上居民，每逢社戏节日，邀亲友看戏叙旧，花费甚大。"[4]

固定戏台一般建在社庙祠堂或交通要道上。吴江开弦弓村，20世纪

---

[1] 徐树清：《浅谈旧时民间敬神活动及其表演形式》，《松江文史》第13辑，中国人民政治协商会议上海市松江县委员会文史资料工作委员会1991年3月编印，第72-73页。

[2] 车建坤：《德清东部滩簧戏的兴衰》，《德清文史资料》第3辑，中国人民政治协商会议浙江省德清县委员会文史资料研究委员会1990年3月编印，第127页。

[3] 孙天笠：《三十年代苏南农村京剧追忆》，《金坛文史资料》第11辑，中国人民政治协商会议金坛县委员会文史资料研究委员会1993年7月编印，第104页。

[4] 董匡一主编：《梅里镇志》，古吴轩出版社1995年版，第418页。

20 年代以前,"这里每年有一次集会,它既是宗教活动,也是当地人的娱乐消遣。一般在秋后举行",集会演戏的地点为专搭的戏台,"全村分成五组,叫'台基',即戏台的基础。每个组轮流负责这种集会的管理和开支"[1]。徽州宅坦村在五猖庙会期间,照例要搭台演戏,"戏台搭在祠堂场坦上。戏班是从歙县大谷运请来的"[2]。江阴青阳镇境内,城隍庙、大庙、里泾坝、普照庵、兴隆寺等庙宇,在庙会或农闲季节,"由地方筹款聘请水陆戏班子,在庙场、空场搭台演戏"。猛将庙建有戏楼,"在农历七月演'青苗戏',四乡农民前来观看,顺便走亲访友"[3]。海盐南北湖旧时祠庙众多,凡庙有戏台者则在庙台演出,俗称"庙台戏"。"庙台皆为砖木结构,面向大殿,雕梁画栋,飞檐翘角,颇为壮观……庙台戏大多在春季农忙前,于白天演出。此时春光明媚、气候宜人,又不向观众收取费用,无论老少妇幼皆可观戏,戏文场上颇为拥挤。"[4]上海奉贤光明乡漳泉寺庙会盛行,"寺前建有戏台,东侧建有唱台,戏台演戏,唱台打唱,两台相对,十分热闹",每逢重要的庙会或节庆,"寺前空地上观看者可达数百上千人"。[5]新昌的镜澄埠戏台建在镜岭镇通往回山及磐安县的通衢大道上。台分三层,下层为门楼,以通行人,中为戏台,上供演职员住宿,格局新奇,独树一帜,一台多用,殊为罕见。为了聚集人气,镜澄埠戏台除了上演应时应节戏、庙会常规戏、禁戏、罚戏外,还常上演赌戏。[6]上海嘉定娄塘镇原官街的城隍庙,殿前有戏楼,是民间延请戏班为迎神侍佛演戏的场所。1929 年 9 月,全国开展识字运动,嘉定民众教育馆曾借此演出,进行宣传。[7]传统的戏台向乡民传播着新式的思想与文化。

戏台以演戏聚集乡民,人员的汇聚又促进了商业活动和其他娱乐活动的开展。这种空间的结合,放大了以戏台为中心的民众聚集效应。海

---

[1] 费孝通:《江村经济:中国农民的生活》,商务印书馆 2001 年版,第 99-100 页。
[2] 胡昭璧主编:《龙井春秋》(内部资料),2000 年,第 176 页。
[3] 季震宇主编:《青阳镇志》,苏州大学出版社 1999 年版,第 406 页。
[4] 王健飞主编:《南北湖志》,中华书局 2005 年版,第 238 页。
[5] 路福昌主编:《光明志》(内部资料),1985 年,第 163 页。
[6] 王秋华等编著:《新昌调腔》,浙江摄影出版社 2008 年版,第 101 页。
[7] 罗宏运、倪福堂主编:《娄塘镇志》,生活·读书·新知三联书店 1992 年版,第 226 页。

盐南北湖三官堂，每隔几年于十月望日举行庙会一次。届时庙内香烟缭绕，烛火通明，戏台临时搭于庙前方长河河面上，俗称"草台"，戏台上有戏文演出，有白有唱，有做有打。人们聚集在长河（上河）两岸观看，上河水系附近的人们，则摇船前来进香并在船上看戏，这时河面上船只密集，人头攒动。[1]苏州吴江横扇镇，每逢做村台戏，"横扇沿太湖一带三十六剋，七十二条港的百姓或撑篙摇船，或结队赶路前往做戏的庙宇所在地……十乡八里迎神台阁游市完毕，成千上万的乡民蜂拥而动，聚集到做庙会某处神庙前的白场上看戏……白场四周搭满白布篷，卖酒、卖茶、卖糖果杂物的都来赶庙会。这时熙熙攘攘人头攒动"[2]。孙天笠追忆20世纪30年代的金坛戏剧时，生动描绘了戏台四围的场景：

> 戏场四周不设围障，来去自由。观众约一两千人。小阿荆等好班子演好戏时，号召力极大，二三十里外赶来看戏，多达三五千人，极农村一时之盛……距戏台较远的庙门两侧，摆满吃食摊点，三个铜板一碗豆腐花，价廉物美，坐下吃歇，女人小孩最爱吃。僻静地点有清皮光蛋开设赌场，经常有"抢赌""捉赌"的事发生，是全场滋事的阴暗角落。戏台下面有掷骰子换糖吃的，有卖小玩具的，村童爱去钻，台上武打落下灰尘也不在乎。庙堂里面则又是另一番气象：庙门大开，香烟缭绕，烛光摇曳，供桌上猪头三牲，社首乡董正襟危坐，煞有介事地在陪菩萨"看戏"。[3]

以戏台为中心，乡民在农暇享受着庙会戏文带来的"狂欢"。

在江南乡间，评弹演出的书场设在茶馆里面的居多。悠扬的丝弦声和清丽委婉的弹词，使茶馆成为江南乡民农暇品茗观艺、休憩娱乐的场所。"社会大茶馆，茶馆小社会"，以茶馆为依托的乡镇书场，近乎一个聚合乡镇民众的公共空间。在这个空间里，评弹说唱将艺人和听客黏合

---

[1] 王健飞主编：《南北湖志》，中华书局2005年版，第236-237页。
[2] 费子文：《鲈乡梨园满芳菲》，《吴江文史资料》第20辑，吴江市政协文史工作委员会2003年12月编印，第177-178页。
[3] 孙天笠：《三十年代苏南农村京剧追忆》，《金坛文史资料》第11辑，中国人民政治协商会议金坛县委员会文史资料研究委员会1993年7月编印，第104-105页。

为一个利益共同体,"这个利益共同体共同维系着千百年来江南乡民日常生活的重要一环——休闲"[1]。嘉定娄塘镇在清末时已有茶馆,并附设书场。民国时期,娄塘镇上有会仙园、桃溪第一楼、一乐园、五路堂等茶馆近10家,原为群众小憩和文娱活动的场所。每日清晨,接待群众喝早茶;午后,上述5家茶馆都曾延请苏州评弹艺人来演出,有评弹和评话,其中以会仙园为最盛,日夜两场,经常满座。[2]昆山蓬朗镇无专业的书场,都设在茶园内。[3]清末民初,无锡梅村农村有"说因果"(小书)和"评书"(大书)的农暇文艺活动。"每年冬、春两季,茶馆老板聘请艺人在茶馆内说书,很受群众欢迎。"民国年间,苏州评弹进入梅村地区。"1940年沦陷期间,有少数评弹演员避难于梅村地区,在席家桥、香泾庵茶馆说唱,吸引了很多人。"[4]嘉兴崇福镇,茶馆是评弹和三跳艺人活动的场地。以唱书为主业的茶馆有文雅园、乐园、语溪书场等。[5]浒关镇茶馆较多,南津苑是浒关茶馆中经营最好的店,每天茶400多壶,听书客500余人,盈利80余元。茶馆营业时间一般为早市3:30—9:30,下午、晚上说两场书,夏天提供盆汤浴。木渎镇最大的茶馆是梅苑茶馆店,一天最多能卖1000余壶茶,茶价(连听书)为0.1元,说书先生是从苏州光裕社请的。该茶馆为社会各阶层交流信息之场所,在苏州地区较有名气。[6]宜兴湖㳇镇,有些茶馆晚上还开"堂戏",由三五个落魄民间艺人凑伙,用一人多角的形式,简易化装后在临时用门板搭起的小台上演出几个幕表(无剧本)节目,以滩簧(锡剧)居多。茶馆老板除卖茶外,还提取一定"抽头"。也有下午和晚上在茶馆内开设书场的,情况与堂戏雷同。[7]茶馆既是乡民农暇生活的结点,与评弹相结合后,也成为消闲生活的公众空间。

---

[1] 郝佩林:《苏州评弹与近代江南乡镇生活》,苏州大学博士论文,2018年,第96页。
[2] 罗宏运、倪福堂主编:《娄塘镇志》,生活·读书·新知三联书店1992年版,第226页。
[3] 顾瑞华主编:《蓬朗镇志》,生活·读书·新知三联书店1992年版,第230-231页。
[4] 童子明主编:《梅村志》,江苏科学技术出版社1991年版,第341页。
[5] 张冰华主编:《崇福镇志》,上海书店出版社1994年版,第194页。
[6] 殷翰章主编:《吴县商业志》(内部资料),1991年,第30-31页。
[7] 俞光华主编:《湖㳇镇志》,中央文献出版社1999年版,第108页。

第二节　酬神娱人

由酬神而起的宗教仪式和与此相关的庆典活动，是原始宗教精神在近世的遗存。"乡村祭神的结会，迎神送祟的赛会，朝顶进香的香会，都是社会的变相……到了这种地方，迷眼的是香烟，震耳的是鼓乐，身受的是款待，只觉得神秘、壮健、亲善的可爱，却忘记了他们所崇奉的乃是一种浅薄的宗教。"[1]宗教的社会属性使宗教活动从酬神走向娱人，乡民在这一过程中获得消闲甚至呈现出全民的"狂欢"。

一、庙会与迎神赛会

庙会起源于原始宗教的祭祀活动，后来发展成以庙宇为中心的民间宗教集会和商品交易活动。赛会亦是农耕时代民众禳灾祈福的一种群体性活动。庙会、迎神赛会以酬谢神灵的名义组织进行，是中国传统社会中少有的全民性活动。在湖州南浔镇，"从来只有迎神赛会、演草台戏，可以哄动这个小地方和它附近的村子里的乡下人"[2]。庙会与迎神赛会同为酬神娱人的活动，它们之间既有联系也相区别：庙会大多在庙基举行，没有大规模的队列和仪仗；赛会则表现为大规模的抬神像巡游及游艺活动。在节庆期间，一个或多个神明的塑像（或图像）会被暂时从庙宇中抬出，按照一定的路径穿过或者绕行相关区域。在赛会结束后，神像还会返回到庙宇。[3]除了酬神活动，还有附属的仪式和活动，如

---

[1]　顾颉刚：《古史辨自序》，河北教育出版社2000年版，第88—89页。
[2]　徐迟：《一个镇的轮廓》（上），《大风》（香港）1940年第75期。
[3]　郁喆隽：《神明与市民——民国时期上海地区迎神赛会研究》，上海三联书店2014年版，第94页。

赛会期间在神像之后跟随舞蹈杂耍,庙会上演戏文酬神,以及分时段的"日会"和"夜会",乡邻在此期间举行的宴会,等等。人类学家马林诺夫斯基在论述这种公众活动时指出:"松弛和自由的空气,及此种公共游艺需要众多的参加者各点,都可促成新的社会结合。友谊与爱情的联络,远亲与族人的相会,对外的竞争,和对内的团结——这些社会的品质,都可以由公开的游艺中发展出来。而这种公开的游艺和竞赛,乃是初民部落生活和文明社会组织中共有的特征。"[1]

(一)酬神

在传统社会,节庆活动总是与神圣的宗教相关。庙会、迎神赛会以酬神成会,神是这一活动的中心,因而具有宗教性。"一个没有神明的节庆是一种'非概念'(non-concept),是不可思议的。"[2]在旧时昆山,"迎神赛会莫盛于四月十五日(山神诞日),邑中自城隍总管土地诸神皆异像朝于山神庙,自半夜始,至晓乃罢"[3]。旧时苏州,立春期迎喜神,民众趋之若鹜。俗例:"趋观不迭,主一岁之不祥。故男女纷集,争先恐后。"中元节期间,"田夫耕耘甫毕,各醵钱以赛猛将之神。舁神于场,击牲设醴,鼓乐以酬,四野遍插五色纸旗,谓如是则飞蝗不为灾。"苏州府城的城隍称为"大庙",每至清明节、七月十五、十月初一三个节日,士人百姓组织抬出神像,至虎丘进行祭拜。"香火之盛,什佰于他神祠。而士庶答赛,尤为心愫。大堂、二堂,皆有其像。三节入坛,则舁二堂之像,俗呼'出会'。"[4]

酬神的过程,从赛会之期的先一日晚上即开始。庙神升坐大堂理事,命令衙役三班手执铁链巡街、查巷,逮归克死的"野鬼",经审查后遣送回乡,不使"野鬼"在此作祟,保境平安。[5]出会一般由寺庙所在地的庙董或施主,择定出会日期,"如虫灾严重,抬猛将菩萨出巡;疫病流行,抬城隍菩萨出巡;久旱不雨,抬龙王菩萨出巡等等",酬神

---

[1] 马林诺夫斯基:《文化论》,费孝通等译,中国民间文艺出版社1987年版,第82页。
[2] 皮柏:《节庆、休闲与文化》,黄藿译,生活·读书·新知三联书店1991年版,第36页。
[3] 金吴澜等修,朱成熙等纂:《昆新两县续修合志》卷1《风俗占候》,清光绪六年(1880)刻本。
[4] 顾禄:《清嘉录》,江苏凤凰文艺出版社2019年版,第27、220、101页。
[5] 王家、陈涵树主编:《支塘镇志》,古吴轩出版社1994年版,第309页。

寄托着乡民的现实愿望。抬菩萨时,"全副执事仪仗,鸣锣开道,举肃静、回避牌,掮旗打伞。先在庙门前祭祀参拜,一应人马齐全后,抬着菩萨浩浩荡荡在菩萨管辖区内各村巡行"[1]。

抬菩萨至各村各家游行,是迎神赛会的基本仪式,在此过程中,民众组织表演与祭拜仪式以酬谢神灵。常州武进三河口乡的赛会,节目丰富。乡民们分头准备文艺节目,有掮飘伞、掮云车、踩高跷、舞马叉、摇荡湖船、挑茶担等。"到了会期,集中起来,抬着菩萨,至各村游行表演。每到一村,文武各行大显身手,男女老幼夹道观看。"[2]巡行区域内的民众均积极参与赛会活动,"各村均应设香案派专人跪接,途中在若干村驻留,该村则应备猪头、鸡、鱼三牲及干果,化纸钱搭棚供奉菩萨过夜。四邻各村善男信女前来陪伴菩萨,念佛祈祷,称'坐夜'"。出会时,队伍少则几百人,多则数千人。"锣鼓声、爆竹声不绝于耳,香烟缭绕,靡费惊人。"[3]

出巡的赛会与在地的庙会相结合,成为民间酬神的基本方式。江阴青阳镇最热闹的庙会是农历三月初八的猛将庙庙会、农历四月初八的英济王庙庙会和农历四月初八的悟空寺庙会。"每当庙会,庙内佛事隆重,香火缭绕,明烛耀映,钟磬齐鸣,善男信女,诵经膜拜,夜以继日,并有京戏班子(俗称草台班)演戏1—2天。"农历四月初八英济王庙庙会,旧例要"行会",由"阎老爷"代"大老爷"巡视全镇文武仪仗,"过境之处,家家焚香点烛,虔诚迎拜"。[4]传统道观庙宇的神像则一般没有迎神赛会。无锡杨市杨墅园有庙宇八座,"节场、社戏和庙会都因庙而兴。各庙香火,盛衰不一,每逢节场,则香火鼎盛,历久不衰"。各庙的节场,在农闲时节最盛。如农历二月廿八为宋帝庙节场,"连演社戏四本,并有盛大的香会。上庙烧'头回香'、'七香'的,须从庙门口跪拜匍匐而进,以祈求为死者免罪"。[5]赛会巡游的神一般为民间祭祀

---

[1] 陈卓文主编:《利港镇志》,苏州大学出版社1997年版,第407页。
[2] 石长胜主编:《三河口乡志》(内部资料),三河口乡编史修志领导小组1985年编印,第189页。
[3] 陈卓文主编:《利港镇志》,苏州大学出版社1997年版,第407页。
[4] 季震宇主编:《青阳镇志》,苏州大学出版社1999年版,第437页。
[5] 管墨林等编:《杨市乡志》(内部资料),1991年,第289页。

的神，有一些是封建时代的忠臣孝子，乡民为了纪念他们而为之塑像建庙。他们死而为神，治理冥间之事，并享人间烟火之祀，如城隍等。"迎神赛会是把这些神像抬出，以旌旗、仪仗、音乐等为前导，在街市游行。"[1]蒋梦麟回忆家乡余姚蒋村的迎神赛会时写道："迎神赛会很普遍，普通有好几百人参加，沿途围观的则有几千人。"迎神赛会时，人们抬着神佛出巡各村庄，带有宗教色彩。"神像坐在一乘木雕的装饰华丽的轿子里，前面由旌旗华盖、猛龙怪兽、吹鼓手、踩高跷的人等等开道前导。"[2]常熟支塘镇大庙宇有定期、不定期举行迎神赛会（解会）之举。社由村中农民联合举办，每年春秋，由一家主办。主要祭祀当地庙堂之神，祈求保境平安、农业丰收。支塘有三官社、猛将社、火烛社、八赤社、青苗社等。轮到谁家主办，就将庙神之像抬到他家社祭，请鼓手吹吹打打，道士念诵疏头，非常热闹。午后抬神像在田头游行，以借助神力消灭灾害，使境内五谷丰登、六畜兴旺。如渡船桥村，在萝卜收成时节举办"萝卜会"，设祭八赤庙神伍子胥，抬着他的塑像在田头周游，晚上畅饮社酒，真有"家家扶得醉人归"之情景。[3]

（二）娱人

乡民们在参与庙会和赛会的酬神过程之中，实际上也在娱人乐己。"无论在哪里，只要节庆活动可以用一切可能的形式来自由地让感情得到发泄，人们便会举办一个囊括所有生活领域——包括世俗与精神方面——的庆祝活动。"[4]赛会期间，日夜巡游的仪式活动，给平日宁静的乡村增添了热闹的氛围。上海松江县寒圩村，"有迎神赛会，观者如堵"[5]。无锡杨市庙会期间，有日会、夜会之分。宋帝庙会期间，从福山庵、关帝庙、小老爷殿、圆通庵、水月庵等地起香，整队而行，首尾长达数里，绕道至宋帝庙进香。会上，除有许多善男信女、拜

---

[1] 王寿民：《记一次迎神赛会》，《南汇县文史资料选辑》第8辑，南汇县政协文史资料委员会1991年1月编印，第49页。
[2] 蒋梦麟：《西潮·新潮》，岳麓书社2000年版，第27页。
[3] 王家、陈涵树主编：《支塘镇志》，古吴轩出版社1994年版，第308页。
[4] 皮柏：《节庆、休闲与文化》，黄藿译，生活·读书·新知三联书店1991年版，第36页。
[5] 杨学渊纂：《寒圩小志》，咸丰元年（1851）影印版，《中国地方志集成·乡镇志专辑》（1），上海书店出版社1992年版，第410页。

香队、手香队、帐幔旗伞外,还有不少民间文艺队伍,如高跷队、钢叉队、马灯队、采茶队、挑茶担队、荡湖船队、轮车队、台阁队等,他们边走边演,最受民众喜爱;夜香会上,灯火连连,火球似流星飞舞,肉身灯烛火点点,五光十色,别具风趣。[1]赛会期间,乡民们的娱乐活动不分昼夜。"每当清明节后,蚕期以前,在德清这个小小的山城里,总有一番盛况……万人空巷,热闹非常。"各乡农民,都纷纷进城"迎神",欢天喜地,堪称德清"农民狂欢节"。传统上,"每年春天借农民还不甚忙的时候,照例有一次盛会,去迎接这欢乐日子……人们的心情,倍增欢乐"。[2]在参与巡游活动时,乡民们借着团体的力量和狂热的氛围进入了另一个特殊的世界,"一个与他们的日常生活完全不同的世界,一个充满了异常强烈的力量的环境——这力量左右他并使他发生质变"[3]。在这一过程中,乡民们异常兴奋以至于进入全民的狂欢。

与赛会相较,庙会很少有浩荡的出巡仪式,但是围绕祭神仪式而形成集场。为了酬神而举办的戏文演出等活动,也是民众难得借酬谢神灵而参与的休闲娱乐。江苏江阴青阳镇,每当庙会,"方圆十数里,条条大道都是游集场的,人来人往络绎不绝。生意人和杂耍艺人来自四面八方……三教九流,纷至沓来。围起场子,设帐摆摊,呼喊声、锣鼓声交织一起,闹成一片"[4]。上海金山县松隐镇竹枝词,描绘了庙会期间人们竞渡的热闹场面:"坛庙欣逢十月交,村村社鼓驾船敲。争先请佛齐摇橹,新式支艎赛燕梢。"[5]各地举办庙会的时间,一般是在农忙之前,或者是在收获之后的农闲之时。庙会期间,赶集、游览者络绎于途,远近商人以及流动艺人纷纷云集,珍奇百货荟萃,小食摊店林立夹道,商品购销两旺,营业倍增。较大的庙会,搭台演戏,场面壮观,热

---

[1] 管墨林等编:《杨市乡志》(内部资料),1991年,第289页。
[2] 《烽火中看浙西一角 德清农民的狂欢》,《和平日报》1949年4月26日第2版。
[3] 爱弥尔·涂尔干:《宗教生活的基本形式》,渠东、汲喆译,商务印书馆2011年版,第299页。
[4] 季震宇主编:《青阳镇志》,苏州大学出版社1999年版,第437页。
[5] 黄佩莫主编:《松隐志》,上海人民出版社1991年版,第277页。

闹非凡。[1]以桐乡的年度庙会安排为例（表3-1），上半年集中在农忙前的二三月间，此时新年已过，春耕未始，农民们忙着筹备一年的生产活动，至庙会礼佛，期望有个好的收成，同时在庙会的节场购入生产物资，通过庙会的活动娱乐身心，亲邻之间也加强了交往。下半年主要集中在秋收之后的十一月，一年的农忙结束后，庙会活动于秋冬季节开始繁盛。这反映出江南地区庙会安排的基本节律。

表3-1 桐乡（崇德）县民国时期各地主要"庙会"一览表[2]

庙会日期（农历）	庙会名称	附注
二月十三日	炉头宝塔庙会（大庙庙会）	为期一天
清明后至谷雨前	乌镇烧香庙会（香市）	为期十天左右
清明节后第三日	崇福芝村水会	为期四五天
清明节后第七日	崇福芦母桥旱会	为期三四天
清明节日起	梧桐迎神赛会	连续三天
清明节日	洲泉蚕花胜会	为期一天
清明节日起	洲泉马鸣庙会	隔河搭台演戏，素称"对台戏"；连续三天
三月廿八日	濮院东岳会	即"珠宝会"；为期一天
清明节日	炉头关帝庙会	为期一天
三月十五日	乌镇瘟元帅会	为期一天
五月十四至十五日	石门元帅会	为期两天
五月	大麻东岳庙会（吴王庙）	
五月廿四至廿六日	崇福五猖会	为期三天
五月二十至廿一日	屠甸龙王庙会	为期两天
六月二十八日	福严寺庙会	前后三天

---

[1] 杨之飞：《桐乡县庙会简介》，《桐乡文史资料》第8辑，中国人民政治协商会议浙江省桐乡县委员会文史资料工作委员会1989年11月编印，第213页。

[2] 杨之飞：《桐乡县庙会简介》，《桐乡文史资料》第8辑，中国人民政治协商会议浙江省桐乡县委员会文史资料工作委员会1989年11月编印，第214-215页。

续表

庙会日期（农历）	庙会名称	附注
七月二十八日	屠甸东岳大帝庙会	为期一天
七月十五日	乌镇城隍会	一至二天
十月廿一日至廿三日	崇福城隍庙会	前后三天
十月廿五日至廿七日	梧桐城隍庙会	为期三天，有时持续至月底
十月廿五日至廿六日	屠甸观音庙会	为期两天

庙会与赛会期间，也是乡民走亲访友频繁密集的时期。江苏江阴青阳镇，"庙会附近，家家户户准备好酒饭，招待远道亲朋"[1]。上海松江张泽镇，"明季倭乱后，乡中有迎神赛会之举，年凡三次，清明、中元、十月朔，其于清明一举，丰年尤甚，举则或二三四日或旬余，有时较巨村落均作迎神留宿并招亲朋参观，浪费金钱，在所不惜"[2]。在余姚梁弄，庙会前几天，人们忙着接亲眷、邀朋友。特别是已出嫁的女儿必被请来，做媳妇的却忙得要命。俗话说"梁弄的囡看一世，梁弄的媳妇烧一世"，就是指这次庙会。[3]南京江宁利港镇，庙会之日，周围各村，家家设宴招待亲朋。[4]通过庙会，乡民们的日常交往进一步加强。

乡民们在参与信仰仪式活动中获得娱乐的同时，共同体的关系也进一步强化。迎神赛会或庙会用来敬神的菜肴，一般也由乡民分享。在上海松江西北地区，农村把做秋社称作"青苗社"，是预祝丰收之意。日期在农历七月暇时。届时，本村有社神的抬来供祀，没有的，到附近社界内，遣4人或8人大杠，将城隍、猛将之神抬来供献。"敬神之牲醴，除由公共烧煮白腐猪头，在散社前按户分给一份外，其他菜肴按社规由养牛户献祭，祭毕取回自享。午后，还制作三角小黄旗发给社户，插于

[1] 季震宇主编：《青阳镇志》，苏州大学出版社1999年版，第437页。
[2] 封作梅补辑：《张泽志》，《中国地方志集成·乡镇志专辑》(1)，上海书店出版社1992年版，第566页。
[3] 黄先迪：《梁弄庙会》，《余姚文史资料》第12辑，余姚市政协文史资料委员会1994年6月编印，第155-157页。
[4] 陈卓文主编：《利港镇志》，苏州大学出版社1997年版，第407页。

田中，意为'可除螟消灾'。"[1]关于这种现象背后的意义，王铭铭论述道："从象征意义上讲，村民在庆典中向村神献祭的食品、科仪和戏剧，是用来酬谢神灵的物品。但这些大量的实物与文娱，也用来请人……请神是为了祈求和答谢老天保佑，请人就是请亲戚朋友来参加村落宴会，联系人际的感情。神诞的一个重要方面是人际关系网的建设。"[2]在市镇举行的较大庙会，将这种人际关系的网络进一步扩展，人们走出自己的村庄，参加市镇庙会的各种活动，平时难得出门的乡村妇女也得到世俗的默许，在庙会节场实现了人际交往的扩展，获得休闲娱乐的体验。德清新市镇的轧蚕花庙会反映了这种情景：

> 每到清明节，新市邻近的四乡农民，都涌到镇上的觉海寺，参加一年一度的庙会（俗称"轧蚕花"）。上了年纪的人上灵泉山求神拜佛，虔诚地祈祷"五谷丰登"；姑嫂妯娌们一个个梳妆打扮，穿红戴绿，怀里装着蚕种（育种），头上插着"蚕花"，祝愿今年蚕花"念四分"（好收成）。那"蚕花"，有用彩纸铰的，有用绫绢剪的；有的是一簇簇美丽的小花，有的是一只只五彩的蝴蝶。那花呀、蝶呀上面还嵌着珠子，玲珑精致，光艳照人。真是一个女人一个式样，千姿百态，争奇斗艳，引得男女都来观看。新市镇上、万人空巷。觉海寺内外，熙熙攘攘，人群如潮，摩肩接踵，你轧我挤……据说：轧得越闹猛，蚕花收成越好……庙会期间，觉海寺内广场上汇集了从各地前来赶会赶集的商贩摊棚。杂货摊上各式各样的商品琳琅满目；饮食摊上现烧现煮，香气扑鼻，招徕顾客；还有杂技、魔术、毛儿戏、西洋镜等精彩表演吸引观众。三天热闹，盛况空前。庙会结束后，农村就开始投入春耕、育蚕的紧张劳动了。[3]

---

[1] 徐树清：《浅谈旧时民间敬神活动及其表演形式》，《松江文史》第13辑，中国人民政治协商会议上海市松江县委员会文史资料工作委员会1991年3月编印，第68-69页。
[2] 王铭铭：《村落视野中的文化与权力：闽台三村五论》，生活·读书·新知三联书店1997年版，第73页。
[3] 高正庄：《昔日新市庙会记胜》，《德清文史资料》第1辑，中国人民政治协商会议浙江省德清县委员会文史资料研究委员会1987年3月编印，第153-154页。

二、朝山敬香

（一）借佛游春

香会依托于宗教，源出于社会。佛教流入以后，到处塑像立庙，中国旧有的道教与之对抗，也是塑像立庙。"他们把风景好的地方都占据了。游览是人生的乐事，春游更是一种适合人性的要求，这类的情兴结合了宗教的信仰，就成了春天的进香，所以南方有'借佛游春'一句谚语。因为有了借佛游春的人的提倡，所以实心拜佛的人就随着去，成了许多地方的香市。"[1]

朝山会寄托了民众礼佛祈愿的宗教需求，同时兼具旅行娱乐的功能。苏州地区的乡民有春季赴杭州天竺灵隐香市进香的习俗：

> 吴郡去杭四百里，天竺灵隐香市，春时最盛。城乡士女，买舟结队，檀香柏烛，置办精虔。富豪之族则买画舫，两三人为伴，或挈眷偕行，留连弥月；比户小家，则数十人结伴雇赁楼船，为首醵金之人曰香头，船中杂坐喧嘈，来往只七日，谓之报香。船上多插小黄旗，书"天竺进香"四字，或书"朝山进香"字。自二月初旬，途间即络绎不绝，名为进香，实则借游山水。六桥花柳，三竺云烟，得以纵情吟赏，故俗有"借佛游春"之说。归时必向松木场买竹篮、灯盏、藕粉、饱花之物分送亲友，以示远游。至三月中，香船始罢。[2]

清明过后，浙江乌镇有大约半个月的香市，在杭嘉湖地区远近闻名。茅盾在《乡市》中描述道："这'香市'就是农村的'狂欢节'。因为从清明到谷雨这二十天内，风暖日丽，正是'行乐'的时令，并且又是'蚕忙'的前夜，所以到'香市'来的农民一半是祈神赐福（蚕花廿四分），一半也是预酬蚕节的辛苦劳作。所谓'借佛游春'是也。"香市期间，四乡民众看热闹、玩把戏、赶集市，除了宗教仪式，"吃"和

---

[1] 顾颉刚：《顾颉刚民俗论文集》卷2，中华书局2010年版，第329页。
[2] 袁景澜辑：《吴郡岁华纪丽》卷3《三月》，江苏古籍出版社1998年版，第101页。

"玩"是香市中的主要节目。香会期间,上演了一场乡村的饕餮盛宴。"临时的茶棚,戏法场,弄缸弄甏,走绳索,三上吊的武艺班,老虎,矮子,提线戏,髦儿戏,西洋镜——将社庙前五六十亩地的大广场挤得满满的。庙里的主人公是百草梨膏糖,花纸,各式各样泥的纸的金属的玩具,灿如繁星的'烛山',熏得眼睛流泪的檀香烟,木拜垫上成排的磕头者。庙里庙外,人声和锣鼓声,还有孩子们手里的小喇叭、哨子的声音,混合成一片骚音,三里路外也听得见。"[1]乌镇香市期间,乡民们从四乡汇集而来,先是到普静寺、土地庙烧香,祈求蚕茧丰收。妇女们更须在乌将军庙前面的上智潭中"汰蚕花收"。在半个月的香市中,上街的四乡农民每天少则数千人,多则上万人,熙熙攘攘,几不间断。香市期间,河港中更有竞渡者。船挑四橹,两舷排桨,宛若龙舟,名"踏白"船;或者两船并联,于船上耍拳舞棒,枪刀斗勇,名"打拳船"。大多在西栅高桥附近,水中快船穿梭,锣鼓齐鸣;岸上观者如蚁,人声鼎沸,可算得水陆齐欢,一大壮观。[2]

南京江宁殷巷镇180里外的句容茅山为道教中心地。农历三月二十以后,"本地农民,组织一朝山进香会……锣鼓仪仗甚盛"。进香会既是宗教集会的活动,也"有类于远足春游之意义"。20世纪30年代初,茅山匪风甚盛,乡民改朝附近牛首、清凉、九华诸山。"每户一人身佩红色或黄色裹带,内盛己名及干粮等物。至山时,以名焚于炉内,共聚食三天,每户至少须出费一元,如地远者,花费二三元不等。朝山会每三年例应唱戏一天,不能唱大戏时,亦须请'梆子'唱一二夜。"[3]茅山的庙会,是江南每年春夏较大的一个香会,"朝山拜香的老爷太太们,士农工商,三教九流三十六行,行行都有"。俗话说"茅山的菩萨,照远不照近",所以远方来的香客特别多。[4]在离茅山较近的苏南地区,"每值春夏二季,他处(如镇常苏无等)朝山进香者无日不成群结队,男女

---

[1] 茅盾:《茅盾全集》第11卷,人民文学出版社1986年版,第168页。
[2] 汪家荣:《民国时期的乌镇香市》,《桐乡文史资料》第9辑,中国人民政治协商会议浙江省桐乡县委员会文史资料委员会1990年11月编印,第220-221页。
[3] 漆中权:《中央模范农业推广区农民生活调查》,《农业推广》1931年第3期。
[4] 盛成:《茅山的香会》(一),《大公报》(上海)1936年4月5日第10版。

老幼络绎于途"[1]。

苏州等地区秋天也有香市。"当凉秋八月，残暑初消，溪山清爽，都人士女，借烧香以游衍，轻衣适体，纨扇摇风。凡支硎、灵岩、虎阜、穹隆诸山，篮舆、画舫、柏烛、檀香充盈川陆。远乡男妇亦结伴雇船，船旗书'朝山进香'字，至山则策秋步行以为虔，和南膜拜以为敬，习俗相沿，必弥月乃止。"[2]苏州吴中七子山的七月香规模较大。"七子山有三官行宫，极著灵应。七月中香市最盛，其时池塘暑退，郊野凉秋，士女相率朝山进香，舆舫络绎，道途不绝。"[3]上海张泽镇，"境多寺庙，故里中侫佛信神相沿成习……七月望日，则往郡城府城隍庙、东岳庙等处进香，先期一日入城，通道上步行而过者通宵不绝。廿四五日，乡人结伴买棹赴青浦之泥河滩，进香者亦颇纷繁"[4]。每逢秋冬季节，农事稍暇，南陵县的民众有朝九华山习惯，农历七月三十，为地藏王生日，民间集会祀之，名曰"华山会"。不论什么规模的百子会，每人均提"朝山进香"灯笼，胸前系有黄布香囊，动身前，设立香堂，请道士"打香醮"，有一天至三天不等。[5]

香会一般以村社为单位，组织集体敬香，附带唱戏表演等娱乐节目。香会期间，乡民异常兴奋。在1936年农历七月二十二的周巷香会中，"各村均焚香点烛，出会游行，并有各色彩灯，极为夺目。乡民终日兴高采烈，如醉如痴。农船均扎彩点缀，在河中表演各种手法，互争雄长，两岸观众，人山人海，盛况罕见"。参加香会的过程中，乡民们因过度兴奋，甚至出现意外："有一孙姓老妪，在表演紧张之际，失足落河，经众救起，幸庆苏生，惟口吐白沫，乡民均以神像显灵，莫不跪祷，亦堪发噱。"[6]

---

[1] 张馥卿：《论句镇长途汽车》，《申报》1922年10月7日第21版。
[2] 袁景澜辑：《吴郡岁华纪丽》卷8《八月》，江苏古籍出版社1998年版，第264页。
[3] 袁景澜辑：《吴郡岁华纪丽》卷7《七月》，江苏古籍出版社1998年版，第248页。
[4] 封作梅补辑：《张泽志》，《中国地方志集成·乡镇志专辑》(1)，上海书店出版社1992年版，第565-566页。
[5] 缪瑞芬：《道士迷信活动种种》，《南陵县文史资料》第6辑，政协南陵县文史办公室1987年12月编印，第92页。
[6] 《周巷香会盛况》，《申报》1936年8月25日第11版。

乡民们通过自发组织的敬香活动，于农暇得以休闲娱乐。顾颉刚提道："到远处的神佛面前进香既成了风俗，于是固定的'社会'就演化为流动的'社会'。"流动的社会有两种："一种是从庙中舁神出巡的赛会，一种是结合了许多同地同业的人齐到庙中进香的香会。"承受香火的佛道教庙宇，在江南地区极为普遍。势力大的庙宇可以吸引千里甚至数千里以内的香火。"所以然之故，只因它们的风景特别好，能给与进香者以满足的美感，因此使在他们的意想中更加增神灵的美妙的仪态。"[1]

（二）村妇了愿

村妇参加宗教活动的动机与日常信仰和生活相关。传统社会中男主外、女主内，妇女很少有参与共同体公共事务的权利与机会，但妇女参与宗教活动为世俗社会所默许。"传统道德规范并不鼓励，甚至不赞成妇女参加宗教活动，但似乎又没有过多的借口来禁止。"妇女外出参加宗教性活动，是家内宗教活动向外的合理延伸。从对信仰的虔诚来说，"她们认为到寺庙佛像前去祈祷还愿，比在家中更能收到效果，与神的联系更为直接"。[2]这也给予了妇女难得外出与社交的机会。上海塘湾乡竹枝词《烧香词》，描写了妇女借烧香出门游春："深闺寂寞回含愁，为借烧香一浪游。风格自知饶艳丽，淡淡妆束几雕搜。烧得心香福寿绵，佛前士女踵相连。怜他瓜字初分女，也向人丛看少年。"[3]

妇女外出参加敬香的活动，经过跋涉至寺庙道观祈福还愿，能够在心理上建立与神的交流与连接。下层妇女由于"面临的社会压力"，主要是世俗生活中面临的种种困境，"所以主要不是寻求精神上的慰藉，而是解决实际生活和家庭生活中遇到的困难……她们的求佛拜神就主要针对生子、驱病、免灾等等。所以当男性忙于实际的生产和养家活动的

---

[1] 钱小柏编：《顾颉刚民俗学论集》，上海文艺出版社1998年版，第414-415页。
[2] 赵世瑜：《狂欢与日常：明清以来的庙会与民间社会》，生活·读书·新知三联书店2002年版，第268、270页。
[3] 何文源等纂：《塘湾乡九十一图》（下编）《物俗》，清道光十四年（1834）钞本影印，《中国地方志集成·乡镇志专辑》（1），上海书店出版社1992年版，第194页。

同时，女性则要为家庭的平安和顺利祈求神灵的保佑"。[1]苏州习俗，"元夕，妇女相率宵行，以却疾病"[2]。农历二月十九为观音诞辰。"士女骈集殿庭炷香，或施佛前长明灯油，以保安康。"或供长幡，云"求子得子"。既生小儿，"则于观音座下皈依寄名，可保长寿"。[3]求神拜佛实际上是对不确定性生命活动的良好祈盼与精神告慰。储裕生记载了旧时杭州香会的景况：

> 杭州的春天是像一幅图画，湖光山色的绮丽，参杂着红男绿女的游客，尤其那穿着青布袄背着黄布袋朝山进香的农胞们，她们成群结队，走过堤边岸畔，把她们的影子倒映在湖中，该是多么的诗情画意啊！虽然我们站在欣赏的立场，来看这恬淡安适的天堂春景，但我们进一步渗透画中人的心情，那里当也有不少苦辣辛酸的家常。那农胞们，他们来杭州并不是游山玩水，而是真正虔诚地烧香拜佛，求取这一年的幸福。所以在江南的农村中，只要一提起赴杭州佛地烧香，莫不摒挡一切勉力以赴的。在承平年间为了人口太平，为了蚕花茂盛，为了收成丰实，没有一家农家，不推出一二个人到杭州来进香的。[4]

由于当年度收成不好，加之催缴粮款，农家生活更加困难。村妇们还愿主要还是为了纾解生活的困难，祈求菩萨能够帮她们渡过难关，以及期盼来世的安稳生活。

> 她们的房屋还是祖先盖起来的，现在也没有能力再添新居，猪槛内的大猪小猪渐渐地少了，耕田用的水车、犁、锄头都已旧了，老牛也已衰弱了，她们唯一的归处就是命运中注定，只有虔诚地相信菩萨，方可来生投胎做个镇上的官爷，或是发大财的人，造起高大的房屋，添起新的家具，猪槛内的猪满满的，再不要自己下田去

---

[1] 赵世瑜：《狂欢与日常：明清以来的庙会与民间社会》，生活·读书·新知三联书店2002年版，第291-292页。
[2] 顾禄：《清嘉录》，江苏凤凰文艺出版社2019年版，第120页。
[3] 顾禄：《清嘉录》，江苏凤凰文艺出版社2019年版，第76页。
[4] 储裕生：《杭州香汛话桑麻》，《申报》1949年3月22日第5版。

种地，可以安闲地享享清福，过过好的生活。这也就是进香的唯一玄想了。今年家里藏的米，都光了，进香的香头到处约人来杭州烧香，但是每人要七斗米。七斗米，在出产粮食的农家，倒不是一个小的数字，加之，出了米去进香，回来又不知怎样生活，并且听说时势不好，所以这回来杭州进香的人没有比往年多了。[1]

从现实的角度来看，村妇烧香并不能解决实际的困难，而只能从心理上得到慰藉。一方面，"他们的迷信，就是他们太受自然环境的支配而要求满意的安慰"。春季进香的时候，就是一年农事的开始，"在农事方始之时，雨旸与否，恐惧忧虑，满布于心，一经进庙烧香，就可以得着安慰，一切忧虑恐惧消除，尽人力以待神的福佑"。如果当年果真丰收，就当是神的恩惠；如果遭着岁歉，村妇也只能是怀疑自己奉神不虔，待明年丰稔，又以为非神力不至此。另一方面，"为着自己或所亲者的疾病、灾难、贫穷、无子、忧戚，等等，不辞远道，进庙烧香……总可以使他们发出一种信心，得到一种安慰，而暂时可以在他们心理上减少种种悲虑与忧愁"。[2]

（三）时空格局

香会为群体进行的宗教活动，在神诞日或庙会日，集体组织向寺院道观敬香。各地香会日期不定，多在春季及秋收后的农闲时期举行。根据20世纪30年代在南京江宁殷巷镇的调查，该镇的香会有于农历四月内举行的"了秧香"，以庆秧插了之意；农历六月举行的"青苗香"，以祈雨及感谢雨水充沛；秋收后举行的"平安香"，酬神赐予收获；"土地会"一般于农历二月二十举行，于本村或大庙举行；以及专门为妇女参加的"血贫会"等妇女香会。[3]香会的组织，仍由每社的社头领导，备办鱼肉等至庙献祭，祭后即于庙中聚餐或分派携回家中。

结合《清嘉录》与《吴郡岁华纪丽》两本记述苏州地区风俗的书，清晰可见江南地区香会的时空格局。《清嘉录》一书记录了苏州一年四

---

[1] 储裕生：《杭州香汛话桑麻》，《申报》1949年3月22日第5版。
[2] 顾颉刚：《顾颉刚民俗论文集》卷2，中华书局2010年版，第390-391页。
[3] 漆中权：《中央模范农业推广区农民生活调查》，《农业推广》1931年第3期。

季的风土民俗，初刻于道光十年（1830）。作者在前言中指出："至于乡风之昔废今传，今废昔传，皆在删增之例。若止行于一隅，未能遍晓者，概从阙如。"[1]这说明其所记录的风俗在当时的年代还普遍盛行，基本能够反映出近代苏州地区乡民在各个季节的进香习俗。

在苏州各地，年初即赴祠庙烧香祭拜或还愿，然后相互走访宴饮。新年，"士女游玩琳宫梵宇，或烧香还愿"。更有"烧十庙香"者，"郡县城隍庙及本里土地诸神祠，男妇修行者，年初皆往烧香，必经历十庙而止，谓'烧十庙香'。归必炷香于家堂司命诸神之前，曰'回头香'"。正月初九为玉皇诞辰，苏州、杭州各地均行香祭拜。苏州玄妙观道侣设道场于弥罗宝阁，名曰"斋天，酬愿者骈集，或有赴穹窿上真观烧香者"。《昆新合志》记载："初九日为天诞，清真观道侣架阁于庭，设醮祀玉帝，俗名'斋天'，观者如堵。"《昭文县志》记载："九日为天日，兴福寺僧斋天，邑人多早起往观。"诗句"惯闻九日朝天去，香市穹隆第一层"记载了这一天进香的盛况。正月十五、七月十五、十月十五，是掌管民间善恶三官的诞辰日。在苏州地区，"遇三元日，士庶拈香，骈集于院观之有神像者。郡西七子山，有三官行宫，释氏奉香火。至日，舆舫络绎，香潮尤盛"。

农历二月初二为土地神诞，"大小官廨皆有其祠……村农亦家户壶浆以祝神厘"。农历二月十二是百花生日，"虎丘花神庙，击牲献乐，以祝仙诞，谓之花朝"。农历二月十九为观音诞辰，"士女骈集殿庭炷香，或施佛前长明灯油，以保安康"。当天，"有至支硎山（观音山）朝拜者。望前后，已连缀于途"。

农历三月二十八为东岳天齐仁圣帝诞辰。苏州各地，"虽村隅僻壤，多有其祠宇……郡西虎山，亦有行宫，关内外胥吏奉香火。好事者安排社会，设醮酬神。俗以诞日前后进香者，乡人居多，呼为'草鞋香'"。

农历四月十二为蛇王生日，"进香者骈集于娄门内之庙，焚香乞符"。农历四月十四为吕仙日，俗称"神仙生日"。"仙诞日，官为致祭于福济观。观中修崇醮会，香客骈集……谓之轧神仙。"

---

[1] 顾禄：《清嘉录》，江苏凤凰文艺出版社2019年版，"例言"第2页。

农历六月初四、十四、廿四,"比户祀司灶,谓之'谢灶'"。农历六月二十四为雷尊诞,"城中圆妙观,阊门外四图观,各有神像。蜡炬山堆,香烟雾喷,殿前宇下,袂云而汗雨者,不可胜计"。

农历七月三十为地藏王生日,"骈集于开元寺之殿,酬愿烧香。妇女有脱裙之俗,裙以红纸为之,谓曾生产一次者,脱裙一次,则他生可免产厄。点肉身灯,为报娘恩"。《常昭合志》记载:"三十日为地藏王生日,证度庵士女进香者极盛。"

农历八月初三为灶君生日,"家户具香蜡素羞以祀,天王堂及福济观之灶君殿,进香者络绎终日"。农历八月初八为八字娘娘生日,"北寺中有其像,诞日香火甚盛。进香者多年老妇人,预日编麦草为锭式,实竹笏中。笏以金纸糊之,两笏对合封固,上书某门某氏姓氏,是日焚化殿庭,名曰'金饭笏',谓如是能致他生丰足"。农历八月十五,"比户瓶花、香蜡,望空顶礼,小儿女膜拜月下,嬉戏灯前",是时,"村民于旷野以瓦叠成七级浮屠,中供地藏王像,四围燃灯,谓之'塔灯'"。

十月朔,俗称"十月朝","人无贫富,皆祭其先,多烧冥衣之属,谓之烧衣节。或延僧道做功德,荐拔新亡,至亲亦往拜灵座"。[1]

根据一年中主要的进香活动记录,用表格的方式,参加香会的时间、地点、缘由、人群、活动、愿望等方面进行呈现,以进一步说明该地区的乡民在年度时间内朝山敬香的时空特点。从时间来看,进香活动于春秋时节比较集中,乡民们在农事前后祈福还愿;其余季节间断性的进香活动,主要在神诞及节庆活动日进行。进香活动的频次与乡民农忙农闲的时间分布具有一定的相关性。从空间来看,乡民于春秋季各有一次路途较远的进香活动,此时气候适宜,农事未始或秋收已毕,适合远足;其余进香活动大多在本乡本土进行,时间较短,较为方便。乡民进香活动的空间范围,与农暇时间的长短亦有一定的关联:在农闲季节,适合远足朝拜;而在农事间隙,能够外出的时间较短,进香活动多在本地或邻近地区进行。从参与进香的民众来看,一般男女均参加,但妇女

---

[1] 顾禄:《清嘉录》,江苏凤凰文艺出版社2019年版,第67、74、76-77、120、138、141、202、183、229-231、234-235、238、242、272页。

为多，祈福的愿望也多与健康、平安、丰衣足食相关，说明乡民参与宗教活动有着朴素世俗的功利追求。从参与过程来看，既有虔诚的祭拜祈福，又有观戏赏游、贸易互市之举。表3-2比较全面地呈现了香会的时空特征。

表3-2　《清嘉录》《吴郡岁华纪丽》所载苏州地区主要的进香活动[1]

时间	缘由	地点	人群	活动	愿望
正月初一	新年	本地祠庙	本地乡民	烧香	祈福
正月初九	玉皇诞辰	本地寺院、道观	本地男女老少	烧香	祈人寿谷丰登
正月十五、七月十五、十月十五	三官诞辰	本地寺院、道观	士人百姓	拜香	解除厄运
二月初二	土地诞辰	各地土地祠庙	百姓	敬奉香火	向土地神求福祐
二月十二	百花生日	各地花神庙	闺中女郎	花朝	祝仙诞
二月十九	观音诞辰	各地寺庙	男男女女	上香	保安康、求子
清明节	犯人香	各地城隍庙	普罗大众	烧香	祈平安健康
三月	天竺灵隐香市	杭州	城乡士女	进香、春游	祈丰衣足食、平安健康等
三月二十八	东岳天齐仁圣帝诞辰	各地东岳庙	男女老幼	进香、赛会	"请喜"、祈恩还愿
四月十二	蛇王生日	娄门蛇王庙	士人百姓	焚香祈福	远毒蛇
四月十四	吕仙诞日	福济观	城乡民众	上香、见神仙	平安健康
六月初四、十四、廿四	夏祀灶，习俗相沿	各家	城乡民众	祭祀	谢灶

[1] 根据《清嘉录》《吴郡岁华纪丽》所载苏州民众进香习俗整理。

续表

时间	缘由	地址	人群	活动	愿望
六月二十四	雷尊诞	玄妙观、四图观	城乡民众	进香	雷斋，吃素
七月三十	地藏王生日	开元寺、各家户	城乡民众	进庙烧香、点烛庭阶	报母恩、祈平安
八月初三	灶君生日	各家户及灶君殿	城乡民众	祭祀、进香	灶君素
八月初八	八字娘娘生日	北寺	多老年妇女	进香	祈丰衣足食
八月十五	八月半	各家庭院	城乡民众	祭祀、烧斗香	祈团圆健康
八月	秋山香市	支硎、灵岩、虎阜、穹隆诸山	城乡民众	进香、秋游	膜拜祈福
十月初一	十月朝	庭院、墓地	城乡民众	烧香、祭拜	祭奠先人

三、迷信与休闲：关于乡村宗教活动的争论

传统江南乡民生活在固定的社会结构和生活图式之中，通过庙会、赛会、香会等信仰仪式活动，乡民的日常生活从庸常走向神圣，又在神圣之中体验到超越日常的"凡俗"[1]。在宗教仪式中，"感官的直接引诱，麻醉剂的生理效力，都使我们注意到人类是如何切望躯体经验的变化，切望从日常生活的单调经验，转至一个不同的、变化的，而非全受客观控制的世界中去"[2]。他们从"一个世界"突入"另一个世界"。"在一个世界中，他过着孤单乏味的日常生活；而他要突入另一个世界，就只有和那种使他兴奋得发狂的异常力量发生关系。前者是凡俗的世界，后者是神圣事物的世界。"[3]在江南乡间，民间宗教活动有着漫长

---

[1] 小田：《在神圣与凡俗之间——江南庙会论考》，人民出版社2002年版，第181页。
[2] 马林诺夫斯基：《文化论》，费孝通等译，中国民间文艺出版社1987年版，第85—86页。
[3] 爱弥尔·涂尔干：《宗教生活的基本形式》，渠东、汲喆译，商务印书馆2011年版，第300页。

的历史与极厚的生存活动土壤，同时也因迷信和耗费资财而屡为官方禁止和社会诟病。一方面，宗教活动使乡民暂时摆脱日常的辛苦与劳作，人神交互，娱神乐人，因而具有慰藉心灵与休闲娱乐的功能；而另一方面，乡村宗教活动的种种弊端也一再被时人提及，各种赛会、香会被作为落后的迷信活动而屡遭批判和禁止。1937年，知识分子俞时彦指出："农民迷信问题的破除，如迎神赛会等等的不良风俗，均须绝对的禁止。因为丰收乐岁的庆祝，须要有正规的活动，免得土劣乘机赚财，宵小借时蠢动。"[1]近代以来，官方对迎神赛会、香会等宗教活动大多不赞成甚至明令禁止。究其原因：

一是加重了民众的负担。1912年，上海民政长出具谕示，赛会"假丰收报赛之名，行敛费渔利之计……现值时事多艰，民生困苦，各乡民农隙余闲正宜阜俗节财，改良社会，岂可废时失业，贻害地方"[2]。1933年，上海县政府出示迎神赛会的禁令指出："查各地狃于积习，乘此农隙时期，仍有借禳灾祈福之名，集资迎会演戏此等举动，徒使民众增加靡费。"[3]家境并不宽裕的家庭，在庙会或赛会活动中，因宗教活动的花费和招待亲友的开支过大，一次庙会过后，往往也会相形见绌、入不敷出。浙江余姚梁弄会期，家主招待客人数天，弄得筋疲力尽，平时积蓄，花费殆尽。有的人家甚至"人情大于债，饭镬拎着卖"[4]。赛会和庙会给普通百姓带来娱乐的同时，也增加了农家生活的负担。特别是在经济凋敝的时期，这种情况更加突出。1936年，一位工学会会员报告了无锡堠山赛会的情形：

> 废历的三月十八十九两天，堠山上是很热闹的节场，同时举行盛大的赛会，所以来游玩的人，也特别的多，堠山附近的居民，接二连三地留亲迎戚，往市上去买办比自己日常吃的好得多的小菜，来饷赶热闹的亲友，有钱的人家，耗费掉五六块钱，当然是算不了

---

[1] 俞时彦：《农民生活改善》，《农村改进》1937年第1卷第2期。
[2] 《重申演唱花鼓之禁令》，《申报》1912年8月26日第7版。
[3] 《上海县政府严禁迎会演戏》，《申报》1933年11月20日第10版。
[4] 黄先迪：《梁弄庙会》，《余姚文史资料》第12辑，余姚市政协文史资料委员会1994年6月编印，第158页。

什么，可是无钱人家，就要受影响了。亲友跑来，是不能不招待，无钱使用，怎么办呢？唉！只有走"当被卖衣"的路啊！太阳将沉的十八日，琳琅满目的会已出遇了，我走到××巷上，见×君的妻子，愁容满面地对着抱在手里不满三岁的小儿说："咳！昨天当着三块钱，今天已用个空了，明天使用，只好拿我嫁来时的一身香云纱裤去当了来维持了，鸭城桥的会，何不今天一同出掉呢？也好省我再去当衣裳！"她掉头见了我，似乎有点难为情，立刻跑回家，在十九那天，我又看见她露着不自然的笑脸，在迎接赶来看鸭城桥大赛会的亲友了。[1]

朝山敬香，也是耗费钱财的活动。1880年，江浙地区禁止香客朝山烧香，出现了代客烧香的业务。其费用，"天竺各房头、灵隐罗汉堂等庙统，共须用香烛钱一元半左右，点烛烧纸五百文，船饭公分一千六七百文，打发告化子四五百文，买零碎约洋一元光景，计共须洋五元"[2]。可以看出，对于普通农家来说，进香的费用是一笔不小的开支。时人表达了对老妇人敬香损失钱财的担忧："近日四乡农人纷纷结伴往杭州烧香，舟尾皆插黄旗或书朝山进香或书天竺进香，男的女的老的少的挤坐船中，喃喃宣佛号。若不胜其虔敬者，噫心头自有佛，岂必烧香哉。且乡村老妇终岁勤劬，积得青蚨数百翼，一旦为诸秃奴诱骗以去，此亦大可怜矣。"[3]

总体来看，江南地区农家年度的宗教活动频繁，花费占农家收入的比例较高。根据民国时期的"中央"农业推广区在江宁县殷巷镇的经济调查，每家农户平均耕种不过1.75亩，每年稻麦两季作物的收入约为200元，而宗教花费就消耗了农作收入的约十分之一。[4]因此当时的社会舆论对乡民们不惜耗费金钱从事宗教活动并不理解，认为民间流行的宗教活动为落后的封建迷信思想，号召节制宗教活动，避免浪费。（表3-3）

---

[1] 沈厚润：《北夏农民生活漫谈》，《教育与民众》1936年第8卷第3期。
[2] 《代客烧香》，《申报》1880年3月5日第2版。
[3] 《禾中近事》，《申报》1885年4月25日第2版。
[4] 漆中权：《中央模范农业推广区农民生活调查》，《农业推广》1931年第3期。

表 3-3　农民每家宗教经济负担估计表[1]

项目	会期	朝山	香会	土地会	妇女香会	烧香	祭祖	佛事	总计/元
每年次数	3	1	3	1	1	1	4		
每年费用/元	1	1	1	1	1	1	1.2		
共计费用/元	3	1	3	1	1	1	6	2	18
备考	佛事以每家平均最低限度之估计定之								

二是败坏风俗。宗教活动期间，人员混杂，男女杂处，以及庙会赛会期间的演戏聚赌等活动在当时引发了社会问题。吴地"迎神赛会，地方棍徒每春出头，敛财排门科派，选择旷地高搭戏台，哄动男妇聚观，蹂躏田畴菜麦，甚至拳勇恶少寻衅斗狠攘窃，荒淫迷失子女，祸难悉数"[2]。迎神赛会期间，乡民多群聚宴饮或演戏酬报。时人指出，"一岁之终，农隙之时，自城乡社堡庙宇日多，所供之神祀典不载，群相戏弄……台上奇怪百出，台前男女杂沓，神居其上，灵爽式凭，而妖淫之戏、伤风败俗之事毕现逼肖，亦与教忠教孝、惩恶劝善之剧并陈于前"[3]。这些论述，将民间宗教活动看成是败坏社会风俗的导火索。

三是影响治安。在庙会、赛会、香会等群体参与的宗教活动过程中，乡民们常常因各种矛盾而引发冲突。"其初社长村老与各业首董司理其事，必敬必谨，渐而观者纷来，贤愚交集，或至借此滋事打架者，窃物者，并有勾引妇女作奸犯科者，风俗日坏，地方官不能不禁。"[4]活动期间，民众沉迷于演戏看剧，戏场周围的赌场引诱乡民聚赌，影响社会稳定。平湖县属之钱公亭，是一个比较小的市集，当地有大王庙乡，"十月初六日为大王诞辰，每年醵资演戏，自初六日起至二十日始止，红男绿女闻风齐集，诚洋洋乎大观也，而无赖之徒乘此开场聚赌，以赚乡人财物"。1886 年，王西垞明府以其扰害闾阎，并恐游勇枭匪乘

---

[1]　漆中权：《中央模范农业推广区农民生活调查》，《农业推广》1931 年第 3 期。
[2]　袁景澜辑：《吴郡岁华纪丽》卷首《吴俗箴言》，江苏古籍出版社 1998 年版，第 5 页。
[3]　《论禁戏》，《申报》1877 年 10 月 6 日第 1 版。
[4]　《论禁戏》，《申报》1877 年 10 月 6 日第 1 版。

机滋事，先期出示禁止，而乡民仍复哓哓渎禀，请准演剧，明府遂派炮船十数艘到彼弹压，并将为首之人拿办，以儆其余。[1]南京殷巷镇清水亭，"民于会期时特别好斗"[2]。旧时曾在杭州富阳渌渚镇谋生的田启于晚年口述道：在渌渚镇，外来做工的主要有柴帮和石头帮两帮人，农闲时节，为了看戏，两帮子人常常争斗。[3]还有因斗戏而发生冲突甚至导致命案的情况。1896年秋季，宝山县境天通庵附近陆家宅有无业流民集资演花鼓戏，曲家桥畔之谭家宅人见而垂涎，亦纠人演唱，陆家宅人恶其攘利，出而阻之。谭家宅人不服陆家宅人，纠集地痞欲与为难，陆家宅人因亦严为防备，矛盾一触即发。事为江湾镇汛弁赵君所闻，驰往弹压。"各人逞蛮不理，赵君毁其管弦丝竹，若辈以为与彼寻衅，一声号召，地棍齐起，将赵君拳足交加至遍体鳞伤，众始释手，赵君身受刀伤九处。"[4]1930年农历十二月间，上虞吕家埠连演嵊县班的笃戏十余天，"远近村民蜂至，男女如狂"。当地公安分局闻讯前来制止并取缔该会，"登台拘捕演员时，台下鼓吵声大作，秩序顿呈混乱"，"到场军警初开朝天枪恐吓，继向群众施行击射"，乡民7人受伤倒地，一名警察"亦被流弹击中要害毙命"。[5]

另一方面，民间信仰活动与乡民的休闲娱乐和社会交往密切相关。在论及民间信仰活动时，近代知识人论述道，"农人胼手胝足，终岁勤劬……一旦秋稼登场，丰年有庆，则春祈有典者亦秋报有文，或酾资演戏，合力迎神，借此以宴嘉宾，集戚好乐。我妇子欢联里党，是亦人情之常，无足怪者"，但是近年来的风气，"凡遇演戏迎神等事，无不以聚赌为乐……而沈溺其中者乃溃溃焉"。[6]赛会、戏文等活动也应适可而止，不能沉溺其中。"迎赛花灯本干例禁，若偶一举行，乘农隙之际，以乐升平亦可稍顺舆情，惟不可漫无限制。"[7]赵世瑜指出："对于传统

---

[1]《携李樵歌》，《申报》1886年10月3日第2版。
[2] 漆中权：《中央模范农业推广区农民生活调查》，《农业推广》1931年第3期。
[3] 田启口述、丁贤勇整理：《乡居的冲突》，《史林》2007年增刊。
[4]《论本报所记流民事接前稿》，《申报》1896年9月3日第1版。
[5]《的笃戏酿成命案》，《申报》1931年1月11日第16版。
[6]《论海滨恶俗》，《申报》1893年11月26日第1版。
[7]《防患未然》，《申报》1900年4月1日第1版。

庙会及娱神活动的否定性评价，在于只看到了这类活动的破坏性和颠覆性，这当然是一种比较表面化的印象。"从深层次来看，"这类活动在传统社会中起着调节器的作用"。乡民通过相关活动，在平日单调辛劳的日常生活中得到调节，"进一步看，这样一种调节器又起到了社会控制中的安全阀的作用"。[1]

民间信仰活动在乡村社会起着劳动调剂、精神调节、社会控制的作用，乡民对其趋之若鹜，究其原因，有以下几个方面。

一是尽人力，听天命。"任何宗教都是对既存的人类生存条件做出的反应。"[2]乡村环境，"为大自然之时序周转，农民不知一年中何以会忽寒忽暖，时雨时晴，而此寒暖晴雨之转变，又息息与其生计相关"[3]。农民受限于自身的知识，不能认识这些自然现象的缘由，认为是神的旨意。"在这种自然环境之下，心理上总是要求帮助，要求一个有支配自然的权力者，不能不想到神……他们的迷信，就是他们太受自然环境的支配而要求满意的安慰。"在农事方始之时，雨旸与否，恐惧忧虑，满布于新，"一经进庙烧香，就可以得着安慰，一切忧虑恐惧消除，尽人力以待神的福祐"。[4]

二是休闲娱乐的追求。处于底层的乡村民众，生活在日复一日、年复一年的日常劳作与平淡生活之中，通过宗教神圣感及由此带来的狂欢获得精神调节。"乡村宗教，所以能颠倒农民如是之甚者，以其能予彼等以娱乐机会，及美术概念。"因此，"乡村娱乐问题，与宗教问题为一物之两面，不能分论"。在大的香会活动中，"演戏酬神，杂艺毕集，贸迁有无，备极兴盛"。在朝山进香活动时，"锣鼓仪仗，同食同行，有如远足旅行团"。在寺庙做佛事时，"香花缭绕，法器铿锵，佛声悠扬，饶有戏剧情趣"。长期生活在沉静孤寂境域之中的乡民，一旦"与宗教发生关系，于人生趣味上另增一种新境界、新观感。何况庙宇之崇宏清洁，

---

[1] 赵世瑜：《狂欢与日常：明清以来的庙会与民间社会》，生活·读书·新知三联书店2002年版，第135页。
[2] 爱弥尔·涂尔干：《宗教生活的基本形式》，渠东、汲喆译，商务印书馆2011年版，第3页。
[3] 漆中权：《中央模范农业推广区农民生活调查》，《农业推广》1931年第3期。
[4] 顾颉刚：《顾颉刚民俗论文集》卷2，中华书局2010年版，第390页。

神像之尊严美丽,与其污浊狭陋之居室,粗朴伧野之同侪,适成鲜明显著之对比。遂于不知不觉中,引起其高尚的情绪,及纯洁的意志"。[1]

三是情感的发泄。"宗教表现是表达集体实在的集体表现,仪式是在集合群体之中产生的行为方式,它们必定要激发、维持或重塑群体中的某些心理状态。"[2]物质生活的压力与精神世界的迷茫,使乡村民众需要一定的方式获得宣泄与调节。"进庙烧香,幽隐的心怀,可以在向神膜拜之时,默默发舒,求神福祐。"乡民进到庙中,"借着香薰热闹的人海中,可以由情感的发泄,达到出神的境地,而为极端的喜悦"。春季朝山进香,乡民们"插花满头,好像大战的凯旋,竞赛的获奖,橄榄冠也好,冕旒也好,谁能及他们的荣誉,谁能比他们快乐呢!"[3]在武进的农村,每逢春、秋两季的农闲时期,各地的寺庙常选定观音生日、东岳诞辰等节日,举行礼佛法会,活动项目不外是参拜、诵经、念佛、吃素。附近的善男信女,各携香火钱虔诚参加。"宣卷"便是礼佛法会结束的余兴节目,时间多数在晚上。"上了年纪的男士和婆妈们,三五十人围聚在一起,有坐有站,或在大殿,或在素堂,同时同地往往有七八簇之多。一个坐在首席位子的识字信士从怀中取出卷册……先唱开场诗……接着是一段说白……宣到悲戚处,听众会抹泪饮泣,至滑稽时又哈哈大笑,足见乡人心地善良,感情丰富。一本宣卷完,需两三个小时,已是深更半夜了。"[4]

四是对改善生活境遇的祈望。乡民们在宗教活动的过程中,实际上也表达着自己的追求。"生活穷苦中之农民,心目中唯一要求为希冀较优裕境遇。群以神既具有伟大力量,故膜拜求福惩恶,此迎神,赛会,朝山敬香等之所以兴盛也。实际确予受经济压迫,劣绅土豪鱼肉,及地方官吏剥削的无告者一种心理上的安慰,盼冥冥中有主持正义者。其行虽可笑,其情实可悯也。"[5]大多数的农民,祈望"由着神的信仰,增

---

[1] 漆中权:《中央模范农业推广区农民生活调查》,《农业推广》1931年第3期。
[2] 爱弥尔·涂尔干:《宗教生活的基本形式》,渠东、汲喆译,商务印书馆2011年版,第11页。
[3] 顾颉刚:《顾颉刚民俗论文集》卷2,中华书局2010年版,第389页。
[4] 虞新华主编:《武进掌故》(下),中国文史出版社2000年版,第768页。
[5] 漆中权:《中央模范农业推广区农民生活调查》,《农业推广》1931年第3期。

加他们的工作能力。其次,就是为着自己或所亲者的疾病、灾难、贫穷、无子、忧戚,等等,不辞远道,进庙烧香……总可以使他们发出一种信心,得到一种安慰,而暂时可以在他们心理上减少种种的悲虑与忧愁"[1]。

---

[1] 顾颉刚:《顾颉刚民俗论文集》卷2,中华书局2010年版,第391页。

第三节　农暇体育与农艺赛会

一、农暇体育

体育对提升国民的健康体魄和顽强精神有着积极的作用。近代，面对积贫积弱的局面，先进知识分子提倡尚武精神，增强国民素质。梁启超称："尚武者，国民之元气，国家所恃以成立，而文明所赖以维持者也……体魄者，与精神有切密之关系者也。有健康强固之体魄，然后有坚忍不屈之精神。"[1]陶行知在开展乡村教育的过程中也积极主张"以国术来培养健康的体魄"[2]。对于近代江南地区的乡民而言，日复一日的体力劳动是常态，并无规律化的体育锻炼。究其原因，一是农事繁忙，农民在沉重的农业劳作之后，还得从事诸种副业以维持生计，无暇从事体育活动；二是缺乏相应的组织机构与体育设施，系统的体育活动难以开展。从形式上看，在江南乡间，传统的武术以及放风筝、龙舟竞渡等民间活动带有体育活动的特征；同时，由于江南乡村各地发展程度并不均衡，一部分位于城郊的乡村，受到近代风气的影响，以及在政府与近代教育机构的倡导组织之下，于农暇时期也参与到了近代性的体育运动和竞赛活动之中。

由于历代武科举的传统，江南乡间普遍盛行武术活动并延续至近代。无锡梅村北张、强家桥、荆村、堰下等地，每年冬春，乡民请拳师授艺，跑马、射箭、拳术、刀枪样样都练，且有不少设施，跑马路（冬

---

[1]　梁启超：《新民说》，商务印书馆2016年版，第181、191页。
[2]　陶行知：《第二年的晓庄》，《地方教育》1929年第5期。

闲农田）、石担、石锁、马房等。[1]昆山巴城镇有农隙讲武的传统。巴城人周子珍为光绪时邑武庠生，武艺冠侪，当地同时入武庠者，有汪少圃、龚巽卿、王竹亭、屈湘如、黄慎之、潘和卿，乡有许兆华、郁亮镛、盛昭荣等人，"农隙讲武，一时声应气求……俱富膂力，谙拳术，精神咸强壮"[2]。江苏金坛尧塘，"一般青壮年练习石锁、石担，有的村庄（高庄、野田）农闲时节组织拳堂，农民壮汉练习拳脚功夫，倒也强身壮胆，在四乡八村很有威声"[3]。旧时传统的武术活动在江阴青阳镇农村广泛开展，"乡民每于冬闲季节，利用场头、空屋，摆开场子练功，一些甩石锁、抓石笋、擎石担、打马鞍石等传统项目历久不衰。个别练武者夏练三伏，冬练三九，功底深厚"[4]。南拳最盛之地，相传为江阴小茅山一带。"乡民于农隙，皆延教师教练，虽四五岁小儿皆与焉。技击之外有马鞍石、沙袋以练椎击之拳。"[5]无锡前洲镇乡民于空闲时以习武强身、保家护院为本。练习武术以拳术、舞刀弄枪为主，或承祖传，或请拳师教练。徒弟练武，先练基本拳法，再习名家拳术，无师自通。在家自学的有打麻王石、打沙袋、抓柱石、耍石锁、舞石担。为试臂力等，农闲时两三好友相聚掰手腕，青年围聚摔跤，比试体力技巧。[6]

　　放风筝是中国民间带有体育性质的传统娱乐活动，具有活跃身心、增进健康的功能。苏州民间自古有农闲放风筝的习俗。《清嘉录》记载："纸鸢，俗呼鹞子。春晴竞放，川原远近，摇曳百丝。晚或系灯于线之腰，连三接五，曰'鹞灯'。"[7]无锡周铁镇位于太湖之滨，放风筝有较好的自然条件。每年春、秋农暇时节放飞风筝活动很是活跃，从太湖边的沙滩到农村田野，到处都可看到放风筝的人群。[8]武进县南夏墅

---

[1] 童子明主编：《梅村志》，江苏科学技术出版社1991年版，第343页。
[2] 朱保熙辑：《巴溪志》，民国二十四年（1935）铅印本。
[3] 孙天笠：《二、三十年代的金坛尧塘》，《金坛文史选萃》（下册），金坛市政协文史委员会2000年10月编印，第494-495页。
[4] 季震宇主编：《青阳镇志》，苏州大学出版社1999年版，第409页。
[5] 贺天健：《技击回忆录》，《申报》1898年10月28日第3版。
[6] 张岳根主编：《前洲镇志》，江苏人民出版社2002年版，第456页。
[7] 顾禄：《清嘉录》，江苏凤凰文艺出版社2019年版，第104页。
[8] 郭海泉主编：《周铁镇志》，凤凰出版社2008年版，第463页。

乡,旧时春节至清明期间,成人和孩子都喜欢放风筝。制作风筝的材料取自农家,放的时候,由一人或两人把风筝向上抛,另一人拉着线快跑,借助风力使它冉冉上升。有的风筝上系着笛子,随着风吹发出响声,清脆悦耳。有的人晚上在鹞线上系着写有"太平"字样的小灯笼,内点红烛,灯笼有多有少,多的达50盏左右。放时夜幕上好像斜挂着一串串火球,委实动人。有的人在干的丝瓜筋内塞上些火药和锅屑灰、木炭等混合物,系在鹞线上,于晚上燃放,夜空中犹如礼花,煞是好看。[1]上海宝山杨行乡每年秋末到次年清明流行放风筝的文体活动,在20世纪30年代最为盛行。鹞纸式样千姿百态,有人形及各式动物形状。[2]江阴青阳镇,农村青年喜合伙玩竹架布面、大过盘篮的斗鹞,其上配置琴弦,升空后汪汪作响,晚上鹞绳上配列一长串灯笼,常有10多串鹞灯斜悬天际,和繁星争辉。[3]江阴利港镇,在冬、春农闲时,各村青年普遍喜爱放风筝,风筝有蝴蝶、六角、八角、九串等形状,大的有3—4米高,上系响葫芦、毛铃、竹铃等,借助风力,各种声音共鸣,响彻天空。元宵节时,在风筝线上悬挂用蜡烛点亮的小灯笼,有几十盏甚至上百盏,远看像条火龙游于天际,乡民以此为乐。[4]乡民于农暇时,于旷野之中放飞风筝,舒展了身体,强健了体魄,也获得了快乐,对乡村风俗的改进也具有一定的积极意义。

江南水乡地区,乡民于农闲时流行摇快船比赛的活动。苏州地区,端午节有龙舟竞渡的习俗。"龙船,阊、胥两门,南、北两濠及枫桥西路水浜皆有之。(五)月朔互相往来,名曰'拜客'。"赛龙舟期间,民众聚集而来,形成声势浩大的盛会。"交午蔓衍,粲如织锦,男女耆稚,倾城出游。高楼邃阁,罗绮如云,山塘七里,几无驻足之地。河中画楫,檥比如鱼鳞,亦无行舟之路。欢呼笑语之声,遐迩振动。"赛龙舟的地点成为市场,"土人供买耍货、食品,所在成市,凡十日而罢"。夜晚照样热闹,"入夜,燃灯万盏,烛星吐丹,波月摇白,尤为奇观,俗称'灯

---

[1] 邵叶盛主编:《南夏墅乡志》(内部资料),1987年,第161页。
[2] 程乃良主编:《杨行乡志》(内部资料),1985年,第7页。
[3] 季震宇主编:《青阳镇志》,苏州大学出版社1999年版,第409页。
[4] 陈卓文主编:《利港镇志》,苏州大学出版社1997年版,第259页。

划龙船'"。[1]昆山张浦镇南边的几个村子,盛行摇快船比赛。比赛时间一般在春秋农闲时节,乡民们组织五六条快船比赛,赛况十分热闹,两河岸站立男女老少观战唱歌,船上喊声动天,你追我赶。[2]常熟支塘镇,在收割小麦前有划青苗社,农民集资去常熟租借龙船,在村内主要河道赛龙舟。秋后也要举行水上赛会,行驶在前头的大号灯船叫"社船"。夜间,挂灯结彩的社船在河中划来摇去,鼓乐齐鸣,非常热闹。尤其在横塘、赤沙塘两岸,观看社船的人更是络绎不绝。"夜会"则更为壮观。[3]每逢庙会,淼泉境内有龙舟竞渡。调龙灯于晚上陆地行走,龙舟则于白天河中竞渡。龙船从西乡或湖甸临时租用,龙舟前有龙头,后有翘得很高的龙尾,中间有旗架,舱内可乘十余人。竞渡者用双手划桨,其中有专人敲锣打鼓助威。[4]传统的龙舟赛由乡民自发组织,既有民间体育赛事的特点,也具有乡村公众活动的性质。

除传统体育活动之外,随着近代体育的兴起,江南地区的乡民也参与了具有近代性的民众业余运动会。1928年,国民政府试办大学区制,设立"中央"大学区,管辖地方教育事业,提倡民众体育,拟在学区各县每年举行民众运动会一次或二次。1929年4月20日,上海县第一次民众业余运动会召开,运动项目"除大学规定运动项目外,酌加国技及民间游技,如高跷、石担之类",以适应民众体育的需要。"春风骀荡雨初晴,广场里日暖风轻,大家业余来运动,愉快我身心,锻炼身手体力强,精神焕发事业新,铸我国魂强我种,中华气象新。"[5]业余运动会创作的会歌,倡导民众通过体育运动健康身心,锻炼身体。1931年4月8日,南京国民政府教育部向社会发布了《民众业余运动会办法大纲》,提出为"发展体育起见,应就各地举行民众业余运动会"。每年春秋举行一次或二次,每次以一日为限。民众业余运动会参赛资格不限,年龄在二十岁以上、五十岁以下均可参加,并规定业余运动会比赛项目允许

---

[1] 顾禄:《清嘉录》,江苏凤凰文艺出版社2019年版,第166-167页。
[2] 张梅官主编:《张浦镇志》(南港卷),西安地图出版社2003年版,第189页。
[3] 王家、陈涵树等编:《支塘镇志》,古吴轩出版社1994年版,第309页。
[4] 陶钟朴主编:《淼泉镇志》,立信会计出版社2000年版,第468页。
[5]《中央大学区第五分区上海县民众业余运动会会报》,《上海县教育月刊》1929年第19期。

根据各地的实际情况做适当增减。[1]湖州吴兴县注重办理国民体育事宜，组织民众业余运动会。[2]1935年5月25日至26日，上海奉贤举行全邑民众业余运动会，参加民众70余人，"观者人山人海，极一时之盛"。竞赛项目有赛跑、掷铅球、三级跳远、举重等。[3]官方颁布的训令与组织的体育赛事，为各地在农暇举行体育运动会和发展体育运动提供了依据和指导，民众运动项目在一些区域也得以施行，乡民参与其中，感受近代体育的新风尚。

二、农艺赛会

新式的农艺展览和赛会多由民众教育馆以及到乡间从事教育改良的机构组织举行，具有启发民智、加强交流、促进农艺农技改进的作用。1924年，吴江震泽镇在开弦弓村举行丝茧展览会。"市公所与省立女蚕校，合办之蚕桑改进社，地点在开弦弓。兹因蚕事已毕，特于前日开丝茧展览会：七日、八日、九日在开弦弓本社举行；十月十一日，十二日在丝业公会举行。"[4]1930年6月，吴江县立蚕桑场蚕业赛会，定于每年蚕事结束时，举行赛会一次，以资比较蚕户成绩；会期分为吴江城以及各乡镇依次举行，开会时佐以娱乐，任人参观；开会第二日由蚕桑场呈请农矿厅派员会同审查，评定成绩，成绩优良之出品，给以奖金奖状和养蚕用品。[5]上海县农民教育馆为促进耕牛健康，增加工作效率，而予农友以生活安全起见，曾举行耕牛比赛三次，颇得各界人士之赞许。"兹届夏作收了，冬作待种，农闲时期，定于本月三十日在沪闵路颛桥，举行第四次比赛。"并已聘定严慎予、施养勇、彭利人等委员进行筹备，并聘请蔡无忌为评判主任。"届时浦东浦西耕牛云集于沪闵路

---

[1] 国民政府教育部编：《教育法令汇编》第1辑，商务印书馆1936年版，第395页。
[2] 《湖属六县自治状况》，《湖社十周年纪念特刊》1934年6月编印。
[3] 《民众业余运动会盛况》，《中央日报》1935年5月29日。
[4] 吴根荣、徐友春主编：《吴江蚕丝业档案资料汇编》，河海大学出版社1989年版，第21页。
[5] 吴根荣、徐友春主编：《吴江蚕丝业档案资料汇编》，河海大学出版社1989年版，第199页。

上，定有一番可观。"同时，农教馆为灌输农民畜牛常识起见，聘定专家多人来会演讲。[1]1933年，江苏省为推进生计教育，规定各县立农民教育馆须召集本区各农户（每家至少有一人参加），组织各种会社及展览活动，如组织"农事改进会，讨论各种农事改进事项"，成立"农事讲习会，并于农闲时向乡民讲授各种农事常识"。同时，各县县立农民教育馆须定期或不定期举行各种比赛或展览，包括"农具及农作物展览，每年至少须流动展览一次，所属区各农户均须有出品参加"，进行"耕牛比赛，每两年至少须举行一次，本区各户耕牛，均须与赛，但得分村或分区举行之"。[2]上海市农事合作试验区，共办十五区，计一百十余所，每所规定耕作五亩，"并拟于棉花收获后，农闲时联合开展览会，以资提倡推广"[3]。近代性大学等教育机构也参与乡村改进活动，组织农产品改良与展览活动。如上海沪江大学远在杨树浦之北，地理位置偏僻，校园临近农民的居所与农田，"该校乡村改进会为提倡改良种植，及鼓吹农余副业，每年均开农产品展览大会，召集附近乡人前往参观，虽只一年一度，然农民得益良多"[4]。

举行农产、农艺展览会对乡民开阔眼界，转变传统保守的观念，改良农业生产进而改进乡村民众的生活均具有一定的积极意义。"吾国以农立国，经济重心悉在农村，近年以来，日美等国米麦输进，为数甚巨，而社会不安，经济枯窘，农业几有破产之虞，省建厅以农产物展览比赛，足以引起农民竞进之兴趣，对于改良农业，复兴农村，至有关系，且时当秋收农隙，正好及时举行。"[5]在农闲期，政府及社教机关积极倡导举办展会赛会，也加强了乡民与各类社会机构、不同社区的乡民之间的交流互动，对乡民之间取长补短、学习改进颇具意义，丰富了乡民的业余生活。

---

[1]《县农教馆第四次耕牛比赛》，《申报》1932年10月22日第11版。
[2]《苏省社教机关推行生计教育》，《申报》1933年3月10日第14版。
[3]《本市农事合作试验棉作成绩优良》，《申报》1933年8月20日第15版。
[4]《昨日沪江大学之农品展览会》，《申报》1923年10月28日第14版。
[5]《苏省施政近况》，《大公报》（天津）1933年11月15日第9版。

小　结

从乡民实际生活的角度来看，乡村的休闲娱乐活动即为"消闲"。在方式上，既有戏文、评弹等乡村演艺活动带给乡民们视听上的娱乐感与乡民之间的交往互动，也有庙会、赛会、香会等信仰仪式活动让乡民们共同参与的由神圣而凡俗的精神体验；既有游艺集会过程带给乡民们的愉悦体验，亦有乡民于节庆期间自发组织的家庭、家族、乡邻共同体内部的休憩娱乐，等等。

戏文、评弹为江南乡间广受欢迎的演艺活动，是江南乡民日常消闲生活中的一环。在艺人的来源上，从业者大多为"农闲艺人"，忙时务农，闲时演剧，是大多数乡土艺人的生活状态；在艺术的追求上，乡土演艺的内容形式也适应乡民娱乐与情感的需要，题材多产生于乡土生活，与乡民的欣赏品位相适应；在演艺活动的组织上，演剧活动多于乡村庙会或节庆日由村社组织，乡民普遍参与，在戏文上演期间还要邀请亲友观戏聚会，几为全民参与的娱乐活动。评弹等曲艺活动，在乡村茶馆演出时也大受欢迎，适应着乡村的休闲生活。

庙会、迎神赛会、香会等活动，既有对神佛祭拜的神圣性，同时也与乡民日常生活的凡俗性结合。通过赛会游艺与集会朝拜活动，借酬神以娱人，乡民在参与仪式与集会的过程中也收获到消闲与快乐。民间信仰活动有着相对固定的节期，循环往复而成为乡民生活的传统，是传统社会中平淡的乡民日常生活的调节器。

受近代风习和市民文化的影响，江南乡民休闲娱乐的方式也逐渐发生新的变化，近代体育运动和农艺展览赛会活动等新式的休闲方式也慢慢融入乡民的生活。这对于丰富乡民的消闲生活，传播近代生活方式和科学文化知识，起到了一定的积极作用。

第四章 农暇生活与乡村治理

在乡村社会，农暇时期，尤其是乡民在收获之后、播种之前的冬春季节，既是历代统治者进行乡村治理，农民参与公共事务比较集中的时期，也是乡民在共同体内部开展互助自治活动较多的时期。孔子云"使民以时"，南宋朱熹阐释为"时，谓农隙之时，言治国之要"，称使用民力须在农隙之时。近代以来，乡民在农暇时期参与公共事务表现在两个方面：一是参与共同体内部事务，主要是乡民们在地方士绅的领导下参与的互助合作工作，如村庄或社庙内的修桥铺路、立碑建庙、祖先祭祀、水利建设以及乡村自治保卫等；二是在政权的渗透和外部力量的引导下参与的公共事务，如参与政府组织的兴修水利、架桥修路等公共工程的建设，以及社会力量、民间团体、知识分子深入乡村开展的具有近代性因素的文教活动等。

第一节　农隙讲武

上古时期，兵民未分，人莫非兵。守土之官即为统兵之官。至夏代，行六军之制以统军吏及士吏。中央政府又设司马以统之，兵政与民政开始分离。兵民虽分，然国有大役，仍可籍农人以为兵，"故寓兵于农，复行狩猎之礼，于农隙讲武事"[1]。乡民于农暇时期组织武装团体，保卫乡里，维护治安，是这种传统的延续，也是实现乡村治安的一种手段。

一、古意遗存

（一）寓兵于农

寓兵于农是指政府向农民授田，农民在缴纳田租的同时，还须承担一定的服兵役义务。先秦兵书《六韬》叙述了寓兵于农的思想：在武器置备方面，农民平时用的农具，战时可以成为作战用的武器。"战攻守御之具，尽在于人事。耒耜者，其行马蒺藜也。马、牛、车、舆者，其营垒蔽橹也。锄耰之具，其矛戟也。蓑薜簦笠者，其甲胄干楯也。镰、锸、斧、锯、杵臼，其攻城器也。"饲养的牲畜、生产的粮食、副业的出产，可作为运输工具和战备物资。"牛马，所以转输粮用也。鸡犬，其伺候也。妇人织纴，其旌旗也。丈夫平壤，其攻城也。春铍草棘，其战车骑也。夏耨田畴，其战步兵也。秋刈禾薪，其粮食储备也。冬实仓廪，其坚守也。田里相伍，其约束符信也。"[2]其核心观念即实行兵农

---

[1] 刘光汉：《古政原始论》，《国粹学报》1906年第1卷第12期。
[2] 唐书文撰：《六韬·三略译注》，上海古籍出版社2006年版，第79-80页。

合一的制度：出则征战、入则务农，平时务农、农闲训练。汉代为了移民垦荒，多次大规模移民戍边，实施"屯田制"，在边地实施寓兵于农的政策。北周时期推行"府兵制"，府兵制和均田制结合，府兵平时务农，农隙训练，战时出征，武器自带。府兵制沿袭至唐代中期，在制度方面，"各府内部定有极严密的编制，自上而下，分层负责，各能致力于新兵教育，以求训练之精：而其兵农不分，耕战并重，国家省养兵之费，士卒无失业之虞"。在实施效果上，"农隙讲武，不废田功；弱冠即戎，逮于暮齿。唯其有此全民皆兵的军事建设和尚武精神，故唐代国威丕振，战功卓著"。[1]明初设立卫所制度，实行屯田、军户制度，军士世袭。清朝在入关之前，亦实行寓兵于农、兵农合一的制度。[2]

在寓兵于农政策的背景下，各地军事训练，均以农暇时期为主。南宋绍兴四年（1134），常熟都统制冯湛奉旨以七千人为额，置副统制领之，"三丁籍一名，亦名义兵，岁以农隙训练，十月起至正月终遣归，人日给钱百，米二升"[3]。昆山杨林寨为农隙练兵之地，南宋绍兴四年（1134）设于茜泾乡，"兵百四十四名，保伍中三丁籍一，十月农隙聚教，正月散，人日给钱一百，米二升"[4]。皖南遂安教场为明万历三年（1575）间所建，据《遂安县志》记载，万历三十八年（1610），韩侯晟大申在此整备训练，"于农隙率民壮及周童宋三兵各立部署，亲临操阅，甄别其技击"，使得军队军容整肃，士气大振，操练期间，"观者如堵，邑人侈为盛事"。[5]明代杭州、海宁等地卫所、教场、演武场，每年于农隙操练，分春秋两个时段，"岁以春二月初一日开操，五月初六日止。八月初一日开操，十一月十六日止，屯田官军务在不旷征徭，不失军饷，农隙之时，不废操练"[6]。秋冬季节，民间正处于农闲季节，组织乡民练兵不违农时，在时间上也有保证。秋冬农作大多已完成收获，练兵场不会对农田作物造成损害，同时，秋冬季节干燥凉爽，雨水

[1] 成惕轩：《汉唐兵制之研讨》，《曙光》1947年第1卷第5期。
[2] 贾康、史卫、刘翠微：《中国财政思想史》，立信会计出版社2018年版，第157页。
[3] 冯汝弼修，邓韍纂：《常熟县志》卷3《兵卫》，明嘉靖刻本。
[4] 王昶等：《直隶太仓州志》卷23《兵防》（上），清嘉庆七年（1802）刻本。
[5] 韩晟等修，毛一鹭撰：《遂安县志》卷3《武备志》，明万历四十年（1612）钞本。
[6] 刘伯缙等修，陈善纂：《杭州府志》卷36《兵防志》，明万历七年（1579）刻本。

较少，气候适宜练兵。

(二) 国术传承

民间武术在乡村社会有着持久的生命力，乡民于农暇时期开展武术活动，除了强身健体，也有着一定的社会功能。

其一，能够增强自卫能力。明代以前，真如在嘉定县东境，地处偏僻，百姓多练武术以强身，保护地方安全。如明嘉靖年间，甘雷、高相率众抗倭获胜即为一例。"众多的习武者中，有少数应武举入军界……民国以来，真如镇民，农村村民习武术，练武功者仍不乏其人。域东太平桥，域北横港，习武者尤多。"中共地下党也曾在大李家宅民校开设武术课，借习武组织群众。[1] 清咸丰年间，社会动乱，湖州德清县塘泾一带，民间出于自卫，下渚湖畔的湖上山村民们，常自发购置刀枪，从仁和县獐山请来拳师，利用农闲举村投入练武。经过锻炼，该村的男子基本学会一二套拳术本领，从而增强了防卫能力。[2] 在江阴等地，"乡民每至春二三月，必举行侲神赛会，其时必有约期拳斗之事"[3]。民国初年，南陵县距城较远的山区、圩乡，土匪猖獗，一些士绅、富豪为了自卫，各自设立了国术所，延请拳师教青壮年习武。[4] 无锡锡山前洲镇，先前的群众体育以习武强身、保家护院为本，习武者以拳术、舞刀弄枪为主，练武或承祖传，或请拳师教练。[5] 乡民在农暇时通过有组织的武术活动，提高了乡村的自卫能力。

在外敌入侵、民族危难之际，乡民组织起武装团体，武术活动演化为保家卫国的抗敌运动。湖州吴兴县于1929年创建国术馆，"并以吴兴人民，素来文弱，乃组织国术演讲会，借以唤起民众注意国术"，在日军发动九一八事变入侵东北之后，乡民爱国热忱高涨，国术馆"复组设刀枪班，以应时势

---

[1] 许洪新主编：《真如镇志》，上海社会科学院出版社1994年版，第174页。
[2] 钮志芳：《塘泾一带的武术活动》，《德清文史资料》第3辑，中国人民政治协商会议浙江省德清县委员会文史资料研究委员会1990年3月编印，第227页。
[3] 贺天健：《技击回忆录》，《申报》1898年10月28日第3版。
[4] 王芳：《本县民间武术暨曲艺种种》，《南陵县文史资料》第9辑，政协南陵县文史办公室1989年编印，第111-112页。
[5] 张岳根主编：《前洲镇志》，江苏人民出版社2002年版，第456页。

之需要"。[1]抗战期间,浙东地区将冬防工作与抗日斗争结合,动员民众,培养民间武力,巩固抗战力量,以驱逐敌寇,收复失地。[2]

其二,民间武术活动也是乡民休闲娱乐与互动交往的方式。在德清县塘泾镇,人们把锻炼武术俗称为"打拳",各村的组织名曰"拳会",武术表演所用的船只叫作"拳船",清明庙会前夕的水上表演称作"亮舫",形成了一整套民间武术练习与表演的组织,在农闲或重要节日进行表演角逐:

> 每当农历清明节,塘泾市集上有传统的庙会,是当地一年一度盛大的商业集市。各村的拳会都在庙会上作公开表演。他们将两艘大船并连在一起,上面铺着木板加固,作为水上流动的练武场。船上陈列着各式兵器,彩旗招展,唢呐、锣鼓齐鸣,还有古代武术装束的少年,威风凛凛地站立船的两舷,壮年人就在船中心各显身手:叠罗汉、举石鼓、抛钢叉、舞流星、使枪弄棍,五花八门的拳术套路轮流献艺。两岸观众人山人海,接连燃放鞭炮,鼓掌欢呼,船上的少年们同时呐喊助威,气势十分壮观,呈现着民间武术活动的热烈盛况。[3]

同时,各地的武术团体既相互交流,也暗自竞争,武术团体的自卫功能在节日庙会的集会游艺中演化为表演技巧:

> 各拳会在献艺中互相观摩,都希望自家的武艺水平得到精益求精,能超人一筹。于是各自设法到外地寻找高明的教师爷……各拳会学武,原来是为了自卫防范,就此倾向形式上的表演技巧了。他们把船上功夫转为陆地广场献艺,由原来只在本乡本土活动,扩大到大城镇去作表演。有的市镇每当举行庙会,还特邀各乡拳会前去参加,到时观众云集,各拳会也就远近闻名。[4]

---

[1] 《湖属六县自治状况》,《湖社十周年纪念特刊》,1934年6月编印。
[2] 徐梦:《战时冬防问题》,《胜利》1941年总第112期。
[3] 钮志芳:《塘泾一带的武术活动》,《德清文史资料》第3辑,中国人民政治协商会议浙江省德清县委员会文史资料研究委员会1990年3月编印,第227页。
[4] 钮志芳:《塘泾一带的武术活动》,《德清文史资料》第3辑,中国人民政治协商会议浙江省德清县委员会文史资料研究委员会1990年3月编印,第228页。

民国时期，宜兴周铁镇有武术爱好者甩石锁、举石担、摘石笋、打拳、舞剑，冬练"三九"、夏练"三伏"。常熟移民聚居的自然村练武比较普及认真，主要为防身护家和健体。"一到冬闲，体育运动爱好者就聚集于村中空地上戏嬉、练武，什么蜈蚣弹、跳骆驼、拿大顶、跳步槛、地扫帚、虎跳、空心跟斗等花式繁多，前庄町的石锁爱好者能隔着河浜将石锁你甩给我，我甩给你。"[1]江阴西石桥、利港镇等地区，青壮年乡民经常以打拳、甩石锁、举石担等武术活动来锻炼身体。甩石锁较为普遍，并发展出具有特色的招式，如面花、备花等。各地均有自身的特色项目，"如三宝村的高跷、前横村的连环棍、张家丹的武术、寺背后的舞马义等均较为出名，一般在庙会或菩萨出会时进行表演"[2]。乡民们农暇时通过武术活动强身健体，愉悦身心，并深化了相互之间的交往联系。

二、近代异变

（一）邻里守望

历史上的江南地区民风轻悍，自先秦至东晋，位于江南腹地吴越地区的民众即"崇尚好勇斗狠，鄙视恻隐忘仇"[3]。但史书记载大多为轻死易发或骁勇善战的豪侠勇武之士，普通百姓之所以尚武，原因是当时长三角下游地区水患频仍，经济落后，匪患丛生，民众为了拓展生存空间，必须崇尚武力。及至近代，局势不稳及盗匪横行，乡村即于农暇时期组织武力以防匪自卫，守望相助。其方法为在农作收获之后的农闲季节，"聚集丁壮，昕夕训练，保卫桑梓，既靖内匪，兼弭外侮，有事团集捍御，无事各安农种"[4]。晚清，江南一带倡行举办地方团练，其目的即为防匪自卫：

---

[1] 郭海泉主编：《周铁镇志》，凤凰出版社2008年版，第462页。
[2] 潘炳尧主编：《西石桥镇志》，苏州大学出版社1994年版，第308页；陈卓文主编：《利港镇志》，苏州大学出版社1997年版，第373页。
[3] 孙中旺、刘丽：《苏州通史·秦汉至隋唐卷》，苏州大学出版社2019年版，第243页。
[4] 《请兵设防》，《申报》1894年11月26日第2版。

江南民气柔脆，村镇无圩自固，即设水陆档栅，仅杜鼠窃，纵内无窝藏，而水路处处可通，盗贼驾舟往来，多持火器，四邻畏凶焰，噤不发声，任其饱掠而去……近日滨湖一带相约帮捕盗，风稍戢，今游兵散勇会匪之外，徐海又增失业之灾民，苏松时有贩私之枭党，闾阎之望治，较前尤亟，倘官为劝导，奖已能，勉未至，小民尽喻，守望相助之，可保身家，靡不乐于从事。各举公正乡董募练丁壮，巡逻察奸，富者输资，贫者效力，一处有盗，众练集捕，退后者示罚，获盗者给赏，农隙之候，勤加训练，俾知赴义，若报私雠，则御小盗而有余。其水道纵横，确非练丁力所能及，专赖杉板飞划，周流巡缉，遇盗便捕，与练丁相犄角，此乃周礼连比之法，寓兵于农之大略也。[1]

民国时期，政府利用乡村民力办理保甲团防，以维持乡村的治安。1934年，浙江湖州吴兴县全县常备队384甲，内联合甲115甲，单独甲17甲，现役团丁计4 973名，其训练办法，系利用农隙，由军训助理员，督率训练。[2]保甲制度除建立常备队以外，各地亦办理冬防，此为临时性地方保卫组织，在冬季农闲防范盗匪。其办理的方式，既有政府的强制推行，亦有民间自发性的举办。上海松江张泽镇于光绪三年（1877）在痘神庙设立冬防局，"每岁十月朔日至次年正月底，为防务时期，光绪二十年改名团防，旋又复称冬防"[3]。1918年起，常熟森泉镇成立保卫团。团丁每年临时招募，一般20人左右。他们在每年秋天至翌年3月期间巡逻放哨，进行冬防。[4]20世纪20年代前后，无锡以交通便利，五方杂处，游民日众，奸拐窃盗等案已较往年为多。为此，1922年冬至期间，无锡筹办冬防。[5]松江在1934年冬季办理冬防，"时届冬令，盗窃绑架之案迭出，此间各区乡镇，均纷纷招募保卫团举办

---

[1]《整顿保甲巡防章程》，《申报》1898年10月28日第3版。
[2]《湖属六县自治状况》，《湖社十周年纪念特刊》，1934年6月编印。
[3] 封作梅补辑：《张泽志》，《中国地方志集成·乡镇志专辑》(1)，上海书店出版社1992年版，第524页。
[4] 陶钟朴：《森泉镇志》，立信会计出版社2000年版，第146页。
[5] 逸：《冬防》，《无锡新报》1922年11月20日第3版。

冬防"[1]。民国时期，南翔的民办治安组织，有自卫队、义务警察等，都不超过60人，且以冬防为主。[2]冬防不仅在城镇举办，在乡村亦行筹备，1933年无锡北夏人称："城里的冬防已经加紧准备了，我们乡下也要准备哩。"[3]1935年冬，《新北夏》刊载《年关已到，冬防要紧》的文章，号召筹备冬防，各村轮流守夜：

> 因为年成不好，一到冬天，时常要发生抢案；如果大家早点预防，联络附近村巷，轮流守夜，合作防备，坏人便不敢来了。现在筹备冬防的地方，已有新下、周巷、大同桥、杨家庄等几处，希望各村巷大家都来组织，人多了，就可以发生很大的力量。[4]

举办冬防，目的是防范盗匪，秋收后，农民仓廪充实，容易引起盗匪的觊觎。"新谷登场后，农家半年劳苦的代价，统由田亩中收藏到家里。古语'秋收冬藏'，是指明农民享乐的时候到了；不过，这也就是农民最需要自卫的时期。"[5]近代内忧外患造成的社会危机，导致社会矛盾加剧，战乱频仍，外部局势的变化对乡村社会与乡民生活产生冲击，冬防为治标之策，并不能防止匪患的发生。"每年到了冬天，各地例有冬防之举，这本是治标的方法，因为堕落的人，一时不容易挽救，只能就安分良民，加以保护。如果像平时的任其自然，那末农人一年辛苦的所得，不难于顷刻间化为乌有。"[6]

三、盗匪防范

晚清民国时期，社会动荡不安，江南地区的盗匪层出不穷，且多于秋冬农闲时期作案。其作案的手法多样。

一是绑票。湖州长兴和平镇张古村施松琴之子施阿六，1929年10

---

[1]《松江办理冬防》，《民报》1934年12月6日第5版。
[2]钱乃之主编：《南翔镇志》，上海人民出版社1992年版，第154页。
[3]《冬防要紧》，《新北夏》1933年第27期。
[4]《年关已到，冬防要紧》，《新北夏》1935年1月1日第3版。
[5]《保卫地方实行冬防》，《新北夏》1933年12月1日。
[6]《冬防问题》，《吴江》1926年总第216期。

月 14 日被匪结伙架去。绑匪向家属"催速送洋六千元,赎回施阿六,并说如延不赎,即行撕票……该匪徒催促事毕,出原路回,到宜桥相近,忽遇县保安团团丁八人放哨,匪先开枪,团丁还枪,双方激战,匪不支,即过宜桥东兜往吴川坞逃逸"[1]。在秋冬季节,此类恶性绑票案件,层出不穷。1929 年 11 月,嘉善俞北地方,农民方友如妻弟朱柏官(九岁)被绑匪绑架并被杀害。[2]嘉善西塘农民浦二官之子被十余绑匪绑票。[3]

二是抢劫盗窃。如昆山游匪,横行乡里,抢劫绑架之事,几乎无日无之,甚至一夜发生数起。"受害最烈者,常推农民,因为农民恃田为生,安土重迁,且散居各村落,不能自卫。然匪徒抢劫之目的物,法币米麦等而外,虽一猪一鸡,亦未能幸免,而牛尤为匪徒所垂涎。农民以牛经抢去,无力复购,且将无以耕作,故于农隙之际,相率牵至附近镇上,寄养人家,但转瞬春耕即届,在事实上不能不将牛牵回,以资耕作。"[4]上海乡间,"自遭江浙战祸后,凡县属各市乡间之当地流氓,勾结土匪,串同已革兵警,乘间窃发,骚扰乡村,其一二年中,种种危害不可枚举"[5]。

三是开设赌场。上海青浦的枪匪头目施逢春,于农闲时"在石塘镇上开设赌场,引诱农民堕其陷阱……远近数十里间,趋之如鹜"[6]。上海乡村地区的流氓土匪,"每在春令及农隙之时,广收徒党,开场聚赌,诱引年轻农民入局,将终岁辛勤所得汗血之金钱,为孤注之一掷,迨至囊橐空虚,遂向彼等借款图赢,任其盘剥。此项借款名曰四还五,农民堕其彀中,莫不倾家荡产,闻一年来实不知凡几也"[7]。

盗匪作案的时间以冬季农闲为多,地区以偏僻的乡村更为频繁,社会动荡与乡村的贫困化是罪案发生的根本原因。1932 年夏,时为复旦大

---

[1]《土匪持枪催赎肉票》,《新闻报》1929 年 11 月 7 日第 9 版。
[2]《小孩被绑撕票》,《新闻报》1929 年 11 月 7 日第 9 版。
[3]《北乡又出绑案》,《新闻报》1929 年 11 月 7 日第 9 版。
[4]《昆山四乡已成盗匪世界》,《申报》1940 年 2 月 23 日第 8 版。
[5] 实秋:《丝茧区域之弭患问题》,《申报》1926 年 5 月 5 日第 19 版。
[6]《石塘赌场》,《申报》1873 年 12 月 2 日第 1 版。
[7] 实秋:《丝茧区域之弭患问题》,《申报》1926 年 5 月 5 日第 19 版。

学社会学系学生的梁绍文在暑假期间对宁波鄞县浙江第二监狱进行了实地调研，针对盗匪作案的特点及原因进行了分析。罪犯作案的时间多在秋冬农闲季节，究其原因："冬季因饥寒，年关等等的压迫，使他们易向罪恶之途，唱着进行曲。"作案时的天气，"以晴天为最多"。在罪案发生的区域上，盗匪在乡村活动更为频繁，"在鄞县城内，这五口通商的宁波，因为商务的发达，可以有多量的军警保护，而乡村却就因缺少军警的缘故，所以常常发现盗劫等罪恶"。作案罪犯年轻力壮，因社会没有给予太多的出路，于是铤而走险。罪犯入狱时的年龄，"要算21岁到35岁的最多，这大批的强盗，大致多利用他们天赋的壮力，去做这种反社会的坏事"。生活的压迫，是罪犯走入歧途的最根本原因，"许多之人，之所以做强盗，犯罪，他们也很知道这是不道德，反社会的行为，但是因为家徒四壁，生活为难，饥不得食，衣不能御寒……种种环境影响的结果，为了要求生存，不得不铤而走险"。[1]

关于冬季多盗案的原因，《申报》编辑徐忍寒在1920年根据当时的经济与社会现状，进行了比较全面的分析：

（一）饥寒交迫。我国百业不振，游民独多，乞丐尤甚。衣则鹑衣百结，捉襟见肘，甚或一丝不挂，仅以蒲席麻袋聊蔽形体者；食则残羹冷饭，或有或无；住则随处露宿，既无屋宇之庇，又乏被褥之温。平时奔走吃食，尚可苟延残喘，一届隆冬风雪交侵，饥寒互迫，爰萌不轨之念，走入绿林。冬季多盗案，此殆其主因也。

（二）苛征困民。年来百物腾贵，农民生计不足，借贷农本；富户取其重利，典质衣物；当商取其重利，赊购肥料；市价取其重利，层层剥削，已足病农。加以雇用帮工，则工膳较昔倍昂，岁暮还租，田主又少加体恤，故每值丰年，尚虞不给，若遇凶岁，何以为生。而劣董之鱼肉，田保之叫嚣，催征之暴横，尤以冬季为甚，始焉索其贿赂，终则加以缧绁，且迟纳屡收小费，逾限加重罚金。是故懦而无能者尚肯坐以待罪，强且有力者势必铤而走险。冬季多

---

[1] 梁绍文：《五十个强盗——浙江省第二监狱罪犯调查之分析》，佛子书屋1932年版，第32、34、39-40、156页。

盗案，此亦其要因也。

（三）岁收时期。我国自古即以农立国，人民恃农产为生，故会计年度亦自春而至冬。一届冬令，农家则专事收获，以储三季之粮食；业田者则踊跃收租，以备一年之需用；营商者则四出讨账，以计一岁之盈亏；官署则征收忙漕，以供地方或中央之政费；当此公私收入丰旺之际，彼饥寒交迫、命危旦夕之乞丐难民等见有可以维持生命之财货，亦不顾强盗之干法，先取以活我。冬季多盗案，此亦其一因也。

（四）闲暇赌博。我国工业不兴，农民冬季收获以后，闲暇无事，逸则生邪，茶烟酒消耗以外，更事赌博，甚有质物以购彩票，典产以图孤注者。而一般赌棍因知农民冬季收入余裕，咸思染指，多方局驱，必至囊括无余，而后止。乡愚一旦废票，满担家产典尽，债户交逼，谋生乏术，无以度日，流面为盗，比比皆是……冬季多盗案，赌博亦其一因也。[1]

针对秋冬农闲盗案多的现象，基层组织多采取防范与会剿两者结合的措施治理盗匪。以乡民互助为特征的冬防是传统的防盗办法。光绪五年（1879）接任长兴四安镇巡检的华亭人朱镇，为巩固治安，在光绪十九年（1893）向乡村地区颁布了明白易晓的《六言示录》十六条，其中乡村冬防的办法措施如下：

当此冬防紧急，无分土客棚民。凡有不明来历，互相盘诘认真。
齐备梆锣木棍，轮流支更惟勤。山僻畸零烟户，就近联络庄村。
苟闻盗贼窃发，同仇截拿成群。毋得推诿坐视，各乡实事奉行。[2]

联合乡民的力量防盗捕盗，是实施冬防普遍采取的措施。光绪十八年（1892）任长兴知县的尹丽枢，将过去弭盗规章中的"闻警鸣锣"予以彻底施行，亲自捐钱置买竹梆，挨村分发给乡村百姓，要求民众充分利用竹梆鸣警，联合防盗捕盗：

---

[1] 徐忍寒：《冬季多盗案之研究》，《申报》1920年12月29日第16版。
[2] 朱镇：《长兴志拾遗》卷下《风俗》，清光绪二十二年（1896）刻本。转引自冯贤亮：《明清江南的州县行政与地方社会研究》，上海古籍出版社2015年版，第427页。

> 各乡大村公议耆民二人,立为村长,小村立村长一人,每十户立牌长一人,不及十户者就近联络一二村,立牌长一人;除力能置锣之户闻警鸣锣外,每户计丁制梆,约长三尺余,坚木作杆,安放床头,遇有盗劫,无论老弱男妇,随手猛击;一家击梆,家家应之,一村击梆,村村应之;霎时梆锣齐鸣,声达遐迩,盗匪虽凶,未有不仓皇而遁者。[1]

冬防的办法延续到民国时期,形式上多由政府于农暇时编练地方民众组成保卫团,由保卫团肩负冬防的责任。1932 年颁发的《江苏省各县保卫团训练大纲》规定:"除临时保卫团外,各县常备团士,应于每年十一、十二月,及一月、二月、三月之间,由各县自行选定三个月为训练时期。"[2] 在训练时间上基本安排在农闲时期。昆山徐公桥自治试验区,全区有团员八十余人,农隙之余,夜则出防,日在操演。[3] 预备之组织亦系县设大队,区设中队,乡设分队,各保则设支队,各队于每年农隙时仍有相当之训练。[4] 绍兴训练全县壮丁,已由县府决定于十月间开始举行,因是时各乡农产均已收获,已为农闲时期,抽调壮丁,不致妨害农务。[5]

江南乡间的保卫团对匪徒能起到一定的震慑作用,但由于实际组织和训练过程中的形式主义、贪污腐败,保卫乡里的实际效果要大打折扣。1934 年,浙江省第六特区行政督察专员黄人望提出在办理农务的基础上,合理利用民力,进行冬防训练。他认为:"农家田务与农工,均有一定之支配,而收种又有一定之时间,非人为所能改移,役之不以时,则影响于农务必非浅鲜,后备队之训练,虽不可缓,而农务亦不可不为之顾及,况当此农村经济崩溃之际,农民工作,稍有贻误,其为害必有不堪设想者。"[6] 黄人望提出的观点实际上是看到了编练保卫团过程

---

[1] 朱镇:《长兴志拾遗》卷下《风俗》,清光绪二十二年(1896)刻本。转引自冯贤亮:《明清江南的州县行政与地方社会研究》,上海古籍出版社 2015 年版,第 429 页。
[2] 《江苏省各县保卫团训练大纲》,《江苏省政府公报》1932 年总 1063 期。
[3] 《徐公桥乡村改进试验区一瞥》,《大公报》(天津)1934 年 9 月 13 日第 11 版。
[4] 《苏省保甲制度实施二年全部编竣》,《大公报》(天津)1935 年 11 月 27 日第 10 版。
[5] 《绍兴训练全县壮丁》,《申报》1936 年 7 月 7 日第 10 版。
[6] 黄人望:《训练后备队应于农隙时抽调集中案》,《浙江保卫月刊》1934 年第 7 期。

中的种种不良积习与弊端。1933年,江苏省做了保卫团一年训练的教训总结,指出了冬训存在的各种问题,其中对普通民众来说,"军事训练之于苏省,是不受欢迎的……指定一个露天的地点,定了每日上课下课的时间,叫附近各乡村的务农壮丁,按日按时,远的要走一二里,近的也要走百步五十步,自动地到训练场,训练时又缺乏枪械武装等的设备以唤起其兴趣"。在受训的人员上,根据统计资料,受训团士数与编订团士数存在差额,且该现象比较普遍,上海、昆山、吴县等地皆然,如昆山编订团士数量为1702人,实到人数1299人,缺额竟达403人。而句容缺额更甚,其报告上说:"查此次秘查,该县普训结束,人数到者,不能及半数。"[1]面对种种弊端,时人在报纸上公开提出反对在乡间办保卫团:

> 近来乡中情形如旧,我们的工作亦如常,惟保卫团之组织,亦逐渐表现在我们的眼前,起初我对保卫团的组成是表赞同的,因为我到此间之后,第一感觉即是此地民性太懦弱了,应有这类组织以激励之,所以从前团主任到来之时,我很兴奋,然而这兴奋是逐渐地低下以至失望,并不是我没有忍耐性,或是对保卫团的主张失望,实在我是觉到现在政府办事是不会好的,保卫团的事亦将从他们的手里失败。他们是十月里来组织的,把名单抄去之后,一直没声没息,到本月十六日教练突然惠临,召集乡民说了几声话,约了二十日开始训练,就此完结回去,虽然乡民有些苦衷要表白而他们是不顾地去了。这日过后乡民们都提心吊胆地盼望二十日的训练,自然被拉为团丁的都是日抛去工作静待训练,可是他们自早至午,自午至晚都等不到教练老爷,开场炮即这样,你想有好结果吗!我是早已看出了官老爷这是照旧的以敷衍办保卫团的事而表失望,到现在是反对的,反对的理由有:(一)是扰乱乡村治安,因为自名单抄去之后,被选的都好像是大难将临地提心吊胆,没有被选的亦是岌岌自危,然而在乡村里办新事业,大概都会起这种反应

---

[1] 赵正平:《一年来保卫团训练上之最后教训》,《江苏保卫团半月刊》1933年第2卷第1期。

的,倘事业有成功的把握,这不安的会有明了的一天,而保卫团之事既以敷衍办理,自然这扰乱是不会有理解的。(二)徒增乡民的负担……(三)或许是诲盗之事……[1]

乡民对于保卫团工作的消极怠工,政府实施乡村保卫团的组织不力,执行具体工作的基层人员吃空饷,中饱私囊,腐败积习严重,保卫团实际训练效果与防治盗匪的作用大打折扣。

《申报》编辑徐忍寒认为,保卫团于防范盗匪而言为消极的措施,要从根本上根除匪患,要将整顿冬防与取缔赌博、拯民疾苦、加强社会治安等措施结合,同时要从基层治理出发,采取积极的措施,如政府筹划兴筑道路、实行造林等公共措施,鼓励民间传习手工艺,展览农具农产,等等,使农民在漫长的农闲时期有事可为,生活有所保障,才能根除匪患。[2]但在当时国贫民弱、内忧外患的情形下,这仅仅是知识分子的一厢情愿。解决匪患问题,还要在社会制度上实行根本的变革。

---

[1] 易又臣:《办保卫团——由赞成到反对》,《农林新报》1933年第10卷第27期。
[2] 忍寒:《消弭冬季盗案之管见》,《申报》1920年12月30日第16版。

第二节　农隙修学

教育要以闲暇为基础，从词源来看，英语中的学校（school）一词本意即指休闲。[1]传统中国以农立国，耕读传家是乡民所追求的一种理想的生活图景，乡村教育主要于农事较少的时期举行。《周礼》有言："为民三时务农，将阙于礼，至此农隙，而教之尊长养老，见孝悌之道也。"吴家镇详细论述了古代教育的要求与特征："须俟教者与受教者，在衣食解决之后；在农事完竣之后；在礼仪修明之后。故教育一事，系在闲暇时期，始设施之。"在衣食解决之后，谓之"富而后教"。《论语·子路第十三》："子适卫，冉有仆，子曰：'庶矣哉！'冉有曰：'既庶矣，又何加焉？'曰：'富之。'曰：'既富矣，又何加焉？'曰：'教之。'"《四书集编》引朱注云："富而不教，则近于禽兽，故必立学校明礼仪以教之。"在农事完竣之后，即"农隙修学"。《尚书大传》卷五："新谷已登，糵锄已藏，祈乐已入，岁事既毕，余子皆入学。"[2]农隙修学为千百年来中国农业社会所形成的传统，近代以来，崇文重教的江南地区沿袭这一传统，随着近代思想在江南地区的传播，江南地区民众的农暇生活在文化教育方面又有新的特征。

一、文字下乡

（一）农民识字教育

近代中国仍然处于农业社会，乡村的识字率普遍较低。民国学者龙

---

[1] 皮柏：《节庆、休闲与文化》，黄藿译，生活·读书·新知三联书店1991年版，第92页。
[2] 吴家镇：《古代教育实施于闲暇时期考》（续），《大公报》（天津）1935年8月5日第11版。

发甲估计，近代中国的乡村人口，能识文字者，其数恐不到百分之十。[1]根据地方志记载，上海松隐地区清末民初文盲率达96%以上，妇女文盲率更高。[2]上海嘉定娄塘镇，民国年间，文盲或半文盲占绝大多数。[3]开风气之先的上海地区尚且如此，江南其他区域乡民的识字程度可见一斑。

近代江南地区乡村的识字教育运动始于清末新政，"当局为筹备立宪，而忆及人民智识缺乏，识见鄙陋，于是有简易识字学塾运动之举，借以增加人民知识，扩大人民见闻"。简易识字运动的目的是使一般人识字，为近代乡村教育最早的雏形。民国初年，在教育部长蔡元培的倡导下，乡村实施通俗教育，于乡村地区普及文化知识。1927年国民党定都南京之后，根据孙中山"必须唤起民众"的号召而倡导实施民众教育运动，通过开办乡村教育，在大学设立民众教育科培养乡村教育的师资，面向社会建立民众师范学院及实验民众学校等措施，促进民众教育的开展。在江南地区影响较大者有成立于1927年的晓庄师范，中华职业教育社于1928年在昆山徐公桥设立的乡村改进试验区。[4]识字运动成为"教育界最为时髦的一件工作"[5]。乡村师范及试验区，除了教民众识字之外，意在从经济、文化、生活等方面实施整体的乡村建设与改进。

江南乡村的识字教育以政府倡导和民间办学相结合。1929年国民政府农矿部颁布《农民识字运动大纲》，规定各省市乡镇成立农民识字委员会，经费由各地方筹集；采取画报、标语、传单、演讲、小册子等形式进行农民识字运动的宣传；同时要求各地农民识字运动委员会开展农村识字程度及农村学校调查，详细考察农民的农忙和农闲时期；成立农民夜校、农民半日学校或补习学校，开展农村识字运动；识字运动的主要教学科目包括普及应用文字，以三民主义为中心的政治教育以及生产

---

[1] 龙发甲：《乡村教育概论》，商务印书馆1937年版，第27页。
[2] 黄佩莪主编：《松隐志》，上海人民出版社1991年版，第201页。
[3] 罗宏运、倪福堂：《娄塘镇志》，生活·读书·新知三联书店1992年版，第246-247页。
[4] 赵质宸编著：《乡村教育概论》，著者书店1933年版，第16-21页。
[5] 张沪：《张宗麟乡村教育论集》，湖南教育出版社1987年版，第274页。

生活常识;授课时间主要安排在农暇时期;同时设立图书馆、巡回书库、报刊阅览室、演讲所等辅助机关;开展农产品及农用机器展览会等。[1]1947年前后,上海市教育局为普及教育,提高民众识字率,决定于每一里弄村庄或棚户区域,设一民众学校,即以该地名称命为校名。施教方针,除以识字教育为主外,将视学生性质确定教材,上课时间,亦视学生便利而定。"郊区村庄可在农闲时上课,但每学期授课时间,不得少于二百小时。"[2]旨在利用乡民的农暇时间,普及文化教育,提高乡民的识字率。

1930年开始,上海地区实施大规模的识字教育,"识字运动拟俟农闲再行召集委员会筹备举行……决定七月间召集委员会讨论一切进行办法"[3]。乡村推广识字教育多在农闲时期举行,至1935年,上海全市设在乡区的农闲学校共210所,统计分布如下:虬宝区五校,邑庙区十校,漕泾区十校,中华区八校,吴淞区八校,蒲淞区二十校,高桥区十校,引翔区十校,洋泾区十校,陆行区九校,杨思区十校,其美区五校,大统区十校,真如区十校,法华区十五校,高昌区十五校,高行区十校,文庙区五校,塘桥区七校,彭浦区十校,殷行区十五校,江湾区八校。[4]江苏金坛,1935年开始推行识字教育,全县有识字班538个;1941年要求各完全小学在农闲之际设立民众夜校,各乡镇处及小学设置民众代笔问字处。抗日民主政府在城东、西岗、建昌、儒林等地兴办夜校和识字班,教民众识字、唱歌,开展抗日宣传活动。[5]在开办农闲学校的过程中,各地除了固定的农闲学校之外,另开设巡回农隙农业补习学校,由高、初级农职学校毕业生,受农学院或农业专科学校之指导,往各乡村直接指导农民,于农隙时授以农业科学化的常识,并授以识字及公民训练。[6]江阴青阳镇在1935年开设江阴县立悟空农民教

---

[1]《农部厉行农民识字运动》,《申报》1929年1月13日第11版。
[2]《本市各里弄村庄拟均设民众学校》,《申报》1947年1月27日第7版。
[3]《上海县政会议纪》,《申报》1930年5月27日第14版。
[4]《本市第三期市立识字学校开课》,《时代日报》1935年12月14日第4版。
[5] 岳金海:《金坛县民国时期的民众教育》,《金坛文史资料》第7辑,中国人民政治协商会议金坛县委员会文史资料研究委员会1989年12月编印,第74—75页。
[6]《全国职教大会》,《申报》1934年12月11日第14版。

育馆，推广民间识字，在青阳集镇和蒋家圩等处开办民众夜校，教农民识字，以农用杂字为主要教材。[1]

识字教育也是平民教育运动的内容之一。1924年，上海松隐地区开展"平民教育运动"，松隐中心小学一度办过平民夜校。1935年，江苏省政府颁布《各县实行强迫识字教育初步办法》，松隐镇成立"普及教育委员会"，松隐中心小学办起民众夜校（识字班），各乡村初级小学也兼办民众夜校，时有8所夜校，学员340人，教师由小学教师兼任。1947年，松隐中心小学又办过1个民众识字教育（夜）班，学员20人。[2]1924年6月，嘉定县公立第三小学和娄塘教育实进社合办过平民夜校，1年后有28人结业。1929年，全县掀起识字运动，曾设民众学校16所。1937年，各乡镇各学校奉令举办识字班。当时全县开办200余班，学员11 800人。娄塘中心校及所属区校大部分亦举办识字班。1946年9月，娄塘中心国民学校共办4个识字班，报名学员234人。4个月后，结业人数61人。另有一所国民学校开办1个识字班，学员54人。至1948年上半年，娄塘中心校区共有12所学校，开办16个民众识字班，学员人数为683人。其中在本乡内的3所学校，娄塘中心国民学校办3个班级，学员141人，娄塘国民学校办1个班，学员55人，陆渡乡中心国民学校办2个班，学员107人。[3]1935年，江阴利港镇在龙王庙利用农闲开办民众学校，对18—45岁的壮丁进行扫盲识字教育、军训及时事教育。[4]民国苏州籍小说家包天笑以文学手段描述了农闲补习学校的特点："且说自由村的朱村长，设立了很多的补习学校，教人去补习。不论是男是女，便是年纪大些的，也没有关系。尤其是在冬天，因为到了冬天，农家也有空闲一点了。"[5]

农闲学校的教员，一部分为城市知识分子，一部分为兼业教书的农民。宜兴钱松嵒的父亲是乡下的教书先生，他回忆道："父亲有时还要脱

---

[1] 季震宇主编：《青阳镇志》，苏州大学出版社1999年版，第398页。
[2] 黄佩莫主编：《松隐志》，上海人民出版社1991年版，第201页。
[3] 罗宏运、倪福堂：《娄塘镇志》，生活·读书·新知三联书店1992年版，第246-247页。
[4] 陈卓文主编：《利港镇志》，苏州大学出版社1997年版，第356页。
[5] 包天笑：《雨过天青》，《申报》1939年5月14日第17版。

了袜子亲自下田,当时所谓'冬烘先生'者,即平时亲自种田,到冬天农闲后再教书,因此我家农活较轻。"[1]部分农民很快适应这种农闲学校的生活。《新民众》刊载一个居住在惠山脚下的农夫自述:"晚上没有事了,就到王巷学堂里去,学学写字,打打算盘,听听故事,看看影戏,煞是有趣。"[2]农闲学校给单调落后的乡村生活注入了现代文化的生活气息。

(二)识字教育的途径

1.利用农会开展识字教育

近代以来的农会兴起于清末,在民国进一步分化与发展。农会的宗旨为进行乡村社会的改良,乡村教育为农会推行改进乡村的措施之一。1912年国民政府颁行的《农会暂行规程》规定:"农会应设冬期学校或补习学校于冬期农闲时招集附近农民教授农学大意。"[3]1925年颁发的《修正农会规程》第二十八条规定:"省县市乡农会应设冬期学校于冬期农闲时召集附近农民教授农学大意。"在此基础上,"开展冬期农作农产的展览会,陈列所如有改良之农具,改良之种子,长成之农品以及各种土质及肥料,作成浅近白话,标明各物之上,倘有不识字者,管理员可详为指导,每年冬期开会展览任人游观"。与此同时,"于空庙等公共场所开展半日学校"。[4]通过上述措施,在乡村开展识字教育,推广近代文化。

在举办乡村识字教育的过程中,上海等地区的农会开展了一系列的组织宣传工作,通过话剧、化装表演、谈话会等方式,宣传识字的好处,引导乡民接受近代教育。1935年5月的农界宣传日,上海沪南区农会及高行区农会,举行识字宣传游艺大会。沪南区节目为新农剧社之话剧、少年宣讲团之化装演讲及魔术等,高行区节目为中华口琴会之口琴、国术研究社之国术、培英小学之话剧等。其余各区农会均组织宣传

---

[1] 钱松喦:《皓首忆童年》,《宜兴文史资料》第9辑,中国人民政治协商会议江苏省宜兴县委员会文史资料研究委员会1985年12月编印,第66页。
[2] 范同会:《一个农夫的自述》,《新民众》1930年第4期。
[3] 国民政府农林部:《农会暂行规程》,《申报》1912年10月5日第1版。
[4] 歙民:《农会急宜筹备之各点》,《申报》1925年12月8日第13版。

队下乡宣传，同时在杨思区举行春耕运动大会时，开展识字宣传。[1]这些活动提高了乡民接受识字教育的意识。上海市农会在1935年发布了《告教界书》和《告农友书》。在《告教界书》中，希望在校的老师和学生广泛参与到农民识字教育运动中来；在《告农友书》中，则从提升国民素质、增强生活技能、普及识字的方法等方面倡导乡民习字。辑录文告如下：

> 亲爱的农友们，你们可曾知道，中国不识字的人数有多少，你们可能想到，那些不识字的人，是怎样的痛苦，你们更能想到，因为中国不识字的人太多，以致国弱民贫。据调查统计，大概在一百个中国人之中，有八十个左右的人不识字，这许多不识字的中间，农友就占了一大半，我们如果拿这种情形来同外国一比，自然是差得很远，因为在现在的世界上，再没有像我们中国有这样多的不识字的人……一个人不识了字，是怎样的痛苦啊，要写不能，要算也不能，普通的常识是不会知道的，国内的政治和国际的形势，更那里能够明了呢，就是自身的农事，如新的智识和新的技术，都无由而知道，无由而改良。为什么呢，因为这些都得要借重了文字的力量，才能知道，不识文字，就感痛苦。亲爱的农友们，不识字真是够苦的，像一个开眼的瞎子一样，农友不识字，就得不到种种新的农事智识，农业就永远地不会进步……现在本市识字运动，是在积极地开展了，这是我们不识字同胞的福音，也是占有不识字人数最多的我们农友大众之福音……希望亲爱的农友们，一致的起来参加这个运动，希望不识字的农友们，快快进识字学校去读书，这不单是使不识字的农友，增进了日常的智识和生活，并且是复兴农村，提高民族地位的一个重大关键，农友们，一致的起来吧。[2]

2.利用农民教育馆开展识字教育

农民教育馆为实施乡村社会教育的机关，向乡民普及文字是其实施

---

[1]《识字宣传周最后一日，今日为农界宣传日》，《申报》1935年5月7日第9版。
[2]《识字宣传周最后一日，今日为农界宣传日》，《申报》1935年5月7日第9版。

乡村教育与乡村文化改进的内容之一。农民教育馆开设农民补习学校以增进农民知识，置备娱乐体育器具以提高农民的精神生活。[1]1933年，上海县农民教育馆鉴于农民识字之重要，利用冬期农隙组织寒期读书会，定名为上海县第一民众教育区颛桥农民教育馆定期读书会。读书会以利用农闲增进读书兴趣、研究应用学术为宗旨，聘请有志愿精神的知识人担任指导，定期开展读书活动，取得了一定成效。[2]20世纪30年代，湖州地区筹设区立民众教育馆、中心民众学校、民众茶园，推广民众学校，举办社教成绩展览，举行社会调查，改进中小学教育，兼办民众教育。[3]1930年，上海外冈成立外冈民众教育馆，开办民众学校。1935年，江苏省政府实施"强迫教育"，外冈中心校及村校均举办过数届民众识字班。[4]1946年，江阴教育局指定江阴民众教育馆在城区恢复民众学校，开设3个识字班。1947年，江阴教育局规定全县国民学校恢复开办附设民众学校，并规定中心国民学校先行试办，然后普遍推开，招收12—45岁的失学儿童、青年、成人。至1947年年底，全县有成人识字班54个，妇女识字班10个；1948年，共开设95个班，学员3 526人。[5]宜兴县官林区农民教育馆创建较早，1933年春，吕宣扬继任馆长，在区公所内开了农民夜校，借沈来根处办起了"民众茶社"。是年暑假，县教育局任命他兼任亳渎小学校长，因此，连同农民教育馆也迁至亳渎村。他利用亳渎小学课堂，开办农民夜校，吸收亳渎和张五渎两村的青壮年农民（基本上是纯文盲）40多人，识字学文化。通过几个冬春的学习，取得如下成效："学员一般达到了初小水平，成绩好的有高小程度，能读报、看书（《岳传》《水浒》和《三国演义》等长篇历史小说），有18人能写应用文，其中8人还能写各种契约。人人会打算盘，有9个人会丈田，有5个人能为氏族公堂记账。学员胡富荣由文盲

---

[1] 龙发甲：《乡村教育概论》，商务印书馆1937年版，第40页。
[2] 《县农教馆组织农民寒期读书会》，《申报》1933年1月21日第13版。
[3] 《湖属六县自治状况》，《湖社十周年纪念特刊》1934年6月编印。
[4] 水浴主编：《外冈志》，复旦大学出版社1993年版，第315页。
[5] 翟耀华、吴文达：《江阴民众教育馆》，《江阴文史资料》第10辑，中国人民政治协商会议江苏省江阴市委员会文史资料研究委员会1989年9月编印，第108页。

到会写春联、契约,会丈田,替公堂记账。"[1]无锡锡山前洲镇于民国时期在浮舟村建立农民教育馆,1926年7月15日,蒋巷小学教员吴佩祥、毛养生在蒋巷村组织平民夜校,"入学者多数为农民、失学儿童,计60余人,每晚上课2小时。1933年,杨家圩办起民众学校……以识字明理为宗旨的平民学校相继建立"[2]。

3.形式多样的平民教育与识字活动

1934年,由马相伯、潘公展、陶行知等发起的中国普及教育会,意图在乡间推行识字活动与普及文化教育。教育的目的为发展国民基础教育,扶助人人识字明理,实行扫除文盲,提升生产自强能力,改良民众生活,启发民族意识,以达自给自卫爱群爱国之目的。教育内容方面:一是教以合作、农艺、筑路、建堡、公民、社会、自然、卫生等常识;二是宣讲历史上为民族争生存,为国家而牺牲之伟大人物的事实;三是解说国家现在地位和国际环境;四是提倡生活教育;五是施行地方自治的公民训练和组织;六是普及疗病有效方法等。在教学的体裁方面,适应乡村民众的特点,不限于读物,"民歌、山歌、田歌、说书、唱小调、留声机、收音机、电影、图画、标语等并用,三民千字课、人人读、老少通、均甚适用"。在实施的方法上也具有一定的近代性,如"特制教育车训练专员和小先生,将教育送上门去,开办流动教学民众识字班,用图画学识字,于极短时间内使识千字,可以看报读书,写信,记账"。受教育的民众,以成人为主,儿童次之。在开展教育的时间方面,利用乡村生活忙闲的规律,提出"要利用休闲时间,同时注意公民健康各项生活之指导"。针对乡村偏远的特点,专门设置了教育用车开展巡回指导,采取最经济、最迅速的方法以达到国民基础教育的普及。巡回车"除置浅近读物巡回指导,使人民受到相当智识,实行扫除文盲外,并备置留声机,收音机,玩具等,使人民能受到相当娱乐"。[3]中国普及教育会开展民众教育的方式新颖,贴近民众,于普及民众教育起

---

[1] 胡富明:《官林区农民教育馆活动片断》,《宜兴文史资料》第20辑,中国人民政治协商会议江苏省宜兴县委员会文史资料委员会1992年10月编印,第46页。
[2] 张岳根主编:《前洲镇志》,江苏人民出版社2002年版,第427-428页。
[3] 《马相伯潘公展等发起普及教育助成会》,《申报》1934年9月20日第11版。

到了一定的积极作用。

抗战时期,湘湖师范学校组织初级民校开展社会教育,其组织形式分为三类:一为家庭式民校,借民众庭院为教室,集合附近的青年乡民于一堂开展学习;二为学校式民校,和普通学校相似,多为成人班和儿童班;三为军训式民校,集民校学生于一处,编队分班,全日授课,每五日或一周休假一天,以便学生回家料理家务。此类民校为时短而精神团结,收效较宏。但民众谋生艰难,终日在校,妨碍其工作,因此,"初级民校的上课时间为五个月至六个月,利用农闲时间进行,每日上课二小时。除一部分妇女班在日间外,余均在晚间上课"。课程内容包括:"精神讲话或时事报告、国语、抗战常识、救亡歌曲、算学等。教材除自编抗战读本外,其他各科则请师范部教师拟定纲要,指导实习生选编。"[1]

知识界也利用文化的影响力,通过报刊等方式向乡民宣传民众教育,鼓励民众在农闲时期学习文化知识:"现在稻子收了,麦也种下去了,在这个时候,就应该到民众学校里去上学……农友们,何不在这个农闲的时候,上学去呢……晚饭之后上一二点钟课,再行睡觉,比较枯坐闲谈,不更有趣吗?"[2]而《农民们应利用农暇读书》一文,以通俗的事例道理介绍了农暇入学的好处和必要性,倡导各个乡村积极兴办:

> 现在秋收早过了,棉花也收完了,麦子也下种了,在农事上,可说正是闲暇的时候。凡是不识字的农民们,应当利用这个农暇的光阴,都去入平民学校,四个月就毕业,读完了四本农民千字课,认得一千多字,就能够写信,记账了,还能够学会珠算,这是多么有益的事情。若是村里没有平民学校,各村的村长和学董,应该趁现在大家都有暇的时候。想出法子去办,平民学校用款极少,校舍也很简单,并不难办,只要村长和学董们热心,就能办得成。若是现在不办,光阴很快,就到了明春,大家又忙种田,没有读书的工

---

[1] 周汉、张天乐:《杭州文史资料第16辑——陶行知乡村教育思想在湘湖师范的实践》,政协杭州市委员会文史资料委员会1992年9月编印,第129页。
[2] 焕:《农闲上学》,《新民众》1930年第4期。

夫，那时，再想读书，必须等到冬间，才有闲暇，不是白过了一年吗？农夫一生不过数十次的冬闲，经不了几次的耽搁哩。[1]

为了吸引乡村民众，提高学习效果，乡村民校采取了多样的教育方法："民校的教学方法，除口头演讲，实物观察，图画揭示而外，或开座谈会，进行小组讨论；或开展览会，供全村民众参观；或采小先生制，令程度较优的学生，推行教育于校外。"[2]而组织有序、施教有方的乡村学校，在民众教育中也取得了不错的成绩，一定程度上提高了乡民的知识文化水平。无锡开元乡第三师范学校附属农校积极组织农暇教育，制定了适合乡民特点的学习方式与教学内容，传播近代文化知识：

> 开原乡藕塘桥南面，张高漕地方，于前年（1922年）由第三师范学校创设附属农村小学以来，迄今已届五年，教职员热心任事，成绩斐然可观，且组织农余俱乐部，研究各种学科，近闻该俱乐部鉴于附近人民知识未开，年长失学者颇不乏人，乃利用农暇时间，创设农余补习学校，以每天晚间为教授时间，并定教科为四种，分国语、常识、农事、珠算四门。授业时间，以五星期为度……简章如下：（一）宗旨：本校利用农民闲暇时间，授以普通文字，灌输人生所必需之常识为宗旨。（二）定名：本校定名曰农余补习学校。（三）组织：本校为第三师范附属农村小学校农余俱乐部组织之。（四）教科：本校教科，分国语、常识、农事、珠算四科，国语每周约126分钟，珠算每周约84分，常识每周约105分，农事每周约105分，共计每周约420分钟，其各科教授细目另定之。（五）入学资格：无论男女，凡年在十六岁以上，均得入学。（六）纳费：学费用品一概不收。（七）教学时间：每晚上课两节，每节三十五分钟，自六时三十分起至七时五十分止，中间休息十分钟。（八）授业时间：自开学（阴历十一月初三）日起至休业日止（十二月初七）以五星期为度。（九）校址：暂

---

[1] 琳：《农民们应利用农暇读书》，《农民》1930年第6卷第15期。
[2] 周汉、张天乐：《杭州文史资料第16辑——陶行知乡村教育思想在湘湖师范的实践》，政协杭州市委员会文史资料委员会1992年9月编印，第129页。

借第三师范附属农村小学校。[1]

二、近代乡村启蒙

(一) "到民间去"运动

"到民间去"最早由苏联民粹派知识分子提出,倡议知识青年深入乡间进行农村的改进活动。这一口号在20世纪初由李大钊传入中国,其实质是倡导中国的知识分子和青年关注民间,解决农村的现实问题,同时在乡村实现人生价值。李大钊在1919年即倡议知识青年深入乡间参与劳作:"青年啊! 速向农村去吧! 日出而作,日入而息,耕田而食,凿井而饮。那些终年在田野工作的父老妇孺,都是你们的同心伴侣,那炊烟锄影、鸡犬相闻的境界,才是你们安身立命的地方啊。"[2]针对乡村教育的落后,知识分子提倡:"民众教育的勃兴,民教唯一的方向是'到民间去'!"[3]具体而言,"我们要造就民众的幸福,促进民众的文明,是要实实在在地走到民间去,把一切弊病劣点,一桩一件,一滴一层,渐渐的消减去"[4]。

在"到民间去"运动的影响下,诸多的知识分子来到江南乡间,办理合作社、改进试验区等机构,开展现代教育,实施乡村改造的计划与试验,一定程度上开阔了乡民的眼界,增加了农民的知识,对农民生活的改进产生了积极的影响。1932年,江苏省立教育学院创办北夏普及农民教育实验区,目的在于普及民众教育,以"民众教育崛起国民力量,推进农业生产,改善经济组织,促进乡村建设,充实人民生活"。实验区建立了若干民校,在学习方式上,"当时都是利用晚上时间,要求识字1 500—2 000字结业"。1936年冬,教育学院在北夏乡南钱举办了一个"青年学院",动员农村知识青年继续学习。青年学院的教师、学生以

---

[1]《三师附农之新事业》,《无锡新报》1923年12月6日第2版。
[2] 李大钊:《青年与农村》,《李大钊散文》,上海科学技术文献出版社2013年版,第83页。
[3] 镜我:《到民间去》,《读书周刊》(浙江)1931年ADIEU纪念刊。
[4] 黄一栽:《到民间去》,《新评论》1928年第8期。

及民众学校的教师在农村的青年中组织"乡村改进会",设民众图书馆和巡回书库,组织农村青年学习。1940年夏天,共产党员赵建平领导一批进步青年在曲尺丼大王庙开办一所小学,晚上组织夜校,南至西仓,东至土山湾,西至储家湾,北至唐更上,方圆3华里(1华里=500米)70余名青年参加学习。[1]普及农村教育的同时,开展乡村公共服务,丰富了农村的文化生活。

以乡村试验区为依托,诸多的知识青年来到乡村,传播近代科技与文化。1923年冬闲期间,东南大学农科毕业生孙本忠来到吴江盛泽乡村推销蚕种,"鉴于本乡育蚕者墨守成法,不事改良,近携取大批蚕种,在乡推销"。据称,"该号种子曾用显微镜,几次照验,病者悉汰而弃之"。并云:"蚁蚕一钱,可采茧二十斤……每张售洋二角,仅为收回推广之费。"[2]20世纪30年代初,近代教育家邰爽秋教授曾组织部分师生,用巡回车形式,以图片、连环画、通俗读物,利用茶园在上海部分乡村进行宣传,施行识字教育,后因八一三战起而中断。1946年8月1日,邰爽秋在梨园浜1号,设"沪西教育实验区",开展业余教育。[3]这些知识青年在乡村开展的宣传推广活动使得乡村地区的乡民受惠于近代的科教文化。

1927年,由中华教育改进社在南京创办的晓庄师范学校,注重劳动实践与生活教育,倡导通过教育改进乡村生活。张宗麟记录了晓庄师范学校学生在乡下与农友过春节的经历。他们在当地乡村推行文明新式过年节,与当地村长约定,新年不开赌禁,"由于赌禁不开,所以不准抽头聚赌。至于在家庭里掷骰子、滚金钱、打麻将、玩接龙等,算是新年娱乐,都不禁。这些玩意儿只要稍稍改良,或者只要不以金钱为目的,就不会发生多大的弊病"。乡村中心茶园在正月初一添加说书、游艺等活动,经过布置后焕然一新。"年初一那天,茶博士穿起新装,满脸喜气,忙个不停。那天的游艺节目很多,我说了一套《水浒传》里的'智劫生

---

[1] 童子明主编:《梅村志》,江苏科学技术出版社1991年版,第325-327页。
[2] 《新盛泽》,1924年1月1日。吴根荣、徐友春主编:《吴江蚕丝业档案资料汇编》,河海大学出版社1989年版,第22页。
[3] 许洪新主编:《真如镇志》,上海社会科学院出版社1994年版,第157-158页。

辰纲'，青年们做了许多游艺，如口技、山歌、笑话等。连一个族长老头也说了一个笑话，引得大家都笑个不停。村中的庵庙照例开放，吸引了许多妇女与幼孩去玩耍。全村没有一个赌场，我从此感到，民众们只要能够得到正当的娱乐，必可以减少赌博等恶习气。"初二的化装游行，"引得族长的亲人都笑得不得了……这天可说是全村大乐，几乎没有一个人不笑……初三那天是角力竞赛会，可以说是乡村运动会……我们足足开了半天会，凡是参加比赛的都有奖品，奖品就是用红纸包的肥皂、火柴、洗脸毛巾，还做了三面红旗送给竞赛得优胜的"。初三的下午，"来了一队玩猴子戏的。我为了学他吸引群众的本领，又去看了。这些走江湖的人能够玩一两套猴子把戏，能够使群众乐意拿出钱来给他。他的工具是一面锣、一面鼓、一只毛猴子、一只老山羊、一根竹竿、几件破旧的孩子衣服。他的锣鼓声一响，就有群众来看；他的话一说出来，群众就能让出大空场；当玩完把戏以后，他用锣去讨钱，真是满锣的铜元"。最后，乡村教育者感慨："我们干民众教育的倘若也能如是，比只坐在衙门里做民众教育官不知要好多少呀！"[1]

陶行知在1929年回顾晓庄师范学校两年来的办学历程时谈道："晓庄不过二年的历史，我们回想到第一次的开学是在荒山里坟墓中举行的；第二次的纪念礼，便有许多农友来送礼，男男女女的到会的竟有两三千人，这种突飞猛进，与农民亲近的程度，实在值得人异样的感觉的。"[2]通过深入民众，乡村教育者与乡民打成一片，服务于乡村社会的改进。

由于乡村环境的闭塞、经济的落后、乡民观念的保守，知识青年下乡开展乡村改造与乡村教育并不是简单易办的事情。傅葆琛针对"到乡间去"运动指出："现今鼓吹'到乡间去'的人，虽然渐渐的多了，但是实行'下野'的，仍然是寥寥无几，唱高调，出风头，谁都能做；躬行实践，就不容易了。至于那些抱着牺牲奋斗精神的热血青年，虽则实行'到乡间去'的志愿，可惜他们的工作，没有很好的成绩，也没有达到他们帮助乡下人改造乡村社会的目的。"对于未能取得很好成效的原

[1] 张沪：《张宗麟乡村教育论集》，湖南教育出版社1987年版，第129-131页。
[2] 陶行知：《第二年的晓庄》，《地方教育》1929年第5期。

因，傅葆琛从三个方面进行了分析："（一）不能坚持到底，（二）不谙乡村人民的心理，（三）没有充分的准备。"[1]这些因素从本质上来讲，属于知识青年主观方面的不足。此外，知识青年"到乡间去"，还要适应农业生产与乡村社会的特点。

一是适应农事生产规律与农民作息时间。农民虽有所谓"农闲"，但"并不是真有闲，不过农民那时候不像在春夏秋那样的忙碌罢了，然而在冬天，他们还得打柴，拾粪，纺织，或做其他种种的副业。因之一般从事农村教育工作的人们，却利用这'农闲'时候来加紧工作"。如果方式不当，会影响乡民的生计活动。"本来，中国农民不但穷，而且忙，一个又穷又忙的人想受教育实在不容易，有时简直不可能，非有决心不可；一个从事农民教育的人更是不容易，他必得熟悉农村环境，了解农民生活，从穷忙的生活有计划的施以有组织的教育。这真是一套极难的技术。也正是从事农村教育较其他教育困难的原因。"[2]实施乡村教育与改进事业须适应乡民的忙闲生活。"乡村的人民，有忙的时候，有闲的时候。忙的时候，忙得了不得；闲的时候，闲得不得了。他们的生活，受了农业的支配。农忙他们也忙；农闲他们也闲。"从农业生产和乡民生活的特点来看，"乡村教育，也得随着这种时忙时闲的生活而活动"。[3]

二是乡村教育活动以农民为主体并适应乡村生活。开展乡村教育，须以农民为主体，以适应农民生活环境和实际需求。湘湖师范学院的教育工作者，"深深感到乡村社会的事情，要靠乡民自己来想办法，才能做得好，才能维持久远"。因此，湘湖师范学院从事民教工作，"就致力于培养乡村人才，造就大批的男女干部，务使他们能够负起组训民众的责任"。1939年暑假前，湘湖师范学院举办了高级民校男子班及妇女班来培养乡村干部，学员来源于周边各村，训练时间一个月，学生常住学

---

[1] 傅葆琛：《我们怎样帮乡下人的忙》，《乡村生活与乡村教育》，无锡中华印刷局1930年版，第65页。
[2] 《农闲并不闲》，《民间》1935年第2卷第14期。
[3] 傅葆琛：《中国乡村教育的特性及其与都市教育的比较》，《大公报》（天津）1935年7月15日第11版。

校。在课程的设置方面,"男子班课程有国语(战时文选)、精神讲话、军事训练、乡村建设大意、民众训练、战时常识、农业常识、音乐、卫生、科学常识、国术、问题讨论等。妇女班课程有国语、精神讲话、公民、战时常识、农业常识、唱歌、体育、生产训练、家事、救护、分组活动等"。导师由乡村推广部的工作人员、学校师范部教师及高年级的学生担任,办学成效显著。"结业后,拟了一个高级民校结业学生回乡服务二十要,作为出校后的工作指导。"这些学生边接受训练,边从事民众教育活动,"上午在师范里充实着他们的知能,下午便干着组织民众,训练民众,并教育民众的工作"。[1]在面向乡村的教育方面,"提倡农业,推广教育,改良乡村生活的人,必须熟知农民的心理和态度,既然到乡村去服务,就应当把自己也看作一个乡下人,一切衣食习惯,必须先乡村化,然后乃能化乡村"[2],使教育活动更好地面向广大乡民。

三是教育的内容要适应民众生活的需要。傅葆琛提出,非常时期的农民教育,必须尽量利用现有的农村社会教育文化机构和组织,如乡村小学、民众学校、合作社、保卫团、农村改进会等,使得农民养成自养自治自卫的能力;要有防治病害虫害的知识;要能利用农暇从事有利之农村副业。[3]1941年8月,刚成立不久的中共浦南工作委员会派遣工委委员黄竞之到奉贤新寺地区开展地下革命活动。黄竞之以小学教员的身份为掩护,利用当地进步青年吴品章等骨干力量,在胡油车小学校内开办了农民夜校,向农民宣传革命道理和进行文化教育。在任新寺胡油车小学校长期间,从1942年冬起,就开办了第一期农民夜校,前后共办5期,其中抗日战争期间3期,解放战争期间2期。"一般是从冬季开始至春季结束。每期学生约在30至40人之间。"1947年因身份暴露撤离。在农村期间,黄竞之组织教员"教农民如何记人工账和打算盘,怎

---

[1] 周汉、张天乐:《杭州文史资料第16辑——陶行知乡村教育思想在湘湖师范的实践》,政协杭州市委员会文史资料委员会1992年9月编印,第129-130页。
[2] 傅葆琛:《我们怎样帮乡下人的忙》,《乡村生活与乡村教育》,无锡中华印刷局1930年版,第68-69页。
[3] 傅葆琛:《非常时期农民教育的商榷》,《大公报》(天津)1936年3月2日第10版。

样写婚丧喜庆的送礼帖子。常识的内容面较广,如国际国内形势……持久战……长江以南八个地区要撤退"等。同时还教育农民"改善婆媳之间的关系,邻里要团结,互相帮助"等。[1]从乡民现实的生活内容和日常需求入手,开展乡村教育。

(二) 民众教育馆

民众教育馆是实施大众教育的综合机关,相较于"到民间去"运动的社会风潮,民众教育馆的开设具有官方性,是民国时期教育系统中的一部分,由省、市、县、地方自治机关或私人设立并呈报教育主管部门核准备案,主要服务于城乡基层。举办民众教育馆的目标在于"从民众生活之迫切需要出发,培养民众组织、改善民众生计、增进民众知能、发展民众体育,并发扬整个民族自信力,以达到民族独立、民权普遍、民生发展之教育宗旨"[2]。举办民众教育馆是开展近代社会教育的一种方式。其制度的确定,乃于1928年以后,"导源于江苏。实则在民十六革命军抵定江苏之期,因孙中山先生遗嘱上之'唤起民众'四字,当时的社教机关就有改名为民众教育馆的,不过在十七年以后,才经地方政府正式认可,并经制定法令耳"[3]。尽管在实际运行过程中,民众教育馆并未实现上述目标,但其具体措施,在传播知识、普及文化、提高乡村文明程度等方面仍产生过一定的作用。

1928年,"中央"大学区[4]各县举办民众教育馆,根据《中央大

---

[1] 黄竟之:《胡油车农民夜校》,《奉贤文史资料》第1辑,中国人民政治协商会议上海市奉贤县委员会文史资料委员会1992年1月编印,第119-120页。
[2] 林宗礼编纂:《民众教育馆实施法》,商务印书馆1936年版,第317页。
[3] 林宗礼编纂:《民众教育馆实施法》,商务印书馆1936年版,第1页。
[4] 1927年6月6日国民党中央政治会议第一百零二次会议上,通过蔡元培提出的提案,决定试行大学院与大学区制,在中央设立大学院,统一领导全国教育学术事业,并将全国划分为若干大学区,以大学区为教育行政之单元,区内之教育行政由大学校长处理,大学区设评议会、秘书处、研究院、高等教育部、扩充教育部等。在中央以大学院取代教育部;在地方各省以一所国立大学代替省教育厅分别统一管理全国各省区内一切学术与教育行政事宜。江苏省、南京特别市和上海特别市被划为中央大学区管辖。中央大学区制试行了两年半,在政局变动的大背景下,1929年底,中央大学区制在一片反对声中被取消。见咸如高:《关于试行大学院与大学区制的一组史料》,《民国档案史料》,1988年7月;许小青:《南京国民政府初期中央大学区实验及其困境》,《近代史研究》,2007年第2期。

学区各县农民教育馆办法草案》规定，各县教育馆应从事以下乡村事业：1. 农民教育，"附设农民补习学校一所，以为农民教育之中心。该校除授课外，并须有演讲会、农艺讲习会、农产品比赛会等之组织"。2. 农艺教育，"在本馆内或本馆附近择地办一小规模的模范农场，以为农艺教育之中心，栽培卓著成效之改良作物……养育改良之各种家畜"，使农民观摩效仿，提高生产效率，"至收成时，开一小型展览会，择成绩优良者，给以奖品，以资鼓励"。3. 妇孺教育，"附设幼稚园一所，以为妇孺教育之中心……每星期至少开恳亲会一次。会中除有改良娱乐外，并有卫生演讲，家政谈话，手工，及家事实习等等"。4. 提倡民众体育，"附设公共体育场一所……拟每年举行民众运动会一次或二次"。5. 改良乡村卫生，"应用各种演讲（幻灯，电影等类）及标语等方法，作卫生之宣传，以养成农民好清洁之习惯。复于春季为农民种痘，平时则预备普通药品……以为医治农民普通疾病之需"。6. 改良乡村娱乐，农民教育馆"拟在附近租用民房，设模范茶馆一所，以为改良乡村娱乐之中心。茶馆内应有正当娱乐，如棋弈，乐器，及改良说书等等"。7. 改良乡村经济，"试办消费合作于模范茶馆外，并应联合江苏农民银行，试办信用合作社，以解决该地农民受经济之压迫。其他如生产合作，售卖合作等，次第举行"。8. 参加地方公益事业，"联合地方举办联村救火会。此外对于地方公益事业，如兴学，修路，救济等等，本社将尽力与地方合作"。9. 代办试验工作。"凡民众教育院农学院研究所得之新计划，欲本馆代为试验，或委托调查，本馆均应接受。此外如农民银行等机关，亦得以各馆代办试验工作，以收合作之效果。"[1]在部分致力于乡村教育的知识分子的努力下，一些措施在江南地区的部分乡村得以实施，大学区制虽然于1929年被废除，但各地的民众教育馆、民众茶园等得以保留，这对于改良乡村生活、实施教养救济、提升乡风文明，均起到过一定的促进作用。

民众教育馆组建了较为完备的职能部门。根据民国政府教育部1935

[1]《中央大学区各县农民教育馆办法草案》，《民众教育》1928年第1卷第2期。

年颁布的《修正民众教育馆暂行规程》，民众教育馆应分设教导组、阅览组、健康组、生计组、事务组，各地可根据实际情形酌量增设其他组织。[1]如江阴民众教育馆即开设了总务、指导、阅览、宣传四部，开展手艺训练、科学指导和职业介绍等教育活动。与乡村教育相关的职能部门主要有：

生计部：职业指导、职业介绍、改良生产，组织合作社，设立民众贷款，指导家政、育婴，举办缝纫、刺绣及织草帽辫等工艺生产。

教学部：举办民众学校、职业补习学校、成人读书会、民众问字处。

游艺部：音乐演奏、民众茶园、说书、棋弈、幻灯放映、电影戏剧、各种杂技。[2]

江苏省立劳农学院举办的农民教育馆设立了儿童、妇孺、成人、总务四个部门，各部门进行了职能的划分，其组织结构图见图4-1。

江南地区的民众教育馆虽然在形式上职能部门健全，具有近代化的教育功能，但是并未能扎根乡村，真正服务于乡民。以无锡社会教育为例，虽然"有县立农民教育馆七处，省立教育学院，民众教育实验区六处，以提高民众智识，促进地方自治，改良民众生计，增进民众健康为宗旨。有助农民，实非浅鲜。惜限于经费，不能于各农村普遍设立耳"[3]。1932年，吴江设立了民教馆、民众图书馆、农民教育馆数处，惜均设于市镇，不能实行"到农村去"。[4]民众教育馆在推广乡村教育和改进的过程中，其服务的区域范围和乡民的广度方面要大打折扣，进而对江南乡村近代文化教育的启蒙和社会改造的整体效果非常有限。

---

[1] 林宗礼编纂：《民众教育馆实施法》，商务印书馆1936年版，第315页。
[2] 翟耀华、吴文达：《江阴民众教育馆》，《江阴文史资料》第10辑，政协江阴市文史委1999年10月编印，第102—103页。
[3] 江苏省农民银行总行：《第三年之江苏省农民银行》（内部资料），1932年7月，第88页。
[4] 江苏省农民银行总行：《第三年之江苏省农民银行》（内部资料），1932年7月，第138页。

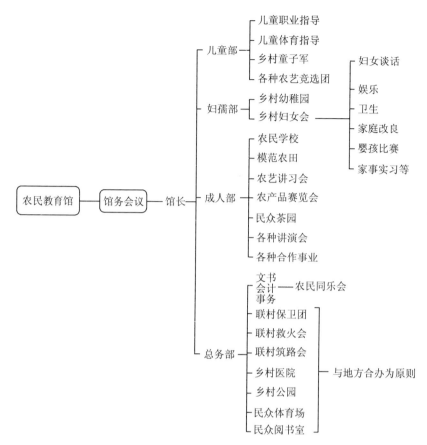

图 4-1 江苏省立劳农学院农民教育馆组织结构图（1932）[1]

三、农暇教育的近代性

（一）教育方式的近代性

尽管近代江南乡村开展的文化教育活动，对整体上改变乡村面貌的作用有限，但在乡村教育具体实施的过程中，新式的社教机构以及近代到乡村去的知识人通过一系列方法与措施，开展新式的教育活动，传播近代的文化知识，在乡村教育方面取得了一定的成绩并起到了积极示范

[1] 张海涛：《中国农民生活与农民教育》，《教育论坛》1932年第2卷第1期。

和乡村改进的作用。1929年2月,"中央"大学区立农民教育馆筹备员孙枋,鉴于冬闲乡民缺乏正当娱乐,于汤水镇之中心筹备民众茶馆,各种布置深具艺术色彩,并由该筹备处职员金亮弼、王茂槐轮流演讲,每晚座客均满。[1]通过参加演讲活动,农民在茶馆中接触到了现代的观念与知识,开阔了眼界。1933年春,吕宣扬任宜兴县官林区农民教育馆馆长。他在区公所内开办了农民夜校,借来农家庭院办起了"民众茶社",教农民识字,同时"组织开展文体活动,进行禁烟禁毒的教育,在乡间形成了一定的影响,扭转了农村的社会风气"。吕宣扬还在乡间发展近代体育运动,"扩大了亳渎小学的操场,购置体育用具,竖起了篮球架",组织夜校学员在农闲和工余开展丰富多彩的文体活动,进行田径运动和球赛,以增强体质。"在他的指导下,有30多人会拉琴,或吹箫笛,或敲锣鼓,并带动附近一大批青少年参加文体活动。"禁吃大烟、枪上丸和赌博,是夜校思想教育的又一重要内容。"早在官林镇上办农民教育馆时,他选择烟赌最集中的南街和西街,各放一只薄皮棺材,里面放着烟枪和赌具,再做一个木头人,涂上颜色,像一个死到临头的赌棍跨进棺材。在靠棺材的墙上,画着一个骨瘦如柴的烟鬼,一边卖田,一边妻哭子叫的惨状,催人泪下。"[2]以这种直观的方式劝诫农民禁烟禁毒,使民众的心灵受到震撼。

乡村教育者竭力引导乡民学习新的知识,提高生活技能,以自强自立。1927年至1928年,华萼在无锡民众教育馆编辑《民众周报》时编写的歌谣唱道:

> 他为什么做匪?为什么做盗?为什么做贼?生计逼迫!有限能力!不足自立!假使我也没有知识,没有职业,也许流为乞丐盗贼。一样可怜!同为生活。为今之际,共同努力![3]

歌谣文字浅显,通俗易懂,与民众生活接近,对促使乡民学习文化

---

[1]《汤山民众茶馆开幕》,《申报》1929年2月5日第17版。
[2] 胡富明:《官林区农民教育馆活动片断》,《宜兴文史资料》第20辑,中国人民政治协商会议江苏省宜兴县委员会文史资料委员会1992年10月编印,第46-47页。
[3] 华萼:《到民间去》,《民众教育》1930年第2卷第5期。

知识起到积极的宣传教育作用。1935 年,《农村小友的生活杂记》一文记载了农民教育馆通过改编戏剧等方式适应新式教育的需要,吸引诸多乡民参与并取得了积极的成效:

> 学校里联络农民教育馆、乡村改进会,举行一个盛大的村民娱乐会。下午一时起直表演到五点半钟,方才停休。看的人,男的女的,老的少的,统共有千把人,因为这正是农闲的时候,所以都兴高采烈地参加。在每次表演完了,第二节尚未登台之前,校长、馆长、主席,轮流宣传施行强迫义务教育、成人识字教育和编组保甲的意义。还有各种零星事件的报告。这回参加表演的,有先生、小朋友、农民。逢到做滑稽戏剧,观众腰都笑弯了。遇到悲惨的剧本,他们又都掉下泪儿来。呀!戏剧里原来有这样动人的魔力!我们这个农村里,因为有这样的正当的娱乐,那些迷信迎神赛会,自然而然地没有人去倡导。何况改进会还接着改良茶园,美丽的花园,很健全的体育场,有闲的时候,尽管去游玩。加之地方领袖的洁身自好,所以当地没有一个农友吸烟或者赌博的。我们的小朋友,就孕育在这种环境的胸怀里,读书,学做人![1]

(二) 教学内容的近代性

1. 开展生计教育

近代以来,面对日渐衰败的农村,改善乡民生计,提高农民谋生的技能,是乡村教育的主题之一,这也是乡民利用农闲进行学习的直接动力。陶行知在总结乡村办学的经验时提到了农暇副业的重要性,指出乡村教育要注重农暇生计教育,"中国农人全年约有五个月空闲没得事做。暇使能乘这个机会训练他们些副业,那末,他们的生计立刻可以好些"[2]。

蚕桑是江南地区农民的副业之一,江南蚕桑区利用农暇开办农闲学校,举办蚕桑试验区,培训农民养蚕的技能,深受乡民欢迎。吴江县震泽省立女蚕推广部合办蚕丝改进社开办之后,蚕校郑紫卿、费达生等先

---

[1] 子明:《农村小友的生活杂记》,《申报》1935 年 5 月 19 日第 14 版。
[2] 陶行知:《第二年的晓庄》,《地方教育》1929 年第 5 期。

生于冬春季节组织指导蚕户养蚕缫丝,选派乡民赴外地学习相关技能。1925年秋季,"派练习生十余赴浒墅关女蚕校实习制丝法,计三个月,冬季,震泽丝业公会创办制丝传习所,以本村稍有基础,得享优先权,第一届分批传习,至十五年春止,计先后传习七十余人"。1926年春,"建筑蚕室八间,与本村初级小学合建,另租民房办蚕室二处,各蚕户添购足踏缫丝车七十部,用木制烘箱杀蛹,出改良丝八担,经郑紫卿先生介绍,售于上海纬成公司"。1929年春,"招收社员中善制改良丝者六十余人,由县立蚕桑场派指导员耿乃英先生训练二个月,授以制丝之智识,为各部事务员之预备"。[1] 1935年,吴江蚕桑改良区,择定蚕业发达地区的震泽、严墓,设立中心指导所,推进蚕业改进事宜。"改良区于春期蚕事未开始前,以即分赴各乡实地视察,参酌实际需要情形,于吴梅乡、施家尖、盛泽、平桥浜等处,设立指导所。"蚕桑改良区积极筹设蚕户训练班,"每于冬季农闲时,按去年成案,在各该蚕丝区域适中地点,招收成年蚕户,集中训练……授以养蚕、栽桑等各项应用常识,以冀养成一般蚕业指导助理人才"。[2]乡村试验区在改良乡民生计方面具有一定的示范作用,"当道知欲辟利源,非振兴农业不为功,而试验场之设,尤与学堂相辅而行,纵人观览,互相考求。使农民智识开通,咸恍然舍其旧而新是图"[3]。

1947年,江苏省建设厅发布《计检发蚕农训练实施办法要点》,在吴江乡村实施蚕桑教育,提高乡民育蚕的技能,进而提高生计能力,其实施办法要点节录如下:

> 一、目的:利用农闲训练蚕农,讲解育蚕上必要之常识、蚕业指导之利益及合作之意义,期于蚕桑推广能顺利推展,共催共育得能有所辅助。
>
> 二、组织:以三十人至五十人为一班,由各区主任兼任班主

---

[1] 陈杏荪:《开弦弓生丝精制运销合作社经过概况》,《合作月刊》1930年第2卷第9/10期。
[2] 吴根荣、徐友春主编:《吴江蚕丝业档案资料汇编》,河海大学出版社1989年版,第117-118、121-122页。
[3] 《论考察农业》,《东方杂志》1906年第3卷第6期。

任,并选聘当地乡保长或热心人士担任副主任,以利推动,由各中心指导所主任,指导员及中心指导员担任讲师。

三、资格:凡附近蚕农,不论男女,年在十五岁以上四十岁以下,能粗通文字者,均可报名参加。

四、地点:以中心指导所为中心,商就当地学校、寺院、茧行、种场或其他公私有之房屋,分区分期流动训练之。

五、时期:训练时期及每日训练时间,以利用农闲,能迎合蚕农心理,并不妨碍蚕农日常工作为原则,暂定在春期饲育前之三四月,农闲时期每一中心所以至少须负责训练二班为原则,每班训练时期,规定为一月,每日不定时训练一至二小时。

六、缴费:学员膳宿自理,教材由本会统一编发,绝对不收任何费用。[1]

在政府的倡导支持以及"到乡间去"的知识人的努力下,吴江地区通过对乡民进行持续的蚕桑技能指导教育,乡民利用农闲学习提升生计能力,使传统副业生产的质量与效率大大提高。自1946年起,大有蚕种制造场即在震泽首先提倡利用冬令农闲之时举办养蚕合作技术训练班,成效显著,各方纷纷响应举办。1948年春,"决定扩大办理,在蚕期前分别在吴江之震泽、严墓,吴兴之双林、南浔,吴县之善人桥,嘉兴之新塍,德清之新市等地,计分八区同时进行"。三月四日起,各区陆续开课,至四月三四日全部结束,训练期一个月,受训学员共计246人。"新塍、严墓、双林等区,均利用晚间上课,每晚授课三四个小时不等。学员日中田间操作如故,早饭后来,深夜而归,有距离十余里者,日以为常,颇少间断",体现了农民于农暇时学习蚕桑技能的热情。表4-1即为1949年春季农闲时期大有蚕种制造场针对吴江及嘉兴、湖州等蚕桑区蚕农举行的培训活动。

---

[1] 吴根荣、徐友春主编:《吴江蚕丝业档案资料汇编》,河海大学出版社1989年版,第398-399页。

表 4-1　1949 年春期各乡蚕训班办理经过概况表[1]

	震泽	严墓	善人桥	双林	南浔	桐乡	嘉兴	新市	合计平均
地点	蚕联社	日晖坝	仰家村	钱家斗	施家斗	后珠村	新浜	水北、双马	九所
日期	3月4日至4月1日	3月6日至31日	3月6日至4月4日	3月8日至4月1日	2月6日至30日	3月8日至4月3日	3月8日至4月3日	3月6日至27日	25.01日
时间	上午7时至下午4时	下午7时至11时	下午7时至11时	下午7时至11时	下午7时至11时	下午7时至11时	下午7时至11时	下午1时至5时	4.5时
教员人数/人	6	3	4	3	3	4	3	6	32
学员人数/人	40	30	18	25	28	34	24	42	241
平均成绩/分	79.9	78.5	75.1	77.6	76.8	65.5	61	79	74.2

除蚕桑教育以外，各种农村教育机构大多利用农暇开设手工艺教学班，教授农业常识与乡村实用技能，以提高农民的生活技能。1926年，中华职业教育社在杭州开会总结实施职业教育之成效，提出了普及农村教育应照三时代之制度（施行教育于农隙行之），实施四五月之平民教育，同时与职业教育合作以增进职业上之学识技能。[2]1933年，上海县农民教育馆为提倡农村副业起见，筹设小工艺传习所，招收基本施教区内十四岁以上男女民众，授以家庭相应工艺，以为生活上之辅助，课程除工艺外，并有识字算术。其宗旨为"利用农暇授以应用工艺为生活上之补助"[3]。浙江在农村示范区举办农民讲习班：为利用农闲，灌输实用技能，提高农民改进农事兴趣起见，自十一月下旬起，各示范区

---

[1] 吴根荣、徐友春主编：《吴江蚕丝业档案资料汇编》，河海大学出版社1989年版，第402-404页。
[2] 《中华职教社在杭开年会纪》，《申报》1926年5月11日第7版。
[3] 《县农教馆教育农民辅助生活》，《申报》1933年12月12日第12版。

举办各种农业生活讲习班,为期五天至七天,共计七处,参加青年农民共274人。[1]农暇期间在乡村开展的生计教育,对乡民适应时代发展对生计能力的要求,有着一定的促进作用。

2. 进行卫生教育

乡村教育家傅葆琛根据其长期在乡间的观察,列举了中国南北乡村卫生普遍存在的问题。一是在食物方面,食品过于简单,食物不清洁,烹调方法不良,好吃冷水;二是在衣服方面,衣服太简单,不经常换洗;三是在居住方面,庭院不常打扫,房屋不流通空气,门户简单,冬日不能御寒;四是生活习惯方面,刷牙的人很少,不知道保护眼睛,不常洗澡、洗手、洗脸,随处大小便。不良的生活习惯以及落后的卫生状况,导致了乡村各种疾病和疑难杂症多,婴孩死亡率高,瘟疫流行。[2]加之近代乡村的迷信思想依然根深蒂固,同时医疗卫生机构和医生匮乏,导致乡村的卫生健康状况非常落后和令人担忧。因此,进行卫生教育,普及健康常识,引导乡民养成良好的卫生习惯,也是近代知识分子"到乡间去"进行乡村改良、教育、实验活动的内容之一。

在开展乡村卫生教育的过程中,乡村教育者多利用乡民农闲的时间,组织相关团体开展乡村卫生的推广工作,同时利用演讲、表演等方式进行卫生理念的宣导,一定程度上促进了乡村地区健康理念的传播和乡村卫生的改进。1936年,镇江实验区开展了颇具规模的卫生教育活动,采取相关措施积极促进乡村卫生的改进。一是通过母亲会增进妇婴健康,改善家庭卫生。"我们得到的助力很大。凡曾经生育婴儿的妇女,不限年龄,都得为母亲会会员。会设理事三人,由会员推选;再由理事互推常务理事一人,主持会员间联络事宜。凡有会员十人,即得组织一会。由本处助产士护士等担任指导,每月举行谈话会一次。"二是利用农闲时期,举办农家看护训练班。课程计有疾病预防法、疾病看护法、家庭简易治疗、育婴法、种痘法、细菌学大意、免疫学原理、家庭卫生、家庭娱乐、救急等近代医疗常识。"每日上课二小时,定三星期毕

---

[1] 蒋风:《农业示范在浙江》,《申报》1949年1月25日第7版。
[2] 傅葆琛:《乡村卫生问题之分析及促进乡村卫生方法之商榷》,《乡村生活与乡村教育》,无锡中华印刷局1930年版,第76—85页。

业。凡有五十家以上的村落,先行开办。第一期在晓村举办,上课妇女有四十六人,训练中缺误者亦甚少。"三是组织家庭卫生劝导队,劝导乡民注意家庭卫生。"采挨户劝导方式",劝导标准分个人卫生、家庭卫生、公共卫生三类。个人卫生方面:一、不喝生水。二、不以手指入耳孔及口腔,不揉眼睛。三、常常洗澡。四、饭前和大小便后要洗手。五、不随便探访有传染病的人。六、有了疾病就要请医诊治。七、不蒙着被头睡觉。八、指甲要常剪。九、戒绝一切不良嗜好。十、知道注射预防针。家庭卫生方面:一、住的屋子要通空气。二、屋子要天天打扫。三、屋子里的东西要整齐。四、衣服要常常洗换。五、洗脸手巾应当各人分开。六、对传染病的动物或虫子(苍蝇、蚊虫、老鼠、疯狗)应尽力扑灭。七、注意饮料水来源的清洁。八、家长要督同一家的人早起。九、家庭中不做不正当的娱乐。十、子女婚期不过早或过迟。十一、不令子女搽粉、穿耳、束胸。十二、棺柩不停在家里。公共卫生方面:一、不在河里洗刷马桶。二、不随地大小便。三、不随地吐痰。四、不随地抛弃死畜。五、不随地抛弃垃圾。六、不露天葬棺柩。七、有了传染病应当通知邻居。此项挨户劝导方法,把卫生知识送上门去,很有效果。四是组织公开演讲。乡间公开演讲的方法很简单,而收效却很大。"我们带了一面锣,到了一个地方,锣声一响,全村的人民都来了。讲的时候,材料浅易简单,且夹杂多种滑稽而有趣的引证,听的人非常高兴,讲的人也自然觉得高兴了。"五是组织化装表演。"利用演剧方法,去宣传卫生,印象深而收效大,特组织卫生教育剧团。演员除本处工作人员担任外,谏壁、前圩、泄沟等校善于表演的学生亦参加。在前圩乡表演。"[1]卫生实验区力图通过这些新式的措施,改进乡村落后的卫生观念和不良的生活习惯。

3. 推进妇女教育

在推进乡村教育的过程中,部分有识之士认识到妇女教育对于促进乡村改进的必要性与重要性。据上海县1933年的调查,农村识字人数占

---

[1] 朱云:《江苏省立镇江乡区卫生实验区工作概况》(三),《申报》1936年3月10日第15版。

16.3%，不识字人数占 83.7%，尤以女子为多。县教育会关于妇女教育的提案指出："故农村妇女教育极关重要，统观我邑已设立之民众学校，女生数恒不及男生数，非有特殊设施殊不能推进，用拟办法，敬请公决。（办法）训练农村妇女教育师资，专设妇女学校，课程以日用为主，如纺织裁缝编结医药识字记账等，借村中民房为教室，备置应用工具，教师能力不足，则请专材协助。"[1] 受制于传统观念的束缚与乡村生活的现实，近代江南地区乡村妇女教育的推行困难重重，乡村妇女过着"劳苦、穷困、奴隶、无知、迷信的生活……她们的心目中仍然以'女子无才便是德'的旧思想所充满，更怎能梦想到了教育的好处"[2]。陶行知在回顾晓庄师范学校第二年的办学时提到了乡村妇女教育的开办过程与经验："乡村妇女教育若从文字入手，往往失败。晓庄开办乡村妇女教育失败过三次，引起不少人的灰心。"但陶行知并没有就此放弃乡村妇女教育，而是抱着屡败屡战的精神，将乡妇生活的焦点与教育的路径有机结合，开创了"以生利教育为中心，而以文字和别种训练为副"的乡村妇女教育方法，开辟了一条"比较可以走得通的路"[3]。

---

[1]《县教育会亟谋发展农村教育》，《申报》1933 年 12 月 26 日第 11 版。
[2] 子文：《乡村妇女教育的重要性》，《家庭星期》1937 年第 2 卷。
[3] 陶行知：《第二年的晓庄》，《地方教育》1929 年第 5 期。

第三节 农暇工役

从概念上定义，工役是按照法定或约定俗成的原则，为国家或团体的公共建设而履行的劳役工作。实施征工制度，是历代统治者强制利用民间资源进行公共工程建设的一项举措，在古代即为征发徭役，民国时期，徭役废除，代之以国民工役。[1]对于近代江南地区而言，水利修浚和道路建设是最主要的两项工役劳作，且多在农暇时期进行。

一、水利和筑路

（一）水利与农暇

"民以食为命，食以农为本，农以水利为急"[2]，水利关乎农作物的生产和乡民生命财产安全，是影响乡民生计的重要因素，也是历代政府进行乡村治理的重要内容。江南地区地形以平原和低山丘陵为主，在自然和人工的双重作用下，江南水乡地貌形成了由塘、浦、泾、沥、门、浜构成的水网体系，沿海岛滩地区形成以海塘为主的水利防护体系，而山丘区则形成以水塘水渠为主的水利灌溉网络。整个江南地区河网密布，水系发达，水利工程浩繁，关系着百姓的日常生活与政府的常规治理。

治水利需用大量民工。利用民力修建水利与保持水利设施的正常运转，是历代各地施政的重要内容。南宋《吴郡志》记述了利用农隙整修水利以防洪抗旱："阳羡言之，临江数里皆民庐墓，今皆在风波浩渺中

---

[1] 梁桢：《国民工役》，商务印书馆1941年版，第29页。
[2] 胡榘修，罗濬等纂：《四明志》卷4《叙山》，宋宝庆年间钞本。

矣，风静水澄，树根砖石毕见，官能于农隙率清泉、祠山、君山三乡濒湖植利人户，寻百渎与横塘旧界牌，分力开通。遇岁大水，则可疏荆溪交合之流，顺注震泽。若岁大旱，则可引百渎及横塘之水灌溉民田，虽有水旱岂能侵岁哉。"[1]南宋王十朋《鉴湖说》记载了利用农暇征工，治理绍兴鉴湖水患的经验。"每岁期以农隙用工，至农务兴而罢"，具体方法为"于农隙募民浚治，官出财，民出力，两有所利，民虽劳而不惮财，虽费而不虚矣"。[2]明代早期，政府即利用里甲制度以及地主对佃户的超经济权利，征用民工，进行大型干河整治工程。随着商品化的发展和士绅的都市化，政权开始寻求新的办法来征集劳役，新出现的不在乡地主既缺乏动员劳役的资历，又由于远离乡村，对水利事业兴趣甚微。明后期，采用三种方式弥补这一缺陷。首先，"根据土地占有面积征派劳役，即所谓'照田派役'"。其次，"由于许多不在乡地主属于可以豁免劳役和田赋的士绅阶级，因而政权试图限制士绅的特权，即所谓'优免限制'"。最后，"政权要求豁免劳役的地主们支付承担水利工程的佃户的伙食，即所谓'业食佃力'"。[3]政府组织疏浚修筑水利工程基本形成了两个原则：一是官民合作，二是农隙举行。

《吴中水利全书》载洪武二十六年（1393）"诏命"："凡各处闸坝陂堰引水可灌田亩以利农民者，务要时常整理疏浚，如有河水积流泛溢损坏房屋田地禾稼者，须要设法堤防止遏。"水利工程建设时期，"务在农隙之时兴工，毋妨民业"。明张衎针对东南水利修浚，提出水利款议十三则，第一条便提出农隙征工实施："水利之职督于粮老，粮老督于圩甲，其农隙，每区每圩修之，务必坚厚，则自久远，其土取之荒荡，不必取之田中，其夫用之本圩，不必取之他所，自九月半起工，至正月初毕工，庶几不废农事。"[4]明正德《姑苏志》记载了针对塘浦水患提出的治理策略："苏湖常秀诸州水田塘浦，紧切去处，发常平义仓钱米，多

---

[1] 范成大纂修：《吴郡志》卷19《水利》，江苏古籍出版社1999年版。
[2] 王十朋：《鉴湖说》（下），嵇曾筠等修，沈翼机等纂：《浙江通志》卷267《艺文志》（9），四库全书本。
[3] 黄宗智：《长江三角洲小农家庭与乡村发展》，中华书局1992年版，第34页。
[4] 张国维撰：《吴中水利全书》卷10《水治》，明崇祯九年（1636）刻本。

寡量行，借贷与田主之家，今就此农隙，作堰车水，开浚塘浦，取土修筑两边田岸，立定丈赤，众户与并力，官司督以必成。"[1]乾隆年间，针对苏松之太湖、吴淞、白茆、刘河地区的淤浅水患，政府下达指令，提出于农隙兴修水利："著江南总督暨河道总督，令管理水利河务各官及滨河州县，各于所属境内，相视河流浅阻，每岁农隙募夫挑挖，定为章程，逐年举行，必令功施可久，惠泽生民。"[2]乾隆二年（1737），巡抚邵基奏定分别官民两役法开浚河渠："有官挑民挑之别，凡粮艘往来及江湖河海要区专资通泄之处，俱动帑委员勘估修浚，其支河汊港为灌溉田畴而设者，每岁农隙之时，业户给食，佃民出力，及时开挑，圩岸亦循例修筑，其外一切大工役详明动帑，小徭役按户照田均值，毋致偏累。"[3]这种办法对河流的主干道和支流的修浚进行了分工，交通要道的干河由官方出资修浚，港汊支流则由民间以"业食佃力"的方式组织挑浚，江南地区多采用此法修筑水利。乾隆四年（1739）南陵县筑柿树坝埂碑记可为佐证："邑东青弋江镇为贸易辏集之所，有柿树坝关乎民田，成例于农隙业佃修筑，以防水患。"[4]海塘的修筑亦是如此，"崇明四面环海，东北一带洪潮冲击尤为险要，乾隆二十五年，知县赵廷健令自岸南至内地业佃以地三千步为率，按亩出夫，业食佃力，加筑土塘六十余里，以资捍卫，定议每年农隙，责令自岸至南近堤一千步以内，按佃按地计岸派假补修"[5]。河塘、海塘均可种树，农隙时栽种，以固其水土："塘岸种树，上可以垂行人之荫，下可以坚塘岸之脚，必于农隙之时，命水利耆老取水杨之枝，用附近之夫，每一丈而种一枝，盖水杨多须盘根则能护岸，其余不可用也。"[6]嘉庆十九年（1814），宜兴县治理锡金孔道水患时提出："昔人所谓治运河必先治太湖，治太湖必先治溪河也……为今之计，莫若通饬随地居民于农隙挑运

---

[1] 吴宽、王鏊、杜启纂修：《姑苏志》卷12《水利》下，明正德刻嘉靖增修本。
[2] 王昶等纂：《直隶太仓州志》卷1《恩旨》，清嘉庆七年（1802）刻本。
[3] 陈延恩修、李兆洛等纂：《江阴县志》卷4《徭役》，清道光二十年（1840）刊本。
[4] 余谊密修，徐乃昌纂：《南陵县志》卷6《舆地志》，民国十三年（1924）铅印本。
[5] 王昶等纂：《直隶太仓州志》卷1《恩旨》，清嘉庆七年（1802）刻本。
[6] 张国维撰：《吴中水利全书》卷10《水治》，明崇祯九年（1636）刻本。

板泥，堆积堤岸，一以保自己田亩，一以便行人跋涉。"[1]由此可知，传统水利设施的修浚整治，多在官方的倡导与组织下，采取官民合作的方式，利用农隙征工举办。

这种官民协作利用农隙进行水利建设的办法，也从传统延续至近代。同治五年（1866）春，知县沈锡华亲历吴江黎里各乡，谕令修筑圩岸，"农民皆踊跃从工，竣复，按圩履勘，并定每年农隙修筑之例，故八年之大水赖以捍卫"[2]。苏州香山南宫塘在穹窿山下贯穿香山，蜿蜒十里，南自外塘桥起，北至吕浦桥止，中途西折分其湖流，由郁社、姚社等处以达蒋墩，旱涝有备舟楫，可通港汊，则渔帆、市巷、梅社、花泾、唐墓诸口皆所以疏泄太湖之水，以济内地，深处为南宫塘灌输所不到者，"居民苟于农隙之时迭加浚导，不使淤窒，而沿湖荡田复高筑捍堤，则香山三十图之畎亩何在非长稔田哉"[3]。道光年间任昆山县丞的唐瀛，组织民众，"农隙时筑圩岸以免水患，民甚赖之"[4]。《江阴县志》以流传的《开河谣》记载了当地乡民在农闲期间，由基层政府督率，业佃合作进行水利疏浚的工作细节：

> 朝截流，暮排车，桔橰轧轧歌声哗，暮庠水，朝下荡，荷锸携畚走相向。丁男挽泥下河心，丁妇馌饷履河上，里胥督率不敢迟，指挥来去东复西，上高下低纷若鹜，夹岸聚观人如麋，鸣锣一声语声沸，前队喧传官且至，我语众工尔莫惊，开河不禅官长事，前年雨潦水不泄，去岁赤旱河无滴，泥沙壅滞蓄泄艰，一际水旱苦罹厄，田畴芜废无麦禾，不异枯鱼过河泣，从来人事代天工，前若倦勤后无及，方今农隙力尽饶，深疏广浚休辞劳，主伯亚旅互淬砺，合耦协助无相挠，俄顷事集厥功奏，江流活活河滔滔。[5]

民国时期，水利建设仍是江南各地官民于农隙时期的重要工作。农

---

[1] 裴大中等修，秦缃业等纂：《金匮县志》卷38《艺文》，清光绪七年（1881）刊本。
[2] 蔡丙圻纂：《黎里续志》卷1《水利》，清光绪二十五年（1899）刻本。
[3] 徐蟠先纂：《香山小志》卷《水》，民国六年（1917）版。
[4] 李铭皖修，冯桂芬等纂：《苏州府志》卷71《名宦》，清光绪九年（1883）刊本。
[5] 陈延恩修，李兆洛等纂：《江阴县志》卷27《艺文志》，清道光二十年（1840）刊本。

田水利的范围包括"疏浚小河沟渠,修筑闸坝,培补堤埂,挑掘水塘"。在组织施工方面,"征工实施农田水利事项,依受益田亩,按亩抽夫,或用业食佃力为原则,如因故不能应征时,得改缴代金"[1]。各地利用农闲时期征发民力,修浚水利,乡民也利用农闲期,自发修浚自家周围与田地的沟渠。1948年秋冬,杭州萧山"东乡沿江一带河道淤塞已久,县府现乘农闲,发动义务劳动疏浚,定十日起兴工,限十日内完工"[2]。以吴江为例,"就吴江全境而论,水地所占之面积,几视陆地为多。犹幸民国二三年间,全境十八市乡,同时大修圩堤……而后舟楫乃可畅行,居民亦幸免昏垫之患"[3]。昆山张浦镇,农户一般在冬春季节在自己耕地的周围河岸修筑圩堤。[4]

到了20世纪30年代,因地方管理不善,江南一些地区的水利废弛,传统修筑水利的方式遇到了挑战。"吴江濒临太湖,港汊纷歧,首重水利。修筑河塘,帮治圩岸,水利也。浚浚河道,凿通涵洞,水利也,开河引流以利灌溉,水利也,昔年尝有人起而倡之,业者出资,佃者效力,或以工代赈,或按亩征工,成绩斐然可观。时至今日反默焉无闻。塘岸倾圮,圩工废业,任使怒流激荡,砖石漂沈。窃取者有人,移用者有人,水利不修,于今为甚。"针对这种情况,当地有识之士指出了水利问题的重要性,并倡导及时修浚。"有责者且夕倡言马路汽车之设置,反目水利为不急务。迂疏之谋亦何可笑。本年淫雨匝月,河水陡涨,太湖淤浅致成倒流。田禾淹没几半,以湖滨为尤甚。若不急谋补救,后患何堪设想。"[5]号召采取补救措施以清淤治水。

江南周边山区的水利建设主要是满足农作的灌溉用水。徽州地区的水利设施分为堨和水塘。"徽州的'堨',遍布于西北东三乡,它的总数,大概有十数条;所灌溉的田约有四五万亩——占全邑田亩总数五分

---

[1]《利用冬期农隙修治农田水利大纲》,《实业公报》1942年第10期。
[2]《萧山》,《大公报》(上海)1948年12月9日第5版。
[3] 姚日新:《苏常道区吴江县实业视察报告书》,《江苏实业月志》1919年第6期。
[4] 张梅官:《张浦镇志》(南港卷),西安地图出版社2003年版,第176页。
[5] 江苏省农民银行总行:《第三年之江苏省农民银行》(内部资料),1932年7月,第139页。

之一以上。"[1]徽州堨务由农民共同推举代理人负责管理，利用农闲组织民力进行维护修浚，"每年冬春秋三季均要浚治一次——自入口至出口，不论总渠小渠，一处都不丢掉忘却；到了夏季，他们更派出多人，排定时日，分段替农民灌水"。堨以外，"池塘是徽州灌溉田亩最多的水利建设，所谓塘，实际是等于一座蓄水池"，面积自一亩至十余亩，深度从几尺到数丈，水源有地底涌出，有他处流入。"在全徽州境内，大概至多只隔几十亩田地，便有一座池塘。"以灌溉田亩数量计，至少在十五万亩，除掉借淤浇灌或借溪浜河流灌溉的田亩外，其余的田亩，便完全靠塘水浇灌了。大部分池塘为农人私有，面积小，农人对池塘"每年总要浚深一次或几次"。[2]

岛滩区的水利建设多重视防洪与潮水对农田的侵蚀，同时利用圩堤保养土地，扩大农田种植面积。1933年，崇明二区南沙漾东、漾西两乡受灾最重，"所毁圩岸，入冬之时，因各业户不肯投资，致抛业半载，迄今尚坍倒如故，现值废历新年，全体农民正闲散无事，乃由两乡乡长黄明载等联络业佃，发起全沙修岸并得业佃同意……出示布告督率兴工矣"[3]。沿海地区的水利建设也有改良土壤、增加耕地的作用。浙江水利厅即提出沿海地区利用农隙修筑圩岸："有本省沿海及曹娥江钱塘江两岸气候土质，皆宜植棉；但江海堤岸大都年久失修，致肥沃土地尽成泽国，拟利用农隙，督促农民修筑堤岸，以便推广棉田增加棉产。"[4]

（二）路政与农暇

道路桥梁事关民众的生产与生活，是使用民力较多且需要经常维护修补的公共设施。古代的道路修筑主要为驿道、官道，一般于农隙征集民力修筑。随着近代工业发展与汽车、火车等新式交通工具的出现，道路在提高物流、人流运输效率上的作用日益凸显。时人论述了道路修筑的益处："盖无论为国家政治方面，为地方自治方面，为工商方面个人方

---

[1] 碧玉：《徽州的水利建设》（上），《社会日报》1934年8月18日第1版。
[2] 碧玉：《徽州的水利建设》（下），《社会日报》1934年8月19日第1版。
[3] 《乘兹农隙兴修大堤》，《崇民报》1934年2月26日第3版。
[4] 《利用农隙督修堤岸》，《浙江省建设月刊》1933年第6卷第8期。

面计,无一不有赖乎交通之便利,且交通愈广,建设愈密,则脉络贯通,事业之进步愈速,故整理路政早已公认为第一要务。"在修建道路的方式上,"可以利用工振,可以利用裁兵,可以利用农隙间暇之乡民"。[1]

长途主干道路之外,乡间支路的修筑和交通方式的改进,对提高乡村运输效率、改进乡民的生活也具有积极的作用。农民"肩挑而行,贵重的农产物,或者还可以赚点微利,稍微笨重及容易腐烂的物产,就不能运送到远处了;即使可以输送,价格也增加得很高。又如肥料的输送,也极为困难,生产量就难以增进。所以地方或国家应该筹措款项,利用农闲,修治道路,使可以通行马车,或运载的货车,无形中增加生产,便利人工者不少"[2]。农林学家韩安用通俗易懂的语言论说乡村修建道路的益处,并号召各地乡董召集民众,利用农闲,修建本村的道路,提高交通物流的效率:

> 乡间道路,即如人身血脉。血脉不流通,则病身;道路不修治,则害农。修治道路,利益实多,兹特略述数端,以告我农民。运物便捷,省费省时,其利一;旅行便利,节省旅费,其利二;商贾盈集,农产易销,其利三;地亩增价,农民益富,其利四;道途平坦,不伤车马,其利五;邮政易行,信息灵通,其利六;邻村联络,往来益便,其利七;举步轻扬,不劳心力,其利八;有此八利,而无一害。倘各乡绅董地保,于秋末冬初,率领农民,各尽数日之力,各修本村道路,同力合作,事轻易举。若逐年推行,由近及远,将见不数年间,邻村相望,道路相接,城镇乡野,脉络贯通,攘熙往来,咸歌康乐,凡我农民,何乐不为。[3]

从施工的时间上来说,修建道路宜在冬季农闲举行,在此期间不耽误农民的生产;从施工的难易程度而言,冬季天气寒冷,植被凋零,土壤干燥,适宜乡民劳作,便于道路的修建。1923年刊于《申报》之上的

---

[1]《长途汽车》,《申报》1921年12月3日第21版。
[2] 吴觉农:《中国的农民问题》,《东方杂志》1922年第19卷第16期。
[3] 韩安:《农暇修路之利益》,《实业浅说》1915年第1-5期。

《论筑路之时期》一文论述道:"筑路之先,必且筹划区域,测量远近,估计价值,此数项俱备矣,每以经费之为难而生阻力,经费无障碍矣,而筑路之时期,又必大费研究,何也? 以春为农忙时代,群众无暇,及此夏,则淫雨为虐,土质松动,施工不易,至秋则近农家收获之日,又不能舍彼而就此,执是以观筑路时期以冬为最宜,因冬季为农余之暇,天又干燥,既无大水之为患,而土质又易于施工,天时地利人和,尽宜于此时矣。"[1]

  道路修筑是耗资较大的工程,在经费来源上分为公款、募捐、招商、借款、劝奖、征工等几种类型。1929年颁发的《浙省修正各县修筑道路暂行章程》规定了筹款的方式分为:公款建筑,"以县公款,或区公款,或县区公款兴筑";募捐建筑,"组织筑路募捐委员会,募集捐款建筑";招商建筑,"完全由商人出资,依照规定标准,建筑完成后,经建设厅核定,予以相当之营业专利权";借款建筑,"向地方团体或私人借款兴筑,或募集县公债兴筑";流芳建筑,"劝奖地方人士或团体,以资财兴筑某路之金钱,或一段,或一桥,即以其人或团体之名名路或桥,或用别种名誉奖励之";农余建筑,"于农闲时,以业饭佃力筑路办法,或其他征工办法兴筑之"。[2]1916年浙江省省道筹备处讨论省道修建工程:"拟俟浙赣线测竣,先于本年冬令农隙之时着手修筑浙皖、浙闽二线,亦为交通之要道,概于阴历年内完工测竣,所有工程款项除预算列入数目外,并责成各县知事随时就地劝募。"[3]修建水利、道路的经费,常采取工赈的措施,但在工赈的经费筹措上,各级政府却经常相互推诿。1925年,无锡绅士唐蔚芝等曾倡议以工代赈,建筑张家港至无锡的省道,前任省长核准拨给工赈费十二万元,并指令江阴县先行拨付第一期工赈费三万元,但实际仅仅领到现款五千元。无锡方面以"近因农隙工振之时,购地施工,殊属急不容缓"为由,电请省长及财政厅长转令江阴县从速照案筹拨,以济工程而重赈务。[4]解决工程经费是地方

---

[1] 豪:《论筑路之时期》,《申报》1923年12月15日第21版。
[2] 《浙省修正各县修筑道路暂行章程》,《申报》1929年1月26日第31版。
[3] 《省会预备召集临时会》,《申报》1916年11月24日第7版。
[4] 《请拨澄锡省道工振经费》,《申报》1925年12月9日第9版。

政府及乡村组织开展农隙兴工面临的主要问题。

江南各地修建道路的人力，主要为利用农闲组织的民力。一是利用农闲实施征工。1927年民国政府交通部筹建宁杭公路，其预定路线，由南京通济门起，经秣陵关、溧水、南渡溧阳、横涧、广德、泗安、吴兴、德清，以至杭州为止，"拟分三队测量，以十月底竣工后再定确实路线，如经费筹足，由十一月起利用农隙之时，分六段动工，全线约一年可以通车"[1]。即利用农隙，各路段同时施工，提高道路修建的效率。安徽"皖南徽属陆路交通，向称闭塞，皖省府前为便利本省交通及军运，拟定兴筑京芜、芜屯、保合、安全太、歙昱等五大公路计划……南京至芜湖一路，亦在赶筑，至芜屯（芜湖至屯溪）公路，会经蒋电令皖省府转饬芜湖首席县长高铁君，令趁农暇，征工开筑"[2]。1936年，川沙县利用国民劳动服务修筑道路，"业经利用农闲期间开始，其主要工作为修筑上川公路，及疏浚白龙港"[3]。《申报》记者储裕生于1948年冬登临安东天目山看到，"乡村道路都已完成，是利用农闲时的劳动服务"[4]。青浦县义务劳动服务团利用农暇，于1948年11月发动畲山、簳山二乡农民建筑畲山风景区环山马路。[5]

二是乡民利用农暇时间，自行修筑乡间道路。湖州吴兴县所属各县道路，除政府主持修建之外，"每年由乡民自行修筑，亦均康庄可行"[6]。1933年，无锡北夏实验区倡议农暇自发修筑道路，兴建自己的家园：

> 我们试看北夏区东亭镇、查家桥镇和城里，交通何等便当！消息何等灵通！也就是因为这两个镇市的煤屑路，早经修筑完好的缘故。至于东亭以东的道路仍旧多是崎岖不平、狭窄的泥路；晴天步行已感不便；遇着雨雪天，走起路来，那更是万分困难。我们常听

---

[1]《宁杭间筑路通车之预计》，《申报》1927年7月21日第10版。
[2]《芜屯公路积极征工修筑中》，《大公报》（天津）1932年11月15日第5版。
[3]《川沙劳动服务筑路浚港》，《申报》1946年12月9日第3版。
[4] 储裕生：《临安新气象》，《申报》1948年11月18日第5版。
[5]《袖珍新闻——青浦》，《申报》1948年12月22日第6版。
[6]《湖属六县自治状况》，《湖社十周年纪念特刊》1934年6月编印。

见许多农民羡慕着别的地方路好走,埋怨自己家门口泥路难行,嘴里喊着要修路;然而因为事忙终没有动手去做。现今田里稻已割了,麦也种好了,米也将要舂起了。只要乘此农闲,大家起来出些力,把泥路放宽些,修筑整齐,铺上一些煤屑,这样,坚固平坦的道路,也就筑成了。晴雨大众行走多方便,运输货物,传递消息,也要快捷些;这真是便人利己的好事情啊。[1]

二、以工代赈

以工代赈是由政府出资兴建水利、道路等基础设施,受赈济者参与公共工程的建设以获得相应报酬,寓救济于建设的一种措施。工赈政策历来皆有,江南地区特殊的自然地理条件使得以工代赈兴修水利的方式较为多见。《吴中水利全书》"章疏"记载了明末苏州府太湖流域水利兴修的措施:"合用人工,必择农隙,就于有田之家每百亩修岸三丈,淘沙亦然;无田之处亦于正二三月,该赈饥之时,每日验口给米三升三,合亦照丈数分。"[2]民国期间,面对灾荒,时人提倡农暇期间以工赈兴修水利,开河通渠,其办法:"则工程大者由县主持,酌量利害攸关之村庄,乘春冬农暇,召集村中贫民,用以工代赈办法,使贫民借劳动以糊口,地方因赈济而成工。工程小者由村主持,组织水利合作社,由社员合力完成之。"[3]工赈施行的时间,多在农闲季节,既免于影响农时,可以组织更多的农民参与,也能够为受灾荒的民众提供相应的工作和一定的生活保障。

浙江上虞南乡,洪涝灾害易发,田埂屡被冲坍,乡民无力兴修水利,农田频遭荒歉。光绪九年(1883),当地绅士发起筹款赈灾,会勘各地堤埂,施行以工代赈。"经善士佩卿先生不辞况瘁,驾临再四,举凡如何布置,如何修筑,无不悉心筹度,指授殷勤,自新正二日一律开

---

[1] 介:《农闲好筑路》,《新北夏》1933年第26期。
[2] 张国维撰:《吴中水利全书》卷10《水治》,明崇祯九年(1636)刻本。
[3] 《如何充实农民生活》(选录),《时兆月报》1942年第37卷第1期。

工,幸逢天气晴明,得以赶办前村之汇头埝、两口之九连埝及南堡牛步埝共计四千数百余丈,不两月而告成。"此举也受到当地乡民的欢迎,工赈时期正为农闲,"农人借此闲暇,食其力,以养其家,莫不鼓舞欢欣,争先恐后,迨至仲春之杪,大雨连朝,平地水深丈许,豆麦尽遭淹没而埝内田畴安然无恙,是夏日之收成在即,可知秋来之丰稔有期"。[1]乡绅了解当地的民情,通过农闲期的工赈,发动民众修浚水利,以维护农田水利,避免或减轻自然灾害对农业生产的破坏。

20世纪20年代初期,嘉兴地区水灾频繁,"该邑连年告灾,惩前毖后,整顿水利,尤不容视为缓图。际兹农隙之时,亟应及时兴办,借收得寸得尺之效"[2]。1921年冬季,嘉兴疏浚用里河,采用工赈办法,"招集浚河工人",提出"以现届冬令,水正干涸,又值农隙之际,该河应即分段疏浚",招集工人,"每土一方连戽水、筑坝、拆坝、掘泥、挑泥等工费,规定四角六分至五角一分"。采取承包的办法,限日兴工。[3]1922年,嘉兴地区仍采用以工代赈的办法整修水利,但工赈工作从春季到当年的冬季,仍未完成。受水灾影响,"嘉兴四乡坍损圩岸,现经华洋义赈会拨款到县,并派员会同汪知事谕令各农民赶即修筑"。在具体执行过程中,采取强制的办法推行,"责成各区自治委员为监工主任,督饬农民乘此农隙之际,择要修筑,无论办理如何为难,工价如何低廉(由县规定每土方仅给洋一角),必须将坍损圩岸及低田之圩岸分别加高加阔,以防水患,如农民因循观望,荒怠不修,即行强制执行,以利农田"。[4]但至年底,工程仍未竣工,又发布限期竣工的命令,"四乡坍损圩岸,前由县呈省向水利议事会指拨洋一万元,兴办工赈,以利农田。所有全县坍损及低陷圩岸,已由九区自治委员,躬亲调查丈数及修筑价格,列表报县,转省备案。现县署以办理工赈,宜趁此农隙之时,赶紧举办,限于阴历癸亥年正月底,一律完竣,不得迟

---

[1]《万姓颂德》,《申报》1890年4月16日第4版。
[2]《视察农林报告》,《申报》1923年1月21日第10版。
[3]《招集浚河工人》,《申报》1921年12月15日第11版。
[4]《限令修筑圩岸》,《申报》1922年3月19日第10版。

延"[1]。地方办理工赈事宜，如不尊重现实，办理方法不当，乡民则会消极怠工，具体施行部门则相互推诿，导致弊端丛生，效率低下，原本积极有益的工赈措施也不能收到实际的效果。

1934 年，东南旱灾，江南各区域焦金流石，受灾严重，各地政府筹划寓工于赈，利用农闲组织修建公共工程，积极赈灾。"浙江今夏旱灾奇重，浙省赈务会近已将被灾县区调查完竣，只以赈款筹措困难，致未早日施赈……曾养甫谈，此次因赈款支绌，只得将计划缩小实施，至于缩小后之工赈计划，即以浚河筑坝为主体，将来浙东、浙西双方同时推进，以期消除两浙水旱之患。实施期，拟提前于冬令农隙之时分头兴工，既不妨碍农务，又得寓工于赈。"[2]南京江宁县受灾民众达二十余万人，时值寒冬，"灾民冻饿堪虞，该县全体士绅，前经发起在京组设旱灾筹赈会，因募集捐款，颇感困难，现拟扩大组织，期收赈灾实效，特由全县人民，公推学界领袖伍崇学、杨子渊等，向各方接洽，并商请京市商会、红十字会，共同负责组设冬赈联合会，俾作大规模之救济"，同时江宁县县党部拟"疏浚秦淮及便民两河施工计划，实行征集民夫，安置年壮灾丁，以工代赈"。[3]1935 年，在大旱之后，面对农村水利基础设施破败带来的问题，江苏省于冬春农闲时节，以工赈办法，疏浚江南各地干河，分设工赈处三处，分别为：镇武运河工赈处，主持疏浚镇江至无锡江阴间之运河，及整治丹阳练河工程；疏浚赤山湖工赈处，主持疏浚赤山湖及秦淮河工程；宜溧金丹运河工赈处，主持疏浚宜溧运河，及丹金溧漕河工程。在自然灾害面前，工赈"一方面既可以赈救灾民，一方面又可以谋江南水利之救治，此诚一举而两得其利也"。工赈的时间基本在春耕前的农闲期。自 1935 年二月份起，分段进行，工程进展顺利，"到工民夫有八万余人，工段全长计达四百余公里，所有土方工程于五月底均告完成"。[4]

西方列强的入侵、近代时局的动荡，使江南地区传统乡村的格局发

---

[1]《工赈限期竣工》，《申报》1922 年 12 月 30 日第 10 版。
[2]《浙冬赈之进行》，《大公报》（天津）1934 年 11 月 22 日第 10 版。
[3]《江宁县各界筹组冬赈联合会》，《中央日报》1934 年 11 月 8 日第 7 版。
[4] 沈百先：《江苏省之水利建设》，《东方杂志》1935 年第 32 卷第 19 期。

生了明显变化，乡村精英日渐离开农村，到市镇居住。以苏州为例，地主多居住在苏沪城里或江南市镇，居外地主多为当地大地主。据20世纪20年代的调查，昆山居外地主达到了65.9%[1]。地方精英的迁居导致乡村人力资源的汲取日益困难，农村日渐衰落，而诸如水利、道路等公共工程年久失修或逐渐废弛，难以抵御洪涝和旱灾。由政府发起于农闲时期的工赈，在解救民困的同时，也修筑了部分水利、道路等公共设施，对拯救乡村的衰落具有一定的积极作用。

三、自治施政及其近代性

（一）义务工役

近代江南乡村地区的河流疏浚、加筑圩岸、修建道路等公共工程，除了以工代赈、业食佃力之外，民国时期开始施行义务工役制度。民国早期的知识分子提出："吾国自古有役民之制，迨杨炎改租庸调为两税，此制遂废。今地方自治，逐渐规复，若由自治职员随时督率吾民，使于农隙，通力合作，修筑道路，持之以恒，行之以渐，则民既不甚劳，而数十年之间，遍中国尽坦途矣。"[2]其原则是通过地方自治的方式，实行义务劳动，推进乡村公共工程的建设。但在具体施行过程中，这种方式难以真正落实，对于乡民来讲，义务工役变为强制劳役。1929年，国民政府铁道部公布的《建筑国道征用民工》通则规定："凡国道路线所经过各县及其邻县，其居民（男性）自十八岁以上五十岁以下者，均有被征建筑国道之义务……征用民工，应于农暇时期举行之。"并制定了处罚措施，"被征人民，不愿应征者，应照缴两倍工价"，实际上是一种强制征工。[3]1936年颁布的《中华民国人民工役法原则草案》，规定工役时期，"须于春耕前或秋收后举行之，以不妨害本业为原则"。工役的种类，"分交通、水利、农林、卫生、防御、工事及其他公益事项"。在

---

[1] 乔启明：《江苏昆山南通安徽宿县农佃制度之比较以及改良农佃问题之建议》，《金陵大学农林科农林丛刊》1926年第30号。
[2] 《劝修乡村道路说》，《东方杂志》1917年第14卷第2期。
[3] 《建筑国道征用民工》，《实业杂志》1929年总第142期。

实际实施过程中并非自愿参与,规定"应服役人民如因疾病或不得已事故不能工作时,得觅人代役或缴纳代役金,每日自二角至五角由县市政府按地方情形酌定之"。同时,"凡与国家利益有重大关系之工程必须征工"。[1]通过政令的方式,强制征发民力,修建公共工程。

　　江南各地区也普遍实施农隙征工的办法,通过地方自治的方式,组织民力修建公共工程。浙江省政府1931年发布政令,令各县于水涸农闲之际从事培修堤塘以防水患。"查浙江省山洪海潮,岁为民害,堵防急务,端赖堤塘,修筑稍疏,溃决堪虞,国富民命,均受影响,惟全省河流纵横,堤塘环绕,区域宽广,工程繁杂,欲求兼筹并顾,自非政府财力所能堪,必须地方民众之努力,尤须各县长勤恤民间疾苦,亲身督率,方能收百废俱举之功。现值隆冬水涸,农民闲暇,所有各县堤防亟应及时修筑,俾资保障。除由浙江省水利局筹修各处工程另案办理外,余凡各县县修或民修之河堤等局部工程应由各该县县长查照各地修筑成例,或妥筹新法督率各该地公正绅民认真举办,务于本年四月底一律培修巩固。"[2]1934年,江苏开展地方自治的试验,"先就镇江、无锡、丹阳、武进、吴县等县中各择一区为地方自治试验区,卓有成效,次第推行其他各县区"。自治实验区的目的,"在集中人力财力、从共同生活之改善,进于社会组织之健全,以完成地方自治"。同时提出:"全区道路河渠之建设,利用农暇,施行征工与集资,逐渐举办。"[3]在具体的实施中,溧阳县政府1934年发布训令,唯征工浚河,"必须利用农隙时间,转瞬春耕将届,工作方殷。再有差池,势将一无所成"[4]。1947年秋,浙江桐乡石湾镇沿运河塘支流曹家笕、乌塘笕、李家笕及市区堰桥浜、新桥河等处,因天时亢旱,以致河水浅涸,交通被阻,"兹值农事稍闲,经镇公所通令各保普遍发动国民义务劳动服役,由各保长率队分段疏浚"[5]。这体现了在水利、道路等公共工程疏浚建设过程中地方

---

[1]　段麟郊:《中华民国人民工役法原则草案》,《中华周刊》1936年总第551期。
[2]　《令各县政府:于水涸农闲之际从事培修堤塘以防水患》,《浙江省政府公报》1931年总第1114期。
[3]　《苏省镇江等五县设自治实验区》,《大公报》(天津)1934年1月23日第9版。
[4]　《溧阳县政府训令》,《溧阳县政公报》1934年第1—6期,第26页。
[5]　《袖珍新闻——桐乡》,《申报》1947年10月3日第5版。

自行征工施工的方式。

（二）乡绅的角色

乡村社会的权力格局和文化因素，决定了在施行农隙兴工的过程中，乡绅在组织落实等方面发挥着不可或缺的作用。《杭州府志》记载了河道疏浚与水利设施建设过程中，民分其任，官董其成，业食佃力，由地方绅士领导督率的措施："今河身支港亦多淤塞，则下流不畅，不能引湖水而注之仁海，但地方甚为宽广，应责成沿河各县，劝谕有产沾利之家，趁冬成农隙，业主出给口粮，佃户以身作工，渐次闻浚，民分其任，官董其成，但加督率，而不由胥役经手，则众擎易举，工可速成矣。"[1] 近代有识之士也提出了在农隙实施官民合作与绅民合作的办法："其有当浚者，俟农隙之时，择廉能之吏，召当役之图，给半工之钱，赏其勤而责其惰，虽用民力而绅商贴费，不至全责之民，亦非全责之绅商也。"[2] 乡绅在地方公共工程兴建过程中起着实际的领导作用。近代乡绅组织进行的水利建设主要有以下几项。

一是疏浚河道。1879 年秋，浦东三林塘镇董优廪生赵履福、汤学钊、赵履信、汤福基、任恩勤、杨思桥，镇董武举周希濂、杨孝惇、周希泳、庞允谐、乔永修等联名，"禀请开浚三林塘、杨淄溇两河，择于九月望后开工筑坝，所有工费约需二万串，请即禀请道宪借领工费"。时值粮食收割之后的秋季，是利用农闲开工的好时期，"时届秋成，转瞬即隆冬，农隙力役堪征"。乡董们通过多种方式筹措浚河经费，"一面设局三林塘杨思桥海会寺等处另行筹劝镇市店铺捐款"，同时"在镇筹劝殷富各捐款以济工用"。工程主事者秦月汀等为当地知名的绅士，"并请照会该处三林书院绅董封翁荣光为总董，经理两河一切事务"。各地出有六言告示数百道，发帖城乡村镇及沿河地方，告知各地乡民，"如有沿河田亩近十丈以内即须挑屯泥土，今冬缓种小熟豆麦以免空掷工资也"[3]。在乡董的组织下，相关工作于农闲时有条不紊地进行。

1891 年，江苏太仓州宝山县河盐厅劝谕地方由绅董组织开展水利工

---

[1] 郑沄修，邵晋涵撰：《杭州府志》卷 41《水利二》，清乾隆四十九年（1784）刻本。
[2] 《毗陵治渠刍说》，《申报》1891 年 2 月 16 日第 3 版。
[3] 《开河给谕》，《申报》1896 年 10 月 19 日第 3 版。

作:"正届水涸之秋,农忙已歇,各宜同心协力,计田之多寡,于就近绅董妥为商议。"[1]近代昆山巴城士绅陈佩琳,世代业农读书,励行敦孝,友尚品节,力田而外,急公好义,由清入民,连任乡董十余年,"平讼息事,解民纠纷,躬请劝谕,不辞劳苦"[2]。他在当地一方较有威望,于农田水利事业上起着领导作用,"镇东一带地最低洼,常患水浸,一届农隙,率作围堤,不假官力,民咸乐从,沐其德"[3]。江南河道往往贯通多个区域,地方在开展水利疏浚工作过程中,常跨区域施工或涉及区域交界之地,需要各辖区合作举办的水利事业,遇到相互矛盾的问题,也需要绅董在其中进行协调,合力解决。"浦东、东台、浦河道系川沙、南汇、上海三厅县交界之所,迩以久未疏通,淤塞日甚",1904年秋冬,绅董谢君具禀上海县,"请转咨川沙厅南汇县会勘后,乘此农事清闲,以便招人开浚"。[4]昆山亭林镇西北大洋泾河,东通叶榭港,西达张泽塘,是松亭间往来要道,该河"潮来时东西并至,交互接触,易至淤塞",1923年初春,由大洋庄庄董黄幼亭等决议疏浚。"现因尚未春耕,乘此农隙,雇工较易,故于二月二十七日筑坝开工矣。"[5]

二是修筑圩岸。圩堤是江南区地区常见的水利工事。"修筑圩岸,增高界境。预防水患,各自车戽。此御灾捍患之至计,岁奉功令,无容怠缓。"[6]传统圩田各圩都设有塘长、圩长,"每当冬春农闲时,各塘长、圩长就督乡民增筑堤塍"[7]。进入近代以后,这一基层组织仍然在乡间存在,并在修筑圩岸的过程中发挥着积极作用。1922年,江阴地区大水之后,各地圩岸倒坍无数。各地圩董发动民众修筑圩岸河塘。"春令农隙河涸之际,正宜从事修筑,该邑之青旸、泗河两市乡所有倒坍之圩岸,现由各圩董发起,邀集农民,于昨日动工修筑,其他月城桥至江阴一带之直塘官路,不日亦须修筑,即锡属青城市八二八三等图及万安

---

[1]《告示照登》,《申报》1891年2月16日第3版。
[2]倪和生主编:《阳澄湖大闸蟹之乡巴城》,昆山市巴城镇人民政府1993年编印,第24页。
[3]朱保熙辑:《巴溪志》,民国二十四年(1935)铅印本。
[4]《禀请浚河》,《申报》1904年11月8日第3版。
[5]《疏浚大洋泾河》,《申报》1923年3月31日第11版。
[6]桐乡市名人研究会编:《张履祥诗文选注》,浙江古籍出版社2014年版,第371页。
[7]蒋兆成:《明清杭嘉湖社会经济研究》,浙江大学出版社2002年版,第21页。

市林庄等处之圩岸,亦均次第修竣矣。"[1]1923年,嘉兴知事劝导乡农合作举办修筑圩岸:"嘉邑四境临江,一遇水患,田禾辄遭淹没,因是报荒频闻,歉收叠见,汪知事为防患未然起见,特于昨日示谕各农民,乘此农隙之际,修筑沿江圩岸,一面令饬农村自治所等劝导农民富者出钱,贫者出力,通力合作以捍水患。"[2]1923年,镇江丹徒筹备永固、落上、和尚三洲堤加固工事,当地绅董提出:"刻下清明节近,若不及时兴修,转瞬农忙,更无闲暇,现经各该洲董事集夫挑筑,一律加高培厚,以固圩身而保农田。"[3]1924年,无锡青城因势低陷,旧岁水灾,受害极深,"因岸坍被水冲入者,亦属不少,际此农隙时间,一班留心农民生活之董事及公民,咸发起修筑圩岸"[4]。1933年,北夏实验区讨论利用农闲筑路,"藤昌乡改进会于十一月廿日,借周巷民校开第二次会员大会;出席一百多人……讨论修圩筑路二件事情。结果推选过正保、徐文彬等五人为修圩委员。周伯诚、陶子翔等七人为筑路委员。分别计划进行"[5]。在合作举办的乡村试验区,采取乡民参与、开会讨论的方式,推选产生公共工程建设的组织领导机构,从形式上看,乡民参与公共事务的积极性得到提高,并从程序上参与了公共事务的决策过程,具有一定的近代性。

---

[1]《澄锡修筑圩岸》,《申报》1922年4月4日第10版。
[2]《县署饬筑圩堤》,《申报》1921年2月2日第7版。
[3]《洲董督修圩堤》,《申报》1923年4月6日第11版。
[4]《青城一片筑圩声》,《申报》1924年4月6日第11版。
[5]《利用农闲筑路修圩》,《新北夏》1933年第26期。

小　结

近代江南乡民在农暇时期主动或被动地参与到乡村治理与乡村建设等公共事务之中。乡民利用农隙，习武强身健体，防匪防盗，既是古代寓兵于农政策的历史遗存，也反映了近代乡间盗匪活动频繁，乡民必须组织起来，防范风险。乡间保卫团的建立，则是政府意图加强对乡村的控制，将权力深入乡间的体现，但在实施过程中未能顺应乡民的实际需求，乡民消极参与而成效有限。

开展民众教育，提高乡民的知识文化水平，是近代乡村治理活动的内容之一。近代江南地区乡村的文化教育活动主要在农暇时期开展，在近代教育机构和知识人的帮助下，乡民们利用农闲进行识字学习，接受生计教育、卫生教育、新式娱乐等方面的近代知识。同时，近代教育界的知识分子为改进乡村生活，扎根乡间，深入农民，一定程度上在乡村传播了近代的农业生产技术与知识文化，同时参与到乡民日常生活的实际过程中，有利于改进乡民生计，促进乡村近代化的发展。

农暇工役是实施公共工程建设而征发民力的一种劳役方式。其形式一是从古代的徭役制度而演化为近代的强制工役制度，二是乡民于农隙自发组织起来参与社区公共设施的建设。对近代江南地区的乡民来讲，水利和道路建设是最主要的两项工役劳作，且多在农暇时期举行，成为政府实施乡村治理与乡民农暇时期互助合作的工作之一。农隙施工、业食佃力、官民合作，是江南地区水利修浚工作的主要形式，并从传统延续至近代。近代汽车运输的发展，使道路修建及维护工作成为乡民农暇从事的另一项主要工役。政府利用农闲进行征工，修建主要干道，乡民利用农暇时间，自行修筑乡间道路，使江南地区的道路交通网络逐步发展,并促进了乡村人流、物流速度的提升与乡村面貌的改变。在农暇工役的组织过程中,乡绅在地方公共工程建设过程中起着领导作用。在新式社教机构的参与指导下,部分公共建设工程的组织实施扩大了乡民的参与度,体现了乡村自治施政近代性的一面。

结语 农暇生活与乡村近代性成长

"生活本身仅仅表现为生活的手段。"[1]对乡民农暇生活的考察关乎日常生活的整体性。生计、消闲和参与社区公共事务,是我们讨论的近代江南乡民农暇生活的三个主要方面,在前面的论述中,我们对乡民自身的经历、知识人的有关记录、参与乡村建设的近代文教机构的积极探索、政府在乡村的施政措施及成效等进行了细致、综合的考察,并试图从整体上揭示农暇生活对于乡民日常生计和乡村改进等的意义。通过这些考察,我们更多地了解到近代江南乡民日常生活的实际运行,并从中感受到这种生活方式的传统性。事实上,江南乡村的近代性成长也是农暇生活考察的题中之义,而这一考察必须在地方社群与外部环境的互动视角中进行。

---

[1] 马克思:《1844年经济学哲学手稿》,《马克思恩格斯文集》第1卷,人民出版社2009年版,第162页。

一、农暇生活的传统性

整体来看,近代江南的乡村生活仍然植根于传统。这从农业生产、乡民生活、乡村面貌等方面可以得到具体的体现。葛剑雄根据自己儿时生活的见闻,认为直至20世纪四五十年代,江南地区的广大乡村还停留在工业化和城市化以前,一定程度上保持着明清以来的古风。[1]农暇生活的传统性是其中一个方面的表现。

通过对江南乡民农暇生活历史的回顾,我们发现,生计活动耗费乡民的农暇时间最多,乡民在农暇时通过手工副业、输运贩售、外出佣工等方式谋求生计的补充。"手工业与家庭农业紧密结合,依靠家庭的闲暇的劳动力",成为辅助农业生产的"一柄拐杖"。[2]以家庭为生产单位的农户在狭小的土地、有限的经营规模和落后的生产条件下,仅通过农业生产无法满足基本的生存需求,近代江南乡民们从生活的现实出发,在农暇从事副业兼业活动,获取农业外的收入,维持和改善家庭生计。江南乡村家庭的这种生计模式至少从近世一直延续至近代,"中国传统社会能很久维持这配合,那是因为它至少可以给在这种经济里生活的人不饥不寒的小康生活。任何经济结构如果不能维持最低限度的民生,是决不能持久的"[3]。

休闲娱乐是乡民调剂生活与人际交往的需要,近代江南乡民的休闲娱乐活动往往与民间信仰、宗教节庆相关。演剧看戏、朝山敬香、迎神赛会、走亲访友为基本的形式,在闲来无聊之时,也存在着诸如赌博、酗酒等陋习。总体来看,传统江南乡民的休闲娱乐可选择的方式和种类较少,大部分乡民囿于封闭的地方环境和保守的思想观念,对近代多元化的休闲方式和理念知之甚少。

从近代江南乡民用于休闲活动的时间来看,受生计所困,闲暇娱乐

---

[1] 谢湜:《高乡与低乡:11—16世纪江南区域历史地理研究》,生活·读书·新知三联书店2015年版,"序言"第2页。
[2] 黄宗智:《长江三角洲小农家庭与乡村发展》,中华书局1992年版,第14页。
[3] 费孝通:《费孝通文集》第4卷,群言出版社1999年版,第368页。

时间在乡民的日常生活中占比较少，于身心健康和个人发展有益的休闲活动更少。在年度时间安排上，休闲活动于岁末年初比较集中，乡民忙于生计，休闲活动在平时的月份则相对较少。从根本上来讲，乡民们平时忙于农业耕作，纵有闲暇也忙于从事副业以满足家庭生计的需求，偶有休闲活动，也仅仅是简单的消闲及在信仰活动中衍生出来的娱乐活动。"一个把毕生精力，完全放在衣食的奔走上的人，当然不会更有余力，来从事于种种较高级文化的发展。"[1]

囿于传统观念和生计发展的限制，近代江南乡民缺乏参与公共事务的主动性与积极性，在农暇时期，主要是在乡绅的组织下围绕着社区内的共同事务进行着传统的互助合作。这种合作主要表现在乡村自治保卫过程中的联合防范盗匪，农暇时的文化活动，即所谓"农隙修学"，以及以"业食佃力"等方式进行的水利、道路等公共工程的建设。

尽管江南乡民的农暇生活仍然保持着传统的一面，但在近代剧烈的变动中，这种传统的生活也渐渐受到冲击，呈现近代性的成长。

二、农暇生活近代性成长的动力

"现代性几乎是江南史研究不变的主题。"[2]江南乡民的农暇生活在外部世界的剧烈变动中不可避免地受到近代潮流的影响，而首先受到波及的是江南乡民的生计方式。原来于农暇从事的满足生活自给与补充家庭生计的手工副业逐渐与世界市场发生联系，并随着世界市场的变化而调整和改变。在西方商品与资本输出的影响下，传统的纺织业、丝绸业等均受到不同程度的打击，在国际市场的影响下，乡民农暇手工副业也随行就市，转向生产适销对路的新产品。国际市场价格的波动，也直接影响了乡民农暇时期的经济收入。随着商业资本的发展，在农暇副业生产过程中，包买主依附经营制度逐步扩大，在江南诸多地区，商业资本家通过直接向乡民分配手工业生产的原料，让乡民利用农暇在家庭完

---

[1] 泽炎：《论闲暇》，《华年》1934年第3卷第27期。
[2] 赵世瑜：《猛将还乡：洞庭东山的新江南史》，社会科学文献出版社2022年版，第483页。

成生产,"使商品生产者成了在家中为资本家工作的雇佣工人"[1]。乡民的农暇生计活动也被纳入了资本主义世界市场体系中。

甲午战争后,外国资本主义对中国的经济侵略由商品输出为主转向资本输出为主,外国资本纷纷在华投资设厂,官办及民族资本家建立的各类企业大量成立,乡村过剩的劳动力开始向城市和近代工厂涌入,成为城市雇工或兼业的产业工人。由于城市生活的不稳定,这些乡民大多并未放弃农耕,而是农忙耕种,农闲外出打工。部分农民农暇工作的方式由传统的手工生产转向机器生产,其农暇生计活动被卷入资本主义的生产体系中。

近代江南地区工厂企业与城镇的快速发展,为乡村地区的农民提供了更多的工作机会,部分地解决了乡村农闲时劳动力剩余的问题。除了在工厂打工,农闲时来到城市做小贩、帮佣、打零工也成为乡民谋生的一种方式,如上海的许多车夫,即为农闲时期进城的农民。[2]这在一定程度上促进了近代城市的畸形繁荣与乡村社会生活方式的改变。

江南乡镇社会现代生活方式产生于传统扬弃和现代创新的过程中,作为结果,"便是现代闲暇生活方式"[3]。传统的赛会、庙会、朝山会仍然是乡村民众借"酬神"以休闲娱乐的主要方式,与此同时,大众文化的兴起、新式社会教育机构的建立,以及知识人参与乡村教育活动,将外部世界的风气带入乡村,也影响和改变着江南乡民的生活习惯和闲暇生活。新的技术手段与新的生产生活工具的发展传播,也改变着乡民生活的时间节律与空间范围。"时间是人类发展的空间"[4],汽车、火车等新式交通工具逐渐进入乡民的生活,带动了人流、物流速度的加快,扩展了乡民活动的空间。镇江的茅山,每届春夏时节,朝山敬香的人群络绎不绝,"苟汽车通行,必乘车以代步也"[5]。晚清民国时期,

---

[1] 温铁军:《"三农"问题与制度变迁》,中国经济出版社2009年版,第139页。
[2] 《车商愿自动减租》,《申报》1934年8月3日第11版。
[3] 小田:《江南乡镇社会的近代转型》,中国商业出版社1997年版,第267页。
[4] 马克思:《工资、价格和利润》,《马克思恩格斯选集》第2卷,人民出版社2012年版,第61页。
[5] 张馥卿:《论句镇长途汽车》,《申报》1922年10月7日第21版。

江南各地逐步建立了汽车站与火车站，使得乡民参加朝山会等传统的跨区域活动有了更为便捷的出行方式，改变了乡村的生活节奏。在市民文化的影响下，部分离城镇较近的乡民的传统休闲娱乐，也增添了新的内容。电影、演讲、话剧、体育活动等新的休闲方式开始进入乡村，融入乡民的生活，使乡村休闲生活呈现出近代性的一面。

近代教育与改良活动促进了新思想在乡村的传播，影响和改变着乡民的日常观念与参与公共事务的热情。自抗战时起，上海共产党员黄竞之就深入敌后开办夜校，利用农闲时期的教育活动引导农民，提高乡民知识文化水平和思想觉悟，支持抗战和革命工作，并积极促进乡村生活的改进，取得了良好的效果。1945年11月，黄竞之领导了中共胡油车地下支部，发动夜校学员对伪乡公所的斗争，为劳苦群众争取到了减轻或免除自卫队田亩捐的负担。"此后，尝到甜头的夜校学员，学习的劲头就更足了。"[1]乡民在参与公共事务方面的积极性也得到了提高。

需要指出的是，由于近代江南各区域之间发展的不平衡，一部分地区乡民农暇生活所呈现出来的诸多近代性表现只是近代化潮流的一种趋势，而不具有普遍性。一般来讲，沿海和通商口岸城市周边受工业化和商业资本的影响程度更深，乡民农暇生活受近代化的影响更多；而在相对封闭的江南山区，大部分的乡民仍然保持着传统的生产与生活方式，近代性的影响因素则相对较弱。

三、农暇生活研究的当代价值

习近平总书记对当代乡村社会的特点进行了深入的剖析。在乡村形态上："我国小农生产有几千年的历史，'大国小农'是我们的基本国情农情，小规模家庭经营是农业的本源性制度。人均一亩三分地、户均不过十亩田的小农生产方式，是我国农业发展需要长期面对的现实。"在乡村价值方面："现如今，乡村不再是单一从事农业的地方，还有重要的

---

[1] 黄竞之：《胡油车农民夜校》，《奉贤文史资料》第1辑，中国人民政治协商会议上海市奉贤县委员会文史资料委员会1992年1月编印，第119-120页。

生态涵养功能,令人向往的休闲观光功能,独具魅力的文化体验功能。'暖暖远人村,依依墟里烟。狗吠深巷中,鸡鸣桑树颠。'乡村越来越成为人们养生养老、创新创业、生活居住的新空间。"在乡村文化方面:"中华文明根植于农耕文明。从中国特色的农事节气,到大道自然、天人合一的生态伦理;从各具特色的宅院村落,到巧夺天工的农业景观;从乡土气息的节庆活动,到丰富多彩的民间艺术;从耕读传家、父慈子孝的祖传家训,到邻里守望、诚信重礼的乡风民俗,等等,都是中华文化的鲜明标签,都承载着华夏文明生生不息的基因密码,彰显着中华民族的思想智慧和精神追求。"在乡村治理方面:"健全自治、法治、德治相结合的乡村治理体系,让农村社会既充满活力又和谐有序。"[1]

当代乡村是由传统村落延续而来,在乡村形态、乡民生活、乡土文化等方面既保留有传统乡村的底色,也在此基础上继承和发展。乡村的村容村貌、城乡融合、治理机制进一步提升,乡民的生活水平、生活空间、知识能力都取得了前所未有的提高,形成了鲜明的地域风格和文化特色,正在向着"建设宜居宜业和美乡村"[2]的道路迈进。在农耕生产方面,改革开放以来,包产到户的制度有效释放了乡村生产力,现代化农业生产技术的发展使投入耕作的劳动力进一步减少,乡民于农作之外有了更充裕的闲暇时间,可以更多地从事改善生计、愉悦身心、繁荣文化的活动和更深入地参与地方社会事务。当代乡村,农暇生活并没有随着时代的变迁而消失,在工业化、城镇化快速发展和交通、通信、互联网等技术进步的影响下,乡民的农暇生活呈现出愈加多元化、现代化甚至后现代的特征。农暇生活既反映了乡民的日常生活状态,也从一个侧面呈现出乡村经济社会文化的样态,是乡村社会发展的指示器之一。考察近代江南乡民农暇生活的传统与变迁,再现生动丰富的农暇生活图景,剖析农暇活动对于乡民生活的价值和意义,对于理解和把握当代乡村振兴过程中,乡民日常生活的改进、闲暇生活的丰富、乡村文化的繁荣和治理机制的完善,当有一定的历史镜鉴。

[1]《习近平著作选读》(第2卷),人民出版社2023年版,第85-94页。
[2]《习近平著作选读》(第1卷),人民出版社2023年版,第26页。

参考文献

一、理论经典

1. 马克思，恩格斯. 德意志意识形态［M］∥马克思恩格斯文集（第1卷）. 北京：人民出版社，2009.

2. 马克思. 关于费尔巴哈的提纲［M］∥马克思恩格斯文集（第1卷）. 北京：人民出版社，2009.

3. 马克思. 1844年经济学哲学手稿［M］∥马克思恩格斯文集（第1卷）. 北京：人民出版社，2009.

4. 马克思. 中国革命和欧洲革命［M］∥马克思恩格斯文集（第2卷）. 北京：人民出版社，2009.

5. 马克思. 路易·波拿巴的雾月十八日［M］∥马克思恩格斯文集（第2卷）. 北京：人民出版社，2009.

6. 马克思. 对华贸易［M］∥马克思恩格斯文集（第2卷）. 北京：人民出版社，2009.

7. 马克思. 资本论（第1—3卷）［M］∥马克思恩格斯文集（第5—7卷）. 北京：人民出版社，2009.

8. 马克思. 工资、价格和利润［M］∥马克思恩格斯选集（第2卷）. 人民出版社，2012.

9. 恩格斯. 家庭、私有制和国家的起源［M］∥马克思恩格斯选集（第4卷）. 北京：人民出版社，2012.

10. 列宁. 俄国资本主义的发展（节选）［M］∥列宁选集（第1卷）. 北京：人民出版社，2012.

11. 习近平. 高举中国特色社会主义伟大旗帜,为全面建设社会主义现代化国家而团结奋斗［M］∥习近平著作选读(第1卷). 北京:人民出版社,2023.

12. 习近平. 走中国特色社会主义乡村振兴道路［M］∥习近平著作选读(第2卷). 北京:人民出版社,2023.

二、基本资料

(一) 报刊史料

1. 巴玲. 糊火柴盒［N］. 申报,1946-11-19(10).

2. 白眉. 徽州的职业妇女(三)［N］. 福尔摩斯,1937-03-27(4).

3. 包天笑. 雨过天青［N］. 申报,1939-05-14(17).

4. 碧玉. 徽州的水利建设(上)［N］. 社会日报,1934-08-18(1).

5. 碧玉. 徽州的水利建设(下)［N］. 社会日报,1934-08-19(1).

6. 陈凡. 宝山农村的副业［J］. 东方杂志,1935,32(18):104-106.

7. 陈杏荪. 开弦弓生丝精制运销合作社经过概况［J］. 合作月刊,1930,2(9/10):43-45.

8. 陈一. 北夏农村工艺传习所的办法大纲［J］. 农村经济,1934,1(12):102-104.

9. 成惕轩. 汉唐兵制之研讨［J］. 曙光,1947,1(5):14-15,25.

10. 程宇尘. 徽州冬令之农民［N］. 上海报,1935-12-30(8).

11. 储裕生. 杭州香汛话桑麻［N］. 申报,1949-03-22(5).

12. 储裕生. 临安新气象［N］. 申报,1948-11-18(5).

13. 村士. 普及女子蚕业教育之意见［J］. 妇女杂志(上海),1919,5(1):1-8.

14. 达五. 中国手工业的将来[N]. 申报, 1933-10-02(20).

15. 丁松麟. 冬天晚上的农夫[J]. 苏州晏成中学季刊, 1923, 3(1): 49-50.

16. 董梅戡. 戏剧考原(续完)[N]. 大公报(上海), 1948-02-18(9).

17. 二白. 沪郊农民生活之变迁[J]. 上海周报, 1933, 1(9): 174-175.

18. 范任. 中国人的社交性[J]. 东方杂志, 1943, 39(4): 30-32.

19. 范通会. 一个农夫的自述[J]. 新民众, 1930, 4: 10.

20. 方显庭, 陈振汉. 中国工业发展的前途(下)[N]. 大公报(天津), 1933-11-08(11).

21. 方显庭. 中国经济之症结[N]. 大公报(天津), 1936-02-17(6).

22. 费孝通. 申论乡土工业[N]. 大公报(天津), 1948-03-07(2).

23. 冯子栽. 浙江吴兴丝绸业概况[J]. 实业统计, 1933, 1(3/4): 102-109.

24. 傅葆琛. 非常时期农民教育的商榷[N]. 大公报(天津), 1936-03-02(10).

25. 傅葆琛. 中国乡村教育的特性及其与都市教育的比较[N]. 大公报(天津), 1935-07-15(11).

26. 韩安. 农暇修路之利益[J]. 实业浅说, 1915, 1-5: 20-21.

27. 豪. 论筑路之时期[N]. 申报, 1923-12-15(21).

28. 何廉. 我国今日之经济地位[N]. 大公报(天津), 1935-01-16(11).

29. 何廉. 中古式之中国经济[J]. 独立评论, 1934, 93: 1-5.

30. 河冰. 盛泽之纺绸业[J]. 国际贸易导报, 1932, 4(5): 33-42.

31. 贺天健. 技击回忆录[N]. 申报, 1898-10-28(3).

32. 横云. 苏州的女轿夫[N]. 铁报, 1947-07-05 (3).

33. 洪尚智. 松江县泗泾人的形形色色[J]. 生活, 1925, 1-52汇刊: 364-367.

34. 厚. 徽州妇女生活[J]. 妇女新生活月刊, 1937, 3: 60-61.

35. 胡适. 我的母亲的订婚[J]. 新月, 1930, 3 (1): 7-20.

36. 华. 青浦之行(一)[N]. 申报, 1944-09-13 (1).

37. 华逸民. 农余随笔[N]. 新北夏, 1935-2-16 (2).

38. 焕. 农闲上学[J]. 新民众, 1930, 4: 10.

39. 黄立鹏. 上海杨思乡之农民生活概况[J]. 国立中央大学农学院旬刊, 1929, 35: 8-9.

40. 黄人望. 训练后备队应于农隙时抽调集中案[J]. 浙江保卫月刊, 1934, 7: 24-25.

41. 纪蕴玉. 沪海道区奉贤县实业视察报告书[J]. 江苏实业月志, 1919, 3: 73-86.

42. 季君勉. 目下中国农村所需要的四件事[J]. 新社会, 1932, 3 (10): 16-19.

43. 蒋风. 农业示范在浙江[N]. 申报, 1949-01-25 (7).

44. 介. 农闲好筑路[N]. 新北夏, 1933-12-01 (1).

45. 金炳荣. 金山县的农民生活[J]. 生活, 1925, 1 (13): 80-82.

46. 蓝彧. 金山概貌[N]. 申报, 1945-08-12 (1).

47. 梨花村夫. 业余夜校将告结束[N]. 新黎里, 1924-08-01 (3).

48. 琳. 农民们应利用农暇读书[J]. 农民, 1930, 6 (15): 2.

49. 玲. 苏州的女轿夫[N]. 上海报, 1937-04-28 (6).

50. 陆洋. 世界知识: 舟山群岛的渔盐农妇们[J]. 女声, 1943, 9: 9-11.

51. 绿滨. 介绍无锡的元草地毯[N]. 申报, 1935-03-21 (16).

52. 马耳. 舟山群岛北部之渔业[J]. 海事(台北), 1949, 29:

24-26.

53. 茅可人. 余姚农村的续命汤：草帽业[J]. 东方杂志, 1935, 32 (12): 111-113.

54. 孟昭. 土布乡农印象记[N]. 申报, 1936-02-07 (15).

55. 闵贤. 中央农业实验所参观记[N]. 申报, 1944-11-29 (13).

56. 明璋. 农家宜利用闲日以营副业[N]. 申报, 1921-08-17 (20).

57. 倪养如. 漆塘山中的农民生活[J]. 中国农村, 1935, 1 (10): 48-50.

58. 倪养如. 无锡梅村镇及其附近的农村[J]. 东方杂志, 1935, 32 (2): 89-91.

59. 念飞. 剧变中的故乡：武进农村[J]. 东方杂志, 1936, 33 (6): 115-116.

60. 农林部. 农会暂行规程[N]. 申报, 1912-10-05 (1).

61. 漆中权. 中央模范农业推广区农民生活调查[J]. 农业推广, 1931, 3: 144-197.

62. 钱公侠. 苏州的女轿夫[J]. 杂志, 1944, 12 (6): 55-56.

63. 钱天鹤. 怎样提倡农村副业（上）[N]. 申报, 1936-09-18 (8).

64. 钱天鹤. 怎样提倡农村副业（下）[N]. 申报, 1936-09-28 (6).

65. 钱志超. 无锡的"泥人街"：惠山镇[J]. 东方杂志, 1936, 33 (2): 113-114.

66. 乔启明. 江苏昆山南通安徽宿县农佃制度之比较以及改良农佃问题之建议[J]. 金陵大学农林科农林丛刊, 1926, 30: 1-79.

67. 钦汉章. 天目山下的几种农民生活[J]. 论语, 1936, 83: 33-36.

68. 清瘿. 水老鸦[N]. 申报, 1936-09-02 (19).

69. 忍寒. 消弭冬季盗案之管见[N]. 申报, 1920-12-30

（16）.

70. 容庵. 各地农民状况调查（无锡）[J]. 东方杂志，1927，24（1）：109-113.

71. 邵仲香. 农人当怎样善用农闲[J]. 农林新报，1937，14（1）：30-34.

72. 歙民. 农会急宜筹备之各点[N]. 申报，1925-12-08（13）.

73. 沈百先. 江苏省之水利建设[J]. 东方杂志，1935，32（19）：217-219.

74. 沈厚润. 北夏农民生活漫谈[J]. 教育与民众，1936，8（3）：495-506.

75. 盛成. 茅山的香会（一）[N]. 大公报（上海），1936-04-05（10）.

76. 盛成. 茅山的香会（二）[N]. 大公报（上海），1936-04-06（10）.

77. 实秋. 丝茧区域之弭患问题[N]. 申报，1926-05-05（19）.

78. 孙辅世. 国营大农场经营计划方案[N]. 大公报（上海），1937-06-07（4）.

79. 陶行知. 第二年的晓庄[J]. 地方教育，1929，5：1-2.

80. 万孚. 徽州妇女的生活[J]. 今代妇女，1928，6：21-23.

81. 汪葆蕙. 划灯草[J]. 妇女时报，1913，9：21-22.

82. 汪承祺. 徽州的茶业[J]. 皖事汇报，1936，21：1-4.

83. 汪疑今. 江苏的小农及其副业[J]. 中国经济（南京），1936，4（6）：67-88.

84. 王绍猷. 九峰三泖话松江[J]. 农业周报，1935，4（9）：12-14.

85. 王毓铨. 中国农村副业的诸形态及其意义[J]. 中国经济（南京），1935，3（1）：1-12.

86. 吴宝基. 徽港淘金记[J]. 良友，1940，160：17-19.

87. 吴家镇. 古代教育实施于闲暇时期考［N］. 大公报（天津），1935－08－05（11）.

88. 吴觉农. 中国的农民问题［J］. 东方杂志，1922，19（16）：2－20.

89. 吴念中. 我国沿海的渔民文化调查［J］. 文化建设，1935，1（10）：48－62.

90. 吴清望. 沪海道区实业视察报告［J］. 农工商报，1920，6（6）：120－130.

91. 效厂. 漫谈地方剧［N］. 大公晚报，1948－11－20（2）.

92. 徐迟. 一个镇的轮廓（上）［J］. 大风（香港），1940，75：2397－2400.

93. 徐独夫. 无锡妇女的劳工生活［J］. 妇女杂志（上海），1928，14（1）：78－81.

94. 徐方干，汪茂遂. 宜兴之农民状况［J］. 东方杂志，1927，24（16）：85－89.

95. 徐梦. 战时冬防问题［J］. 胜利，1941，112：5－8.

96. 徐彭年. 富阳的草纸槽户［J］. 东方杂志，1936，33（8）：112－114.

97. 徐忍寒. 冬季多盗案之研究［N］. 申报，1920－12－29（16）.

98. 萱百. 卫生谣［N］. 申报，1921－09－01（20）.

99. 岩泉. 上虞余姚妇女的生活状况［J］. 妇女杂志（上海），1928，14（1）：72－75.

100. 杨开道. 农民娱乐问题（续）［J］. 农业周报，1930，15：6－8.

101. 杨时明. 农村手工业与农民生活之关系［J］. 现代读物，1945，10（3/4）：25－28.

102. 姚惠泉. 我的服用土布谈［N］. 申报，1933－09－28（13）.

103. 姚日新. 苏常道区吴江县实业视察报告书［J］. 江苏实业月志，1919，6：11－21.

104. 易又臣. 办保卫团：由赞成到反对［J］. 农林新报, 1933, 10 (27): 17-18.

105. 逸. 冬防［N］. 无锡新报, 1922-11-20 (3).

106. 逸飞. 浙东观感（三）［N］. 申报, 1945-06-14 (1).

107. 逸霄. 盛行中的滩簧戏是农闲时唯一的调剂［N］. 大公报（上海）, 1936-05-19 (10).

108. 殷云台. 常熟农村土地生产关系及农民生活［J］. 乡村建设, 1935, 5 (2): 50-54.

109. 俞荃芬. 富阳县毛竹造纸调查［J］. 中华农林会报, 1919, 5: 5-9.

110. 俞时彦. 农民生活改善［J］. 农村改进, 1937, 1 (2): 16-17.

111. 张坻. 浙江建德的农民生活［J］. 东方杂志, 1935, 32 (24): 123-125.

112. 张馥卿. 论句镇长途汽车［N］. 申报, 1922-10-07 (21).

113. 张海涛. 中国农民生活与农民教育［J］. 教育论坛, 1932, 2 (1): 11-42.

114. 张履壮. 绍兴妇女杂谈（二）［J］. 妇女杂志（上海）, 1928, 14 (1): 71-72.

115. 张潜九. 吴县焦山石宕访问记［J］. 东方杂志, 1935, 32 (16): 89-91.

116. 章绳治. 闲话乌镇［N］. 大公报（上海）, 1936-10-09 (9).

117. 赵正平. 一年来保卫团训练上之最后教训［J］. 江苏保卫团半月刊, 1933, 2 (1): 11-24.

118. 浙江省公路管理局. 浙江省公路沿线工商业暨农民生活概况［J］. 浙江省建设月刊, 1935, 8 (12): 9-21.

119. 震开. 从歌谣中得到的民间生活状况［J］. 生活, 1925, 1-52 汇刊: 467-471.

120. 周廷栋. 各地农民状况调查（太仓）［J］. 东方杂志, 1927,

24（16）：122-124.

121. 朱述训. 提倡利用土纱［N］. 申报，1944-01-11（4）.

122. 朱向高. 宜兴窑场透视［N］. 申报，1948-10-23（5）.

123. 朱云. 江苏省立镇江乡区卫生实验区工作概况（三）［N］. 申报，1936-03-10（15）.

124. 主生. 农民娱乐问题［J］. 国立中央大学农学院旬刊，1930，46：6-8.

125. 祝慈寿. 工业统制与工业合作［N］. 大公报（上海），1948-08-13（8）.

126. 子明. 农村小友的生活杂记［N］. 申报，1935-05-19（14）.

127. 子文. 乡村妇女教育的重要性［J］. 家庭星期，1937，2（25）：386-388.

128. 琢成. 怎样利用农闲［N］. 新北夏，1933-12-16（01）.

129. 左弦. 从评弹的听客谈改革［N］. 大公报（上海），1949-07-15（7）.

（二）旧方志

1. 王培棠. 江苏省乡土志［M］. 上海：商务印书馆，1938.
2. 范成大. 吴郡志［M］. 南京：江苏古籍出版社，1999.
3. 吴宽，王鏊，杜启. 姑苏志［M］. 刻本. 明正德刻嘉靖增修本.
4. 冯桂芬. 苏州府志［M］. 刊本. 1883（清光绪九年）.
5. 龚嘉俊，李格. 杭州府志［M］. 铅印本. 1922.
6. 宋如林，莫晋. 松江府志［M］. 清嘉庆府学刻本.
7. 王昶. 直隶太仓州志［M］. 刻本. 1802（清嘉庆七年）.
8. 冯汝弼，邓韨. 常熟县志［M］. 明嘉靖刻本.
9. 韩晟，毛壹鹭. 遂安县志［M］. 钞本. 1612（明万历四十年）.
10. 曹允源. 吴县志［M］. 铅印本. 1933.
11. 曹袭先. 句容县志［M］. 刻本. 1900（光绪二十六年）.
12. 陈柄德，赵良. 旌德县志［M］. 石印本. 1925.
13. 陈延恩. 江阴县志［M］. 刊本. 1840（清道光二十年）.

14. 金吴澜，李福沂. 昆新两县续修合志［M］. 刻本. 1880（光绪六年）.

15. 裴大中，秦湘业. 金匮县志［M］. 刊本. 1881（清光绪七年）.

16. 王彬，徐用仪. 海盐县志［M］. 刻本. 1876（清光绪二年）.

17. 郑钟祥，庞鸿文. 常昭合志稿［M］. 刻本. 1904（清光绪三十年）.

18. 方鸿铠，黄炎培. 川沙县志［M］. 刊本. 1936.

19. 夏日璈，王韧. 建德县志［M］. 铅印本. 1919.

20. 徐乃昌. 南陵县志［M］. 铅印本. 1924.

21. 朱保熙. 巴溪志［M］. 铅印本. 1935.

22. 蔡丙圻. 黎里续志［M］. 刻本. 1899（清光绪二十五年）.

23. 曹相骏，许光埔. 重修枫泾小志［M］//《中国地方志集成》编辑工作委员会. 中国地方志集成·乡镇志专辑（2）. 上海：上海书店出版社，1992.

24. 封作梅. 张泽志［M］//《中国地方志集成》编辑工作委员会. 中国地方志集成·乡镇志专辑（1）. 上海：上海书店出版社，1992.

25. 高如圭，万以增. 章练小志［M］//《中国地方志集成》编辑工作委员会. 中国地方志集成·乡镇志专辑（2）. 上海：上海书店出版社，1992.

26. 顾傅金. 七宝镇小志［M］//《中国地方志集成》编辑工作委员会. 中国地方志集成·乡镇志专辑（1）. 上海：上海书店出版社，1992.

27. 何文源. 塘湾乡九十一图［M］//《中国地方志集成》编辑工作委员会. 中国地方志集成·乡镇志专辑（1）. 上海：上海书店出版社，1992.

28. 钱墀. 黄溪志［M］. 刻本. 1831（清道光十一年）.

29. 钱肇然. 续外冈志［M］//上海市地方志办公室. 上海乡镇旧志丛书. 上海：上海社会科学院出版社，2004.

30. 陶煦. 周庄镇志［M］. 刻本. 1880（清光绪六年）.

31. 汪永安，沈葵. 紫堤村志［M］//《中国地方志集成》编辑工作委员会. 中国地方志集成·乡镇志专辑（1）. 上海：上海书店出版社，1992.

32. 王锺. 法华乡志［M］//《中国地方志集成》编辑工作委员会. 中国地方志集成·乡镇志专辑（1）. 上海：上海书店出版社，1992.

33. 徐傅，王镛. 光福志［M］. 铅印本. 1929.

34. 杨学渊. 寒圩小志［M］//《中国地方志集成》编辑工作委员会. 中国地方志集成·乡镇志专辑（1）. 上海：上海书店出版社，1992.

35. 赵诒翼. 信义志稿［M］. 稿本. 1911（清宣统三年）.

36. 仲沈洙，仲周霈. 盛湖志［M］. 刻本. 1770（乾隆三十五年）.

37. 储学洙. 南汇二区旧五团乡志［M］//《中国地方志集成》编辑工作委员会. 中国地方志集成·乡镇志专辑（1）. 上海：上海书店出版社，1992.

38. 金鹤翀. 金村小志［M］. 铅印本. 1923.

39. 陶惟坻，施兆麟. 相城小志［M］. 钞本. 1929.

40. 王鸿飞. 双浜小志［M］. 稿本. 1932.

41. 徐蠡先. 香山小志［M］. 铅印本. 1917.

42. 张国维. 吴中水利全书［M］. 刻本. 1636（明崇祯九年）.

43. 阮元. 两浙金石志［M］. 杭州：浙江古籍出版社，2012.

（三）新方志

1. 曹有庆. 张浦镇志［M］. 北京：生活·读书·新知三联书店，1992.

2. 曾惠元. 千灯镇志［M］. 上海：上海人民出版社，1991.

3. 陈鉴明. 丁蜀镇志［M］. 北京：中国书籍出版社，1992.

4. 陈卓文. 利港镇志［M］. 苏州：苏州大学出版社，1997.

5. 程乃良. 杨行乡志［M］. 内部资料，1985年.

6. 笪本才. 龙都乡志［M］. 南京：南京出版社，1992.

7. 丁学明. 七都镇志［M］. 南京：江苏古籍出版社，2001.

8. 董匡一. 梅里镇志［M］. 苏州：古吴轩出版社，1995.

9. 杜培玉，陆廉德. 黎里镇志［M］. 南京：江苏教育出版社，1991.

10. 高才琴. 璜土镇志［M］. 苏州：苏州大学出版社，1996.

11. 顾鼐. 福山镇志［M］. 南京：东南大学出版社，1992.

12. 顾瑞华. 蓬朗镇志［M］. 北京：生活·读书·新知三联书店，1992.

13. 管墨林. 杨市乡志［M］. 内部资料，1991.

14. 郭海泉. 周铁镇志［M］. 南京：凤凰出版社，2008.

15. 洪春生. 鸠坑乡志［M］. 杭州：浙江大学出版社，2003.

16. 胡昭璧. 龙井春秋［M］. 内部资料，2000.

17. 黄佩萸. 松隐志［M］. 上海：上海人民出版社，1991.

18. 季勤飞. 平安志［M］. 内部资料，1987.

19. 季震宇. 青阳镇志［M］. 苏州：苏州大学出版社，1999.

20. 蒋祖兴. 邬桥志［M］. 内部资料，1986.

21. 楼南山. 临浦镇志［M］. 杭州：浙江人民出版社，1988.

22. 陆佐华. 富阳镇志［M］. 上海：汉语大辞典出版社，1994.

23. 路福昌. 光明志［M］. 内部资料，1985.

24. 罗宏运，倪福堂. 娄塘镇志［M］. 北京：生活·读书·新知三联书店，1992.

25. 倪所安. 嘉定县简志［M］. 北京：方志出版社，2008.

26. 倪和生. 阳澄湖大闸蟹之乡巴城［M］. 内部资料，1993.

27. 潘炳尧. 西石桥镇志［M］. 苏州：苏州大学出版社，1994.

28. 钱乃之. 南翔镇志［M］. 上海：上海人民出版社，1992.

29. 邵叶盛. 南夏墅乡志［M］. 内部资料，1987.

30. 沈曰兰. 华亭乡志［M］. 上海：学林出版社，2013.

31. 石长胜. 三河口乡志［M］. 内部资料，1985.

32. 水淦. 外冈志［M］. 上海：复旦大学出版社，1993.

33. 宋建清. 横山桥公社志［M］. 内部资料，1983.

34. 陶钟朴. 淼泉镇志［M］. 上海：立信会计出版社，2000.

35. 童子明. 梅村志［M］. 南京：江苏科学技术出版社，1991.

36. 王古与，陆龙潭. 张泽志稿［M］. 内部资料，1994.

37. 王家，陈涵树. 支塘镇志［M］. 苏州：古吴轩出版社，1994.

38. 王健飞. 南北湖志［M］. 北京：中华书局，2005.

39. 王俊如. 东张乡志［M］. 上海：上海古籍出版社，1993.

40. 王镇. 东山镇志［M］. 内部资料，1989.

41. 王志明. 沈荡镇志［M］. 上海：上海人民出版社，1991.

42. 卫保德. 西塘镇志［M］. 北京：新华出版社，1994.

43. 吴县东桥乡人民政府. 吴县东桥乡志［M］. 内部资料，1984.

44. 吴忠德. 胡埭乡志［M］. 南京：江苏科学技术出版社，1990.

45. 徐建新. 练市镇志［M］. 香港：金陵书社出版公司，1996.

46. 徐学长. 黄渡志［M］. 内部资料，1986.

47. 许洪新. 真如镇志［M］. 上海：上海社会科学院出版社，1994.

48. 杨晓方. 宜城镇志［M］. 上海：上海人民出版社，1991.

49. 殷业成. 碧溪镇志［M］. 北京：中国书籍出版社，1995.

50. 俞光华. 湖汶镇志［M］. 北京：中央文献出版社，1999.

51. 张冰华. 崇福镇志［M］. 上海：上海书店出版社，1994.

52. 张焕明. 太华镇志［M］. 南京：江苏古籍出版社，2001.

53. 张梅官. 张浦镇志（南港卷）［M］. 西安：西安地图出版社，2003.

54. 张岳根. 前洲镇志［M］. 南京：江苏人民出版社，2002.

55. 赵绵行. 正仪镇志［M］. 上海：中国大百科全书出版社上海分社，1992.

56. 周景良. 袁花镇志［M］. 北京：方志出版社，2010.

57. 周霖根. 余杭镇志［M］. 杭州：浙江人民出版社，1992.

58. 朱碧. 朱泾乡志［M］. 内部资料，1996.

59. 王洪，张棣华. 中国曲艺志（江苏卷）［M］. 内部资料，1996.

60. 胡金楠. 吴县工业志［M］. 上海：上海社会科学院出版

社，1993.

61. 殷翰章. 吴县商业志［M］. 内部资料，1991.

（四）文史资料

1. 政协淳安县文史资料组. 淳安文史资料（第 1 辑）［M］. 内部资料，1985.

2. 政协浙江省慈溪市委员会文史资料委员会. 慈溪文史（第 4 辑）［M］. 内部资料，1990.

3. 政协浙江省德清县委员会文史资料研究委员会. 德清文史资料（第 1 辑）［M］. 内部资料，1987.

4. 政协浙江省德清县委员会文史资料研究委员会. 德清文史资料（第 3 辑）［M］. 内部资料，1990.

5. 政协浙江省德清县委员会文史资料委员会. 德清文史资料（第 4 辑）［M］. 内部资料，1993.

6. 政协浙江省定海县委员会文史资料研究委员会. 定海文史资料（第 1 辑）［M］. 内部资料，1984.

7. 政协浙江省定海县委员会文史资料研究委员会. 定海文史资料（第 2 辑）［M］. 内部资料，1985.

8. 中国人民政治协商会议繁昌县委员会. 繁昌文史资料选辑（第 5 辑）［M］. 内部资料，1988.

9. 政协上海市奉贤县委员会文史资料委员会. 奉贤文史资料（第 1 辑）［M］. 内部资料，1992.

10. 政协杭州市委员会文史资料研究委员会. 杭州文史资料（第 16 辑）［M］. 内部资料，1992.

11. 中国人民政治协商会议上海市嘉定区委员会文史资料委员会. 嘉定文史（第 20 辑）［M］. 内部资料，2003.

12. 政协嘉善县委员会文史资料研究委员会. 嘉善文史资料（第 4 辑）［M］. 内部资料，1990.

13. 嘉善县政协文史委员会，嘉善县志办公室. 嘉善文史资料（第 10 辑）［M］. 内部资料，1995.

14. 建德市政协文史资料委员会. 建德文史资料（第 9 辑）［M］.

内部资料，1992.

15. 建德市政协文史委员会，建德市文化局. 建德文史资料（第 10 辑）[M]. 内部资料，1993.

16. 政协江阴市文史委. 江阴文史资料（第 10 辑）[M]. 内部资料，1989.

17. 政协江苏省江阴县委员会文史资料研究委员会. 江阴文史资料（第 11 辑）[M]. 内部资料，1990.

18. 政协金坛县文史资料研究委员会. 金坛文史资料（第 7 辑）[M]. 内部资料，1989.

19. 金坛县政协文史资料研究委员会. 金坛文史资料（第 11 辑）[M]. 内部资料，1993.

20. 金坛市政协文史委员会. 金坛文史选萃（下册）[M]. 内部资料，2000.

21. 政协上海市闵行区委员会文史资料委员会. 闵行文史（第 1 辑）[M]. 内部资料，1994.

22. 南汇县政协文史资料委员会. 南汇县文史资料选辑（第 8 辑）[M]. 内部资料，1991.

23. 中国人民政治协商会议南陵县委员会. 南陵县文史资料（第 6 辑）[M]. 内部资料，1987.

24. 政协南陵县文史办公室. 南陵县文史资料（第 9 辑）[M]. 内部资料，1989.

25. 政协浙江省平湖市委员会文史资料委员会. 平湖文史资料（第 4 辑）[M]. 内部资料，1992.

26. 绍兴县政协文史资料工作委员会. 绍兴文史资料选辑（第 14 辑）[M]. 内部资料，1995.

27. 绍兴县政协文史资料研究委员会. 绍兴文史资料（第 2 辑）[M]. 内部资料，1986.

28. 政协上海市松江县委员会文史资料工作委员会. 松江文史（第 13 辑）[M]. 内部资料，1991.

29. 政协浙江省桐乡县委员会文史资料工作委员会. 桐乡文史资料

（第 8 辑）[M]．内部资料，1989．

30．政协浙江省桐乡县委员会文史资料工作委员会．桐乡文史资料（第 9 辑）[M]．内部资料，1990．

31．政协江苏省常熟市委员会文史委．文史资料辑存（第 2 辑）[M]．内部资料，1962．

32．政协江苏省沙洲县委员会文史资料研究委员会．文史资料选辑（第 4 辑）[M]．内部资料，1985．

33．政协吴江县委员会文史资料委员会．吴江文史资料（第 10 辑）[M]．内部资料，1990．

34．吴江市政协文史工作委员会．吴江文史资料（第 20 辑）[M]．内部资料，2003．

35．政协吴县委员会文史资料委员会，吴县工商行政管理局．吴县文史资料（第 9 辑）[M]．内部资料，1992．

36．政协宜兴县文史资料研究委员会．宜兴文史资料（第 5 辑）[M]．内部资料，1983．

37．政协宜兴县文史资料研究委员会．宜兴文史资料（第 9 辑）[M]．内部资料，1985．

38．政协宜兴市文史资料委员会．宜兴文史资料（第 19 辑）[M]．内部资料，1991．

39．政协宜兴市文史资料委员会．宜兴文史资料（第 20 辑）[M]．内部资料，1992．

40．余姚市政协文史资料委员会．余姚文史资料（第 9 辑）[M]．内部资料，1991．

41．余姚市政协文史资料委员会．余姚文史资料（第 12 辑）[M]．内部资料，1994．

42．湖州政协文史资料委员会，湖州市港航管理局．湖州船谱[M]．内部资料，2006．

（五）资料汇编

1．卫杰．蚕桑萃编[M]．北京：中华书局，1956．

2．常熟市档案馆．江苏省常熟县农村实态调查报告书[M]．承载，译.北京：中共党史出版社，2006.

3. 华东军政委员会土地改革委员会编.江苏省农村调查［M］.内部资料，1952.

4. 冯紫岗.嘉兴县农村调查［M］.内部资料，1936.

5. 江苏省农民银行总行.第三年之江苏省农民银行［M］.内部资料，1932.

6. 李文海.民国时期社会调查丛编（乡村社会卷）［M］.福州：福建教育出版社，2005.

7. 李文海.民国时期社会调查丛编（乡村经济卷）［M］.福州：福建教育出版社，2014.

8. 李文治.中国近代农业史资料（第一辑）［M］.北京：生活·读书·新知三联书店，1957.

9. 雒启坤，韩鹏杰.永乐大典精编（第3卷）［M］.北京：九州图书出版社，1998.

10. 宁业高，桑传贤.中国历代农业诗歌选［M］.北京：农业出版社，1988.

11. 上海博物馆图书资料室.上海碑刻资料选辑［M］.上海：上海人民出版社，1980.

12. 吴根荣，徐友春.吴江蚕丝业档案资料汇编［M］.南京：河海大学出版社，1989.

13. 章有义.中国近代农业史资料（第二辑）［M］.北京：生活·读书·新知三联书店，1957.

14. 浙江省建设委员会.浙江临安农村调查［M］.杭州：正则印书馆，1931.

15. 中国经济统计研究所.吴兴农村经济［M］.内部资料，1939.

（六）其他资料

1. 顾禄.清嘉录［M］.南京：江苏凤凰文艺出版社，2019.

2. 袁景澜.吴郡岁华纪丽［M］.南京：江苏古籍出版社，1998.

3. 袁学澜.适园丛稿（卷6）［M］.刻本.1872（清同治十一年）

4. 陈忠平，唐力行.江南区域史论著目录（一九〇〇—二〇〇〇）

[M]．北京：北京图书馆出版社，2007．

5．倪进．元明笔记选注（下）[M]．上海：上海教育出版社，2018．

6．台北市浙江省嵊县同乡会《嵊讯》编辑部．嵊讯（第13期）[M]．内部资料，1994．

7．台北市浙江省嵊县同乡会《嵊讯》编辑部．嵊讯（第22期）[M]．内部资料，1999．

三、著作

1．包伟民．江南市镇及其近代命运1840—1949[M]．北京：知识出版社，1998．

2．蔡丰明．江南民间社戏[M]．上海：百家出版社，1995．

3．蔡少卿．再现过去：社会史的理论视野[M]．杭州：浙江人民出版社，1998．

4．曹幸穗．旧中国苏南农家经济研究[M]．北京：中央编译出版社，1996．

5．陈翰笙，薛暮桥，冯和法．解放前的中国农村（第3辑）[M]．北京：中国展望出版社，1989．

6．陈娅玲．绍兴戏曲文化概论[M]．杭州：浙江大学出版社，2012．

7．段本洛，张圻福．苏州手工业史[M]．南京：江苏古籍出版社，1986．

8．段本洛，单强．近代江南农村[M]．南京：江苏人民出版社，1994．

9．段本洛．苏南近代社会经济史[M]．北京：中国商业出版社，1997．

10．尔冬强．口述历史：尔冬强和108位茶客[M]．上海：上海古籍出版社，2010．

11．樊树志．江南市镇：传统的变革[M]．上海：复旦大学出版社，2005.

12. 范金民，金文. 江南丝绸史研究［M］. 北京：农业出版社，1993.

13. 范金民，夏维中. 苏州地区社会经济史（明清卷）［M］. 南京：南京大学出版社，1993.

14. 费孝通. 费孝通全集（第3卷）［M］. 呼和浩特：内蒙古人民出版社，2009.

15. 费孝通. 江村经济：中国农民的生活［M］. 北京：商务印书馆，2001.

16. 费孝通. 社会调查自白：怎样做社会研究［M］. 上海：上海人民出版社，2009.

17. 冯贤亮. 太湖平原的环境刻画与城乡变迁（1368—1912）［M］. 上海：上海人民出版社，2008.

18. 冯贤亮. 明清江南的州县行政与地方社会研究［M］. 上海：上海古籍出版社，2015.

19. 傅葆琛. 乡村生活与乡村教育［M］. 无锡：无锡中华印刷局，1930.

20. 傅衣凌. 明清封建土地所有制论纲［M］. 上海：上海人民出版社，1992.

21. 顾颉刚. 顾颉刚民俗论文集（卷1、卷2）［M］. 北京：中华书局，2010.

22. 何兆武. 历史理论与史学理论：近现代西方史学著作选［M］. 北京：商务印书馆，1999.

23. 洪璞. 明代以来太湖南岸乡村的经济与社会变迁：以吴江县为中心［M］. 北京：中华书局，2005.

24. 黄敬斌. 民生与家计：清初至民国时期江南居民的消费［M］. 上海：复旦大学出版社，2009.

25. 黄宗智. 长江三角洲小农家庭与乡村发展［M］. 北京：中华书局，1992.

26. 贾康，史卫，刘翠微. 中国财政思想史［M］. 上海：立信会计出版社, 2018.

27. 蒋梦麟. 西潮·新潮[M]. 长沙：岳麓书社, 2000.

28. 蒋兆成. 明清杭嘉湖社会经济研究[M]. 杭州：浙江大学出版社, 2002.

29. 李泽厚. 历史本体论[M]. 北京：生活·读书·新知三联书店, 2002.

30. 梁启超. 新民说[M]. 北京：商务印书馆, 2016.

31. 梁启超. 中国历史研究法[M]. 上海：上海人民出版社, 2014.

32. 梁绍文. 五十个强盗：浙江省第二监狱罪犯调查之分析[M]. 佛子书屋, 1932.

33. 梁桢. 国民工役[M]. 上海：商务印书馆, 1941.

34. 林宗礼. 民众教育馆实施法[M]. 上海：商务印书馆, 1936.

35. 龙发甲. 乡村教育概论[M]. 上海：商务印书馆, 1937.

36. 鲁迅. 鲁迅全集（第3卷、第5卷）[M]. 北京：人民文学出版社, 2005.

37. 吕济深. 调腔初探[M].（内部资料）, 1982.

38. 茅盾. 茅盾全集（第11卷）[M]. 北京：人民文学出版社, 1986.

39. 彭南生. 半工业化：近代中国乡村手工业的发展与社会变迁[M]. 北京：中华书局, 2007.

40. 钱小柏. 顾颉刚民俗学论集[M]. 上海：上海文艺出版社, 1998.

41. 乔启明. 乔启明文选[M]. 北京：社会科学文献出版社, 2012.

42. 宋多健. 戏里人生[M]. 北京：中国戏剧出版社, 2012.

43. 孙中旺, 刘丽. 苏州通史（秦汉至隋唐卷）[M]. 苏州：苏州大学出版社, 2019.

44. 唐力行. 徽州宗族社会[M]. 合肥：安徽人民出版社, 2004.

45. 汪敬虞. 中国近代经济史1895—1927（下册）[M]. 北京：经

济管理出版社，2007.

46. 王家范. 明清江南史研究三十年（1978—2008）［M］. 上海：上海古籍出版社，2010.

47. 王家范. 明清江南社会史散论［M］. 上海：上海人民出版社，2018.

48. 王加华. 被结构的时间：农事节律与传统中国乡村民众年度时间生活：以江南地区为中心的研究［M］. 上海：上海古籍出版社，2015.

49. 王铭铭. 想象的异邦：社会与文化人类学散论［M］. 上海：上海人民出版社，1998.

50. 王秋华. 新昌调腔［M］. 杭州：浙江摄影出版社，2008.

51. 王荣法，王鑫君. 嵊州古戏台［M］. 北京：中国文史出版社，2014.

52. 王维江，吕澍. 另眼相看：晚清德语文献中的上海［M］. 上海：上海辞书出版社，2009.

53. 王翔. 中国近代手工业史稿［M］. 上海：上海人民出版社，2012.

54. 《文化娱乐》编辑部. 越剧艺术家回忆录［M］. 杭州：浙江人民出版社，1982.

55. 温铁军. "三农"问题与制度变迁［M］. 北京：中国经济出版社，2009.

56. 吴滔，佐藤仁史. 嘉定县事：14 至 20 世纪初江南地域社会史研究［M］. 广州：广东人民出版社，2014.

57. 吴滔. 清代江南市镇与农村关系的空间透视：以苏州地区为中心［M］. 上海：上海古籍出版社，2010.

58. 吴祖缃. 拾荒集［M］. 北京：北京大学出版社，1988.

59. 小田. 江南乡镇社会的近代转型［M］. 北京：中国商业出版社，1997.

60. 小田. 苏州史纪（近现代）［M］. 苏州：苏州大学出版社，1999.

61. 小田. 在神圣与凡俗之间：江南庙会论考［M］. 北京：人民出版社，2002.

62. 小田. 江南场景：社会史的跨学科对话［M］. 上海：上海人民出版社，2007.

63. 小田. 风土与时运：江南乡民的日常世界［M］. 北京：中国社会科学出版社，2020.

64. 谢湜. 高乡与低乡：11—16世纪江南区域历史地理研究［M］. 北京：生活·读书·新知三联书店，2015.

65. 徐茂明. 江南士绅与江南社会（1368—1911）［M］. 北京：商务印书馆，2004.

66. 徐新吾. 江南土布史［M］. 上海：上海社会科学院出版社，1992.

67. 杨念群. 中层理论：东西方思想会通下的中国史研究［M］. 南昌：江西教育出版社，2001.

68. 姚惠泉，陆叔昂. 试验六年期满之徐公桥［M］. 内部资料，1934.

69. 叶志衡. 新叶古村落研究［M］. 杭州：浙江大学出版社，2016.

70. 衣俊卿. 现代化与日常生活批判［M］. 北京：人民出版社，2005.

71. 虞新华. 武进掌故（下）［M］. 北京：中国文史出版社，2000.

72. 郁喆隽. 神明与市民：民国时期上海地区迎神赛会研究［M］. 上海：上海三联书店，2014.

73. 张凤阳. 现代性的谱系［M］. 南京：江苏人民出版社，2012.

74. 张沪. 张宗麟乡村教育论集［M］. 长沙：湖南教育出版社，1987.

75. 张佩国. 近代江南乡村地权的历史人类学研究［M］. 上海：上海人民出版社，2002.

76. 赵世瑜. 狂欢与日常：明清以来的庙会与民间社会［M］. 北

京：生活·读书·新知三联书店，2002.

77. 赵世瑜. 小历史与大历史：区域社会史的理念、方法与实践［M］. 北京：生活·读书·新知三联书店，2006.

78. 赵世瑜. 在空间中理解时间：从区域社会史到历史人类［M］. 北京：北京大学出版社，2017.

79. 赵世瑜. 猛将还乡：洞庭东山的新江南史［M］. 北京：社会科学文献出版社，2022.

80. 赵质宸. 乡村教育概论［M］. 北平：著者书店，1933.

81. 朱海滨. 近世浙江文化地理研究［M］. 上海：复旦大学出版社，2011.

82. 煮石山人. 遂阳尘缘［M］. 内部资料，2008.

83. 朱小田，汪建红. 苏州通史（中华民国卷）［M］. 苏州：苏州大学出版社，2019.

84. 斐迪南·滕尼斯. 共同体与社会［M］. 张巍卓，译. 北京：商务印书馆，2020.

85. 汉斯—维尔纳·格茨. 欧洲中世纪生活［M］. 王亚平，译. 北京：东方出版社，2002.

86. 马克斯·韦伯. 经济与社会［M］. 林荣远，译. 北京：商务印书馆，1997.

87. 马克斯·韦伯. 社会学的基本概念［M］. 顾忠华，译. 桂林：广西师范大学出版社，2005.

88. 皮柏. 节庆、休闲与文化［M］. 黄藿，译. 北京：生活·读书·新知三联书店，1991.

89. 安托万·普罗斯特. 历史学十二讲［M］. 王春华，译. 北京：北京大学出版社，2012.

90. J·勒高夫. 新史学［M］. 姚蒙编，译. 上海：上海译文出版社，1989.

91. 爱弥儿·涂尔干. 宗教生活的基本形式［M］. 渠东，汲喆，译. 北京：商务印书馆，2011.

92. 费尔南·布罗代尔. 菲利普二世时代的地中海和地中海世界

（第1卷）[M]．唐家龙，曾培耿，译．北京：商务印书馆，1996．

93．费尔南·布罗代尔．十五至十八世纪的物质文明、经济与资本主义（第1卷、第2卷）[M]．顾良，施康强，译．北京：生活·读书·新知三联书店，2002．

94．皮埃尔·布迪厄．实践感[M]．蒋梓华，译．南京：译林出版社，2003．

95．杰弗瑞·戈比．你生命中的休闲[M]．康筝，译．昆明：云南人民出版社，2000．

96．施坚雅．中国封建社会晚期城市研究：施坚雅模式[M]．王旭，译．长春：吉林教育出版社，1991．

97．施坚雅．中国农村的市场和社会结构[M]．史建云，译．北京：中国社会科学出版社，1998．

98．卜凯．中国农家经济[M]．张履鸾，译．上海：商务印书馆，1937．

99．卜凯．中国土地利用[M]．成都：成城出版社，1941．

100．克利福德·格尔茨．文化的解释[M]．韩莉，译．南京：译林出版社，2008．

101．索尔斯坦·凡勃伦．有闲阶级论[M]．凌复华，彭婧珞，译．上海：上海译文出版社，2019．

102．托马斯·古德尔，杰弗瑞·戈比，等．人类思想史中的休闲[M]．季斌，译．昆明：云南人民出版社，2000．

103．Edward W.Soja．第三空间：去往洛杉矶和其他真实和想象地方的旅程[M]．陆扬，刘佳林，译．上海：上海教育出版社，2005．

104．田仲一成．中国的宗族与戏剧[M]．钱杭，任余白，译．上海：上海古籍出版社，1992．

105．田仲一成．中国戏剧史[M]．布和，译．北京：北京大学出版社，2011．

106．滨岛敦俊．明清江南农村社会与民间信仰[M]．朱海滨，译．厦门：厦门大学出版社，2008．

107．斯波义信．宋代江南经济史研究[M]．方健，何忠礼，译．南京：江苏人民出版社，2001.

108. 阿格妮丝·赫勒. 日常生活［M］. 衣俊卿，译. 哈尔滨：黑龙江大学出版社，2010.

109. 吉登斯. 社会的构成：结构化理论大纲［M］. 李康，李猛，译. 北京：生活·读书·新知三联书店，1998.

110. 拉德克利夫·布朗. 社会人类学方法［M］. 夏建中，译. 北京：华夏出版社，2001.

111. 马林诺夫斯基. 文化论［M］. 费孝通，译. 北京：中国民间文艺出版社，1987.

112. 贝奈戴托·克罗齐. 历史学的理论和实际［M］. 傅任敢，译. 北京：商务印书馆，1986.

四、学术论文

1. 曹幸穗. 旧中国苏南农村工副业及其在农家经济中的地位［J］. 中国经济史研究，1991，3：69-88.

2. 常建华. 从社会生活到日常生活：中国社会史研究再出发［N］. 人民日报，2011-3-31（7）.

3. 戴鞍钢. 晚清上海农村社会的变动［J］. 探索与争鸣，2002，10：46-48.

4. 丁贤勇. 新式交通与生活中的时间：以近代江南为例［J］. 史林，2005，4：99-109.

5. 段本洛. 历史上苏南多层次的工业结构［J］. 历史研究，1988，5：98-113.

6. 樊树志. 江南市镇的民间信仰与奢侈风尚［J］. 复旦学报，2004，5：107-116.

7. 傅衣凌. 关于中国封建社会后期经济发展的若干问题的考察［J］. 历史研究，1963，4：47-66.

8. 过慈明，惠富平. 近代江南地区化肥和有机肥使用变化研究［J］. 中国农史，2012，4：55-64.

9. 郝佩林. 节日狂欢与日常"律动": 苏州评弹与近代江南乡土休闲节律[J]. 文化艺术研究, 2018, 1: 81-89.

10. 胡悦晗, 谢永栋. 中国日常生活史研究述评[J]. 史林, 2010, 5: 174-182.

11. 华觉明. 传统工艺的界定和分类[J]. 自然科学史研究, 2021, 40（1）: 120-129.

12. 雷颐. "日常生活"与历史研究[J]. 史学理论研究, 2000, 3: 121-127.

13. 李伯重. 明清时期江南水稻生产集约程度的提高: 明清江南农业经济发展特点探讨之一[J]. 中国农史, 1984, 1: 24-37.

14. 李伯重. 明清江南工农业生产中的燃料问题[J]. 中国社会经济史研究, 1984, 4: 34-49.

15. 李伯重. "桑争稻田"与明清江南农业生产集约程度的提高: 明清江南农业经济发展特点探讨之二[J]. 中国农史, 1985, 1: 1-11.

16. 李伯重. 明清江南农业资源的合理利用: 明清江南农业经济发展特点探讨之三[J]. 农业考古, 1985, 2: 150-163.

17. 李伯重. 明清江南工农业生产中的动力问题[J]. 浙江学刊, 1986, 4: 76-91.

18. 李伯重. 明清江南肥料需求的数量分析[J]. 清史研究, 1999, 1: 30-38.

19. 李金铮. 众生相: 民国日常生活史研究[J]. 安徽史学, 2015, 3: 36-48.

20. 李里峰. 从社会科学拯救历史: 关于历史学学科特质的再思考[J]. 江海学刊, 2014, 6: 158-165.

21. 李玉. 从速度的角度观察近代中国: 以轮船、火车为例[J]. 暨南学报, 2017, 11: 105-114.

22. 李志英, 吕洋. 昆虫局与农业虫害防治（1921—1937）[J]. 北京师范大学学报: 社会科学版, 2017, 3: 53-65.

23. 刘平. 清末民初的太湖匪民[J]. 近代史研究, 1992, 1:

47-67.

24. 刘平. 风生水起: 中国社会史研究之演进 [J]. 史学集刊, 2018, 3: 78-83.

25. 马俊亚. 用脚表述20世纪二三十年代中国乡村危机的另类叙事 [J]. 文史哲, 2016, 5: 53-58.

26. 彭南生. 包买主制与近代乡村手工业的发展 [J]. 史学月刊, 2002, 9: 93-101.

27. 彭南生. 半工业化近代乡村手工业发展进程的一种描述 [J]. 史学月刊, 2003, 7: 97-108.

28. 彭南生. 论近代中国农家经营模式的变动 [J]. 学术月刊, 2005, 12: 82-92.

29. 桑兵. 从眼光向下回到历史现场: 社会学人类学对近代中国史的影响 [J]. 中国社会科学, 2005, 1: 191-204.

30. 王加华. 分工与耦合: 近代江南农村男女劳动力的季节性分工与协作 [J]. 江苏社会科学, 2005, 2: 161-168.

31. 王加华. 被结构的时间农事节律与传统中国乡村民众时间生活: 以江南地区为中心的探讨 [J]. 民俗研究, 2011, 3: 65-84.

32. 王健. 明清江南民间信仰活动的展开与日常生活: 以苏松为例 [J]. 社会科学, 2010, 2: 155-162.

33. 王卫平. 清代江南地区社会问题研究: 以逼醮、抢醮为例 [J]. 史林, 2003, 3: 105-109.

34. 王玉贵, 王卫平. "碎片化"是个问题吗?[J]. 近代史研究, 2012, 5: 16-20.

35. 王振忠. 清代一个徽州小农家庭的生活状况: 对《天字号阄书》的考察 [J]. 上海师范大学学报: 哲学社会科学版, 2006, 1: 101-109.

36. 王振忠. 华云进香: 民间信仰、朝山习俗与明清以来徽州的日常生活 [J]. 地方文化研究, 2013, 2: 38-60.

37. 王振忠. 晚清民国徽州的日常生活与乡村治理: 以稿本《开检可观》为例 [J]. 安徽大学学报: 哲学社会科学版, 2020, 1: 15-30.

38. 王仲. 明清江南农业劳动中妇女的角色、地位［J］. 中国农史, 1995, 4: 49–57.

39. 小田. 近代江南乡村特种产品经济论［J］. 近代史研究, 1996, 5: 67–83.

40. 小田. 近代江南茶馆与乡村社会运作［J］. 社会学研究, 1997, 5: 52–59.

41. 小田. 儿童生活往昔: 丰子恺作品之社会史考察［J］. 史学月刊, 2006, 10: 73–82.

42. 小田. 论"社会时间": 依托于丰子恺笔下的村妇考察［J］. 河北学刊, 2007, 2: 104–111.

43. 小田. 地域文化史研究的人类学路径: 倾向于江南的案例［J］. 清华大学学报: 哲学社会科学版, 2010, 1: 90–96.

44. 小田. 论社会史的整体性［J］. 河北学刊, 2012, 5: 42–47.

45. 小田. 近代江南村妇的日常空间［J］. 清华大学学报: 哲学社会科学版, 2013, 2: 66–75.

46. 小田. 论民众观念的日常存续: 基于近代"曹娥文化"的扩展分析［J］. 历史研究, 2013, 4: 63–79.

47. 小田, 张帆. 论平民女性的日常地位: 基于民国时期苏州轿妇案例的研究［J］. 北京社会科学, 2015, 2: 62–70.

48. 小田. 江南社会史研究中的东海类型: 一个问题的引论［J］. 江苏社会科学, 2015, 5: 206–213.

49. 徐新吾. 中国封建社会长期延续的基本原因: 关于中国小农经济生产结构凝固性问题探讨［J］. 中国经济史研究, 1986, 4: 23–38.

50. 俞金尧. 书写人民大众的历史: 社会史学的研究传统及其范式转换［J］. 中国社会科学, 2011, 3: 199–219.

51. 张佩国. 近代江南乡村妇女的"财产权"［J］. 史学月刊, 2002, 1: 113–119.

52. 张佩国. 近代江南的农家生计与家庭再生产［J］. 中国农史, 2002, 3: 68–80.

53. 朱小田. 论费孝通的历史观［J］. 史学理论研究, 2019, 2:

94-107.

54. 滨岛敦俊. 江南的聚落、社区与农民共同关系[J]. 社会, 2007, 3: 189-205.

后　记

　　本书是以我的博士论文为基础修改完成的。至今清晰地记得，选择近代江南农暇生活研究作为博士论文的题目，是2018年秋季的一次课后在独墅湖校区的食堂排队取餐和就餐时与导师朱小田老师闲聊确定的。此后，朱老师在论文框架、史料搜集、写作技巧等方面给予我悉心的指导。2018年至2020年，在导师的带领下，我们多次赴江南各地城乡进行实地调研和资料收集，得到了江南各地方志、文史工作者和诸多乡民的无私帮助。论文写作思路多是在田野考察的路途中讨论形成的。田野考察过程中，我既直观感受到了江南各地的自然风貌和风土人情，也搜集到了相当一部分江南各区域的民间文献材料，无论是对论文写作的启迪还是人生阅历的丰富，于我而言都是难能可贵的经历。2020年暑假，导师在他家3万多册的藏书中精心挑选了与我博士论题相关的、由他经年累月收集且在学校图书馆和数据库不易找到的数百本江南各地的村镇志、专业志及其他文史资料等。我分批次运回翻阅，摘取相关材料，大大充实了论文写作的素材。自2021年开始，经过约一年半的时间，论文初稿完成，这一过程中，导师给予我非常多的鼓励和写作方法的指导。初稿提交后，我又在导师的指导下，历经数次修改完善，最终完成了论文的定稿。

　　借此机会，我要对我的导师朱小田教授致以深深的谢意。导师在论文写作方面给予我耐心的指导和积极的鼓励，其在教学、指导和帮助学生的过程中注重授人以渔的方法和甘为人梯、无私奉献的精神也深深地影响了我。我想，在今后的工作中，将导师这种刻苦钻研的学风、循循善诱的教风、诲人不倦的师风和对学生的仁爱之心带到自己的工作岗位上，泽及更多的学子，就是对老师最好的回报。

在苏州大学社会学院的学习之旅是一段愉快的过程。感谢王卫平教授、王玉贵教授、黄鸿山教授、胡火金教授、武向平教授、池子华教授、朱从兵教授、余同元教授、臧知非教授、傅亮副教授、范莉莉博士等对我的指导，在工作多年之后，还能得到老师们的教诲是我的幸运。感谢宗琦、李茂鑫、朱星洁、刘遥、刘洋、李文俊等老师及郎元智、叶舒、曾天、罗诗谦、杨文、曹瑞冬等同窗同门好友的帮助，在求学过程中凝聚形成的师生同学之谊更显美好而珍贵。

感谢苏州市委宣传部、苏州市哲学社会科学联合会对此项研究和出版的资助。2021年，以本论题为基础的课题获得苏州市社科基金项目（江南文化专项）的立项资助，2022年继续获得出版资助立项，使得论题的研究和出版有了经费的支持。这既是对我工作、学习的肯定，也是一种鞭策，激励我更加努力探索。书稿在出版过程中，得到了苏州大学出版社陈兴昌总编辑和李寿春副总编辑热情的帮助和指导，出版社的编辑老师们在书稿的审校过程中做了大量的工作，他们严谨细致的工作态度和专业敬业的精神令人敬佩和感动。

在职读博的我，还要感谢我所在的工作单位苏州大学商学院和学校相关部门的领导、老师对我工作的支持和学业的关心。也要感谢我服务过的历届苏州大学MBA同学校友，这是一个富有才华、拼搏向上和熠熠生辉的团体，我由衷地为苏州大学MBA的成长进步而感到骄傲。

最后，我要感谢我的家人。母亲这十多年来一直在苏州照顾我们的生活；妻子卓志锋女士善解人意、温柔贤惠；两个女儿乖巧懂事，让人省心。正是有了她们的理解与支持，我才得以在繁忙的工作之余完成博士学业和本书的写作，相信她们会和我一样为本书的出版而感到高兴，也希望远在另一个世界的父亲看到在他离开时仍然放心不下的子女已能勤勉自立而感到欣慰。

胡勇

2023年5月25日

完稿于苏州大学天赐庄校区